国家级一流本科专业建设成果
省级一流本科线上线下混合课程配套教材
省级精品在线开放课程配套教材
21世纪经济管理新形态教材·会计学系列

财务管理学
（第二版）

张功富 ◎ 主　编
李丰团　张　靖 ◎ 副主编

清华大学出版社
北京

内 容 简 介

本书以企业财务管理活动为对象，以企业价值最大化为主线，全面、系统地介绍了企业财务管理的理论和实务。全书共12章，依次为财务管理概论、财务分析、财务管理的价值观念、财务战略与预算、投资决策原理、投资决策实务、流动资产投资管理、筹资方式、资本结构决策、股利理论与政策、并购与重组、国际企业财务管理。本书理论联系实际，注重基础知识与理论前沿相结合、新技术与财务管理相结合、理论阐述与案例分析相结合、加强课程思政，内容深入浅出、引人入胜。

本书可作为高等院校会计学、财务管理、金融学、企业管理、市场营销、财政、税务等专业的本科教材，也可作为工商企业，银行、证券和保险职业工作者的学习参考书。

本书封面贴有清华大学出版社防伪标签，无标签者不得销售。

版权所有，侵权必究。举报：010-62782989，beiqinquan@tup.tsinghua.edu.cn。

图书在版编目(CIP)数据

财务管理学/张功富主编．—2版．—北京：清华大学出版社，2023.3
21世纪经济管理新形态教材．会计学系列
ISBN 978-7-302-63060-9

Ⅰ．①财… Ⅱ．①张… Ⅲ．①财务管理－高等学校－教材 Ⅳ．①F275

中国国家版本馆CIP数据核字(2023)第044085号

责任编辑：付潭娇 刘志彬
封面设计：汉风唐韵
版式设计：方加青
责任校对：宋玉莲
责任印制：朱雨萌

出版发行：清华大学出版社
网　　址：http://www.tup.com.cn，http://www.wqbook.com
地　　址：北京清华大学学研大厦A座　　　邮　编：100084
社 总 机：010-83470000　　　　　　　　　邮　购：010-62786544
投稿与读者服务：010-62776969，c-service@tup.tsinghua.edu.cn
质 量 反 馈：010-62772015，zhiliang@tup.tsinghua.edu.cn

印 装 者：三河市人民印务有限公司
经　　销：全国新华书店
开　　本：185mm×260mm　　　印　张：26.5　　　字　数：643千字
版　　次：2012年9月第1版 2023年4月第2版　　印　次：2023年4月第1次印刷
定　　价：65.00元

产品编号：078106-01

第二版前言 PREFACE

当前人类社会已经进入了数字经济新时代,"大智移云物区"等新技术的广泛应用,将给传统行业带来颠覆性影响,催生出新的业态和商业模式。在这个"黑天鹅"频飞、"灰犀牛"出没、"独角兽"狂奔的VUCA（volatility,易变性; uncertainty,不确定性; complexity,复杂性; ambiguity,模糊性）时代,企业管理者的决策难度越来越大,对财务人员的决策支持需求也越来越大,对财务人员的能力提出了更高的要求。新时代的财务人员不仅要精财务,还要知战略、懂业务、会分析、善沟通、勤学习。为了培养出符合新时代要求的财务管理人才,财务管理教育界有必要对《财务管理学》教材进行全面更新。正是基于上述背景,我们决定对原版《财务管理学》进行全面修订。

本书第1版是郑州航空工业管理学院原会计学院经过多年的思考与策划,组织长期从事财务管理教学与研究的教师编写而成的。全书共十一章,分为六篇,分别是财务管理基础,长期筹资管理,长期投资管理,营运资金管理,收益分配管理,财务预算、控制与分析,由张功富教授任主编,张功富、李丰团、宋春霞、吴琳芳、刘振、雷淑琴、刘常青、索建宏共同参与编写。

本次修订以习近平新时代中国特色社会主义思想为指导,坚持立德树人,将课程思政融入教材,紧密结合新时代对财务管理人才能力的新要求。具体而言,本次修订遵循以下五大原则。第一,继续保持原教材的特点。第1版的"理论联系实际""基础知识与理论前沿相结合""深入浅出""引人入胜"等特点在十余年的使用中,得到了同行、学生的充分肯定。第二,注重课程思政。在第一章中增加一节"商业伦理与财务职业道德",介绍商业伦理的判断标准及财务职业道德的主要内容。在全书其他各章中也有机地增加了课程思政的元素。第三,重视新技术与财务管理的融合。在财务管理环境中增加"技术环境"的内容,介绍"大智移云物区"等新技术及其对财务管理的影响,引导学生思考如何将新技术与财务管理相结合。第四,理论阐述与案例分析相结合。选用有助于学生更好地理解财务管理基本理论的案例,将理论阐述与案例分析结合起来,有助于学生更好地掌握理论知识,提高学生分析问题和解决问题的能力。第五,进一步优化内容体系。具体调整如下：①不再分篇,按财务管理基础（概论、财务分析、价值观念）、财务战略与预算、投资决策、筹资决策、股利分配决策、特殊财务管理依次排列；②新增"并购与重组"和"国际企业财务管理"两章介绍企业特殊财务管理问题；③将第1版第三章"长期筹资管理"中与证券估价相关的内容调整至本书第三章"财务管理的价值观念"中,单列一节"证券估值"；④将第1版中有关财务预测与预算的内容与新增的"财务战略"共同组成"财务战略与预算"；⑤将第1版最后一章"财务分析"提至本书第二章；⑥将第1版第五章"内部长期投资"拆分为本书的"投资决策原理"和"投资决策实务"两章；⑦在"流动资产投资管理"一章中新增"短期金融资产管理"的内容；⑧将第1

版第八章的"短期融资"移至本书"筹资方式"一章中单列一节。

本书共十二章，依次为财务管理概论（第一章）、财务分析（第二章）、财务管理的价值观念（第三章）、财务战略与预算（第四章）、投资决策原理（第五章）、投资决策实务（第六章）、流动资产投资管理（第七章）、筹资方式（第八章）、资本结构决策（第九章）、股利理论与政策（第十章）、并购与重组（第十一章）、国际企业财务管理（第十二章）。

本书由张功富教授担任主编，李丰团副教授和张靖博士担任副主编，负责结构设计、大纲编写及对各章初稿进行修改、总纂和定稿的工作。全书编写分工如下：张功富（第一章），索建宏（第二章），张靖（第三章、第九章），马德水（第四章），李丰团（第五章、第六章），晁江锋（第七章），郭霖麟（第八章），刘常青（第十章），刘振（第十一章），雷淑琴（第十二章）。

本书写作提纲的提出及书稿的撰写过程，得到了郑州航空工业管理学院商学院领导和有关老师的大力支持、指点和帮助，同时本书写作参考了大量的财务管理书籍及相关文献，在此一并表示诚挚的歉意和感谢！由于编者水平所限，本书难免会存在不足之处，恳请广大读者不吝赐教，以便日后修正和完善。

编 者

2022 年 10 月

目录 CONTENTS

第一章　财务管理概论 / 1
第一节　企业的创立和组织形式 / 1
第二节　财务管理的概念 / 4
第三节　财务管理的目标 / 9
第四节　财务管理的环节 / 16
第五节　财务管理的环境 / 20
第六节　商业伦理与财务职业道德 / 29

第二章　财务分析 / 37
第一节　财务分析概述 / 38
第二节　财务分析的方法 / 48
第三节　财务能力分析 / 54
第四节　财务状况综合分析 / 71

第三章　财务管理的价值观念 / 79
第一节　货币时间价值 / 79
第二节　风险与报酬 / 92
第三节　证券估值 / 98

第四章　财务战略与预算 / 106
第一节　财务战略 / 106
第二节　财务预测 / 115
第三节　财务预算 / 122

第五章　投资决策原理 / 137
第一节　企业投资概述 / 137
第二节　投资现金流量的分析 / 142
第三节　非折现现金流量方法 / 150
第四节　折现现金流量方法 / 152
第五节　投资决策指标的比较 / 158

第六章　投资决策实务 / 164
第一节　互斥项目的投资决策 / 164
第二节　资本限额决策 / 170
第三节　投资时机选择决策 / 172
第四节　风险投资决策 / 175
第五节　通货膨胀条件下的投资决策 / 182

第七章　流动资产投资管理 / 188

第一节　现金与短期金融资产管理 / 189
第二节　应收账款管理 / 201
第三节　存货管理 / 209

第八章　筹资方式 / 219

第一节　筹资概述 / 219
第二节　权益资本筹资 / 225
第三节　债务资本筹资 / 235
第四节　混合性筹资 / 254
第五节　短期融资 / 264

第九章　资本结构决策 / 281

第一节　资本结构的理论 / 281
第二节　资本成本的测算 / 288
第三节　杠杆利益与风险的衡量 / 301
第四节　资本结构决策分析 / 312

第十章　股利理论与政策 / 325

第一节　股利及其分配 / 325
第二节　股利理论 / 328
第三节　股利政策选择 / 331
第四节　股票分割与股票回购 / 337

第十一章　并购与重组 / 342

第一节　企业并购 / 343
第二节　企业重组 / 351
第三节　企业财务危机预警与防范 / 358
第四节　企业破产危机与应对 / 366

第十二章　国际企业财务管理 / 377

第一节　国际企业财务管理概述 / 377
第二节　外汇风险管理 / 380
第三节　国际企业筹资管理 / 385
第四节　国际企业投资管理 / 389
第五节　国际企业营运资金管理 / 394
第六节　国际企业税收管理 / 398

参考文献 / 406

附表 / 408

第一章
财务管理概论

本章导读

作为高级财务管理人才的财务总监（chief financial officer，CFO）在企业管理层中占有重要地位，是 CEO 的"左膀右臂"。TCL 创始人、董事长李东生在 2015 年中国绿公司年会上说："我有一个很好的财务总监，在 20 世纪 90 年代中后期就再三提醒我要改善公司现金流，也正是听了财务总监的建议，公司才安全度过了 2005—2006 年的困难时期。"发挥重要作用的财务总监也有着较为可观的收入。《新理财》杂志公布的《A 股上市公司财务总监榜单：薪酬 Top100》显示，上榜门槛为 275 万元，位列前三的依次是中国平安、中南建设和金科股份的 CFO，2020 年的薪酬分别为 1 603 万元、1 560 万元、1 186 万元。这是一个很诱人的高薪岗位，然而对于在校的财经类专业学生而言，要成为高级财务管理人才还有很长的路要走。从《财务管理学》学起，一步一个脚印，一定能实现心中的梦想。

李才是一位刚刚毕业的飞行器设计与工程专业的学生，在大学期间就获得了多项航拍飞行器技术专利，在"万众创业、大众创新"的影响下，他打算成立一家企业，从事航拍飞行器的设计、制造与销售。他目前面临的首要问题是如何创立企业，拟设立的企业应采取什么样的组织形式。因此，本章首先阐述企业的创立和组织形式。

资料来源：https://business.sohu.com/a/510076987_121123848。

第一节　企业的创立和组织形式

一、企业的概念与特征

企业是以盈利为目的，运用各种生产要素（如土地、劳动、资本、技术和企业家才能等）向市场提供商品或服务，依照法定程序成立的、实行自主经营、自负盈亏、独立核算的法人或其他社会经济组织。根据这一定义可知，企业具有以下特征：

第一，企业是一种正式组织，有名称、组织机构、规章制度，因此不同于以情感、兴趣、爱好和需要为基础自发形成的非正式组织。虽然企业是一种正式组织，但不一定是法人，因为企业还包括个人独资企业和合伙企业等自然人企业。

第二，企业是一种经济组织，它以经济活动为中心，实行全面的经济核算，追求并致力于不断提高经济效益，因此它不同于行政、军事、政党、社团组织和教育、科研、文艺、体育、医疗卫生等事业单位组织。

第三，企业是一个以盈利为目的的组织，赢取利润是企业最直接、最基本的目的，通过产品经营和资本经营，追求资本增值，实现利润最大化，它与不以盈利为目的的基金会、慈善机构、寺庙等非营利组织不同。

按照不同的分类标准，企业有不同的类型。按照实体的集约程度划分，企业可分为单一企业、多元企业、经济联合体和企业集团；按照企业规模划分，企业可分为大型企业、中型企业、小型企业、微型企业；按照所有制关系划分，企业可分为国有企业、私有企业、中外合资（合作）企业、外商独资企业；按照企业组织形式划分，企业可分为独资企业、合伙企业和公司制企业。

二、企业的组织形式

（一）个人独资企业

个人独资企业是由一个自然人投资，财产为投资人个人所有，投资人以其个人财产对企业债务承担无限责任的经营实体。独资企业不具有法人资格，其业主拥有对企业生产经营的绝对决策权和控制权，独享企业盈利并承担企业的全部风险和责任。在我国，个人独资企业的设立、投资人及事务管理、解散和清算等均需根据2000年1月1日起实施的《中华人民共和国个人独资企业法》开展。

独资企业的主要优点如下：①组建手续简便，无须较多的开办费；②业主独揽企业的经营决策权，所有权与经营权合一，管理效率较高；③业主独享企业利润，只需缴纳个人所得税，而无缴纳企业所得税之忧；④无须向社会公布其财务报表，可在一定程度上保守商业秘密。

但是，独资企业也有其无法克服的缺点，主要表现如下：①因独资企业的资本有赖于业主一人，资本实力不可能非常雄厚，从而使这种企业对外筹资非常困难，企业规模较小，在激烈的市场竞争中面临较大的风险；②业主需对企业债务承担无限责任，当企业的资产不足以抵偿债务时，业主家庭财产也将被追索，甚至有"牢狱之灾"；③企业的寿命与业主的寿命相连，一旦业主亡故，企业也将"寿终正寝"。

（二）合伙企业

合伙企业是由两个或两个以上的业主共同出资兴办的企业。合伙企业的业主称为合伙人，他们之间按照共同商定的合约决定各自的出资额以及每人应分享的利润和承担的责任。按合伙人所承担责任的差别，合伙企业可分为普通合伙和有限合伙两种。前者由普通合伙人组成，合伙人对合伙企业债务承担无限连带责任；后者由普通合伙人和有限合伙人组成，普通合伙人对合伙企业债务承担无限连带责任，有限合伙人以其认缴的出资额为限对合伙企业债务承担有限责任。不管是一般合伙还是有限合伙企业,均可以按照合伙协议的约定或者经全体合伙人决定委托一个或者数个合伙人对外代表合伙企业,执行合伙事务。被委托的合伙人称为执行事务合伙人。只有执行事务合伙人才能对外代表企业,以企业的名义签订合同。合伙企业在法律上不具有法人资格。

合伙企业的主要优点如下:①相对于独资企业,由于合伙企业的业主人数增加,资本实力相对雄厚,信用较佳;②可以实现不同个人的资本、技术、能力的有机结合,从而形成比独资企业更强、更有创造力的经营实体;③合伙企业无须向社会公布其财务报表,其业主只需缴纳个人所得税即可。

合伙企业的缺点主要表现如下:①合伙企业的权力相对分散,可能导致决策缓慢,贻误商机;②合伙企业会因某个合伙人的退出或死亡而宣告终止;③合伙企业的资本不能以股票形式出现,不能转让或变现,与公司相比,所有权的转让较困难,难以筹集大量的资金;④普通合伙企业的合伙人及有限合伙企业的普通合伙人需对企业的债务承担无限连带责任。

(三)公司制企业

公司是依法设立的,以其全部法人财产实行自主经营、自负盈亏、照章纳税的具有法人资格的经济组织。根据股东对公司所负责任的不同,公司可分为以下五类:一是无限责任公司,即所有股东无论其出资额多少,对公司的债务均承担连带无限责任;二是有限责任公司,即所有股东均以其出资额为限对公司债务承担责任;三是两合公司,即由无限责任股东和有限责任股东共同组成的公司,其兼有无限公司和有限公司的特点;四是股份有限公司,即公司全部资本分为金额相等的股份,所有股东均以其所持股份为限对公司的债务承担责任;五是股份两合公司,即由无限责任股东和有限责任股东共同组成的公司,是介于无限责任公司和股份有限公司之间的一种股份公司,是两合公司的特殊形式。根据《中华人民共和国公司法》的规定,我国目前的公司主要是股份有限公司和有限责任公司两类。

股份有限公司,是指依照公司法的有关规定设立的,其全部资本划分为等额股份,股东以其所持股份为限对公司承担责任,公司以其全部资产对公司的债务承担责任的企业法人。股份有限公司的主要特征如下:①全部资本分为等额股份,股份采用股票的形式;②所有股东均以其认缴的股份为限对公司承担责任;③对发起人有人数限制[①];④股东的股份可以依法自由转让;⑤设立、歇业、解散程序较为复杂;⑥上市公司必须定期向社会公众公布其财务报告。

有限责任公司也称有限公司,是指依照公司法的有关规定设立的,股东以其出资额为限对公司承担责任,公司以其全部资产对公司的债务承担责任的企业法人。有限责任公司的主要特征如下:①所有股东均负有限责任;②资本不分为等额股份,以证明股东出资份额的权力证书为出资证明书,而不是股票;③股东必须符合法定人数;④股权转让必须经股东会讨论通过;⑤设立、歇业、解散程序相对简单;⑥无须向社会公众公布其财务报告。

我国《公司法》还允许设立一人有限责任公司(简称"一人公司"),一人公司是指

---

① 《中华人民共和国公司法》第七十八条规定:"设立股份有限公司,应当有二人以上二百人以下为发起人,其中须有半数以上的发起人在中国境内有住所。"

只有一个自然人股东或者一个法人股东的有限责任公司。一个自然人只能投资设立一个一人公司。一人有限责任公司的股东不能证明公司财产独立于股东自己的财产的，应当对公司债务承担连带责任。

公司这种企业组织形式具有独资、合伙企业不可比拟的优点，主要表现如下：①公司的债务责任与股东的个人财产无关，公司及股东对债务的责任均为有限责任[①]；②公司筹集资金相对较容易，从而使公司具有较多的增长机会；③所有权与经营权的分离使企业能聘用高素质的职业管理人员，从而有利于经营管理效率的提高；④公司有无限寿命，即使所有权转移仍能保持其法人地位，具有经营上的连续性。

公司这一组织形式的主要缺点如下：①双重征税，公司在经营活动获得的利润要缴纳公司所得税，股东分红所得要缴纳个人所得税；②所有权与经营权的高度分离，使得所有者与经营者的委托—代理关系复杂化，从而加大了代理成本；③政府对公司的法律管制相对较严；④股份有限公司的股份自由转让可能导致公司被少数大股东控制；⑤上市公司定期公布财务报告不仅要负担较高的信息报告成本，而且可能泄露公司的商业秘密。

到此，李才已经了解了不同组织形式的企业特征和优缺点，经过综合权衡，他决定以自己的专利投资入股，并邀请与其志同道合的两位朋友——王力和张伟现金投资入股，成立一家蓝天航拍飞行器股份有限公司（以下简称"蓝天航拍"），李才亲自担任公司总经理。作为一位工科专业的毕业生，企业管理知识尤其是财务管理知识比较欠缺，但他听闻"企业管理要以财务管理为中心"，因此，决心恶补一下财务管理方面的知识。

第二节 财务管理的概念

正如人的生存必须要有"血液"和"血液的流动"一样，企业的正常运营也离不开"资金"和"资金的运动"。为保障资金流动的顺畅，企业管理者必须组织一系列的财务活动，处理好各种财务关系，而这些正是财务管理的主要内容。因此，要理解什么是财务管理，必须先理解企业财务活动和财务关系。

一、财务活动与财务关系

（一）财务活动

"资金"和"资金的运动"是企业正常运营的必备条件。在企业的再生产过程中，企业通过不同渠道以不同的方式筹措一定数量的货币资金，然后用货币资金购买机器设备、建造房屋、采购材料、支付日常费用。企业的劳动者借助于劳动手段改变劳动对象，使房屋和设备折旧的价值、材料消耗的价值和劳动者的劳动价值转移至生产物，使之成为在产品、

---

① 我国《公司法》不允许设立无限责任公司。

产成品，再以产成品销售的形式收回货币资金。随着企业再生产过程的不断进行，上述由"货币资金→材料和固定资产→在产品→产成品→货币资金"的转换过程也不断周而复始地运动下去，这种转换过程称为企业的物资运动。与企业的这种有形物资运动相适应，还同时存在着另外一种无形的运动形式：在物资的购买阶段，货币资金形态转化为固定资金（对应的物资形态是固定资产）、储备资金（对应的物资形态是材料）形态；在生产阶段，固定资产的损耗价值和储备资金以及劳动者创造的价值又依次转化为生产资金和成品资金形态；在销售阶段，成品资金又转化为货币资金形态。这种由货币资金开始依次经过储备资金和固定资金、生产资金、成品资金再回到货币资金的运动过程，称为企业的资金运动。企业的资金运动与物资运动一样，随着企业再生产过程的不断进行而进行。从货币资金开始，经过若干阶段，依次转换其资金形态，又回到货币资金的过程称为资金的循环。这种循环周而复始地进行下去，称为资金的周转。资金的循环和周转，体现了资金形态的变化，具有时间上的继起性和空间上的并存性。资金运动就构成了财务活动的主要内容。

企业财务活动是经营实体涉及资金的活动，即开展生产经营活动所涉及的筹集、运用和分配资金的活动。因此，企业财务活动主要包括筹资引起的财务活动、投资引起的财务活动、经营引起的财务活动和分配引起的财务活动。

1. 企业筹资引起的财务活动

任何企业要从事生产经营活动，首先必须筹集一定数量的资金。从资金运动的角度看，企业从各种渠道以各种方式筹集资金是资金运动的起点。在筹资过程中，企业不仅要确定适宜的筹资规模，而且要研究各种不同的筹资渠道、方式、工具的特点，确定合理的筹资结构，以努力使筹资的代价最小且风险最低。企业从所有者、债权人那里筹集来的资金，可以是货币，也可以是实物、无形资产等其他形式。

2. 企业投资引起的财务活动

企业在取得资金后，必须将其投放于生产经营过程中，以谋求最大的经济效益。企业资金的投放与使用方式主要包括：购建房屋、机器设备等固定资产；购买或研发专利、专有技术等无形资产；购买股票、债券等金融资产以及以各种形式的资产对外投资；等等。企业在资金的投放与使用中必须确定合理的投资规模，通过投资方向和投资方式的选择，确定合理的投资结构，使投资者在承受较小风险的条件下取得较高的报酬。

3. 企业经营引起的财务活动

企业在正常的经营过程中，会发生一系列的资金收支。首先，企业要采购材料或商品，以便从事生产和销售活动，同时，还要支付工资和其他经营费用；其次，当企业将产品或商品销售后，可以取得收入，收回资金；最后，如果企业现有资金不能满足企业经营需要，还要采取短期借款等方式来筹集所需资金。上述资金收支属于企业经营引起的财务活动。

在企业经营引起的财务活动中，主要涉及的是流动资产与流动负债的管理问题，即营运资金的管理。营运资金的管理关键是如何加速资金的周转。在一定时期内，资金周转越快，相同数量的资金就可生产出更多的产品，取得更多的收入，获得更多的报酬。因此，如何加速资金周转、提高资金的利用效率，是财务人员在经营活动引起的财务活动中需要考虑的主要问题。

4. 企业分配引起的财务活动

企业将资金投放和使用后，必然会有一定成果，这种成果首先表现为收入，并在补偿各种成本、费用后获得利润（若收入不足以补偿成本、费用则为亏损）。从资金运动的角度看，收入的实现过程实质上是货币资金的回收，收回的货币资金在补偿生产经营中的资金耗费后若有剩余即表现为利润。企业实现的利润首先应缴纳所得税，税后利润再按照国家有关法律、法规规定提取公积金，剩余部分再在发放给所有者和企业留存之间进行合理的分配。由于资金的分配实质是各相关利益主体之间利益的权衡过程，因此，企业的分配必须在国家有关法律、法规的指导下，根据确定的分配原则，合理确定分配的规模与方式，在满足各相关利益主体愿望的基础上，力争使企业的长期利益最大化。

企业通过筹资活动筹措到的资金用于投资活动和生产经营活动，通过投资和生产经营所获得的收益要在发放给所有者和企业留存之间进行分配，留存的收益又可以用来补充企业投资所需资金。因而，筹资、投资、经营和分配这四个方面的活动伴随着企业生产经营活动过程的循环往复不断进行，四者相互联系、相互依存，共同构成企业财务活动的完整过程，同时也成为企业财务管理的主要内容。

（二）财务关系

企业在组织财务活动，即开展资金筹集、资金运用和资金分配的过程中，必将与所有者、债权人、税务机关、职工等有关各方发生广泛的经济联系，这种联系的核心是经济利益，是因企业的财务活动而引起的，因此，我们将企业在财务活动中与有关各方发生的经济利益关系称为财务关系。归纳起来，企业财务关系主要表现在以下几个方面。

1. 企业与其所有者之间的财务关系

企业与所有者之间的财务关系表现为所有者按约定向企业投入资金，企业向所有者支付投资报酬所形成的经济利益关系。所有者因向企业投入资金而拥有对企业的最终所有权，享受企业收益的分配权和剩余财产的支配权；企业从所有者那里吸收资金形成企业的自有资金，拥有法人财产权，企业以其全部法人财产权，依法自主经营、自负盈亏、照章纳税，对所有者承担资产保值增值责任，向所有者支付投资报酬。所以，企业与所有者之间的财务关系实质上是一种所有权和经营权的关系。

2. 企业与其债权人之间的财务关系

企业与其债权人之间的财务关系表现为债权人按合同、协议向企业投入资金，企业按合同、协议向债权人支付利息、归还本金所形成的经济利益关系。企业的债权人主要有：①债券持有人；②银行和非银行金融机构等贷款机构；③商业信用提供者；④其他出借资金给企业的单位或个人。债权人向企业投入资金的目的除了安全收回本金外，更重要的是为了获取固定的利息收入。企业吸收债权人的资金形成借入资金，对此企业必须按期归还，并依合同、协议的约定支付利息。因此，企业与债权人之间的财务关系实质上是一种债权债务关系。

3. 企业与其被投资单位之间的财务关系

企业与其被投资单位之间的财务关系表现为企业以购买股票或直接投资的形式向其他企业投资所形成的经济关系。企业以所有者的身份向其他单位投资，应按约定履行出资义务，有权参与被投资单位的利润分配。企业与被投资单位之间的财务关系体现的是所有权性质的投资与受资的关系。

4. 企业与其债务人之间的财务关系

企业与其债务人之间的财务关系表现为企业将其资金以购买债券、提供借款或商业信用等形式出借给其他单位所形成的经济关系。企业将资金借出后，有权要求其债务人按约定的条件支付利息和归还本金。企业与其债务人的财务关系体现的是债权与债务关系。

5. 企业与税务机关之间的财务关系

企业与税务机关之间的财务关系主要体现为企业按税法规定依法纳税而形成的经济关系。正如本杰明·富兰克林（Benjamin Franklin）在300多年前的一封书信中写到的那句经典名言："这个世界没有什么是确定的，只有死亡和税收除外。"企业按照税法规定定期向政府缴纳流转税、所得税等，政府保护企业的合法利益不受侵害，由此形成的财务关系实质上是一种强制的经济利益关系。

6. 企业内部各单位之间的财务关系

企业内部各单位之间的财务关系表现为企业内部各单位之间因相互提供产品、劳务而形成的经济利益关系。在实行内部责任核算制的条件下，企业供、产、销各部门以及各生产单位之间相互提供产品、劳务必须进行合理的计价结算，严格分清各单位的经济利益与经济责任，以充分发挥激励机制和约束机制的作用。由此形成的财务关系实质上是一种货币收支结算关系。

7. 企业与其职工之间的财务关系

企业与其职工之间的财务关系表现为职工向企业提供劳动，企业向职工支付劳动报酬而形成的经济利益关系。企业按照按劳分配的原则，以职工提供劳动的数量和质量为依据，向职工支付工资、奖金、津贴等劳动报酬，由此形成的财务关系实质上是一种分配关系。

二、财务管理的概念

（一）财务管理的概念、特点与地位

企业财务管理是基于企业再生产过程中客观存在的财务活动和财务关系而产生的，是组织企业财务活动、处理财务关系的一项经济管理工作，其主要内容包括筹资管理、投资管理、营运资金管理与利润分配管理。

企业管理包括生产管理、技术管理、劳动人事管理、设备管理、销售管理、财务管理等多方面的内容。与其他企业管理活动相比，财务管理具有综合性、广泛性和灵敏性等特点。

1. 综合性

在众多的企业管理活动中，有的侧重于使用价值的管理、有的侧重于价值管理、有的侧重于劳动要素的管理、有的侧重于信息的管理。财务管理作为企业管理的重要组成部分，主要利用价值形式对企业的生产经营活动实施管理，通过价值形式将企业生产经营的各个方面及其他管理工作的质量、效果、问题等综合地反映出来，促使企业管理水平和经济效

益不断提高。

2. 广泛性

财务管理的广泛性在于它涉及企业生产经营的各个方面、各个部门。在企业中凡涉及资金的收支活动，都与财务管理有关。而资金是企业的"血液"，流动于企业各个方面、各个部门，因此，企业的每一项生产经营活动、每一个部门都与财务管理发生广泛的联系，都必须接受财务部门的指导和财务制度的约束，以此促进企业经济效益的提高。

3. 灵敏性

在企业中，生产经营状况如何，管理的效果怎样，都可以迅速地通过各种财务指标反映出来。如决策是否得当、经营是否有方、技术是否先进、生产组织是否合理、产销是否衔接、收入与利润的取得是否合理等都会迅速地影响企业的财务指标，从而有利于及时总结经验，分析问题，不断地提高企业经济效益。

财务管理与企业管理的其他活动相比存在着综合性、广泛性和灵敏性等特点，这决定了其在企业管理中的中心地位，即企业管理应以财务管理为中心，在实践中对财务管理重要性的认识是一个渐进的过程。在我国不同的时期企业管理有不同的中心：在计划经济体制下，企业管理以生产计划为中心；随着市场经济体制的建立和发展，演变到先是以市场销售为中心，后又转变到以资本经营为中心；直到 1995 年 4 月，财政部召开全国财政工交企业工作会议，总结交流了 11 家国企的财务管理经验，其中基于宝钢集团的经验提出"企业管理要以财务管理为中心"。

（二）财务管理与会计的关系

由于企事业单位的财务管理和会计职能大多由同一个机构履行，该机构既有被称为"财务处（部、科、室）"的，也有被称为"会计处（部、科、室）"的，因而使得许多非财务管理、会计专业的人士认为财务（管理）和会计是一回事。20 世纪 80 年代以来，我国财务与会计界就财务与会计到底谁包括谁的问题展开了两次大的讨论，关于二者的关系问题主要有"大会计观""大财务观"和"财会并列观"三种观点。"大会计观"认为会计具有直接的管理职能，会计应当包括财务，财务是管理的对象，必须对财务实施会计管理。"大财务观"认为会计工作是财务管理工作的组成部分。他们认为会计核算只是财务管理的一个基本环节，并提出广义的财务管理包括会计，只有狭义的财务管理才会与会计并列。"财会并列观"与前述两种观点均不相同，它既不赞成会计包括财务，也不赞成财务包括会计，因为财务与会计二者工作性质、内容都各不相同，主张二者并列。

我们赞同财务管理与会计是并列的或平行的观点，即二者虽然关系密切，但它们之间是有区别的。

1. 财务管理与会计的区别

（1）目标不同。财务管理的根本目标在于实现股东财富最大化；而会计目标只在于如何定期、完整、准确地提供投资者、企业管理者及其他利益相关主体所需要的会计信息，即对外提供会计报表和对内提供内部决策报表。

（2）管理的内容和方法不同。财务管理以资金运动（现金流量、财务活动等）作为学科内容，侧重于事前的预测、决策、计划和事中的控制与监督，财务计划、财务控制和财务分析是其主要方法。会计则主要把会计作为信息系统，以会计要素的确认、计量、报告作为主要内容，侧重于对事后经济事项进行反映和监督，它以设置会计科目和账户、复式记账、填制凭证、登记账簿、成本核算和编制报表为主要方法。

（3）工作内容不同。财务人员主要负责以下工作：筹集资金、投资管理、股利分配、银行与保险、信用和收款等；而会计人员主要负责以下工作：提供对外会计报告、对内报告、计划与控制、经济评价、保护企业财产、税务管理等。

（4）工作机构不同。财务机构的设置与否受企业规模的影响，比如在西方，小型企业一般不单独设立财务管理组织，而大型企业一般都设置专门的财务管理机构负责企业的财务会计工作。会计机构的设置则不受企业大小的影响，也就是说，所有企业都应当设置会计部门以加强会计核算。

2. 财务管理与会计的联系

财务管理与会计是密不可分的，其联系主要表现在以下几个方面。

（1）财务管理工作的有效进行必须依赖于会计所提供的信息。财务管理的基本环节包括财务预测、决策、预算、控制、分析，每一个环节都依赖于会计信息。

（2）财务管理工作的好坏可以通过会计信息得以揭示和反映。企业财务状况的好坏，很大程度上取决于财务管理的水平。所以，一个企业理财是否有成效，通过会计信息的分析就可得出结论。

（3）会计信息的提供要满足财务管理的需要。财务管理作为企业管理的重要组成部分，在会计信息方面的要求比其他管理更为迫切。如果会计信息失真，必然会造成财务分析结果失当、财务预测准确性差、财务决策失误、财务预算约束无效、财务控制乏力，从而造成财务管理混乱、经济效益低下，最终可能导致企业破产清算。

第三节 财务管理的目标

美国著名管理学家彼得·德鲁克（Peter F. Drucker）在其《管理的实践》一书中提出，一切活动开始于目标的制定，活动的进行以目标为导向，活动的结果以完成目标的程度来评价。可见目标贯穿于整个管理活动过程中。财务管理作为企业的一项重要管理活动，其目标也贯穿于整个企业的财务管理过程中。正确的财务管理目标是企业财务管理系统良性循环的前提条件，财务管理目标是财务管理研究的起点。

一、财务管理目标的含义和种类

财务管理目标又称财务目标、理财目标，是指企业进行财务活动所要达到的根本目的，是评价企业财务活动是否合理的标准，它决定着财务管理的基本方向。财务管理目标反映着理财环境的变化,并根据环境的变化做适当调整,因此不同时期有着不同的财务管理目标。财务管理目标是财务管理理论体系中的基本要素和行为导向,是财务管理实践中进行财务决策的出发点和归宿。

明确财务管理的目标,是搞好财务工作的前提。财务管理是企业管理的一个组成部分,因此企业财务管理的目标必须和企业管理的总体目标保持一致。从根本上讲,企业的目标是通过生产经营活动创造更多的财富,不断增加企业价值。但是,具体到每一家企业的财务管理目标则要考虑企业所面临的财务管理环境和企业自身实际等诸多因素来确定,即不同国家的企业面临的财务管理环境不同,即使是同一国家的企业,其公司治理结构不同,发展战略不同,所处的生命周期不同,财务管理的目标在体现上述根本目标的同时又有不同的表现形式,主要有利润最大化、股东财富最大化和企业价值最大化三种。

(一)利润最大化

利润最大化是财务目标的较早表述。这种观点从西方经济理论的角度出发,认为利润代表了企业新创造的财富,利润越多则企业的财富增加得越多,越接近企业的目标。从会计的角度来看,股东权益包括股本、资本公积、盈余公积和未分配利润四部分,其中只有盈余公积和未分配利润的增加才是由企业当期自身的经营业绩所致的,而这两部分又来源于利润最大化的实现,是企业从净利润中扣除股利分配后的剩余,因此利润是股东价值的来源,也是企业财富增长的来源。因而,持利润最大化观点的学者认为,企业的财务目标应当使利润额在尽可能短的时间内达到最大。由于利润是企业在一定期间经营收入和经费费用的差额,因此将利润最大化作为企业财务追求的目标,有利于引导企业在追求收入增加的同时还注重成本的降低,促使企业一方面不断改进技术与工艺、提高产品质量、扩大销售收入,另一方面持续加强企业管理、提高劳动生产率、降低成本费用。

目前,利润在我国是评价企业业绩的重要指标之一。例如,在主板申请上市和增资扩股时,要考察企业最近三年的盈利情况;国务院国资委对中央企业负责人的考核指标中,年度利润是主要考核指标之一。但是,将利润最大化作为企业财务行为的根本目标,也存在一定的缺陷,主要表现在以下六个方面。

(1) 利润最大化未考虑利润实现的时间。不同时点上相等金额的利润所代表的价值是不同的,因为资金是有时间价值的。例如,有 A、B 两个投资项目,项目寿命均为 2 年,A 项目第 1 年和第 2 年的利润总额分别为 100 万元、0 万元,B 项目第 1 年和第 2 年的利润总额分别为 0 万元和 100 万元。由此可知,两个项目在寿命期内的利润总额均为 100 万元,但利润获得的时间不相同,A 项目的 100 万元利润早于 B 项目的 100 万元利润。如果不考虑资金时间价值,这两个项目是无差异的。但如果考虑资金时间价值,则 A 项目由于其利润获得的时间更早,因而有着更大的价值。

(2) 利润最大化没有有效地考虑风险问题。一般而言,获取利润与所承担的风险往往存在着一定的对等关系,高利润通常伴随着高风险。如果不考虑风险因素而片面追求利润最大化,将会使决策者优先选择高风险的项目。一旦不利的事件发生,企业将陷入困境,甚至可能破产。例如,两家生产牙膏的公司,去年都赚了 1 000 万元,其中 A 公司

1 000 万元利润中的 700 万元是靠生产和销售牙膏赚到的,另外 300 万元是靠炒股赚来的;B 公司特别擅长炒股,去年炒股赚了 1 200 万元,但牙膏卖得不好,不仅没赚钱,反而亏了 200 万元,炒股和卖牙膏两项业务加起来,去年赚的利润总额也是 1 000 万元。若不考虑风险大小,两家公司的利润没有区别,但如果考虑风险的话,显然炒股所赚取的利润不确定性更大,而牙膏的生产经营利润的风险更小,因此 A 公司更优。

(3) 利润最大化没有考虑投入与产出的关系。利润额是一个绝对指标,若不将其与相应的资本投入额联系起来看,则很难做出正确的判断与选择,还有可能使决策者选择高投入的项目,而放弃高效益的项目。例如,同样获得 100 万元利润,一个企业投入资本 500 万元,另一个企业投入 600 万元,哪一个更符合企业的目标?若不与投入的资本额联系起来,就难以作出正确判断。

(4) 利润最大化并不一定能反映企业的真实盈利能力。利润是企业经营成果的会计度量,而由于同一经济问题的会计处理方法具有多样性和灵活性,使得利润并不能反映企业真实的盈利情况。例如,调增固定资产折旧年限、调低应收账款坏账准备计提比例,均可以使企业的成本费用下降从而使企业账面利润增加,但实际上企业财富并没有增加。

(5) 利润最大化不能反映企业未来的盈利能力。利润是基于历史的角度,反映的是企业过去某一期间的盈利水平,并不能反映企业未来的盈利能力。就企业的利益相关者而言,更关心的是企业的未来盈利能力。

(6) 利润最大化目标往往使企业财务决策者带有短期倾向。利润最大化容易诱使企业只顾实现当前的最大利润,而不顾企业的长远发展;只顾迎合投资者的心理,当期多分红而少积累;只顾局部利润最大,而不顾总体目标的实现;等等。例如,研发投入是企业培育核心竞争力的必由之路,然而由于研发投入的回报不确定性大且周期长,在短期内研发投入所形成的费用会冲减企业利润,进而会降低与利润挂钩的经理人薪酬,使得经理人不愿意加大研发投入。

因此,现代财务理论认为,尽管从经济学的角度来看利润最大化作为企业财务管理目标有一定道理,但它很难适应现代财务管理的要求,因而它不是财务管理的最优目标。

(二) 股东财富最大化

股东财富最大化是指通过财务上的合理经营,为股东带来尽可能多的财富。在股份公司中,股东财富由股东所拥有的股票数量和股票市场价格两方面决定。在股票数量一定的情况下,当股票价格达到最高时,则股东财富也达到最大。所以,股东财富最大化又演变为股票价格最大化。在有效资本市场中,股东财富最大化目标可以理解为最大限度地提高股票的价格。股票的价格由其价值决定,而股票的价值一方面取决于企业未来获取现金流量的能力,另一方面也取决于现金流入的时间和风险。

与利润最大化目标相比,股东财富最大化目标的积极意义在于以下几个方面。

(1) 考虑了时间价值。股东财富最大化目标考虑了股东未来报酬取得的时间因素,并用资金时间价值原理进行了科学的计量。股票的价格取决于股票的价值,而股票的内在价值取决于该股票能给持有人在持有期内带来多少现金流入,它是未来现金流入的现值之和（有关货币时间价值的具体计算原理将在本书第三章中详细介绍）。因此，股票价值的计算考虑了时间因素。

（2）考虑了风险因素。"投资者的眼睛是雪亮的"，企业的风险越大，投资者要求的必要报酬率就越高，因此，对于利润相同但风险不同的两家公司的股票，投资者对于风险较高的企业股票估价会更低，表现为更低的股票价格。

（3）有利于克服企业在追求利润上的短期行为。股票的价值是投资者预计的企业未来现金净流量的现值之和，因此，股东财富最大化不取决于企业过去所赚取的利润，而取决于未来的现金流量。经营者如果存在片面追求利润的短期行为，尽管其报表上的利润可观，投资者则同样会对其短期行为做出正确的反应。例如，如果经营者为了眼前的利润"好看"，而缩减有利于企业核心竞争力培育的研发投入，则投资者依然会降低对该企业的股票估价。所以实行股东财富最大化目标有利于克服企业只追求短期利润的行为，使企业财务管理从更长远的视野发挥统帅作用。

（4）有利于社会财富的增加。股东财富是社会财富的一个子集，如果每个企业都将股东财富最大化作为自己的财务目标，则整个社会的财富将会得到相应的增加。

（5）有利于对经营者进行考核和奖惩。如果资本市场是有效的，股价则客观公正地反映了经营者努力的水平。股东财富是股价的函数，容易量化。因此投资者可用股东财富最大化目标是否实现及实现的程度大小对经营者进行绩效考核和奖惩。

但是，我们也应该看到，股东财富最大化也存在一些缺点，主要表现如下。

（1）股价并不一定总能正确反映经营者的努力。股票价格的变动除受企业经营因素影响之外，还会受到企业无法控制的因素影响。如果股票价格没有及时、正确地反映经营者认为较好的财务决策，将会使经营者失去信心；如果经营者过分注重股票价格的变动，则可能会使财务决策误入歧途。

（2）目标过于单一。它只强调股东的利益，而对企业其他关系人的利益重视不够，在某些时候可能会影响股东财富最大化的实现。

（3）适用范围较窄。它只适用于上市公司，对非上市公司则很难适用。

（三）企业价值最大化

所谓企业价值，就是企业资产的市场价值，它等于负债的市场价值与股东权益的市场价值之和。企业价值最大化是指通过企业财务上的合理经营，采用最优的财务政策、充分考虑资金的时间价值和风险与报酬的关系，在保证企业长期稳定发展的基础上使企业总价值达到最大。这一定义看似简单，实际上包括丰富的内容，其基本思想是将企业长期稳定发展摆在首位，强调在企业价值增长中满足各方利益关系。因此，我们认为企业价值最大化与一些学者提出的"相关者利益最大化"[①]是一致的。

企业价值最大化的财务目标具体包括以下八个方面的内容：①强调风险与报酬的均衡，将风险控制在企业可以承受的范围之内；②创造与股东之间的利益协调关系，努力

---

① 相关者利益最大化是指企业的财务活动必须兼顾和均衡各个利益相关者的利益，使所有利益相关者的利益尽可能最大化。

培养稳定的股东群；③关心本企业职工利益，创造优美、和谐的工作环境；④不断加强与债权人的联系，重大财务决策请债权人参加讨论，培养可靠的资金供应者；⑤关心客户的利益，在新产品的研制和开发上有较高投入，不断推出新产品来满足顾客的需求，以便保持销售收入的长期稳定增长；⑥讲求信誉，注意企业形象的宣传；⑦关心政府政策的变化，努力争取参与政府制定政策的有关活动，以便争取出现对自己有利的法规，但一旦立法并颁布实施，不管是否对自己有利，都会严格执行；⑧积极参与社会公益活动，承担社会责任，提高企业在社会公众中的形象。

如同从利润最大化向股东财富最大化转变一样，从股东财富最大化向企业价值最大化的转变是财务管理目标理论的又一次飞跃，其意义体现在以下几个方面。

（1）企业价值最大化扩大了考虑问题的范围。现代企业理论认为，企业是多边契约关系的总和：股东、债权人、管理层、一般职工等，对企业的发展而言，缺一不可。各方都有自身利益，共同参与构成企业的利益制衡机制，如果试图通过损害一方利益而使另一方获利，结果会导致矛盾冲突，出现诸如职工罢工、债权人拒绝提供贷款、股东抛售股票、税务机关提出罚款等，这些都不利于企业的发展。从这个意义上说，企业价值最大化能弥补股东财富最大化仅仅考虑股东利益而忽略其他关系人利益的缺陷。

（2）企业价值最大化注重在企业发展中考虑各方利益关系。从上述论述可看出，确立财务管理目标必须考虑与企业有契约关系的各个方面，但如何考虑仍是一个十分重要的问题。企业价值最大化是在发展中考虑问题，在企业价值的增长中来满足各方利益关系。如果我们把企业的财富比作一块蛋糕，这块蛋糕可以分为几个部分，分属于企业契约关系的各方——股东、债权人、职工等。从逻辑关系上来看，当企业财富总额一定时，各方的利益是此消彼长的关系，而当企业的财富增加（"蛋糕"做大）后，各方利益都会有所增加，各种契约关系人的利益都会较好地得到满足，这又有利于企业财富的增加，实现财务管理的良性循环。

（3）企业价值最大化目标更符合我国国情。现阶段我国是一个以社会主义为政治制度、以市场经济为经济模式的国家，现代企业制度在我国有着独特的、复杂的发展历程。与国外企业相比，我国企业应更加强调职工的利益与权利，强调社会财富的积累，强调协调各方利益，强调建立企业利益共同体，实现高质量发展。所以，以企业价值最大化作为财务管理目标更符合我国国情。

尽管从理论上看，企业价值最大化是一个相对较为完美的财务管理目标，但在实际运用时也存在如下缺陷：①由于企业价值最大化目标要求企业在财务决策时要考虑各相关者的利益，容易使决策者左右为难；②非上市企业的价值确定难度较大，虽然通过专门评价（如资产评估）可以确定其价值，但评估过程受评估标准和评估方式的影响使估价不易客观和准确，从而影响企业价值的准确性与客观性。

二、代理冲突与财务管理目标

企业是一个由众多利益相关者组成的利益共同体，但由于不同利益相关者的目标并不完全相同，因此要实现企业价值最大化的目标，就必须妥善处理好不同相关者之间因利益目标不同而产生的冲突。

在信息不对称、契约不完备的世界中,拥有信息优势的代理人有可能为了一己私利而损害委托人的利益,从而产生了委托人与代理人之间的冲突,这种冲突被称为代理冲突。在所有权与经营权分离的现代企业中,主要有三组委托代理关系,即股东与管理层、股东与债权人、大股东与小股东,因而形成了三种代理冲突,这些代理冲突如不能得到妥善的缓解,将会影响企业价值最大化财务管理目标的实现。

(一)股东与管理层之间的代理冲突与协调

现代公司制企业的股东一般不直接参与企业的经营管理,而是聘请具有经营管理才能的专业人士来管理企业,股东与管理层之间就形成委托代理关系,股东为委托人,管理层为代理人。股东的目标是股东财富最大化,管理层的目标则是企业规模最大化,这是因为管理层所看重的薪水、权力和地位与公司规模之间都是正相关的关系。由于股东与管理层的目标不一致,在二者利益存在冲突时,管理层为了追求自身利益最大化,有可能通过采取超额在职消费、不作为、短视决策等方式损害股东利益。股东与管理层在财务目标上的冲突可以通过解聘、并购和激励三种机制来解决。

(1)解聘。这是一种通过股东约束管理层的办法。如果管理层未能使股东财富最大化,股东可以在股东大会上行使表决权解聘管理层,后者由于害怕被解聘而被迫约束自己的行为去为实现股东财富最大化而努力,从而使股东与管理层之间的目标基本一致。但是,由于现代企业的股权越来越分散,一个股东要联合足够表决权的股东人数确非易事,因此,这一办法在股权分散的企业中运用得越来越少了。

(2)并购。这是一种通过市场约束管理层的办法。如果一家企业的管理层经营决策失误、经营不力,未能采取一切有效措施使企业价值提高,股票价格就有可能一路走低,则该公司就很有可能被其他公司强行并购,相关的管理层也会被解聘。根据国外一项调查,被并购的公司高层管理人员中有70%在并购后被立即解雇,其余未被解雇的管理人员日后也很难有升职的机会。一个有被解聘史的经理人要想在经理劳动力市场中再找到工作的难度非常大,因为没有哪个股东会愿意聘请一个有"搞垮"企业"劣迹"的人来管理其企业。因此,管理层为了避免企业被并购,必须采取一切措施提高股票市价,增加股东财富。

(3)激励。将管理层的报酬与其绩效挂钩,以使经营者自觉采取满足股东财富最大化的措施。激励有两种基本方式:①"股票期权"方式。它是允许管理层以固定的价格购买一定数量的公司股票,股票的市场价格高于固定价格越多,管理层所得的报酬就越多。管理层为了获取更大股票涨价益处,就必然会主动采取能够提高股价的行动,而该行动与股东的目标是一致的。目前西方国家多数上市公司采取"经理人员股票期权"方式对其经营者进行激励,实践表明,它确实能较为有效地解决股东与管理层的代理冲突。②"绩效股"方式。它是公司运用每股利润、资产报酬率等指标来评价管理层的业绩,视其业绩大小给予管理层数量不等的股票作为报酬。如果公司的经营业绩未能达到规定目标,管理层将部分丧失原先持有的"绩效股"。这种方式使管理层不仅为了多得"绩效股"而不断采取措施提高公司的经营业绩,而且为了使每股市价最大化,也要采取各种措施使股票市价稳定上升。

(二) 股东与债权人之间的代理冲突与协调

除了股东与管理层之间的代理冲突之外,还有一类代理冲突也需关注,即股东与债权人之间的代理冲突。债权人将资金贷放给企业后,拥有按约定的固定利率收取利息和到期收回本金的权利,利息的获得和本金收回都取决于公司资产的流动性,因此其债权的价值大小取决于公司资产的整体风险大小。而所有者可以通过"指使"管理层调整公司资产的整体风险。例如,投资于高风险的项目,或者拒绝风险较低但净现值为正的项目(所谓的"投资不足"现象),或者以公司宝贵的现金向股东支付现金股利,这些行为均会提高公司资产的整体风险,降低债权的市场价值。根据零和博弈理论,这部分降低的债权价值必然转移至股东,从而提升股权的价值。显然,在公司正常经营的情况下,公司所有者是不会采取这种扭曲的策略的,但在公司有破产或财务困境的可能性时,上述扭曲策略是有可能发生的。

为了理解所有者与债权人的代理冲突,我们来看一个公司濒临破产的极端情况,此时公司净资产接近于零,股东手中的股票几近"废纸"一张。公司股东有两个选择:一是不作为,等候破产,则其股票真的成了"废纸";二是立即将现有资产变卖,投资于某一高风险项目,之所以投资于高风险项目是因为此时的企业已经不能靠正常的项目投资来挽救了。该项目尽管成功的概率较低,但一旦项目投资成功,公司不必破产,股票价格上升,与项目投资前几近"废纸"的股票相比,股东得到了投资成功的全部收益,但债权人的收益并不会因为项目投资成功而增加。然而,一旦项目失败,股东手中的股票和项目投资前是一样的(都是"废纸"),并没有什么额外的损失,而债权人可得到的偿还将比项目投资前要少,因而债权人分担了一部分投资损失。对于股东而言,这种投资是一场"成功时我赢,失败时你输"的游戏,但对债权人而言不是什么好游戏。

解决债权人与股东之间的冲突,除了寻求法律保护外,往往采取以下方式加以协调。

(1) 在借款合同中加入限制性条款,或要求发行债券的企业规定筹集资金的用途、担保方式、信用条款等。

(2) 当债权人发现面临的风险增加时,采取提前收回债权或不再提供新债权的方式。

(三) 大小股东之间的代理冲突与协调

尽管股权高度分散是现代公司的特征之一,但学者们发现即使在股权相当分散的美国公司中,也存在一定程度的股权集中现象,其他学者发现股权集中在欧洲和东南亚等国家的公司中更为常见。尤其在我国,股权集中现象更为严重。据统计,截至 2019 年年底,沪深 3 814 家上市公司的第一大股东持股比例平均为 33.04%,第一大股东持股比例在 25%以上的上市公司共有 2 530 家,占全部上市公司的 66.33%,其中有 550 家公司的第一大股东持股比例在 50% 以上,处于绝对控股地位。股权高度集中带来的一个显著的问题就是大小股东的代理冲突问题。

由于大股东与中小股东间的权利不对等、监督的成本与收益不对等,使得大股东具有侵占中小股东利益的条件和动机。大股东主要采取以下方式侵占中小股东利益。

(1) 违规占用上市公司资金。大股东及其他关联方往往大量占用或挪用上市公司从广大股东处募集的资金,掏空上市公司。广大中小股东由于信息不对称而不易察觉,至发现时已损失惨重。

(2) 利用上市公司为其担保。大股东通过上市公司为其提供的担保获得银行提供的贷款,一旦大股东无力偿还银行贷款,则提供担保的上市公司需承担连带赔偿责任,这一损失将由包括中小股东在内的全体股东承担。

(3) 利用不公平关联交易转移上市公司利润。大股东往往通过采取不公平关联交易,如低价买入高价卖出等来转移上市公司的资源或利润,调控上市公司的经营业绩,这种做法不仅可以使大量资产和利润落入自己手中,还可以达到操控利润分配的目的。

解决大小股东代理冲突的措施主要有以下三点。

(1) 对大股东加强内部监督和外部监督。从内部来看,完善独立董事的激励与约束机制、实施大股东表决回避制度、推进大股东诚信体系建设等应是目前的工作重点。从外部来看,要加大对大股东的市场监管力度,尤其是对控股股东内幕交易行为的监管,严格信息披露制度,防止大股东之间为攫取私利而进行的勾结行为,建立健全大股东之间相互制衡的机制。

(2) 加强中小股东的法律保护。从法律上加强对中小股东利益的保护,建立中小股东保护的法律体系,加大对大股东滥用权力的惩罚力度,从而促进上市公司持续健康地发展。

(3) 在监管手段上做到法律手段与市场手段并重。法律手段不仅应加强相应的法律法规制度的建设,更应完善保证法律制度的执行效率。在市场手段上,应充分发挥媒体和社会中介机构的监督作用。

第四节　财务管理的环节

要做好财务管理工作,实现财务管理目标,需要掌握财务管理的基本环节。财务管理环节指财务管理工作的各个阶段,还包括财务管理的各种业务手段。企业财务管理过程从总体上可划分为五个基本环节,即财务预测、财务决策、财务预算、财务控制和财务分析。对于持续经营的企业,财务决策在这些环节中处于关键地位。五个环节相互联系,周而复始,形成财务管理的循环系统。

一、财务预测

财务预测是指利用企业过去的财务活动资料,结合市场变动情况,为把握未来和明确前进方向而对企业财务活动的发展趋势进行科学的预计和测量。财务预测的主要任务是:

通过测算企业财务活动的数据指标，为企业决策提供科学依据；通过测算企业财务收支变动情况，确定企业未来的经营目标；通过测算各项定额和标准，为编制计划、分解计划指标提供依据。财务预测的内容一般包括资金需要量的预测、成本费用预测、销售收入预测、利润总额与分配预测及有关长短期投资额预测等。

财务预测是按一定的程序进行的。一般程序如下。

（1）明确预测目标。财务预测的目标即财务预测的对象和目的。预测目标不同，则预测资料的搜集、预测模型的建立、预测方法的选择以及预测结果的表现方式等也有不同的要求。为了达到预期的效果，必须根据管理决策的需要，明确预测的具体对象和目的，如目标利润、资金需要量、现金流量等，从而规定预测的范围。

（2）搜集整理资料。根据预测对象的目的，要广泛搜集与预测目标相关的各种资料信息，包括内部和外部资料、财务和生产技术资料、计划和统计资料等。对所搜集的资料除进行可靠性、完整性和典型性的检查外，还必须进行归类、汇总、调整等加工处理，使资料符合预测的需要。

（3）建立预测模型。按照预测的对象，找出影响预测对象的一般因素及其相互关系，建立相应的预测模型，对预测对象的发展趋势和水平进行定量描述，以此获得预测结果。常见的财务预测模型有因果关系预测模型、时间序列预测模型以及回归分析预测模型等。

（4）实施财务预测。将经过加工整理的资料利用财务预测模型，选取适当的预测方法，进行定性分析、定量分析，确定预测结果。

二、财务决策

财务决策是指财务人员在财务预测的基础上，根据财务目标的总要求，运用专门的方法，从各种备选方案中选择最佳方案的过程。当然，当财务活动的预期方案只有一个时，决定是否采用这个方案也属于决策问题。在市场经济条件下，财务管理的核心是财务决策，财务预测是为财务决策服务的，决策关系到企业的兴衰成败，同时，财务决策又是财务预算的前提。

财务决策的内容非常广泛，一般包括筹资决策、投资决策、利润分配决策和其他决策。筹资决策主要解决如何以最小的资本成本取得企业所需要的资本，并保持合理的资本结构，包括确定筹资渠道和方式、筹资数量与时间、筹资结构比例关系等；投资决策主要解决投资对象、投资数量、投资时间、投资方式和投资结构的优化选择问题；利润分配决策在股份公司也称为股利政策，主要解决股利的合理分配问题，包括确定股利支付比率、支付时间、支付数额等；其他决策包括企业兼并与收购决策、企业破产与重整决策；等等。

财务决策的主要程序如下。

（1）确定决策目标。由于各种不同的决策目标所需的决策分析资料不同，所采取的决策依据也不同，因此，只有明确决策目标，才能有针对性地做好各个阶段的决策分析工作。

（2）提出备选方案。以确定的财务目标为主，考虑市场可能出现的变化，结合企业内外有关财务和业务活动资料以及调查研究材料，提出实现目标的各种可供选择的方案。

（3）选择最优方案。备选方案提出后，根据决策目标，采用一定的方法分析、评价各种方案的经济效益，综合权衡后从中选择最优方案。

三、财务预算

财务预算是用货币计量的方式，将财务决策目标所涉及的经济资源进行配置，以计划的形式具体地、系统地反映出来。财务预算位居财务管理过程的中间环节，是以财务决策确立的方案和财务预测提供的信息为基础来编制的，是财务预测和财务决策的具体化，是控制和分析财务活动的依据。企业编制的财务预算主要包括现金预算、预计资产负债表、预计损益表等。

财务预算的一般程序如下。

（1）分析财务环境，确定预算指标。根据企业的外部宏观环境和内部微观状况，运用科学的方法，分析与所确定经营目标有关的各种因素，按照总体经济效益的原则，确定主要的预算指标。

（2）协调财务能力，组织综合平衡。合理安排企业的人力、物力和财力，使之与企业经营目标要求相适应，使资金运用同资金来源平衡、财务收入与财务支出平衡。

（3）选择预算方法，编制财务预算。以经营目标为中心，以平均先进定额为基础，编制企业的财务预算，并检查各项有关的预算指标是否密切衔接、协调平衡。

财务预算是企业全面预算体系的重要组成部分。企业全面预算体系包括特种决策预算、日常业务预算和财务预算三大类。特种决策预算是不经常发生的一次性业务的预算，又称为资本支出预算，其主要是针对企业长期投资决策编制的预算，如厂房扩建预算、购建固定资产预算等；日常业务预算是与企业日常经营业务直接相关的预算，如销售预算、生产预算、直接材料预算、直接人工预算、制造费用预算、产品生产成本预算、销售及管理费用预算等；财务预算是企业在计划期内预计现金收支、经营成果和财务状况的预算，也称为总预算。

四、财务控制

财务预算的执行要依靠财务控制。财务控制就是在财务管理的过程中，利用有关信息和特定手段，对企业财务活动施加影响或调节，以便实现预算指标、提高经济效益。它是财务管理人员为保证财务管理工作顺利进行，完成财务预算目标而采取的一系列行动。在企业经济控制系统中，财务控制是一种连续性、系统性和综合性最强的控制，也是财务管理经常进行的工作。

财务控制从不同的角度有不同的分类，从而形成了不同的控制内容、控制方式和控制方法，具体如下：①按控制的时间分为事前控制、事中控制和事后控制；②按控制的依据分为预算控制和制度控制；③按控制的对象分为收支控制和现金控制；④按控制的手段分为绝对数控制和相对数控制。

实行财务控制是落实预算任务、保证预算实现的有效措施。一般而言，财务控制需实施如下步骤。

（1）确定控制目标。财务控制目标一般可以按财务预算指标确定，对于一些综合性的财务控制目标应当按照责任单位或个人进行分解，使之能够成为可以具体掌握的可控目标。

（2）建立控制系统。即按照责任制度的要求，落实财务控制目标的责任单位和个人，形成从上到下、从左到右的纵横交错的控制组织。

（3）信息传递与反馈。这是一个双向流动的信息系统，它不仅能够自下而上反馈财务预算的执行情况，也能够自上而下地传递调整财务预算偏差的要求，做到上情下达，下情上报。

（4）纠正实际偏差。根据信息反馈，及时发现实际脱离计划的情况，分析原因，采取措施加以纠正，以保证财务计划的完成。

五、财务分析

财务分析是以企业财务报告反映的财务指标为主要依据，采用适当的方法，对企业的财务状况、经营成果和未来前景进行评价和剖析的一项业务手段。通过财务分析，可以分析计划期内财务预算完成情况以及财务指标的发展变化情况，并且查明原因，提出改进措施，为以后进行财务预测、决策和编制预算提供依据。

财务分析从不同的角度有不同的分类，根据分析的内容可分为偿债能力分析、营运能力分析、盈利能力分析、发展能力分析和综合分析；根据分析的方法可分为纵向分析和横向分析等。企业可根据需要，选择适合企业自身需要的分析方法组成财务分析方法体系。

财务分析的一般步骤如下。

（1）占有资料，掌握信息。开展财务分析首先应充分占有有关资料和信息。财务分析所用的资料通常包括财务预算等计划资料、本期财务报表等实际资料、财务历史资料以及市场调查资料。

（2）指标对比，揭露矛盾。对比分析是揭露矛盾、发现问题的基本方法。财务分析要在充分占有资料的基础上，通过数量指标的对比来评价企业业绩，发现问题，找出差异。

（3）分析原因，明确责任。影响企业财务活动的因素，有生产技术方面的，也有生产组织方面的；有经济管理方面的，也有思想政治方面的；有企业内部的，也有企业外部的。这就要求财务人员运用一定的方法从各种因素的相互作用中找出影响财务指标的主要因素，以便分清责任，抓住关键。

（4）提出措施，改进工作。要在掌握大量资料的基础上，去伪存真，去粗取精，由此及彼，由表及里，找出各种财务活动之间以及财务活动同其他经济活动之间的本质联系，然后提出改进措施。提出措施，应当明确具体，切实可行，并通过改进措施落实，进而推动企业财务管理的发展。

第五节　财务管理的环境

从系统论的观点来看，环境就是指存在于被研究系统之外的，对被研究系统有影响作用的一切系统的总和。企业的财务管理环境又称为理财环境，是指对企业财务活动和财务管理产生影响作用的企业内外部各种条件之和。"适者生存"，与生物体一样，企业也需要适应环境才能生存。与自然环境相比，理财环境的变动更加频繁和无规律，因此，企业开展财务管理活动更需要对理财环境有比较全面和深入的了解并预测其发展趋势。

企业的财务管理环境包括政治、法律、经济、社会文化、技术等多个方面，本节主要讨论企业难以控制的四种重要环境，即经济环境、法律环境、市场环境和技术环境。

一、经济环境

财务管理的经济环境是指影响企业财务管理的各种经济因素，如经济周期、经济发展水平、经济政策、通货膨胀状况等。

（一）经济周期

在市场经济条件下，经济通常不会出现较长时间的持续增长或较长时间的衰退，而是在波动中前进的，一般要经历复苏、繁荣、衰退、萧条等几个阶段的循环，这种循环被称为经济周期。在不同的经济周期，企业财务管理所面临的环境存在着较大的差异，因而企业应采取的理财策略也不相同，如表1-1所示。一般来说，在经济复苏阶段，社会购买力逐步提高，企业应增加厂房设备和存货，引入新产品，增加雇员，为企业今后的发展奠定基础；在经济繁荣阶段，市场需求旺盛，销售大幅度上升，企业继续扩充厂房设备，增加存货，扩招雇员，这就要求财务人员迅速筹集所需资金；在经济衰退阶段，企业应停止此前的扩张策略、出售多余的设备、停产亏损产品、停止长期采购、削减存货、停止扩招雇员；在萧条阶段，企业应维持现有的规模，削减管理费用和存货，裁减雇员，设置新的投资标准，适当考虑一些低风险的投资机会。总之，面对周期性波动，财务人员必须预测经济发展变化情况，适当调整财务政策。

表1-1　经济周期中的理财策略

复苏阶段	繁荣阶段	衰退阶段	萧条阶段
1. 增加厂房设备 2. 实行长期租赁 3. 增加存货 4. 引入新产品 5. 增加劳动力	1. 扩充厂房设备 2. 继续增加存货 3. 提高产品价格 4. 开展营销规划 5. 增加劳动力	1. 停止扩张 2. 出售多余设备 3. 停产不利产品 4. 停止长期采购 5. 削减存货 6. 停止扩招雇员	1. 建立投资标准 2. 保持市场份额 3. 削减管理费用 4. 放弃次要部门 5. 削减存货 6. 裁减雇员

（二）经济发展水平

财务管理的发展水平是和经济发展水平密切相关的，经济发展水平越高，财务管理水平也越高；经济发展水平较低，财务管理水平也较低。经济发展水平是一个相对概念，要在世界范围内说明各个国家所处的经济发展阶段和目前的经济发展水平，是一件相当困难的事情。所以，我们只能按照常用的概念，把不同的国家分别归于发达国家、发展中国家和不发达国家三大群体，并以此来说明经济发展水平对财务管理的影响。

发达国家经历了较长时间的资本主义经济发展历程，经济发展水平、资本的集中和垄断已达到了相当高的程度，经济发展水平在世界处于领先地位，这些国家的企业财务管理水平比较高。这表现在以下几个方面：①财务管理理论研究成果较多，如资本结构理论、投资组合理论、资本资产定价模型、套利定价模型、期权定价模型等，而且这些理论模型能较好地指导理财实践；②财务管理"工具箱"中可选用的"工具"（方法）多，如杠杆租赁、售后租回、无差别点分析、净现值法、内含报酬率法等；③大数据、人工智能、移动互联网、云计算、物联网、区块链等新技术较早得以在财务管理中应用，如国际四大会计师事务所均已开发出各自的财务机器人。

发展中国家都在千方百计地提高本国的经济发展水平，这些国家目前一般呈现以下特征：基础较薄弱、发展速度较快、经济政策变更频繁、国际交往日益增多。这些因素决定了发展中国家的财务管理具有以下特征：①财务管理的总体发展水平在世界上处于中间地位，但发展速度比较快；②与财务管理有关的法律政策频繁变更，给企业理财造成许多困难；③财务管理实践中还存在着财务目标不明、财务管理方法简单等不尽如人意之处。

不发达国家是经济发展水平很低的那些国家，这些国家的共同特征一般表现为以农业为主要经济部门，工业特别是加工工业很不发达，企业规模小，组织结构简单，这就决定了这些国家的财务管理呈现出水平很低、发展较慢、作用不能很好发挥等特征。

（三）经济政策

经济政策是指国家或政府为了增进整个社会经济福利、改进国民经济的运行状况、达到一定的政策目标而有意识和有计划地运用一定的政策工具制定的解决经济问题的指导原则和措施，包括货币政策、财税政策、产业政策、金融政策、外汇政策、外贸政策等。政府为调控宏观经济所制定的不同经济政策，对微观的企业财务管理有着不同的影响。例如，国家采取收缩的调控政策时，会导致企业的现金流入减少，现金流出增加，资金紧张，投资压缩；当国家采取扩张的经济政策时，对企业的影响则与上述情况相反。企业在财务决策时，要认真研究政府的政策，按照政策导向行事，才能扬长避短。

除了经济政策本身的影响外，经济政策不确定性也是影响企业财务决策的重要因素之一。经济政策不确定性变化会影响企业管理层对未来经济政策的制定、实施和政府干预程度等方面的预期。当经济政策不确定性上升时，产品需求不确定性升高，管理层对未来经济形势的判断越发困难，考虑到管理层通常是会进行风险规避的，进而会减弱投资意愿，投资规模下降势必会减少融资需求。此外，经济政策不确定性上升会使企业现金流的不确定性增大，为了避免无法按期偿还债务带来的破产风险，企业通常会降低债务融资规模。

（四）通货膨胀状况

通货膨胀，是指因货币供给大于货币实际需求，经济运行中出现全面、持续物价上涨的现象。通货膨胀不仅降低了消费者的购买力，也给企业财务管理带来了很大的困难。通货膨胀对企业财务管理的影响通常表现在以下几个方面：①资金占用的大量增加，从而增加企业的资金需求；②企业的利润虚增，易致资金流失；③利率上升，资金筹集成本增加；④证券价格下跌，筹资难度增大。企业面对通货膨胀，为了避免通货膨胀给企业带来的巨大损失，财务人员必须对通货膨胀有所预测。为了实现预期的报酬率，必须加强收入与成本管理。同时使用套期保值等方法尽量减少损失，如提前购买设备与存货、买进现货卖出期货、减少货币的持有量等。

二、法律环境

财务管理的法律环境是指企业与各利益关系人发生经济关系时所应遵守的各种法律、法规。法律环境对企业来说，它一方面规定了企业经营活动的空间，另一方面又为企业在相应空间内自由经营提供了法律上的保护。每个企业进行各项财务活动时，必须依法处理各种财务关系，并学会用法律来保护自己的合法权益。

（一）企业组织法规

企业组织法规是对企业的设立、生产经营活动、变更、终止等行为进行规范的各种法律法规。包括《中华人民共和国公司法》（以下简称《公司法》）、《中华人民共和国个人独资企业法》《中华人民共和国合伙企业法》《中华人民共和国中外合资经营企业法》《中华人民共和国中外合作经营企业法》《中华人民共和国外资企业法》等。这些法规既是企业的组织法，又是企业的行为法。企业的所有生产经营活动都应遵守上述各项法律，企业的自主权不能超出法律的限制。例如，《公司法》对公司企业的设立条件、设立程序、组织机构、组织变更和终止的条件和程序都做了规定，公司从组建到经营一直到终止，都必须严格按《公司法》的规定来进行，因此，《公司法》是约束公司财务管理最重要的法规，公司的财务活动不能违反《公司法》。

（二）税收法规

税法是国家制定的用以调整国家与纳税人之间的在征纳税方面权利与义务的法律规范的总称。我国目前有关税收的立法，按照税法征收对象的不同，可分为以下四种。

（1）对流转额课税的税法，其征税对象为企业销售所得，主要包括增值税、消费税、关税等。这类税法的特点是与商品生产、流通、消费有密切联系。

（2）对所得额课税的税法，包括企业所得税和个人所得税，其特点是可以直接调节纳税人收入，发挥其公平税负、调整分配关系的作用。

（3）对财产、行为课税的税法。主要是对财产的价值或某种行为课税。包括房产税、车船税、印花税等税法。

（4）对自然资源课税的税法。主要是为保护和合理使用国家自然资源而课征的税，包括资源税、城市维护建设税等。

税负是企业的一项支出，增加企业货币资金流出，对企业的财务管理活动有重大影响。企业无不希望在不违反税法的情况下减轻税收负担。但是，企业进行各项财务活动必须严格遵守现行税收法规，绝对不能在纳税行为已经发生时去偷税漏税。

（三）财务与会计法规

企业的财务与会计法规制度是指规范企业财务与会计活动，协调企业财务关系的各种法令文件。它主要包括《会计法》《企业会计准则》《企业财务通则》《企业会计制度》《企业财务会计报告条例》《会计基础工作规范》等。《会计法》是一切会计工作最重要的根本大法，1985年初次颁布实施，经过1999年修订和1993年、2017年两次修正，2019年财政部发布了《会计法修订草案（征求意见稿）》。《企业财务通则》是各类企业开展财务活动、实施财务管理的基本规范，最早颁布于1992年，2006年进行了第1次修订，修订后的《企业财务通则》围绕企业财务管理环节，明确了资金筹集、资产营运、成本控制、收益分配、信息管理、财务监督等六大财务管理要素，并结合不同财务管理要素，对财务管理方法和政策要求做出规范。2021年4月25日财政部发布了《企业财务通则（公开征求意见稿）》。与现行《企业财务通则》相比，《企业财务通则（公开征求意见稿）》适用范围更广，首次将金融企业纳入适用范围，因而普遍适用于各类企业；明确提出企业应当根据实际需要建立健全财务治理结构；新增了有关收益分配的原则性要求、税后利润分配的基本要求、中期利润分配规定、成本责任制规定、内外部信息的管理要求以及明确财务负责人的岗位设立和岗位职责的规定等内容，对财务风险管理制度、财务预算管理制度、内部资金管理要求、存货管理要求、无形资产管理要求等做出了进一步规范。

企业规模不同，所适用的会计准则亦不同。《企业会计准则》是针对所有企业制定的会计核算规则，分为基本准则和具体准则，实施范围是大中型企业，最早颁布于1992年，2006年进行了重大修订，新修订的《企业会计准则》于2007年1月1日起在上市公司中率先实施，2008年1月1日起在国有大中型企业中实施。近年来，财政部又陆续出台了多项修订及解释，到目前为止，形成了由1个基本准则、42个具体准则组成的企业会计准则体系。另外财政部还针对执行过程中出现的一些问题，发布了12个企业会计准则解释。为规范小企业会计行为，财政部颁布了《小企业会计准则》替代了以前实施的《小企业会计制度》，自2013年1月1日起在全国小企业范围内实施。

三、市场环境

在现代经济体系中，对经济运行起着主导作用的三大市场分别是要素市场、产品市场和金融市场。其中，金融市场是引导资本流动、沟通资本由盈余部门向短缺部门转移的市场。现代财务管理与金融市场有着十分密切的关系，没有发达的金融市场，就不会有发达的财务管理实践，也就不会有完善的财务管理理论与方法。金融市场环境就是指企业财务管理所面临的来自金融市场方面的影响因素。金融市场对企业筹资和投资都具有重大影响，因此，本书主要聚焦于金融市场。

（一）金融市场的组成要素

金融市场由主体、客体和金融市场调节机制等组成。金融市场主体是指在金融市场上进行金融交易的市场参与者，包括个人、企业、金融机构、政府等。金融市场的客体是指金融市场上的买卖对象，如商业票据、国库券、股票、债券、大额可转让定期存单等各种信用工具，或称金融性资产。金融市场调节机制是指通过资金价格（利率）调节金融市场中资金供求关系以实现社会资金合理配置的机制。

（二）金融市场的分类

1. 按期限分为短期金融市场和长期金融市场，即货币市场和资本市场

货币市场又称为短期资金市场或短期金融市场，是指交易期限在一年以内的金融市场。货币市场的主要特点是融资期限短，信用工具流动性强，其功能在于满足交易者的资金流动性需求。货币市场包括短期存贷市场、银行同业拆借市场、商业票据贴现市场、短期债券市场等。资本市场是指交易期限在一年以上的金融市场，主要满足工商企业的中长期投资需求和政府弥补赤字的资金需求。资本市场包括长期存贷市场和股票、长期债券等证券市场。

2. 按证券交易的模式分为初级市场和次级市场，即发行市场和流通市场

发行市场，亦称为初级市场或一级市场，是指各种新发行的证券第一次出售给公众时形成的场所。由于证券的发行者不容易与分散的、众多的货币持有者进行直接的交易，因此，由投资银行承购包销是证券发行的主要行销方式。流通市场又称为二级市场，是进行各种已发行证券转手买卖交易的市场。二级市场上的交易不会增加发行在外的金融资产的总额，但是它的存在会增加金融资产的流动性。二级市场的存在使个人和机构投资者更容易变现，做出买卖证券的决策，因为他们可以很方便地在二级市场上卖掉已有的证券，以获取资金购买新证券。因此完善的二级市场会提高一级市场的效率。

3. 按金融工具大类分为股票市场、债券市场、货币市场、外汇市场、期货市场、期权市场

在这六大市场中，前三个市场又被称作有价证券市场，这三个市场的金融工具主要发挥筹措和投放资本或资金的功能。无论从市场功能上还是从交易规模上，有价证券市场都构成了整个金融市场的核心部分。外汇市场的交易工具主要是外国货币，这个市场具有买卖外国通货和保值投机的双重功能，它对国际企业财务管理具有特别重要的意义。期货市场和期权市场主要是用来防止市场价格和市场利率剧烈波动给筹资、投资活动造成巨大损失的保护性机制。因此，这两个市场又可称为保值市场。

4. 按组织方式的不同可划分为场内交易市场和场外交易市场

前者是有组织的、集中的场内交易市场即证券交易所，它是证券市场的主体和核心；后者是非组织化的、分散的场外交易市场。传统的场外交易往往是在电话中成交的零散的小型交易，随着电子科技与网络的发展与普及，大部分公司的债券和股票都通过网络交易，场外交易也变得越来越有组织、有秩序，逐渐成为证券交易所必要的补充。

（三）利率及其测算

利率是指一定时期内利息额与借贷金额（本金）的比率，它是金融市场上资金交易的价格。企业利率的高低将直接影响到企业的筹资、投资等财务活动。利率是决定企业资金成本高低的主要因素，同时也是企业筹资、投资的决定性因素，对金融环境的研究必须注意利率现状及其变动趋势。要预测利率的变动趋势，首先必须了解利率的构成。一般而言，利率由三部分构成：纯利率、通货膨胀补偿率、风险报酬。因此，利率的计算公式可表示为

$$利率 = 纯利率 + 通货膨胀补偿 + 风险报酬$$

1. 纯利率

纯利率是指无通货膨胀、无风险情况下的平均利率。纯利率的高低，受平均利润率、资金供求关系和国家利率管制的影响。首先，利率是利润的一部分，所以利息率依存于利润率，并受平均利润率的制约；其次，在平均利润率不变的情况下，金融市场上的资金供求关系决定市场利率水平。在实际工作中，要精确测定纯利率是非常困难的，因此通常以无通货膨胀情况下的无风险证券（如国库券）的利率来代表纯利率。

2. 通货膨胀补偿

通货膨胀使货币贬值，投资者的实际报酬下降。因此，投资者会在纯利率的水平上再加上通货膨胀附加率，以弥补通货膨胀造成的购买力损失。因此，无风险证券的利率，除纯利率之外，还应加上通货膨胀因素。例如，政府发行的短期无风险证券（如国库券）的利率就是由这两部分组成的，即：

$$短期无风险证券利率 = 纯利率 + 通货膨胀补偿$$

例如，假设纯利率为3%，预计下一年度的通货膨胀率为5%，则1年期无风险证券的利率应为8%。值得注意的是，计入利率的通货膨胀率不是过去实际达到的通货膨胀水平，而是对未来通货膨胀的预期。

3. 风险报酬

风险报酬是投资者要求的纯利率和通货膨胀补偿之外的风险补偿。有关的实证研究表明，公司长期债券的风险大于国库券，投资者要求的收益率也高于国库券；普通股票的风险大于公司债券，要求的收益率也高于公司债券；小公司股票的风险大于大公司的股票，要求的收益率也高于大公司股票。风险越大，要求的收益率也就越高，风险与收益的对应关系是财务管理者应建立起来的最基本观念。风险报酬又分为违约风险报酬、流动性风险报酬和期限风险报酬三种，因此，风险报酬又可表示为

$$风险报酬 = 违约风险报酬 + 流动性风险报酬 + 期限风险报酬$$

（1）违约风险报酬。违约风险是借款人未能按时支付利息或未能如期偿还贷款本金的可能性。违约风险越大，投资人要求的利率报酬越高。债券评级，实际上就是评定违约风险的大小。信用等级越低，违约风险越大，资金提供者要求的违约风险报酬越高。国库券等证券由政府发行，可以视为没有违约风险，其利率一般较低。非投资级的"垃圾债券"的违约风险较大，因而其利率也较高。在到期日和流动性等条件相同的情况下，各信用等级债券的利率水平与国库券利率之间的差额，便是违约风险报酬率。在表1-2中，Aaa级公司债券违约风险报酬率为3.72%，而Baa级公司债券的违约风险报酬率为4.99%，可见债券信用等级越低，违约风险报酬率就越大。

表1-2 美国债券利率一览表

	国库券（1）	Aaa级公司债券（2）	Baa级公司债券（3）	违约风险报酬率	
				Aaa（4）=（2）-（1）	Baa（5）=（3）-（1）
2015年9月	0.35%	4.07%	5.34%	3.72%	4.99%

数据来源：https://www.federalreserve.gov/releases/H15/20151026/h15.pdf。

（2）流动性风险报酬。流动性是指某项资产迅速转化为现金的可能性。如果一项资产能迅速转化为现金，则说明该资产的变现能力强，流动性好，流动性风险小；反之，则说明其变现能力弱，流动性差，流动性风险大。各种有价证券的变现能力是不同的。政府债券和大公司的股票容易被人接受，投资人随时可以出售以收回投资，变现力很强。与此相反，一些小公司的债券鲜为人知，不易变现，流动性风险就较大。与流动性风险较小的证券相比，对于流动性较大的证券，投资者要求的收益率通常会高出1~2个百分点，作为承担流动性风险的补偿，这个利差即为流动性风险报酬。

（3）期限风险报酬。期限风险报酬是指因到期时间长短不同而形成的利率差别。到期时间越长，在此期间不确定性越大，如果市场利率上升，投资者遭受损失的风险越大。期限风险报酬，是对投资者承担利率变动风险的一种补偿。一般而言，因受到期风险的影响，长期利率会高于短期利率，但有时也会出现相反的情况。这是因为短期投资有另一种风险，即购买短期债券的人在债券到期时，由于市场利率下降，找不到获利较高的投资机会，还不如当初投资于长期债券。这种风险被称为再投资风险。对财务人员来说，尽可能较为准确地预测未来的利率走势，在其上升时使用长期资金来源，在其下降时使用短期资金来源。

但是实际上，利率很难准确地预测出来。利率的波动以及与此相关的股票和债券价格的波动，给企业理财带来机会，同时也是挑战。企业在为过剩资金选择投资方案时，可以利用这种机会获得营业以外的额外收益。例如在企业购入长期债券后，市场利率下降，那么按固定利率计算的债券价格就会上涨，企业可以通过出售债券获得比预期更多的现金流。当然，如果出现相反的情况，企业将会蒙受损失。在选择筹资来源时，情况与此相似。在预定利率持续上升时，以当前较低利率发行长期债券，可以节省资金成本。当然，如果后来事实上利率下降了，企业将承担比市场利率更高的资金成本。

四、技术环境[①]

　　财务管理的技术环境,是指财务管理得以实现的技术手段和技术条件,主要包括国家的科学技术发展水平和信息技术的开发与应用,它决定着财务管理的效率和效果。当前人类社会已经进入了数字经济时代,随着"大智移云物区"等信息技术的迅速发展,财务管理正迎来一轮新的变革机遇和挑战,财务预测、财务决策、财务分析、财务预算、财务控制、成本管理、风险管理等均有了更先进的流程、算法、模型和工具,财务管理效率将得到全面提升。

　　在数字经济时代,包括大数据、人工智能、移动互联网、云计算、物联网、区块链等在内的新技术被广泛应用,并由此带来了整个经济环境和经济活动的根本变化。党中央高度重视发展数字经济。近年来我国在数字产业化、产业数字化、数字化治理和数字价值化四大领域均取得了令人瞩目的成就。2015—2019 年,我国数字经济规模增长了将近 14 倍,占 GDP 的比重达到了 36.2%,数字经济规模仅次于美国,位居全球第二位。在数字经济高速发展的背景下,我国财政部高度重视会计审计工作的数字化,在《会计改革与发展"十四五"规划纲要》提出,到"十四五"期末,会计数字化进程要取得实质性成果,要以数字化技术为支撑,以推动会计审计工作数字化转型为抓手,切实加快会计审计工作数字化转型步伐。

　　大数据是指无法在一定时间范围内用常规软件工具进行捕捉、管理和处理的数据集合,是需要新处理模式才能具有更强的决策力、洞察发现力和流程优化能力的海量、高增长率和多样化的信息资产。与小数据相比,大数据具有海量性、多样性、时效性、准确性和价值性五大特征,其中最主要的特征是多样性,即大数据不仅包括结构化数据,还包括非结构化数据。近年来,由于硬件成本的降低、网络带宽的提升、云计算的兴起、网络技术的发展、智能终端和物联网技术的普及,全球大数据量飞速发展。据联合国贸易发展局发布的《2019 年数字经济报告》,全球互联网协议流量在 1992 年是 100GB/ 天,而在 2017 年则达到了 46 600GB/ 秒,到 2022 年将达到 150 700GB/ 秒。

　　人工智能是指通过研究人类思维方式,归纳人类思考规律,使计算机通过深度学习,能够模仿人类的思考方式,实现人脑的部分功能,替代人脑解决特定的问题。大数据、计算能力以及算法是拉动人工智能的"三驾马车",缺一不可。当前在实际应用中达到较好智能效果的基础性技术主要是语音识别、计算机视觉、自然语言处理和知识图谱等。财务机器人是机器人流程自动化技术(robotic process automation,RPA)在财务领域的应用,能够在企业财务流程的特定环节代替人工操作的判断,在一些具有明确规则的重复性工作中可以充当企业的虚拟劳动力,提高财务工作效率和质量,促进财务转型。目前财务机器人在费用报销、采购到付款、订单到收款、固定资产管理、存货到成本、总账到报表、资金管理、税务管理、档案管理、预算管理、绩效管理、管控与合规等领域已有较为广泛的应用。但是财务机器人实质上只是一个基于统一的规则并自动执行的程序,它不能自适应

[①] 本部分中有关"大智移云物区"等信息技术的内容参考了彭娟、陈虎、王泽霞、胡仁昱所著《数字财务》(清华大学出版社,2020 年 10 月第 1 版)一书中的相关内容。

条件之后去改变规则，因此很难称之为真正的人工智能。

移动互联网是指以各种类型的移动终端作为接入设备，使用移动网络作为接入网络，实现移动通信、互联网及其各种整合创新服务的新型业务模式。移动互联网技术可使移动用户从自身实际需求出发，通过以手机、移动互联网设备为主的无线终端随时随地通过无线方式接入互联网。它具有开放性和协作性、便捷性和便携性、感触性和定向性、交互性和娱乐性等特征。

云计算是一种通过网络统一组织和灵活调用各种信息资源，实现大规模计算的信息处理方式。它具有虚拟化、弹性伸缩、快速部署、资源可量化、按需自助服务等特征。企业上云有三大好处：第一，免去前期购买部署基础设施的成本、后期运维、扩展的费用，因而成本较低；第二，可根据用户需求进行动态调配，快速部署或释放，实现弹性扩张，因而配置灵活；第三，云平台搭载有大数据挖掘与分析、人工智能、物联网、区块链等功能，用户可直接调用，快速实现从无到有的资源共享优势。

物联网是通过射频识别装置、红外感应器、全球定位系统、激光扫描器等装置与互联网结合成一个全新的、庞大的网络，把现有的互联网、通信网、广电网以及各种接入网和专用网络连接起来，实现智能化的识别和管理，它具有全面感知、可靠传递、智能处理等特征。

区块链技术是一种按照时间顺序将数据区块以链条的方式组合成特定的数据结构，并以密码学方式保证的不可篡改和不可伪造的去中心化共享总账，能够安全存储简单的、有先后关系的、能在系统内验证的数据。从本质上讲，区块链是一种基于密码学技术的去中心化的分布式账本数据库，是"一台创造信任的机器"，能够让人们在互不信任并且没有中立中央机构的情况下，也能做到互相协作。

大数据、人工智能、移动互联网、云计算、物联网和区块链等信息技术并不是独立存在的，而是相互依存、相互作用，共同推动传统财务向数字财务转型。数字财务具有数据资产化、预测常态化、信息多元化、决策实时化、决策智能化、决策平民化等特征。在数字经济时代，数据资产将成为企业财务管理的重点。在小数据时代，数据采集难，数据量小，开展一次预测工作需要较长的数据准备时间，而在大数据时代，由于数据采集、挖掘和分析工具先进，可以快速获得所需数据并进行清洗、挖掘和分析，从而可以实现财务预测的常态化。大数据时代的财务决策所依据的信息不再仅限于财务数据，而是包括行业发展信息、资本市场与货币市场信息、客户与供应商信息、企业内部战略规划、业务经营、成本质量技术研发、人力资本和业务单位的各种信息，其中既有结构化数据，也有诸如文字、图片、音频和视频等的非结构化数据，实现财务决策所依据的信息多元化。由于财务共享系统的建立和人工智能技术的应用，企业财务决策将实现实时化和智能化。传统的决策主体，因决策者拥有的数据具有相对垄断性及数据的缺乏，企业财务决策基本上依靠企业高管的思维与经验进行。在大数据时代，企业财务决策主体将不仅仅局限于企业高管，企业普通管理者及员工可以相对方便地获得决策所需相关信息，决策能力在一定程度上大幅增强，参与决策意愿也越来越强，决策在某种程度上可以说越来越倾向于依靠企业一线员工，从而实现决策平民化。

第六节　商业伦理与财务职业道德

无论是过去还是现在，无论是国内还是国外，企业财务造假事件都不鲜见。从我国资本市场建立早期的"琼民源""银广夏""蓝田股份"，到最近的"獐子岛""瑞幸咖啡"；从"安然"到"世通"，国内外频频爆发的财务欺诈和造假事件凸显商业伦理和财务职业道德的危机及其教育的重要性和紧迫性。

一、商业伦理

（一）商业伦理的概念与功能

人类是群居动物，具有社会性，因此人与人之间进行交往时需要有一定的规则，这种在处理人与人、人与社会相互关系时应遵循的道理和准则就是伦理。商业伦理是以企业为行为主体，以企业经营管理的伦理理念为核心，企业在处理内外部各种关系中的道德品质、道德规范及道德实践的总和。作为一种"善与恶"或"应该与不应该"的规范，具有群体性、中介性、内隐性、地域性和双向性等特点。

商业伦理是维系商业社会存在的基础，是调节企业与社会、个人与企业、各个企业之间的利益差异和冲突的规范，具有指导功能、评价功能和教化功能。商业伦理具有指导主体行为的功能。商业伦理规范告诉商业交易的参与者社会对其行为的期望和要求，希望参与者"应该如何"或"不应该如何"，使得参与者主动或被动地接受商业伦理规范的要求，进而起到指导的作用。商业交易的参与者行为是对还是错，可依据商业伦理规范来评价。符合商业伦理规范所期望的行为，即为"对"的行为，应予以褒扬，对于违反商业伦理规范的行为，则应予以谴责，从而起到对错误行为的抑制和纠错的作用。商业伦理通过指导参与者弃恶扬善，褒奖正确的行为，纠正错误的行为，对参与者的理念和行为有一种潜移默化的塑造作用。这就是商业伦理的教化功能。

（二）商业伦理的判断标准

一个商业行为从商业伦理的角度来看是对还是错，其判断标准是什么？"商业伦理学科之父"曼纽尔·贝拉斯克斯（Manuel G. Velasquez）对商业中的伦理原则进行了系统的总结和分析，认为主要有效用、权利、正义、关怀四个标准[①]。

1. 效用标准

效用是指某种行为给社会带来的净收益。当且仅当行为产生的效用大于其他替代行为的总效用时，该行为合乎伦理。换言之，多个行为可供选择时，行为人应该选择效用最大的行为，就是符合商业伦理的。桑德尔教授在其主讲的哈佛公开课《公平与正义》中举了一个例子：假设你开着火车，刹车失灵了，铁路的前方有五个工人在作业，眼看火车就要

---

① 参考陈汉文、韩洪灵等著《商业伦理与会计职业道德》（中国人民大学出版社，2020年）。

撞死他们了，这时，你发现旁边有个岔道，而岔道上只有一个工人在作业。此时，你是选择转弯，只撞死一个工人；还是继续往前开，撞死五个人呢？在这个例子中，效用主义者将选择转弯，因为他们认为与撞死五个人相比，撞死一个人对社会的损失更小，即效用更大。

2. 权利标准

与效用原则相反，权利标准反对以行为的效用作为衡量行为的道德价值。德国古典哲学家伊曼努尔·康德（Immanuel Kant）认为，所有人都拥有某些道德权利与义务，不论履行这些权利与义务是否会为自己和他人提供任何效应。也就是说，每个人都有道德权利获得平等的对待，每个人也有义务平等地对待他人。在上例中，如果基于权利标准，火车司机选择转弯的行为是不符合伦理的，因为那一个工人和另外五个工人一样，都有平等的道德权利，他们的生命具有同样的价值。

3. 正义标准

正义通常是指人们按一定道德标准所应当做的事，包括分配正义、应报正义和补偿正义三种。分配正义指的是分配领域中的正义，要求平等的人必须得到公平对待，不平等的人必须得到差别对待。基于平等的正义原则包括平均主义原则、贡献大小原则、需求和能力原则、自由主义原则和综合平等原则。应报主义是指关于惩罚过失者的正义。只有满足以下三个条件时，惩罚过失者才是正义的：①非无知和无能；②确信被惩罚者真的犯有过失；③惩罚必须一致且与过失相符合。补偿正义指的是为个人因他人过失而遭受的损失提供补偿的正义。

4. 关怀标准

关怀标准认为道德的任务不是遵循普遍和公正的道德原则，而是照顾和回应与我们有宝贵及亲密关系的特定人群。它强调两个道德要求：第一，每个人都生活在特定的关系网络之中，应该维持和培养与特定个人和群体的具体和宝贵的关系，如父母、老师、夫妻、同学、老乡、战友等；第二，每个人都应该对那些与其有特殊关系的人给予特殊关怀，尤其是当他们处于弱势情况下更应如此。

在商业实践中，上述四个标准到底该遵循哪一个呢？理想的做法是对这四个标准都予以考虑，即决策时要考虑：①是否达到了效益最大、伤害最小；②是否符合受影响者的道德权利；③是否做到了效益与负担的公正分配；④是否适当关怀了亲近之人。但在伦理决策实践中，要想同时满足四个方面的要求做到面面俱到，是非常困难的。因此需要对四个标准进行恰当权衡，一般情况下，四个标准的优先考虑次序依次是：权利标准＞关怀标准＞正义标准＞效用标准。

二、财务职业道德

道德是社会意识形态之一，是人们共同生活及其行为的准则和规范。道德与伦理既有联系，又有区别。长期以来许多学者都认为，道德与伦理是含义相同的两个概念，是同义异词，指的都是社会道德现象。邹渝在《道德与文明》2004年第5期撰文认为，由"伦"生"理"，由"理"成"道"，由"道"化"德"，这就是隐含在伦理与道德之中的密不可分的内在联系。但同时，伦理与道德又存在着区别。伦理重在探讨"人"与"伦"的关系，道德重在探讨"人"与"理"的关系；伦理具有客观性与实在性，而道德具有主观性与个别性。

不同地区、不同民族的道德标准可能并不完全相同，不同职业的道德也可能存在差异。职业道德是指在一定职业活动中应遵循的、体现一定职业特征的、调整一定职业关系的职业行为准则和规范，它具有职业性、实践性、继承性和多样性等特点。财务（会计）作为一个有着漫长历史的职业，也有着具有显著特征的职业道德。会计职业道德是指在会计职业活动中遵循的、体现会计职业特征的、调整会计职业关系的职业行为准则和规范。它是引导和制约会计行为，调整会计人员与社会、会计人员与不同利益集团以及会计人员之间关系的社会规范。

在我国，《中华人民共和国会计法》《会计基础工作规范》和《关于加强会计人员诚信建设的指导意见》等法律法规中均对会计职业道德规范提出了明确的要求。其中，《会计法》（2019修订征求意见稿）中关于会计职业道德的规定有两处，分别是：第41条要求会计人员应当遵守职业道德，提高专业能力，有关部门和单位应加强对会计人员的诚信管理和教育培训工作；第26条要求建立与实施内部控制时要强化全体员工的职业道德教育。财政部于2019年修订的《会计基础工作规范》要求各单位督促会计人员遵守职业道德，要求会计人员自觉遵守职业道德。在第二章专列一节从八个方面对会计人员职业道德的具体内容进行了明确规范。财政部于2018年发布的《关于加强会计人员诚信建设的指导意见》提出，要引导会计人员自觉遵纪守法、勤勉尽责、参与管理、强化服务，不断提高专业胜任能力；督促会计人员坚持客观公正、诚实守信、廉洁自律、不做假账，不断提高职业操守。综合我国有关法律法规关于会计职业道德规范的规定，我国财务（会计）职业道德规范的内容包括：遵纪守法、爱岗敬业、参与管理、强化服务、客观公正、诚实守信、廉洁自律、不做假账。

（一）遵纪守法

遵纪守法是指财务人员在处理业务过程中，要严格按照法律法规办事，不为主观或他人意志所左右。遵纪守法是财务职业道德的核心，是财务人应坚守的底线。财务工作是一项规则性很强的工作，有许多法律法规对财务工作作出了明确的规定，包括《会计法》《注册会计师法》《公司法》《企业财务会计报告条例》《总会计师条例》《企业会计准则》《企业财务通则》《企业会计制度》《会计基础工作规范》和《会计档案管理办法》等。

遵纪守法要求财务人员要熟悉、遵循和坚持财务法律法规。只有熟悉财务法律法规，才能按法律法规办事，才能保证财务信息的真实性和完整性。财务法律法规是财务人员开展财务工作的标准和参照物，财务人员在会计核算和监督时要自觉地、严格遵守各项法律法规，将单位具体的经济业务事项与相关规定相对照，先作出是否合法合规的判断，对不合法的经济业务不予受理。财务人员在依法理财过程中常常会遇到三种挑战：一是利益冲突的挑战，二是金钱诱惑的挑战，三是权势和人情的挑战。财务人员如果放弃原则，会使财务信息的真实性和完整性受到损害，财务人员也要承担相应责任。如果财务人员坚守准则，又可能会遭到单位负责人或其他方面的阻挠、刁难甚至打击报复。针对财务人员可能遭遇的道德困境，我国《会计法》第四条规定"单位负责人对本单位的会计工作和会计资料的真实性、完整性负责"，第二十八条规定"会计机构、会计人员对违反本法和国家统一的会计制度规定的会计事项，有权拒绝办理或者按照职权予以纠正"，第四十六条规定"单位负责人对依法履行职责、抵制违反本法规定行为的会计人员以降级、撤职、调离工作岗位、解聘或者开除等方式实行打击报复，构成犯罪的，依法追究刑事责任；尚不构成犯罪的，由其所在单位或者有关单位依法给予行政处分。对受打击报复的会计人员，应当恢复其名誉和原有职务、级别"。因此财务人员在开展工作时，应坚持准则，对法律负责，对国家和社会公众负责，敢于同违反法律法规和财务制度的现象做斗争，确保财务信息的真实性和完整性。

（二）爱岗敬业

"岗"是指财务工作岗位，包括出纳、财产物资核算、工资核算、成本核算、财务报告编制等。爱岗就是财务人员热爱本职工作，其具体表现为安心本职工作，忠于职守。财务人员无论从事什么岗位的财务工作，都是核算、会计监督、财务管理的重要组成部分，只有安心本职岗位，才会尽心尽力地去做好本职工作。敬业是指财务人员敬重会计职业，视财务工作为崇高事业。具体表现为，对工作认真负责，积极主动，不怕辛劳，任劳任怨，一丝不苟，勇于对自己提供的财务数据负责，对自己处理的财务事项负责，对自己进行的财务监督结果负责。爱岗和敬业，互为前提，相辅相成。爱岗是敬业的基础，敬业是爱岗的升华。

爱岗敬业的基本要求如下。

（1）正确认识财务职业，树立爱岗敬业精神。只有对财务工作有正确的认识，才会热爱财务工作，敬重财务职业。如果财务人员对自己所从事的职业缺乏正确的认识，认为财务只不过是"写写算算""收收支支""发发工资"的工作，就不可能树立爱岗敬业精神。

（2）忠于职守，任劳任怨。忠于职守是爱岗的具体表现形式，爱岗就必须忠于职守。忠于职守具体表现为对单位、社会公众和国家利益负责。任劳任怨则是敬业精神的一种具体表现形式，它要求财务工作者必须具有不怕艰苦、不怕辛劳、不计得失、默默无闻的工作态度，才能出色地完成财务工作任务。

（3）认真负责，兢兢业业。认真负责的工作态度，兢兢业业的工作作风，是财务工作的内在要求。每一个岗位的财务人员都应该严格按照自己的岗位职责规定的程序和要求，认真负责、兢兢业业地处理业务，并将这种工作作风贯穿于财务工作的各个环节，不可图省事，走"捷径"，马虎敷衍。

（三）参与管理

参与管理就是参加管理活动，为管理者当参谋，为管理活动服务。财务管理是企业管理的中心，在企业管理中具有十分重要的作用。当前我国已进入新时代，经济增长已由高速增长转向高质量增长，大数据、人工智能、移动互联网、云计算、物联网、区块链、量子科技等新技术和新应用不断涌现，整个社会经济表现为不确定（volatile）、不稳定（uncertain）、复杂（complex）、模糊（ambiguous）。在这个被称为"乌卡"（VUCA）的时代，企业管理者的决策环境更加不确定，更加需要财务人员为管理层的决策提供支持。因此，财务人员应积极主动地融入业务活动，向单位领导反映本单位的财务、经营状况及存在的问题，主动提出合理化建议，积极参与市场调研和预测，参与决策方案的制定和选择，参与决策的执行、检查与监督，为管理层的经营管理和决策活动当好助手和参谋。

参与管理的基本要求是：①努力钻研业务，熟悉财经法规和相关制度，提高业务技能，为参与管理打下坚实的基础；②熟悉服务对象的经营活动和业务流程，使管理活动更具针对性和有效性。

（四）强化服务

服务，是指为集体或他人的利益或某种事业而工作。美国会计学会早在1996年就提出"会计是提供鉴定、计量和传递会计信息的一项服务"。可从对外、对内两个维度来理解财务服务：对外，财务通过财务报表的编制和披露满足投资者、债权人、政府等信息使用者的需求，实现会计信息决策有用性的目标；对内，发挥财务的管理作用，为提高企业管理效率服务，实现企业价值最大化的目标。

强化服务的基本要求如下。

（1）树立服务意识。财务人员无论处在单位的哪个层次，都应摆正自己的位置，时刻牢记财务人员为单位、为国家、为投资者和债权人、为员工服务的宗旨。只有树立了强烈的服务意识，才能做好财务工作，履行财务职能，更好地为单位、为国家、为投资者和社会公众服务。

（2）树立新时代理财观。要正确处理好当前与长远的关系，立足现在，谋划未来。要正确处理消费与积累的关系以及发展速度与发展质量的关系，实现高质量发展。

（3）文明服务。要求财务人员在工作中要态度温和，语言文明，礼貌待人，以理服人。业务人员在办理经济业务过程中，往往对财经法规和会计制度不熟悉，财务人员应主动宣传和解释，不得与人争执。对于不合理的开支，不能简单粗暴处理，要弄清真相，报请有关领导按程序处理。对外单位来财务部门办事的人员，要热情接待，在力所能及的范围内尽力帮助。对确有困难，一时办不到的事情要说明原因，征得对方理解。

（五）客观公正

客观是指按照事物的本来面目，不人为地夸大或缩小。公正就是平等、公平、正直、不偏不倚。对财务人员而言，客观包括真实性和可靠性两层含义。以经济活动的真实性作为前提，以财务处理过程的可靠性作为保证，才能达到客观的要求。与客观相比，公正更强调诚实的品质和公正的态度，重点是对财务信息使用者的公正。客观是公正的基础，公正是客观的反映。要达到公正，仅仅做到客观是不够的。公正不仅仅单指诚实、真实、可靠，还包括在真实、可靠中做出公正的选择。

客观公正的基本要求如下。

（1）端正态度。没有客观的态度和公正的品质，就不可能造就尊重事实的现实。客观公正是财务人员必须具备的行为品德，是财务职业道德规范的灵魂。

（2）坚持真实性、完整性原则。

（3）敢讲真话。讲真话是指讲话要实事求是，反映事物的本来面目。敢讲真话是做人的基本品质，更是财务人员应具备的品德。敢讲真话必须做到两个坚持：一是单位领导指使做假账时，财务人员要敢于说不，坚持讲明不做假账的理由，指出做假账的危害；二是在财务检查、审计工作中财务人员要敢于讲真话，报告要坚持正确反映企业实际情况。

（六）诚实守信

诚实是指人的言行与内心想法一致，不说假话。守信，即遵守信用，遵守自己所做的承诺。诚实守信是我国社会主义核心价值观的主要内容，是财务人员职业道德的基本素养。市场经济是"信用经济"，信用是维护市场经济健康发展的前提，是市场经济社会赖以生存的基石。社会主义市场经济越发展，越要求财务人员讲诚实、守信用。

诚实守信的基本要求如下。

（1）做老实人。要求财务人员说真话、实话，不夸大，不缩小，不隐瞒，如实反映经济业务事项；要求财务人员工作认真、踏实，不弄虚作假，不欺上瞒下；要求财务人员言行一致，实事求是，提供真实、完整的财务信息。

（2）讲信誉、守信用。财务人员在工作中讲信誉、守信用，主要应从以下几个方面做起：对股东讲诚信，提供真实可靠的会计信息；对国家讲诚信，认真执行国家的财经法规，及时足额缴纳税收；对债权人讲诚信，履行借款协议，及时偿还到期债务和按时支付借款利息；对供应商讲诚信，按合同支付货款；对员工讲诚信，按期支付职工薪酬；对顾客讲诚信，合理制定产品销售价格。

（七）廉洁自律

廉洁是指不损公肥私，不贪图钱财。自律是指自己约束自己，是行为主体按照一定的标准，自己约束、控制自己的思想和言行。廉洁是基础，自律是保证。自律的核心是用廉洁的道德理念抑制自己的不良欲望。会计职业自律包括财务人员自律和行业自律。财务人员自律是指财务人员以人生观、价值观来约束自己的言行，是一种自愿、自觉、自发的行为。行业自律是指职业组织对整个职业的财务行为进行自我约束、自我控制。廉洁自律是财务职业道德的核心要求，这是由财务工作的特点所决定的。财务工作是与钱、财、物打交道的工作，如果没有廉洁自律的职业道德，就不可能做到"常在河边走，就是不湿鞋"。财务人员有了廉洁自律的道德，才能严格要求自己，坚持原则，敢于阻止侵占单位财产的行为，敢于揭露贪污、盗窃行为。

廉洁自律的基本要求如下。

（1）树立正确的人生观、价值观和权力观。财务人员要树立靠诚实工作谋生活，靠自己刻苦学习、不断提高自己的业务能力求发展，将自己的命运与单位兴衰、国家兴亡紧紧连在一起，运用价值法则，为单位算好账，管好钱，促进单位高质量发展。有了正确的人生观和价值观，财务人员在工作中才能自觉抵制拜金主义、个人主义和享乐主义等错误思想，做到廉洁自律。财务人员还要树立正确的权力观，把权力看作是做好财务工作的条件，看作是一种责任。

（2）公私分明，不占不贪。财务人员要不占小便宜、不贪污受贿；不得利用职务之便将单位钱财据为己有，只能获取合法的劳动报酬和享受员工应得的福利待遇；在处理经济事项时，认真执行财经法规，确保单位资产安全。

（3）正确使用手中的权力。根据财经法规的规定，财务人员在经办财务事项中，拥有一定的职权，如财务预算编制权、费用报销审核权、资金使用计划执行情况检查和考核权、库存现金保管权、财产物资稽核权等。正确使用这些权力是对财务人员廉洁自律的基本要求。

（八）不做假账

"不做假账"是对财务职业道德的高度概括，也是《会计法》及《企业会计准则》《企业财务通则》的基本要求。我国《会计法》第九条规定："任何单位不得以虚假的经济业务事项或者资料进行会计核算。"《企业会计准则》第十二条规定："企业应当以实际发生的交易或者事项为依据进行会计确认、计量和报告，如实反映符合确认和计量要求的各项会计要素及其他相关信息，保证会计信息真实可靠，内容完整。"《企业财务通则》第十三条规定，"编制并提供企业财务会计报告，如实反映财务信息和有关情况"是经营者财务管理的主要职责之一。因此，作为一名财务人员，无论是企业、事业单位的财务工作者，还是中介机构的注册会计师都应该严格遵守客观、公正的立场，真实、完整地反映经济活动，不得弄虚作假。2001年10月29日，时任总理朱镕基视察国家会计学院，欣然题词"诚信为本、操守为重、坚持准则、不做假账"，并将其作为国家会计学院的校训。

"不做假账"的基本要求如下。

（1）深刻理解"不做假账"的现实意义。"不做假账"有助于贯彻实施《会计法》，从源头上治理腐败，实现我国经济高质量发展。只有充分认识"不做假账"的重要意义，财务人员才能主动地"不做假账"，也才能更好地抵制来自有关单位或个人要求做假账的压力。

（2）坚持准则，顶住外来压力，坚决不做假账。财务人员要严格按照会计法律制度办事，不为主观或他人意志左右，坚持准则，如实披露会计信息，不做假账。

通过本章的学习，"蓝天航拍"的总经理李才初步掌握了财务管理的基本概念、各种财务管理目标的优缺点、影响企业财务管理目标实现的三大代理冲突、财务管理的基本环节、财务管理的环境及开展财务活动时应遵循的商业伦理与职业道德规范，李才对于公司的未来充满了信心。

思 考 题

1. 与利润最大化相比，股东财富最大化的财务管理目标有哪些优点和缺点？
2. 为什么说"从股东财富最大化向企业价值最大化的转变是财务管理目标理论的又一次飞跃"？
3. 要实现企业价值最大化的目标，必须妥善处理好哪些代理冲突？
4. 财务管理由哪些环节组成？其中的关键环节是什么？
5. 利率由哪些因素构成？如何测算？

扩展阅读 1-1

蓝天航拍飞行器股份有限公司的财务管理目标选择

第二章
财务分析

本章导读

在2002年年初的诸多新闻人物中，一位充满悲情色彩的女学者刘姝威给人留下了深刻印象。就是这位深藏科研大院，看似弱不禁风的中年女性，用一篇不足600字的短文，把曾经创造中国股市长盛不衰绩优神话的蓝田股份公司拉下了马，这件事本身就像是另一个神话。

被称作"中国农业第一股""中国农业产业化旗帜"的蓝田股份公司是中国证券市场上一只老牌绩优股，熟悉湖北、了解蓝田股份公司的人称：蓝田厉害，惹不起，不能动。可中央财经大学研究所的学者刘姝威，却在不经意中闯进了"蓝田禁地"，捅破了神秘的蓝田股份泡沫。刘姝威对蓝田招股说明书及2001年中期财务报告等公开资料进行分析后发现，从蓝田的资产结构看，1997年开始，其总资产大幅上涨，与之相对应的是，流动资产却逐年下降。这说明，其整个资产规模是由固定资产来带动的，公司的产品占存货百分比和固定资产占资产百分比异常高于同业平均水平。刘姝威觉得应该提示一下银行。于是，她撰写了《应立即停止对蓝田股份发放贷款》。小小一篇文章竟然激起了千层巨浪，不仅让这位名不见经传的研究人员尝到了"太岁头上动土"的苦果，也让她迅速被媒体捧为金融界的知名人物。此事最终以刘姝威的胜利而告终。2002年1月，涉嫌提供虚假财务信息，蓝田董事长等10名中高层管理人员被拘传接受调查。2003年5月23日蓝田股份被上海证券交易所终止上市。

资料来源：http://epaper.stcn.com/paper/zqsb/html/2008-11-27/content_46573.htm。

财务分析是财务管理的重要工具和基础工作，通过将财务报表数据转换为更为有用的信息，对企业财务活动的过程和结果进行研究和评价，目的在于判断企业的财务状况，诊察企业经营活动的利弊得失，从而帮助报表使用者进行相关决策。财务分析既是对企业过去财务活动的总结，又是未来财务预测和财务决策的前提，贯穿于企业财务管理的许多工作，往往起着承上启下的重要作用。

第一节 财务分析概述

一、财务报表与企业财务活动

财务报告是企业依据《企业会计准则》等会计规范对其经营和管理活动进行会计核算，并以统一的格式和项目编制的综合性文件资料。财务报告一般包括财务报表和附注资料，其中，财务报表是财务报告的核心内容，也是财务分析最重要的信息来源。

（一）财务报表

企业的财务报表主要包括资产负债表、利润表、现金流量表、所有者权益变动表。财务分析是一项综合性和技术性很强的技术，本章介绍的是财务分析的基础知识，主要是以资产负债表和利润表的数据为基础阐述传统的财务分析方法，没有涉及现金流量表和其他报表数据。

1. 资产负债表

资产负债表是反映企业某一特定日期财务状况的会计报表。资产负债表是根据"资产＝负债＋所有者权益"这一会计恒等式，按照一定的分类标准和次序将资产、负债和所有者权益各项目进行适当排列而编制的。在资产负债表中，资产项目按流动性由强到弱依次排列；负债和所有者权益反映了公司资金的来源，负债排列在前，所有者权益在后；负债项目按照偿还期限由近及远排列，流动负债在前，非流动负债在后。表2-1是JL公司2019年的资产负债表。

表2-1 资产负债表

编制单位：JL公司　　　　　2019年12月31日　　　　　　　　单位：万元

资产	年初余额	期末余额	负债和所有者权益	年初余额	期末余额
流动资产：			流动负债：		
货币资金	1 532	815	短期借款	1 217	1 915
交易性金融资产	12	6	交易性金融负债	0	0
应收票据	22	0	应付票据	0	100
应收账款	1 546	586	应付账款	231	230
预付款项	9	81	预收款项	14	33
应收利息	0	0	应付职工薪酬	234	206
应收股利	0	0	应交税费	96	194
其他应收款	581	522	应付利息	13	6
存货	556	374	应付股利	5	6
一年内到期的非流动资产	0	45	其他应付款	85	188
其他流动资产	24	21	一年内到期的非流动负债	0	30
流动资产合计	4 282	2 450	其他流动负债	5	3
非流动资产：			流动负债合计	1 900	2 911
可供出售金融资产	0	0	非流动负债：		

续表

资产	年初余额	期末余额	负债和所有者权益	年初余额	期末余额
持有至到期投资	58	3 447	长期借款	20	40
长期应收款	0	0	应付债券	100	220
长期股权投资	0	0	长期应付款	57	33
投资性房地产	0	0	专项应付款	0	0
固定资产	2 683	2 684	预计负债	0	0
在建工程	19	67	递延所得税负债	0	0
工程物资	0	0	其他非流动负债	5	2
固定资产清理	12	0	非流动负债合计	182	295
生产性生物资产	0	0	负债合计	2 082	3 206
油气资产	0	0	股东权益:		
无形资产	190	189	股本	1 375	1 375
开发支出	0	0	资本公积	1 791	1 905
商誉	0	0	减：库存股	0	0
长期待摊费用	0	0	盈余公积	926	1 126
递延所得税资产	38	38	未分配利润	1 118	1 274
其他非流动资产	10	11	股东权益合计	5 210	5 680
非流动资产合计	3 010	6 436			
资产总计	7 292	8 886	负债和股东权益总计	7 292	8 886

2. 利润表

利润表又称损益表，是反映公司在一定期间内生产经营成果的会计报表。利润表是按照"利润＝收入－费用"这一公式编制的，表中项目按利润形成过程列示。利润表将净利润的计算过程分成营业收入与成本、期间费用、投资收益、营业外收支、所得税费用等几个层次，不同层次的收入与费用配比，逐步得出营业利润、利润总额和净利润。利润表反映了公司的生产经营成果，据此可以分析公司的经济效益和盈利能力，并为预测公司未来的收益状况提供重要资料。表2-2是JL公司2019年度利润表。

表2-2 利 润 表

编制单位：JL公司　　　　　　　　　2019年　　　　　　　　　单位：万元

项　目	上年数	本年数
一、营业收入	10 656	13 258
减：营业成本	8 961	11 392
税金及附加	6	7
销售费用	253	483
管理费用	545	516
财务费用	228	150
资产减值损失	0	0
加：公允价值变动收益（损失以"－"号填列）		
投资收益（损失以"－"号填列）	6	528
其中：对联营企业和合营企业的投资收益		

续表

项　目	上 年 数	本 年 数
二、营业利润（亏损以"-"号填列）	669	1 238
加：营业外收入	113	10
减：营业外支出	37	11
其中：非流动资产处置损失		
三、利润总额（亏损总额以"-"号填列）	745	1 237
减：所得税费用	186	309
四、净利润（净亏损以"-"号填列）	559	928

尽管本章主要是以资产负债表和利润表的数据来介绍传统的财务分析方法，没有涉及其他财务报表数据，但下面还是简单介绍一下现金流量表和所有者权益变动表的基本内容。

3. 现金流量表

现金流量表是以现金及现金等价物为基础编制的财务状况变动表，是公司对外报送的一张重要的会计报表。现金流量表为会计报表使用者提供公司一定会计期间内现金及现金等价物流入和流出的信息，以便报表使用者了解和评价企业获取现金和现金等价物的能力，并据以预测公司未来的现金流量。如表2-3所示为现金流量表的基本格式，表中分"经营活动""投资活动"和"筹资活动"三类并从现金流入和现金流出两方面分别反映企业的现金流动信息。

表2-3　现金流量表

项　目	本 期 金 额	上 期 金 额
一、经营活动产生的现金流量：		
销售商品、提供劳务收到的现金		
收到的税费返还		
收到其他与经营活动有关的现金		
经营活动现金流入小计		
购买商品、接受劳务支付的现金		
支付给职工以及为职工支付的现金		
支付的各项税费		
支付其他与经营活动有关的现金		
经营活动现金流出小计		
经营活动产生的现金流量净额		
二、投资活动产生的现金流量：		
收回投资收到的现金		
取得投资收益收到的现金		
处置固定资产、无形资产和其他长期资产收回的现金净额		
处置子公司及其他营业单位收到的现金净额		
收到其他与投资活动有关的现金		
投资活动现金流入小计		
购建固定资产、无形资产和其他长期资产支付的现金		
投资支付的现金		

续表

项　　目	本期金额	上期金额
取得子公司及其他营业单位支付的现金净额		
支付其他与投资活动有关的现金		
投资活动现金流出小计		
投资活动产生的现金流量净额		
三、筹资活动产生的现金流量：		
吸收投资收到的现金		
取得借款收到的现金		
收到其他与筹资活动有关的现金		
筹资活动现金流入小计		
偿还债务支付的现金		
分配股利、利润或偿付利息支付的现金		
支付其他与筹资活动有关的现金		
筹资活动现金流出小计		
筹资活动产生的现金流量净额		
四、汇率变动对现金的影响		
五、现金及现金等价物净增加额		
加：期初现金及现金等价物余额		
六、期末现金及现金等价物余额		

如表 2-4 所示为现金流量表附注，表中将净利润调整为经营活动的现金净流量，反映两者之间差异的形成原因。这种披露经营活动现金流量的方式称为间接法，而表 2-3 中的披露方式称为直接法。需要说明的是，我国目前的财务报表体系中要求现金流量表采用直接法，但同时要求企业在报表附注中用间接法披露经营活动的现金流量，但境外企业的现金流量表大多采用间接法披露经营活动的现金流量。

表 2-4　现金流量表附注

补　充　资　料	本期金额	上期金额
1. 将净利润调节为经营活动现金流量：		
净利润		
加：资产减值准备		
固定资产折旧、油气资产折耗、生产性生物资产折旧		
无形资产摊销		
长期待摊费用摊销		
处置固定资产、无形资产和其他长期资产的损失（收益以"-"号填列）		
固定资产报废损失（收益以"-"号填列）		
公允价值变动损失（收益以"-"号填列）		
财务费用（收益以"-"号填列）		
投资损失（收益以"-"号填列）		
递延所得税资产减少（增加以"-"号填列）		
递延所得税负债增加（减少以"-"号填列）		

续表

补 充 资 料	本期金额	上期金额
存货的减少（增加以"-"号填列）		
经营性应收项目的减少（增加以"-"号填列）		
经营性应付项目的增加（减少以"-"号填列）		
其他		
经营活动产生的现金流量净额		
2. 不涉及现金收支的重大投资和筹资活动：		
债务转为资本		
一年内到期的可转换公司债券		
融资租入固定资产		
3. 现金及现金等价物净变动情况：		
现金的期末余额		
减：现金的期初余额		
加：现金等价物的期末余额		
减：现金等价物的期初余额		
现金及现金等价物净增加额		

4. 所有者权益变动表

所有者权益变动表是反映企业一定期间内构成所有者权益各组成部分增减变动情况的报表。它不仅反映了所有者权益总量的增减变动，还包含所有者权益增减变动的重要结构性信息，使报表使用者能准确理解所有者权益增减变动的根源。如表 2-5 所示为所有者权益变动表的基本格式。

表 2-5　所有者权益变动表

项　目	本 年 数											
	归属于母公司所有者权益										少数股东权益	所有者权益合计
	股本	其他权益工具			资本公积	减：库存股	其他综合收益	专项储备	盈余公积	一般风险准备	未分配利润		
		优先股	永续债	其他									
一、上年期末余额													
二、本年年初余额													
三、本期增减变动金额													
（一）综合收益总额													
（二）所有者投入和减少资本													
（三）利润分配													
（四）所有者权益内部结转													
（五）专项储备													
（六）其他													
四、本期期末余额													

（二）财务报表反映了企业组织财务活动的结果

企业财务活动包括筹资活动、投资活动、生产经营活动和分配活动等，财务报表体现了企业组织财务活动的结果。资产负债表的右方（即负债和所有者权益）反映了企业采用不同筹资方式筹集的资金金额，其中，流动负债部分反映的是短期资金，非流动负债和所有者权益反映的是长期筹资的情况（即筹资活动）；资产负债表的左方（即资产）反映了企业所筹资金的使用情况，非流动资产部分反映对外长期投资和内部长期资产的购置情况（即投资活动），流动资产部分主要反映的是企业在生产经营活动中的短期资产构成，它和流动负债一起可以反映企业的生产经营活动。利润表则通过经营成果的形成过程，特别是营业利润的计算过程可以揭示企业生产经营活动的主要内容，同时，结合所有者权益变动表也可以反映企业的分配活动。

不同于大多数财务报表以权责发生制为核算原则，现金流量表是以收付实现制对企业财务活动中涉及的现金活动进行分类反映。其中，"经营活动产生的现金流量"部分反映了生产经营活动中涉及现金收支的内容；"投资活动产生的现金流量"部分则反映了企业长期投资活动中涉及现金投资支出以及投资收回的内容；"筹资活动产生的现金流量"部分则反映了企业借款和债券等债务筹资，以及股权筹资等筹资活动中涉及现金流入以及支付利息、股利等内容。

可见，企业组织的各类财务活动及其效果大都在财务报表中得以体现，尤其是企业的生产经营活动在财务报表中的反映则更为充分，一方面在利润表中通过经营成果特别是营业利润的计算过程揭示了主要内容；另一方面又在资产负债表的"流动资产"和"流动负债"的大多数项目中反映了生产经营活动的结果，同时也在现金流量表的"经营活动现金流量"部分记录了生产经营活动中所有涉及现金流动的内容。财务报表与企业财务活动之间的大致关系如图 2-1 所示。

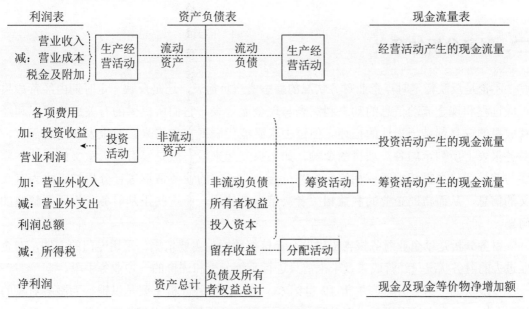

图 2-1　财务报表与财务活动关系

（三）财务报表之间的关系

资产负债表是最早出现的财务报表，在企业财务报表体系中的地位最重要。作为反映特定时日企业财务状况的静态报表，资产负债表既反映了企业所拥有的资源（即资产的账面价值），又反映了企业所负担的债务（负债）以及投资者在企业拥有的权益（所有者权益）。资产负债表所蕴含的财务信息非常丰富，其他三张动态报表都可以看作是对资产负债表某些关键部分信息的说明和补充。其中，利润表是资产负债表中"所有者权益"部分之"未分配利润"项目的明细表，现金流量表是资产负债表里"资产"部分中的"货币资金"科目的明细表，所有者权益变动表是资产负债表中"所有者权益"部分的明细表。

资产负债表通过所有者权益变动表与利润表勾稽，现金流量表主表通过货币资金与资产负债表勾稽，现金流量表补充资料通过净利润与利润表勾稽。

通过对期初期末财务状况的比较分析，资产负债表能够在很大程度反映企业创造价值的结果，其中的一些比如经营成果的形成过程、现金流动情况等特别关键的财务信息可以通过利润表和现金流量表等予以说明。以资产负债表为主体的财务报表之间的关系，如图2-2所示。

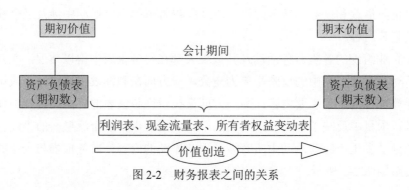

图2-2 财务报表之间的关系

二、财务分析的意义

不论是反映特定时点企业财务状况的静态资产负债表，还是反映一定时期内经营成果形成过程和现金流动信息的动态利润表与现金流量表，它们所提供的有关财务状况和经营成果的信息都是历史性的描述。但过去未必能代表现在和将来。对报表使用者而言，财务报表上所列示的各类项目的金额，如果孤立起来看一般是没有多大意义的，往往需要与其他项目金额相关联或相比较，并结合企业具体的业务情形进行分析加工成为有意义的信息，从而帮助企业的利益相关者决策参考使用，而这些正是财务分析所要解决的问题。

财务分析是以企业财务报告提供的会计核算数据为主要依据，采用专门的方法，对企业过去的财务状况、经营成果及未来前景进行系统分析和评价的一项业务手段。

一般认为，财务分析产生于19世纪末。最早的财务分析主要是以银行为服务对象的信用分析，资本市场形成后出现了盈利分析，财务分析的对象由贷款银行扩大到投资者。

随着资本市场的发展，企业筹资范围和渠道也不断增加，公司规模越来越大并日渐成熟，企业财务报表的使用范围不断扩展，以企业盈利能力、财务风险、投资价值为目标的外部财务分析体系逐渐成熟并扩展到以改善内部经营管理为目的的财务分析。

财务分析对报表信息使用者有着广泛的意义，通过财务分析往往能够评价企业过去的经营业绩，衡量企业现在的财务状况，预测企业未来的发展趋势。财务分析的作用主要体现在以下三个方面。

（1）通过财务分析，可以全面评价企业一定时期内的财务能力。通过对企业偿债能力、营运能力、盈利能力和发展能力等财务能力的判断和评价，可以分析企业经营管理中存在的问题，总结财务管理工作的经验教训，促进企业改善经营活动、提升管理水平。

（2）通过财务分析，可以满足企业的外部投资者、债权人等利益相关者各自个性化的财务信息需求。通过提供更加系统的、完整的财务信息，便于他们更加深入地了解企业的财务状况、经营成果和现金流动情况，为其投资决策、信贷决策和其他经济决策提供依据。

（3）通过财务分析，可以考核企业各部门和单位的经营业绩。财务报表数据是企业各部门和单位按照公司经营战略和计划执行情况的财务结果，通过财务分析，可以检查企业内部各职能部门和单位完成经营计划的情况并考核其业绩，有利于完善企业的业绩评价体系，从而进一步协调各种财务关系，保证企业战略目标和财务目标的实现。

三、财务分析的主体和目的

财务分析的主体与企业之间存在着各种现实或潜在的经济利益关系，以财务报表为核心的企业财务报告是根据所有与公司有经济利益关系的财务信息需求者的一般要求设计的，这些通用的"商业语言"往往难以满足特定使用人的特定要求。各类财务分析主体要从中选取自己需用的信息，重新加工，使之满足各自特定的决策需求。由于与企业的经济利益关系各不相同，不同的财务分析主体对企业财务状况的关注点也就有所不同，这就决定了他们进行财务分析工作必然有不同的分析目的和侧重点。

（一）公司股东

企业所有者也是企业的股权投资者，对公司制企业而言，即为股东。公司股东对公司拥有收益权和剩余财产所有权的同时，必须对公司的债务负有限责任，而且股权投资者在企业经营时不能抽回资金，作为所有权主体的投资者从而与作为经营权主体的经理者共同承担经营风险。

股东进行财务分析的目的一般包括以下两点。

（1）为投资决策服务。公司股东（包括潜在股东）既要关注有关企业营运能力、盈利能力及增长能力等直接影响甚至决定投资收益率的财务信息，还要通过分析资产质量、偿债能力以及现金流信息评价投资风险，以便决定购买或者追加投资，或者转让持有的股权或股份。

（2）考察和评价经营管理者的业绩。作为委托—代理关系中的委托人，股东也要通过分析企业的盈利水平、经营风险和增长能力等来对经营者的受托责任履行情况进行考察和评价。

需要说明的一点是，由于股东的持股比例和目的不同，控股股东和中小股东、战略投资者和财务投资者在获取收益的途径、规模及所承担的风险类型等方面存在着明显差异，因而他们进行财务分析的目的也有不同。

（二）企业债权人

企业债务按形成过程可以分为金融债务和商业债务。企业的金融债权人（如银行、非银行金融机构、债券持有人等）向企业提供融资服务，可以直接与企业签订借款合同将资金贷给企业，也可以通过购买公司债券将资金借给企业。金融债权人与企业之间有正式的债务契约，明确约定还本付息的时间与方式，这种融资方式有长期的，也有短期的。由于金融债权人预期未来能够获得的收益往往是固定的，无论企业获利水平多高，这些收益就是债务合同中约定的利息。但是，如果企业发生亏损或者经营困难，没有足够的偿付能力，金融债权人就可能无法收回全部或部分本息。这就决定了金融债权人首要关注的是其贷款的安全性，这是金融债权人财务分析的主要目的。

企业的商业债权人向企业出售商品或者提供服务的同时也提供了商业信用，未来按商业合同收回固定金额的款项。商业信用为企业提供的短期资金通常不超过 60 天，而且大多数都无须企业支付利息。

由于债务的期限长短不同，债权人进行财务分析时关注的重点有所不同。对于商业信用债权人和短期金融债权人而言，他们主要关心企业目前的财务状况、短期资产的流动性及企业资金周转状况。长期金融债权人更关注企业未来的盈利能力和资本结构，良好的盈利能力是企业持续运营并产生未来现金流的基本保障，资本结构决定了企业的财务风险，从而也会影响债权人的债权安全。

（三）企业的经营者

企业的经营者接受所有者的受托，负责企业的运营管理。经营者通过有效管理和控制企业的各项经济活动及其经营成果和财务状况，从而实现企业的战略和经营目标。相对于公司股东和债权人等外部信息使用者而言，经营者能够掌握和了解更多有关企业运营的内部信息，但财务报表具有整体性和综合性强的特征，依然是经营者非常关注的信息。由于经营者要参与企业运营管理的所有过程，涉及企业方方面面的问题，因而其财务分析的目的往往是多方面的，除了编制财务计划，评估企业的财务状况，有效筹措外部资金及改善财务决策外，几乎还要涵盖财务信息外部使用人关心的所有问题。

为满足不同利益主体的需要，协调各方面的利益关系，实现经营目标，经营者必须对涉及企业财务状况的各个方面予以掌握并进行分析，以便及时发现问题、采取改进措施，通过财务分析进一步挖掘企业的资源和潜力，保证企业的持续发展。同时，经营者也需要通过财务分析对企业的各个部门和职工进行业绩评价，并为下一步制订计划和编制预算工作提供基础。

（四）政府部门

许多政府部门都需要使用企业的财务报表信息，如财政部门、税务部门、统计部门及国有资产监管机构。政府部门制定宏观经济政策，需要通过财务分析了解企业的资金运用、投资行为、经济效益以及职工收入和就业等情况；政府的财税部门还要监督企业的纳税情况，企业是否遵守法规和市场秩序情况等。对于国有企业和国有控股企业而言，国家授权的政府机构（国资委）也要代表国家行使所有者职能，他们通过财务分析更为关注国有资本的保值增值情况。

（五）社会中介机构

社会中介机构通常包括会计师事务所、律师事务所、资产评估机构、资信评级机构及各类咨询机构等。这些独立第三方为企业和社会提供各种专业服务，通常包括对企业相关事项做出客观公正的评价，提出中肯的意见和建议等。通过财务分析，了解企业的财务状况，发现企业在运营和管理中存在的问题，可以为中介机构提供有价值的评价和判断依据。随着财务分析领域的逐渐扩展，财务分析师已成为专门的职业，他们通过财务分析为各类报表使用人提供专业咨询。

在这些中介机构中，会计师事务所与财务报表和财务分析的关系非常密切。注册会计师对企业的财务报表进行审计，其目的主要是确保财务报表的编制符合会计准则的规定，没有重大错误和不规范的会计处理。财务分析是审计程序的一部分，通过财务分析可以确定审计重点，帮助审计人员发现问题和线索，为审计结论提供依据。注册会计师需要依据其审计结果对财务报表的公允性发表审计意见。审计意见分为四种类型：标准无保留意见的审计报告、保留意见的审计报告、否定意见的审计报告和拒绝出具意见的审计报告（后面三类也称为"非标准保留意见"）。注册会计师对一家企业的财务报告出具了标准无保留意见审计报告，大多数情况下，意味着这家企业的财务报表真实、可信，我们可以以此进行财务分析。

四、财务分析的内容

财务分析内容一般包括各种财务能力分析和综合分析。

（一）偿债能力分析

偿债能力是指企业偿还到期债务的能力。通过财务分析，可以了解企业的债务水平、资产规模和流动性及偿还债务的能力，评价企业的财务状况和财务风险，从而提供企业偿债能力的财务信息。

（二）营运能力分析

营运能力是指企业管理和利用资产的能力。资产是企业可以运用的经济资源，企业利用各类资产进行生产经营活动从而取得收益并持续发展。通过分析企业的营运能力，可以了解资产利用效率、资金周转状况，为评价企业经营者的管理水平提供重要依据。

（三）盈利能力分析

获取利润是企业的主要经营目标，也是企业生存和持续发展的基础。企业所有的利益相关者都十分关心企业的盈利能力，盈利能力强可以提高企业偿还债务的能力，为股东提供回报，同时，盈利能力也是对企业经营者进行业绩评价的重要方面。

（四）发展能力分析

无论是企业经营者还是股东、债权人，都十分关注企业的发展能力。企业要在竞争激烈的市场环境中生存和获利，必须要持续发展。通过对企业发展能力进行分析，可以判断企业的发展潜力，预测企业的经营前景，从而为企业经营者和投资者等进行经营决策和投资决策提供重要依据。

（五）财务状况综合分析

在分析了各种财务能力的基础上，往往还需要对企业的财务状况进行综合分析和评价。财务状况综合分析是指全面分析和评价企业各方面的财务状况，对企业风险、收益、成本和现金流量等进行分析和判断，为提高企业财务管理水平、改善经营业绩提供信息。

第二节 财务分析的方法

尽管财务分析的方法灵活多样，但往往需要通过比较从而进行评价并得出结论。根据分析对象、企业实际情况和分析者的目的不同，往往选用不同的比较分析方法。财务分析的基本方法包括结构分析法、趋势分析法和比率分析法。近年来，我国一些学者还提出了项目质量分析法等新的财务分析方法。

一、结构分析法

结构分析法，又称垂直分析法、共同比分析法，它是以财务报表中的某个总体指标作为100%，再计算出各组成项目占该总体指标的百分比，从而比较各个项目百分比的增减变动，揭示各个项目的相对地位和总体结构关系，分析同一报表内各项目及其变动的适当性，判断有关财务活动的变化趋势。

结构分析法通常运用于资产负债表和利润表的结构分析。分析资产负债表结构时，资产类项目通常以总资产为总体指标，通过计算和列示各项资产占总资产的比重，以观察企业资产的流动性和各项资产的所占比例是否适当；负债和所有者权益之和一般作为权益类项目比较时的总体指标，通过计算和列示各负债项目和所有者权益项目所占比重，以分析企业资本结构的合理性。分析利润表结构时，因为营业收入是利润的计算起点和基础，所以一般将其作为总体指标，通过计算和列示各项收入、费用和利润项目占营业收入的比重，以反映各项收入对利润的贡献程度和各项费用开支的合理性。

以表 2-1 中 JL 公司 2019 年的资产负债表中的数据为基础，如表 2-6 所示以总资产为总体指标，计算列示出了各资产项目占总资产的百分比及年末相对于年初的变动情况。

表 2-6 JL 公司的结构百分比

项 目	2018-12-31		2019-12-31		年末比年初增减（%）
	金额（万元）	百分比（%）	金额（万元）	百分比（%）	
货币资金	1 532	21.01	815	9.17	-46.80
交易性金融资产	12	0.16	6	0.07	-50.00
应收票据	22	0.30	0	0.00	-100.00
应收账款	1 546	21.20	586	6.59	-62.10
预付款项	9	0.12	81	0.91	800.00
其他应收款	581	7.97	522	5.87	-10.15
存货	556	7.62	374	4.21	-32.73
一年内到期的非流动资产	0	0.00	45	0.51	
其他流动资产	24	0.33	21	0.24	-12.50
流动资产合计	4 282	58.72	2 450	27.57	-42.78
持有至到期投资	58	0.80	3 447	38.79	5 843.10
固定资产	2 683	36.79	2 684	30.20	0.04
在建工程	19	0.26	67	0.75	252.63
固定资产清理	12	0.16	0	0.00	-100.00
无形资产	190	2.61	189	2.13	-0.53
递延所得税资产	38	0.52	38	0.43	0.00
其他非流动资产	10	0.14	11	0.12	10.00
非流动资产合计	3 010	41.28	6 436	72.43	113.82
资产总计	7 292	100.00	8 886	100.00	21.86

通过表 2-6 的结构百分比可以看到，该公司 2019 的非流动资产占比较高，达到 72.43%，流动资产占比却下降至 27.57%，要引起高度重视；同时，公司资产总额增加了 21.86%，主要是由于持有至到期投资的大幅增加所致，公司的流动资产却是大幅减少的，尤其是占比高的货币资金。

为了深入分析，也可以分别将流动资产作为总体指标，利用结构百分比进一步分析流动资产各项目的占比。同样，也可以将非流动资产、流动负债、非流动负债或所有者权益等项目作为总体指标利用结构百分比进一步分析。

借助于结构百分比比较容易发现各项目在总体中的相对重要性，有助于报表使用者关注重要项目和异动项目，找出问题的关键，明确进一步分析的方向和重点。

二、趋势分析法

趋势分析法又称水平分析法，是通过对比两期或连续数期的财务报表中的相同指标，确定其增减变动的方向、数额和幅度，以说明企业财务状况和经营成果变动趋势。采用这种方法，可以分析和确定引起企业当期财务状况和经营成果变动的主要项目有哪些，变动的性质是否有利，并预测未来的发展趋势。

在趋势分析时，具体的分析方法主要有以下三种。

（一）绝对数分析法

绝对数分析法就是将连续数期的财务报表金额并列起来，直接比较各指标不同期间的增减变动和幅度，据以判断企业财务状况和经营成果的发展变化。这种方法非常简明，资产负债表比较、利润表比较和现金流量表比较都可以运用这种方法。表2-7列示了JL公司各类资产项目年末与年初的变动情况。

表2-7 JL公司的资产项目比较

资产	年初余额(万元)	年末余额(万元)	变动金额(万元)	变动幅度(%)
货币资金	1 532	815	-717	-46.80
交易性金融资产	12	6	-6	-50.00
应收票据	22	0	-22	-100.00
应收账款	1 546	586	-960	-62.10
预付款项	9	81	72	800.00
其他应收款	581	522	-59	-10.15
存货	556	374	-182	-32.73
一年内到期的非流动资产	0	45	45	
其他流动资产	24	21	-3	-12.50
流动资产合计	4 282	2 450	-1 832	-42.78
持有至到期投资	58	3 447	3 389	5 843.10
固定资产	2 683	2 684	1	0.04
在建工程	19	67	48	252.63
固定资产清理	12	0	-12	-100.00
无形资产	190	189	-1	-0.53
递延所得税资产	38	38	0	0.00
其他非流动资产	10	11	1	10.00
非流动资产合计	3 010	6 436	3 426	113.82
资产总计	7 292	8 886	1 594	21.86

（二）环比分析法

环比分析法是通过计算分析有关项目的分析期数值与前期数值的变动百分比。这种方法不仅可以看出有关项目的变动方向，还可以看出其变动幅度。环比变动百分比的计算公式为

$$环比变动百分比 = \frac{分析期数值 - 前期数值}{前期数值} \times 100\% \qquad (2-1)$$

表 2-7 就是对 JL 公司 2019 年与 2018 年的资产所做的环比分析。需要注意的是，如果前期项目为零或者负数，计算的结果一般没有意义。

（三）定基分析法

定基分析法一般选择企业某个时期作为固定的基期，计算分析有关项目的分析期与基期水平的变动百分比。通过连续数期的定基百分比的比较分析，不仅能看到不同时期的变动方向和幅度，还可以看出一个较长期间内的总体变化趋势，从而得到较为准确的趋势分析结论。定基变动百分比的计算公式为

$$定基变动百分比 = \frac{分析数值 - 基期数值}{基期数值} \times 100\% \qquad (2-2)$$

定基分析时的基期一般选择企业财务状况比较正常的年份，也可以选择历史上企业经营的最好水平或具有代表性的时期。

三、比率分析法

比率分析法是把某些彼此存在内在关联的项目加以对比，计算出财务比率，以此来揭示企业财务状况和经济活动的分析方法。比率指标的类型一般包括构成比率、效率比率和相关比率。

（一）构成比率

构成比率又称结构比率，是某项财务指标的各组成部分数值占总体数值的百分比，反映部分与总体的关系。结构分析法就是利用构成比率进行财务分析的，其中，流动资产、固定资产和无形资产占资产总额的百分比（资产构成比率），流动负债和长期负债占总负债的百分比（负债构成比率），还有营业成本占营业收入的百分比，销售费用、管理费用和研发费用分别占营业收入的百分比等构成比率比较重要和常用。利用这些构成比率，可以考察总体中的某个部分的形成和安排是否合理，便于及时发现问题。

（二）效率比率

效率比率是反映企业经济活动中投入与产出之间关系的财务比率，如营业利润率、净资产收益率等。利用效率比率可以考察企业经济活动的经济效益，揭示企业的盈利能力。

（三）相关比率

相关比率是将两个性质不同但又相关的财务指标加以对比求出的比率，如流动比率、速动比率等。利用相关比率可以考察企业经济活动之间的相互依存关系，相互关联的业务

安排是否合理，从而揭示企业的财务状况。

比率分析法是财务分析中最为常用的方法，其中，利用效率比率和相关比率进行财务分析最为重要。本章后面主要运用比率分析法对企业的财务能力进行分析。

四、财务分析的其他方法

企业利益相关者众多，进行财务分析的目的也不尽相同，他们往往会将各种财务分析方法结合使用。除了上述的常用分析方法之外，实务中使用的还有因素分析法、项目质量分析法等。

因素分析法也是财务分析的一种方法，它是依据分析指标与其影响因素之间的关系，从数量上确定各因素对分析指标影响方向和影响程度的一种方法。采用这种分析方法的出发点在于，当影响分析指标的因素有若干个时，假定其他各个因素都无变化，顺序确定每一个因素单独变化对分析指标的影响。运用因素分析法可以寻找和发现各种因素对企业运营效率和经营成果的影响方向和程度，能够帮助经营者改善企业经营效率、提高企业效益。

项目质量分析法是通过对财务报表各组成项目金额和性质的分析，还原企业所发生的经营活动和财务活动，并根据各项目自身特征和管理要求，结合企业经营环境和经营战略，对各项目的质量进行评价。在此基础上，还可以对企业整体的资产质量、资本结构质量、利润质量以及现金流量质量进行分析与评价，并最终对企业财务状况质量做出综合判断。

五、财务分析的比较标准

尽管财务分析的方法灵活多样，但不论哪种方法，都需要通过选择一定的标准来进行对比分析，从而得出结论。财务分析常用的分析标准有历史标准、预算标准、行业标准和经验标准等。

（一）历史标准

历史标准是指以企业过去某一时期财务指标的实际值为标准。选择的历史标准可以是本企业历史上经营最好时期的财务指标，也可以选择正常经营年份的财务指标，还可以选择最近一期的财务指标。

运用历史标准进行比较分析，优点是具有较强的可比性，分析得出的结论一般比较可靠。它对于评价企业自身经营业绩和财务状况是否得到改善是非常有用的。其不足之处在于：①历史标准往往比较保守，适用范围较窄，通常只能说明企业自身的发展变化，不能全面评价企业在同行业中的竞争能力和地位，尤其是当企业外部财务管理环境发生突变后，历史标准的作用会大大削弱；②当企业主体发生重大变化（如企业合并、重大资产重组）时，历史标准就会失去意义或至少不适合直接使用。

（二）预算标准

预算标准是企业依据其编制的财务预算或经营计划所制定的财务指标的目标标准。由于财务预算或者经营计划属于企业的内部资料，外部人士无法取得，所以只有企业经营者能够使用预算标准。

由于预算标准来源于企业的财务预算或者经营计划，符合企业战略及目标管理的要求，企业经营者通过对实际与预算标准之间产生的差异进行分析，既可以评价企业整体的财务状况，发现经营管理中存在的问题，还可以评价各部门的经营业绩，为企业的内部考核提供依据。但由于预算标准的主观性较强，往往缺乏客观依据，有时预算标准不够合理。

（三）行业标准

行业标准是按行业制定的，反映分析对象所处行业财务状况和经营状况的基本水平，它是财务分析中广泛采用的财务分析标准。行业标准常常选取行业财务状况的平均水平，也可以是同行业中某一比较先进企业的业绩水平。

运用行业标准进行比较分析，可以说明企业在行业中所处的地位和水平；也可用于判断企业的发展趋势。例如，受新型冠状病毒感染疫情影响，2020年某企业的资产利润率从12%下降为9%，而同期该企业所在行业的平均利润率由12%下降为6%，这时我们可以认为该企业在2020年的盈利状况是相当好的。但是作为最常用的分析标准，行业标准的选取往往比较困难，原因如下。

（1）同"行业"可比性的差异问题。同行业内的两家公司并不一定是十分可比的，比如我国航空工业中的主机厂和配件厂，其经营状况和财务状况差别就比较大；即便两家企业都是主机厂，民机和军机的销售比重不同，财务状况也有较大差异。

（2）许多大公司往往跨行业经营，多元化导致企业拥有多种不同盈利能力和经营风险的业务，这就为选择行业标准带来了困难。

（四）经验标准

经验标准是指依据大量且长期的实践经验而形成的标准（适当）的财务比率标准值。例如，流动比率的经验标准为2：1，一般认为资产负债率通常应该控制在30%～70%等。经验标准在实务中也被经常采用。事实上，所有这些经验标准主要是就制造业企业的平均状况而言的，而不是适用于一切领域和一切情况的绝对标准。

经验标准并非一般意义上的平均水平，即财务比率的平均值，并不一定就构成经验标准。一般而言，只有那些既有上限又有下限的财务比率，才可能建立起适当的经验比率。而那些越大越好或越小越好的财务比率，如各种利润率指标，就不"宜"建立适当的经验标准。

企业的各种利益相关者基于不同的目的可以选择某一种的标准进行财务分析，也可以同时分别采用多种标准多角度地分析和评价企业的经营状况和财务状况。其中，企业经营者和外部相关方都可以采用行业标准、历史标准和经验标准，但预算标准只有企业经营者才能够使用。

六、财务分析的局限性

财务分析是一项专业性较强的综合工作，财务分析的结果不但取决于分析者的知识水平，往往还会受到一些客观因素的制约和影响。

（一）财务报表本身的局限性问题

财务报表的编制以一系列基本假设为前提，也就是说，财务报表是在几个假设成立的条件下对企业的财务状况进行披露，而不能认为报表揭示了企业经营的全部实际情况。其局限性如下：①资产的价值只代表历史成本，而不能反映其现行成本或变现价值；②币值稳定的假设未考虑通货膨胀因素；③稳健原则要求预计损失而不预计收益，有可能夸大费用，少计收益和资产；④会计分期的假设要求企业仅仅呈报短期的经营成果和财务状况，而无法提供反映企业长期潜力的信息。

（二）财务报表的真实性问题

财务分析结论的准确性依赖于财务报表本身的真实性。为了提高财务分析结论的准确性，分析者应当注意一些与报表真实性相关的问题，如财务报告的规范性、财务报表是否完整、财务数据是否存在反常现象以及审计师的声誉及其出具的审计报告类型。

（三）财务报告的可比性问题

由于会计准则的变化及报表项目和编制口径调整变化，企业不同时期的报表可比性可能受到影响。还有，《企业会计准则》往往允许不同企业对同一会计事项可以合理选择不同的会计处理方法。例如，固定资产折旧方法有直线法、双倍余额递减法等，存货计价可以采用先进先出法或后进先出法等。尽管财务报表附注会披露企业的会计政策，但财务报表使用分析者未必能够意识到不同企业采用不同会计政策造成的经营成果和财务状况的差异；即使意识到了差异的存在，也未必有能力完成可比性的调整工作；就算财务分析人员意识到了差异的存在，并且有能力完成可比性的调整工作，但是否进行调整，还要考虑成本效益原则。

第三节　财务能力分析

一、偿债能力分析

偿债能力是指企业偿还其债务（含本金和利息）的能力，通常以其资产的流动性为衡量标准，分为短期偿债能力和长期偿债能力。短期偿债能力指企业以其流动资产支付在一年内即将到期的流动负债的能力。长期偿债能力是企业以其资产或劳务支付长期债务的能力。企业的长期偿债能力不仅受其短期偿债能力的制约，还受企业获利能力的影响。偿债能力分析就是通过对企业变现能力和债权物质保障程度的分析，观察和判断企业偿还到期债务能力的强弱。通过偿债能力的研究与分析，能揭示一家企业财务风险的大小。

（一）短期偿债能力分析

对于短期债权人而言，他们最关心的是企业是否有足够的现金和其他能在短期内转化为现金的资产，以支付即将到期的债务。企业若无法满足债权人的要求，可能会引起破产或造成生产经营的混乱。短期偿债能力体现在公司流动资产与流动负债的对比关系中，反映流动资产对偿付流动负债的保障程度。因此，短期偿债能力分析就要揭示企业流动资产与流动负债的适应程度，查明企业资产变现能力的强弱，可通过流动比率、速动比率和现金比率等指标来进行分析。

1. 流动比率

流动比率是流动资产除以流动负债的比值，其计算公式为：

$$流动比率 = \frac{流动资产}{流动负债}$$

流动比率表明企业每一元流动负债有多少流动资产作为偿付保证，该比率越大，说明企业对短期债务的偿付能力越强。但流动比率过高，说明企业有较多的资金滞留在流动资产上，从而影响其获利能力。因此，流动比率应保持一定的幅度，通常认为，该比率宜保持在 2 左右为宜。但具体分析企业的流动比率时，应根据不同行业、不同经营性质和不同营业周期的特点加以分析。即使同一家企业，在不同的时期（如旺季与淡季）流动比率也可能会有较大差别。因此，确切地说，流动比率必须大大超过 1，但应控制在 2 以下，既有利于加速资产的流动性，又能保证企业的流动资产在清偿流动负债之后有余力去应付日常活动中的其他资金需求。

由于流动比率计算中没有考虑流动资产的构成，因此，即使一家公司的流动比率高，也不能绝对地认为其短期偿债能力强，往往还需结合对速动比率等其他指标的分析，才能更确切地反映企业的短期偿债能力。

2. 速动比率

比流动比率更能进一步揭示企业变现能力的财务比率指标是速动比率，也称为酸性测试比率，速动比率是速动资产除以流动负债的比值。速动资产是指那些可以立即转换为现金来偿付流动负债的流动资产，一般是从流动资产中减去变现能力较差的存货项目之后的余额。速动比率的计算公式为：

$$速动比率 = \frac{速动资产}{流动负债}$$

企业的流动资产中，存货的变现周期较长，而且可能发生损耗和出现滞销积压，流动性较差。把存货从流动资产总额中减去而计算出的速动比率，反映的短期偿债能力会更加令人信服。通常认为速动比率应保持在 1 左右，才算具有良好的财务状况和较强的短期偿债能力。但这也仅是一般的看法,没有统一的标准。行业不同,速动比率会有很大的差别。例如,采用大量现金销售的商店,几乎没有应收账款,小于 1 的速动比率也是比较合理的;相反,一些应收账款较多的企业,速动比率可能要大于 1 才会被认为是合理的。

影响速动比率有效性的重要因素是应收账款的变现能力。应收账款变现的速度快慢、坏账发生的多少都会对企业短期偿债能力产生影响。

3. 现金比率

现金比率又称即付比率,是指企业现金类资产(现金和现金等价物)与流动负债之间的比率关系。其计算公式为:

$$现金比率 = \frac{现金类资产}{流动负债}$$

选取从速动资产中减去应收账款后的现金类资产而计算的现金比率,是对流动比率和速动比率的进一步分析,它是评价企业流动资产中的现金、银行存款和短期有价证券用于偿付流动负债的指标,较之于流动比率和速动比率而言更为严格,因为现金资产是企业偿还债务的最终手段。

一般认为,现金比率应保持在 0.2 以上为好。但也不能认为该项指标越高越好,因为现金比率太高也可能是由于企业拥有大量不能盈利的现金和银行存款所致。因此,将流动比率、速动比率和现金比率结合起来分析和评价企业的短期偿债能力,其结果比依据某一单项指标更为全面和准确。

【例 2-1】根据表 2-1 中 JL 公司的财务报表数据,试对 JL 公司的短期偿债能力进行分析。

解析:

(1)公司 2018 年年末的短期偿债能力指标:

①流动比率 = 4 282÷1 900=2.25

②速动比率 =(4 282-556)÷1 900=1.96

③现金比率 =(1 532+12)÷1 900=0.81

(2)公司 2019 年年末的短期偿债能力指标:

①流动比率 =2 450÷2 911=0.84

②速动比率 =(2 450-374)÷2 911=0.71

③现金比率 =(815+6)÷2 911=0.28

(3)列表对比评价。将上述计算数据列入表 2-8。

表 2-8 JL 公司短期偿债能力分析表

指标名称	2018 年	2019 年	简　评
流动比率	2.25	0.84	较低,较上年大幅下降
速动比率	1.96	0.71	偏低,较上年大幅下降
现金比率	0.81	0.28	尚可,较上年大幅下降

(4)综合评价。从短期偿债能力比率指标的计算结果看,该公司 2019 年末的流动比率和速动比率低于一般的经验标准,流动比率远低于 2,说明公司的短期偿债能力不强,

特别是与上一年相比,呈大幅下降的趋势。尽管如此,但公司的现金比率大于0.2的一般标准,表明公司拥有的现金资产比例尚可,下一步该公司应分析造成本年度短期偿债能力大幅下降的原因,积极改善资产结构,增加流动资产的数量。

(二)长期偿债能力分析

对于长期债权人来说,他们更注重从长远的观点来评价企业的偿债能力。企业的长期偿债能力与企业的盈利能力、资本结构有着十分密切的关系。衡量企业长期偿债能力的指标较多,通常包括资产负债率、产权比率、利息保障倍数和长期负债与营运资金的比率等。

1. 资产负债率

资产负债率是负债总额除以资产总额的百分比,也就是负债总额与资产总额的比例关系,又称负债比率或举债经营比率。资产负债率是从总体上表明企业的债务状况、负债能力和债权保障程度的一个综合指标。它能够反映资产占用的资金中有多大比例是通过借债筹资形成的,也可以衡量企业在清算时保护债权人利益的程度。其计算公式为:

$$资产负债率 = \frac{负债总额}{资产总额} \times 100\%$$

企业的债权人、所有者以及经营者往往从不同的角度来评价这一比率。

对债权人而言,他们最为关心的是其贷给企业资金的安全性,即到期能否收回本息。如果公司总资产中由所有者提供的部分较少,则意味着风险主要由债权人承担,这显然对其不利。因此,债权人总是希望该比率越低越安全。

对所有者而言,他们关心的主要是投入资本收益率的高低。如果负债的利息率低于总资产收益率,负债比率越大,所有者的投资收益也越大。这样,所有者就希望能通过增加负债来提高资本收益率,从中获得更多的利益。

从公司经营者的角度看,则希望将资产负债率控制在一个合理的水平。资产负债率高,说明企业扩展经营的能力强,股东权益的运用越充分。但债务太多,会影响债务的偿还能力,加大企业的财务风险,一旦发生经营不利的情况,企业将难以承受沉重的债务负担,甚至可能因资不抵债而导致公司破产。

资产负债率的合理水平,一般应在50%左右。但具体而言,到底应为多少,要根据公司的经营情况,特别是盈利能力等进行综合考察。

2. 产权比率

产权比率也是衡量长期偿债能力的指标之一。它是负债总额与股东权益总额的比率。这一比率可用以衡量权益资本对借入资本的保障程度。其计算公式为:

$$产权比率 = \frac{负债总额}{所有者权益总额} \times 100\%$$

该项指标反映了由债权人提供的资本与股东提供的资本的相对关系,反映企业基本财务结构是否合理或稳定。产权比率高,说明是高风险、高报酬的财务结构;产权比率低,说明是低风险、低报酬的财务结构。企业应对收益与风险进行权衡,力求保持合理、适度的财务结构，以便既能提高盈利能力，又能保障债权人的利益。一般而言，产权比率应小于100%，即借入资本小于股权资本较好，但也不能一概而论。

产权比率与资产负债率对评价企业偿债能力的作用基本相同，两者的主要区别在于：资产负债率侧重于分析债务偿付安全性的物质保障程度，产权比率则侧重于揭示公司财务结构的稳健程度以及权益资本对财务风险的承受能力。

为了进一步分析股东权益对负债的保障程度，可以保守地认为无形资产不宜用来偿还债务，将其从上式的分母中扣除，这样计算出的财务比率称为有形净值债务率。其计算公式为：

$$有形净值债务率 = \frac{负债总额}{股东权益总额 - 无形资产净值} \times 100\%$$

3. 利息保障倍数

利息保障倍数是指企业一定时期内所获得的息税前利润（earnings before interest and tax，EBIT）与当期所支付利息费用的比率，用以衡量企业以所获取利润总额承担支付利息的能力，也叫利息支付倍数。其计算公式为：

$$利息保障倍数 = \frac{息税前利润}{利息费用}$$

或：

$$利息保障倍数 = \frac{净利润 + 所得税 + 利息费用}{利息费用}$$

实务中计算该指标时，如果"利息费用"的数据难以取得，可以用利润表中"财务费用"的数据替代计算。

利息保障倍数不仅反映了企业获利能力的大小，而且反映了获利能力对偿还到期债务的保证程度，它既是企业举债经营的前提依据，也是衡量企业长期偿债能力大小的重要标志。一般来说，利息保障倍数越高越好，这个指标越高，就意味着利息费用的支付越有保障。特别对于分期还本付息的长期负债来说，如果企业在支付债务利息方面不存在困难，通常也就有可能再借款用于偿还到期的债务本金，形成良性循环。反之，利息保障倍数越小，则表明企业可用于支付利息的利润越少。当该比率小于1时，表示企业的盈利能力根本无法承担举债经营的利息支出，此时企业已陷入财务困境之中，举债的安全保障已成问题。

企业的长期偿债能力与其盈利能力是相互关联的。如果企业的盈利能力不强，未来就很难有充足的现金流入量，这必然影响公司的偿债能力。因此，在分析企业长期偿债能力时，还应进一步分析其盈利能力。

【例2-2】根据表2-1和表2-2中JL公司的财务报表数据，试对JL公司的长期偿债能力进行分析。

解析：

（1）公司2018年的长期偿债能力指标：

①资产负债率 =（2 082÷7 292）×100% = 28.55%

②产权比率=（2 082÷5 210）×100%=39.96%
③利息保障倍数=（745+228）÷228=4.27
（2）公司 2019 年的长期偿债能力指标：
①资产负债率=（3 206÷8 886）×100%=36.08%
②产权比率=（3 206÷5 680）×100%=56.44%
③利息保障倍数=（1 237+150）÷150=9.25
（3）列表对比评价。将上述计算数据列入表 2-9。

表 2-9　JL 公司长期偿债能力分析表

指标名称	2018 年	2019 年度	变动幅度	简评
资产负债率	28.55%	36.08%	26.37%	正常
产权比率	39.96%	56.44%	41.24%	正常
利息保障倍数	4.27	9.25	116.63%	好

（4）综合评价。从上面的计算分析可以看出，该公司的长期偿债能力很强，财务风险不大。尽管资产负债率、产权比率呈现出一定幅度的上升趋势，但负债水平仍然处于偏低的水平。特别是利息保障倍数的增加幅度达到了 116%，说明公司的长期偿债能力依然很强。

整体而言，该公司偿债能力较强，但下一步应分析资产状况，考虑调整负债结构，改善短期偿债能力。

二、营运能力分析

营运能力是指企业对其所拥有的经济资源的配置和利用能力，从价值的角度看，就是企业对所占有资金的利用效果。一般情况下，企业管理人员的经营管理能力，以及对资源的配置能力都可通过相关的财务指标反映出来。

企业在资源配置上是否有效或高效，可以直接从企业资产结构状况、周转状况及运用状况等方面反映出来，这不但能从不同方面反映企业的财务状况，在一定程度上或从某些方面也可反映企业的偿债能力和盈利能力。

企业的营运能力最终是通过资产的利用效率体现出来的。对企业营运能力分析的内容包括流动资产营运能力分析和总资产营运能力分析，其中重点是对流动资产中的应收账款、存货等内容进行分析。

（一）应收账款周转率

及时收回应收账款，不仅能增强企业的短期偿债能力，也反映出企业管理应收账款方面的效率。应收账款周转率是企业年度内应收账款转为现金的平均次数，它说明应收账款流动的速度。其计算公式为：

$$应收账款周转率=\frac{营业收入}{平均应收账款余额}$$

式中：平均应收账款余额是应收账款期初余额与期末余额的平均数。

用时间表示的周转速度是应收账款周转天数，也叫应收账款回收期或平均收现期，它表示企业从取得应收账款的权利到收回货款，转换为现金所需要的时间。其计算公式为

$$应收账款周转天数 = \frac{360}{应收账款周转率}$$

应收账款周转率是分析企业应收账款变现能力和管理效率的财务比率。应收账款周转次数多或应收账款周转天数少，表明企业对流动资金运用和管理效率高，企业组织收回应收账款的速度快，形成坏账损失的风险小，流动资产流动性好，短期偿债能力强；反之，应收账款周转次数少或应收账款周转天数多，表明企业对流动资金运用和管理效率低，企业组织收回应收账款的速度慢，形成坏账损失的风险大，流动资产流动性差，短期偿债能力弱。

（二）存货周转率

存货周转率是衡量存货变现能力强弱和存货是否过量的指标。存货周转率是指企业一定时期内的销售成本与存货平均余额之间的比率。该指标有存货周转次数和存货周转天数两种表示方法。其计算公式为：

$$存货周转率 = \frac{营业成本}{平均存货}$$

$$存货周转天数 = \frac{360}{存货周转率}$$

式中，平均存货是存货期初余额与存货期末余额的平均数。

存货周转率是从存货变现速度的角度来分析企业的销售能力及存货的适量程度。存货周转次数越多，说明存货变现速度越快，企业销售能力越强，企业控制存货的能力强；反之，存货周转次数越少，说明存货变现速度慢，企业销售能力较弱，存货积压，营运资金沉淀与存货数量较大。

分析存货周转率时应注意以下两点。

（1）存货批量的影响。存货批量很小时，存货可以较快地转换，因而存货周转率较快。但存货批量过小，甚至使得企业的库存低于安全储备量时，可能会导致经常性的缺货，影响企业正常的生产经营。

（2）企业采用不同的存货计价方法，会影响到存货周转率指标的大小。因此，在分析企业不同时期或不同企业的存货周转率时，应考虑存货计价方法不同所产生的影响。

（三）流动资产周转率

流动资产周转率是企业一定时期内营业收入与平均流动资产总额的比值。该指标有流动资产周转次数和流动资产周转天数两种表示方法。其计算公式为：

$$流动资产周转次数 = \frac{营业收入}{平均流动资产总额}$$

$$流动资产周转天数=\frac{360}{流动资产周转次数}$$

式中，平均流动资产总额是流动资产期初余额与流动资产期末余额的平均数。

该项指标反映流动资产在一定时期内的周转速度和营运能力，流动资产周转速度快，相当于相对扩大了流动资产投入，或相对节约了流动资产，增强了企业的盈利能力和偿债能力；流动资产周转速度慢，就需要补充流动资产参与周转，形成较多的流动资金占用，降低企业的盈利能力和偿债能力。

（四）总资产周转率

总资产周转率是企业一定时期内营业收入与资产总额的比值。该指标也有总资产周转次数和总资产周转天数两种表示方法。其计算公式为：

$$总资产周转次数=\frac{营业收入}{平均资产总额}$$

$$总资产周转天数=\frac{360}{总资产周转次数}$$

式中，平均资产总额是期初资产总额与期末资产总额的平均数。

该项指标反映资产总额的周转速度。资产周转速度越快，表明企业资产闲置越少，企业销售能力越强。企业可以通过薄利多销的方法加快资产周转，以增加利润绝对额。

各项资产营运能力指标除了可以用于衡量企业运用资产赚取收入的能力大小外，还可以和反映盈利能力的指标结合使用，从而达到全面评价企业盈利能力的目的。另外，应收账款和存货周转率指标也可对企业短期偿债能力的分析评价做一补充。

【例2-3】 根据表2-1和表2-2中JL公司的财务报表数据，试计算JL公司的资产营运能力指标。

解析：

（1）应收账款周转率：

平均应收账款余额 =（1 546+586）÷2=1 066（万元）

应收账款周转次数 =13 258÷1 066=12.44（次）

应收账款周转天数 =360÷12.44=29（天）

（2）存货周转率：

平均存货 =（556+374）÷2=465（万元）

存货周转次数 =11 392÷465=24.5（次）

存货周转天数 =360÷24.5=15（天）

（3）流动资产周转率：

平均流动资产 =（4 282+2 450）÷2=3 366（万元）

流动资产周转次数 =13 258÷3 366=3.94（次）

流动资产周转天数 =360÷3.94=91（天）

(4)总资产周转率:
平均资产总额=(7 292+8 886)÷2=8 089(万元)
总资产周转次数=13 258÷8 089=1.64(次)
总资产周转天数=360÷1.64=220(天)

三、盈利能力分析

盈利能力是企业生产经营活动获取利润的能力。这是投资者投资企业的初衷,也是企业经营管理人员经营的具体目标。良好的盈利能力不仅是企业吸收投资和借款的重要前提,而且是评价企业经营业绩的基本标准。因此,盈利能力分析是财务分析的重点内容。

反映企业盈利能力的指标很多,通常使用的主要有毛利率、营业净利率、总资产收益率、净资产收益率、资本保值增值率等指标。

(一)营业毛利率

营业毛利率是营业毛利占营业收入的百分比,其中营业毛利是营业收入与营业成本的差额。其计算公式为:

$$营业毛利率=\frac{营业收入-营业成本}{营业收入}\times 100\%$$

营业毛利率表示每一元营业收入扣除营业成本后有多少钱可以用于补偿各项期间费用和形成盈利。它反映了企业销售产品或商品的初始获利能力,该比率越大越好,越大就说明每增加一元营业收入的毛利就越大。

通常来说,营业毛利率随行业的不同而高低各异,但同一行业的毛利率一般相差不大。与同行业的平均毛利率比较,可以揭示公司在定价政策、商品销售或产品生产成本控制方面的问题。

(二)营业净利率

营业净利率是指净利润与营业收入的百分比。其计算公式为:

$$营业净利率=\frac{净利润}{营业收入}\times 100\%$$

营业净利率是反映企业营业活动的最终获利能力指标。该比率越高,说明企业的盈利能力越强。该指标除了和营业毛利率同样受行业特点、价格高低和成本水平等因素影响外,还会受到诸如期间费用、其他业务利润、投资收益、营业外收支、所得税率等因素的影响,具体分析时应多加注意。

从指标的计算可以看出,只有当利润总额的增长速度快于营业收入的增长速度时,营业净利率才会上升;企业采用薄利多销的政策,会降低营业净利率;销售品种结构或经营业务改变也会影响企业的营业净利率。可见,营业净利率既反映企业的成本费用水平,也反映企业的经营方针和策略对盈利能力的影响。

（三）总资产收益率

总资产收益率，又称总资产报酬率，它反映企业综合利用全部经济资源的获利能力。其计算公式为：

$$总资产收益率 = \frac{净利润}{平均资产总额} \times 100\%$$

式中，平均资产总额是期初资产总额与期末资产总额的平均数。

总资产收益率是从总体上反映企业投入与产出，所用与所得对比关系的一项经济效益指标。该比率表明企业资产利用的综合效果，总资产收益率越高，说明企业盈利能力越强。这项指标是财务管理中的一个重要指标，也是总公司对分公司下达经营目标，进行内部考核的主要指标。它对综合分析企业的经济效益和正确进行投资决策，都具有十分重要的作用。

（四）净资产收益率

净资产收益率又称所有者权益报酬率、股东权益报酬率或权益资本净利率，它是净利润与净资产的比率。其基本计算公式为：

$$净资产收益率 = \frac{净利润}{平均净资产} \times 100\%$$

式中，平均净资产是期初净资产与期末净资产的平均数。

净资产是总资产减去负债的净额，等于企业所有者权益，它由股东入资及留存收益之和形成。

净资产收益率是反映企业盈利能力的核心指标，它是评价企业利用净资产获取报酬水平的最具综合性与代表性的指标，反映企业资本运营的综合效益。该指标通用性强，适应范围广，不受行业局限，在企业盈利能力及财务综合评价中使用非常普遍。通过对该指标的综合对比分析，可以看出企业盈利能力在同行业中所处的地位，以及与同类企业的水平差异。

净资产收益率越高，投资者投入资本所得的收益就越大，对投资者（包括潜在投资者）的吸引力越大。作为一个综合性很强的分析评价指标，它不仅用来衡量企业盈利能力，作为投资决策导向的依据，也是企业资本结构决策分析中的参考指标，具有很强的综合性。

除了上面介绍的四类指标之外，出于一些特定目的，还可利用其他一些指标分析企业的盈利能力。比如企业的经营者可以从耗费与产出的角度选用成本费用利润率等指标来进一步分析企业的盈利能力。

$$成本费用利润率 = \frac{利润总额}{成本费用总额} \times 100\%$$

其中：

成本费用总额 = 营业成本 + 税金及附加 + 销售费用 + 管理费用 + 财务费用 + 研发费用

【例2-4】根据表2-1和表2-2中JL公司的财务报表数据，试计算JL公司的盈利能力指标。

解析：

1. 销售毛利率

2019 年的销售毛利率 =[（13 258-11 392）÷13 258]×100%=14.07%

2018 年的销售毛利率 =[（10 656-8 961）÷10 656]×100%=15.91%

2. 销售净利率

2019 年的销售净利率 =（928÷13 258）×100%=7%

2018 年的销售净利率 =（559÷10 656）×100%=5.25%

3. 总资产收益率

平均资产总额 =（7 292+8 886）÷2=8 089（万元）

总资产收益率 =（928÷8 089）×100%=11.47%

4. 净资产收益率

平均净资产 =（5 210+5 680）÷2=5 445（万元）

净资产收益率 =（928÷5 445）×100%=17.04%

四、发展能力分析

发展能力也称成长能力，是指企业在从事经营活动过程中所表现出的发展趋势和速度，如企业规模的壮大、获利的持续增长、市场占有率的增加等。反映企业发展能力的财务比率主要有销售增长率、资产增长率、营业利润增长率、所有者权益增长率和资本保值增值率等。

（一）销售增长率

销售增长率又称营业收入增长率，是指企业本年营业收入增长额与上年营业收入的比率。其计算公式为：

$$销售增长率 = \frac{本年营业收入增长额}{上年营业收入} \times 100\%$$

本年营业收入增长额 = 本年营业收入 - 上年营业收入

销售增长率反映了企业当期营业收入的变化情况，是衡量企业经营状况和市场占有率、评价企业成长能力和市场竞争能力的重要指标。该比率大于0，表明企业本年营业收入增加，该比率越高，说明企业本年度的销售状况越好，成长性越好。如果该比率为负数，说明企业本年度的营业收入萎缩，企业前景令人担忧。

根据表 2-2 中 JL 公司的利润表数据，JL 公司 2019 年的销售增长率为：

销售增长率 =（13 258-10 656）÷10 656×100%=24.42%

（二）资产增长率

资产增长率反映企业一定时期在资产规模方面的增长情况，它是指本年资产增加额与上年资产总额的比率。其计算公式为：

$$资产增长率 = \frac{本年资产增长额}{年初资产总额} \times 100\%$$

本年资产增长额＝年末资产总额－年初资产总额

资产增长率是用来分析企业资产规模增长幅度的财务指标。该比率为正数，说明企业本年度的资产规模增加；该比率为负数，说明企业本年度的资产规模减少；该比率为零，说明企业本年度的资产规模没有变化。

对于一家处在成长期的企业而言，通常有较多良好的投资机会，此时企业的经营者会通过各种方式和渠道筹集资金，以扩大投资规模，这时企业的资产增长率越高越好；如果企业处在成熟期或衰退期，通常缺乏较好的投资机会，此时经营者则一般不会考虑大规模增加投资规模，这时的资产增长率不会很高，甚至为负数也是合理的。

根据表 2-1 中 JL 公司的资产负债表数据，JL 公司 2019 年的资产增长率为：

资产增长率 =[（8 886-7 292）÷7 292]×100%=21.86%

（三）营业利润增长率

营业利润增长率反映企业一定时期基本业务盈利水平的增长能力，它是指本年营业利润增长额与上年营业利润的百分比率。其计算公式为：

$$营业利润增长率 = \frac{本年营业利润增长额}{上年营业利润} \times 100\%$$

本年营业利润增长额＝本年营业利润－上年营业利润

一般而言，营业利润增长率越高，说明企业基本业务创利能力越强，业务扩张能力强；反之，营业利润增长率越低，说明企业基本业务利润增长得越慢，主要业务发展停滞，业务扩张能力弱。

根据表 2-2 中 JL 公司的利润表数据，JL 公司 2019 年的营业利润增长率为

营业利润增长率 =[（1 238-669）÷669]×100%=85.05%

（四）所有者权益增长率

所有者权益增长率也称净资产增长率或资本积累率，是指企业本年所有者权益增长额与年初所有者权益总额的比率。其计算公式为：

$$所有者权益增长率 = \frac{本年所有者权益增加额}{年初所有者权益} \times 100\%$$

本年所有者权益增加额＝年末所有者权益－年初所有者权益

所有者权益增长率反映了企业当年所有者权益的变化水平，体现了企业当年资本的积累能力，是评价企业发展潜力的重要财务指标。该比率越高，说明企业资本积累能力越强，企业的发展能力也越好。

根据表 2-1 中 JL 公司的资产负债表数据，JL 公司 2019 年的所有者权益增长率为：

所有者权益增长率 =（5 680-5 210）÷5 210×100%=9.02%

（五）资本保值增值率

资本保值增值率反映企业所有者投入企业的资本保全和增值情况。它是扣除客观因素

后的期末所有者权益总额与期初所有者权益总额的比率。其计算公式为：

$$资本保值增值率 = \frac{调整后的期末所有者权益总额}{期初所有者权益总额} \times 100\%$$

该指标通常应该大于1，表明企业本年的所有者权益增加。调整期末所有者权益时要扣除股东在本年的新增投入资本，以便反映企业本年通过经营盈利保留盈余实现的资本增值情况。该指标的数值大小除了受到企业当期的经营成果的影响外，同时还要受到公司股利政策和股利支付率的影响。可见，该指标也可以反映企业的盈利能力。

资本保值增值率指标从两个方面考核企业经营者对所有者权益的保障程度。一方面要求企业按照资本保全原则的要求管好用好投资者投入的资本，在生产经营期间，除了投资者依法转让投资外，各方不得以任何理由抽走资本金。资本保值是企业持续经营和实现自负盈亏的前提条件。企业保持与其生产经营规模相适应的资本金，才能保证财务状况的安全性和稳定性，为提高企业的盈利能力奠定基础。另一方面要求实现盈利的企业还要注重内部积累和再投入，以保证企业自我发展和自我约束的能力，增强企业长期盈利能力，从长远考虑保障投资者的权益。

根据表2-1中JL公司的资产负债表数据，假定公司当年也没有对外发行股票对外筹资，JL公司2019年的资本保值增值率为：

资本保值增值率 = 5 680÷5 210×100% = 109.02%

五、上市公司的财务分析

（一）上市公司的财务分析依据

上市公司是指公司发行的股票或债券可以在证券交易所公开挂牌交易，多数指的是股票上市公司。各个国家和地区的有关证券市场的法律法规都规定了上市公司的持续信息披露制度，要求必须在其证券挂牌交易期间自觉持续地披露规定的内容。通常，上市公司进行信息披露的公告主要有招股说明书、上市公告、定期报告和临时公告等内容。这些公告中的大部分信息都与企业的财务活动有关，其中的财务报告特别是财务报表是对上市公司进行财务分析的主要依据。

1. 招股说明书

招股说明书是股票发行公司向社会公众发布的旨在公开募集股份的书面文件。主要内容和财务信息包括募集资金的运用计划、投资风险和对策、股利分配政策、验资证明、经营业绩、股本、债务、盈利预测及财务报告。

2. 上市公告

公司发行的股票获准在证券交易所挂牌交易后，上市公司应当发布上市公告书。上市公告书的内容除应包括招股说明书的主要内容外，还应包括：股票获准在证券交易所交易的日期；股票发行情况及股权结构；公司创立大会或者股东大会同意公司股票在交易所交易的决议；公司高管简况及其持有本公司证券的情况；公司近三年或者成立以来的经营业绩和财务状况及下一年的盈利预测文件等。

3. 定期报告

定期报告分为年度报告和中期报告。年度报告的主要内容包括：公司概况；公司财务会计报告和经营情况；已发行的股票、公司债券情况；大股东及其持股情况等。

中期报告的主要内容包括：公司财务报告和经营情况；涉及公司的重大诉讼事项；已发行的股票、公司债券变动情况；提交股东大会审议的重要事项等。

我国上市公司中期报告中的财务报告，除证券监管部门规定的特别情况外，一般无须经会计师事务所审计。因此，对上市公司进行财务分析时，还应注意财务报告是否经过审计以及出具的审计报告类型。

4. 临时公告

上市公司要就一些重大事件向社会及时公告。所谓重大事件是指某些事件的发生对上市公司原有财务状况和经营成果已经或将要产生较大影响，并可能影响公司的股票交易价格。对于这些重大事件，上市公司应立即报告证券监管部门，并向社会公布说明事件的性质。这些重大事件包括：公司的经营方针和经营范围的重大变化；公司的重大投资行为和重大的购置财产的决定；公司订立重要合同，而该合同可能对公司的资产、负债、权益和经营成果产生重要影响；发生重大债务和未能清偿到期债务的违约情况；发生重大亏损或者遭受超过净资产 10% 以上的重大损失；公司减资、合并、分立、解散及申请破产；涉及公司的重大诉讼，以及法院依法撤销股东大会、董事会的决议等。

（二）上市公司财务分析的主要指标

鉴于上市公司的资本划为等额股份、投资者众多、公司股票有公开竞价交易的价格等特点，其财务分析较之于其他类型的企业组织形式就有所不同。除了前面所列出的各类企业通用的各项财务比率指标外，上市公司还有一系列以每股为基础的财务比率。

1. 每股收益

每股收益（earnings per share，EPS），也称每股利润或每股盈余，是公司本年（或本期）净利润与普通股股数的比值。它是衡量上市公司盈利能力最常用的财务分析指标，其计算公式为：

$$每股收益 = \frac{净利润}{普通股股数}$$

计算每股收益指标时要注意以下问题。

（1）优先股问题。如果公司发行了优先股，计算每股收益时要扣除支付给优先股的股息。即：

$$每股收益 = \frac{净利润 - 优先股股息}{普通股股数}$$

（2）普通股增加或减少问题。如果某一会计年度内，公司发行在外的普通股股数发生变化时，应根据发生变化前后的时间比例加权平均计算发行在外的普通股股数：

发行在外的普通股加权平均股数 = 期初发行在外普通股股数 + 当期发行新增普通股股数 × 已发行在外月份数 ÷12 − 当期回购普通股股数 × 已回购月份数 ÷12

（3）稀释每股收益问题。如果存在稀释性潜在普通股的情形，除了计算前述的基本每股收益外，还应当计算稀释每股收益。公司当期存在的可转换公司债券、认股权证和股票期权等有可能造成公司普通股股数增加，从而会导致每股收益摊薄减少，称为"稀释每股收益"。

投资者分析上市公司的财务状况时，最为关心的财务指标就是每股收益。每股收益反映了公司每股所具有的当前获利能力。考察历年每股收益的变动情况，是研究公司经营业绩变化最简单明了的方法。利用每股收益指标分析企业的盈利能力时，需要注意以下几个方面。

（1）在研究公司每股收益变化时，还必须同时参照其净利润总值与总股本的变化情况。由于不少公司都有股本扩张的经历，因此必须注意不同时期每股收益数字的可比性。公司的净利润绝对值可能实际上是增长了，但由于有较大比例的送、转以及配股，每股收益往往被摊薄变小，甚至可能表现出减少的迹象。但不能以此便认为公司的盈利能力降低，需进一步深入分析。

（2）公司的并购业务引起每股收益的变化。比如，上市公司收购了另外一家公司，从而将该公司的利润纳入本期的财务报表中，由于该公司的盈利能力与母公司往往有较大差异，这样就很可能使得每股收益相较前期出现较大幅度的增长或者下降。

另外，与每股收益相联系，还派生了其他一些财务分析指标。

（1）每股股利。每股股利等于普通股分配的现金股利总额除以公司发行在外的普通股股数，它反映了每股普通股所分得的现金股利的金额。其计算公式为：

$$每股股利 = \frac{现金股利总额}{年末普通股股数}$$

普通股获得的现金股利的多少，不仅取决于公司获利的水平，还取决于公司的股利政策以及现金流量是否充裕。

（2）股利支付率。其计算公式为：

$$股利支付率 = \frac{每股股利}{每股收益} \times 100\%$$

股利支付率表明公司的净收益中有多少比例派发给了股东，体现了公司的股利分配政策。没有一个具体的标准来判断股利支付率多大为宜，公司现金流量是否充裕、有没有更好的投资项目，甚至金融市场的利率变化都会影响公司的股利政策。

与股利支付率相关的反映企业利润留存比例的指标是留存收益比率，或称留存比率。其计算公式为：

$$留存收益比率 = \frac{净利润 - 现金股利}{净利润} \times 100\%$$

或者：

$$留存收益比率 = \frac{每股收益 - 每股股利}{每股收益} \times 100\%$$

留存收益比率是净利润减去全部股利（包括优先股股利和普通股股利）后的余额与净利润的比率，它从另一个角度反映公司的股利分配政策。它与股利支付率之和等于1，即：

$$股利支付率 + 留存收益比率 = 1$$

2. 每股净资产

每股净资产是公司期末净资产（即股东权益）与期末普通股股份总数的比值，也称每股账面价值。其计算公式为：

$$每股净资产 = \frac{期末股东权益}{期末普通股股数}$$

式中，期末股东权益是指已扣除优先股权益后的余额。

每股净资产反映的是发行在外的每股普通股所代表的企业净资产大小，即每股股票的账面价值。每股净资产在理论上提供了股票的最低价值。

3. 每股经营现金净流量

每股经营现金净流量是公司经营活动现金净流量与普通股股份总数的比值。其计算公式为：

$$每股经营现金净流量 = \frac{经营活动产生的现金流量净额}{期末普通股股数}$$

虽然每股股利与每股收益之间有密切关系，但分配给股东的现金股利往往还要取决于公司的现金流是否充裕，尤其要关注企业通过经营活动获取现金流的能力。每股经营现金净流量的大小往往决定了企业发放每股现金股利的水平；否则，即便每股收益很高，企业也需要对外筹资才可能支付较高的现金股利，而这种不是企业自身通过经营活动形成的现金来源往往不稳定，也很难持续。

（三）与股票市价相关的投资分析指标

上市公司的股票价格是由众多投资者通过参与竞价交易形成的。现实中，尽管影响股票市价的因素很多，但公司的经营状况和财务状况往往是影响股价的最重要因素。投资者常常用股票市价与一些财务指标的比值形成投资分析指标，帮助进行投资分析和决策，这些投资分析指标主要有市盈率、股利回报率、市净率和市销率等，它们从不同角度折射公司价值的市场表现。

1. 市盈率

市盈率是上市公司普通股每股市价相当于每股收益的倍数，反映投资者对上市公司每一元净利润愿意支付的价格，可以用来评估股票的投资报酬和风险。其计算公式为：

$$市盈率（倍数）= \frac{公司股票市价}{净利润}$$

或者：

$$市盈率 = \frac{普通股每股市价}{每股收益}$$

式中，每股收益通常使用过去一年的利润，称为静态市盈率；有时也用下一年度的预测值，称为动态市盈率。

市盈率是衡量公司相对价值的指标，市盈率越高，公司股价走势越高，表明投资者对公司未来盈利的预期越高，愿意以较高的价格购买该公司的股票，所以一些成长性较好的公司股价通常要高一些。但是，如果一只股票的市盈率过高，则也意味着以现价购买这家公司的股票具有较高的投资风险。

2. 股利回报率

股利回报率是普通股每股股利与股价的比率，其计算公式为：

$$股利回报率 = \frac{现金股利}{股票市价} \times 100\%$$

或：

$$股利回报率 = \frac{普通股每股股利}{普通股每股市价} \times 100\%$$

公司股票持有者获得收益的途径有两个：一是收入收益，即现金股利；二是资本收益，即取得股价上涨的收益。对于上市公司的投资者来说，现金股利通常是其投资最保守的收益值，更大的收益则是希望通过博取股票价差来获取资本收益。

3. 市净率

反映股票市价和每股净资产关系的比率称为市净率，其计算公式为：

$$市净率 = \frac{股票市价}{净资产}$$

或者：

$$市净率 = \frac{每股市价}{每股净资产}$$

每股市价是公司资产及其未来收益能力的现在价值，它是证券市场交易的结果。把每股净资产和每股市价联系起来，可以说明市场对公司资产质量的评价。

市净率表明股价以每股净资产的若干倍在流通转让，分析股价相对于股票的账面价值而言是否被过高估计。它是投资者判断公司股票投资价值的重要指标，一般而言，该指标值越低，投资风险越小。

4. 市销率

反映公司股票市价和销售收入关系的比率称为市销率，其计算公式为：

$$市销率（倍数） = \frac{股票市价}{销售收入}$$

或者：

$$市销率 = \frac{每股市价}{每股销售额}$$

销售收入是企业盈利的基础,也是评估企业经营前景最重要的指标之一。市销率主要用于尚未盈利的成长型企业的估值,市销率越低,说明该公司股票的投资价值越大。对于创业板上市的成长型企业或高科技企业,往往不要求有盈利业绩,因此无法用市盈率对股票投资的价值或风险进行判断,常常使用市销率进行分析评价。

【例2-5】假定JL公司为上市公司,根据表2-1和表2-2中JL公司的财务报表数据,股本总额1375万股(每股股票面值1元)。公司没有发行优先股和可转换债券,当年也没有增资扩股或股份回购。该公司2019年12月31日的公司股票收盘价为15元,公司欲发放的2018年现金股利为512万元。该公司的相关指标计算如下:

每股收益=928÷1 375=0.67(元)
每股股利=512÷1 375=0.37(元)
股利支付率=(0.37÷0.67)×100%=55%
留存盈利比率=(928-512)÷928×100%=45%
每股净资产=5 680÷1 375=4.13(元)
市盈率=15÷0.67=22.39(倍)
股利回报率=(0.37÷15)×100%=2.47%
市净率=15÷4.13=3.63(倍)
市销率=15×1 375÷13 258=1.56(倍)

沪深两市分行业财务指标统计平均值

扩展阅读2-1

第四节 财务状况综合分析

无论是基本的财务比率分析,还是不同企业之间的行业比较分析,或是企业不同时期的比较分析,它们基本上是根据资产负债表、利润表或现金流量表的某些项目及比率,对企业偿债能力、营运能力、盈利能力和发展能力中的某一方面进行分析评价,往往难以说明企业的整体财务状况。因此,必须在各种单项财务能力分析的基础上对企业的财务状况进行综合分析,才能全面认识企业的财务状况,找到企业经营中存在的主要问题,为企业会计信息使用者进行相关决策提供较为全面的财务信息。

一、杜邦财务分析体系

杜邦财务分析体系又称杜邦分析法,是利用几种主要的财务比率之间的内在联系,对企业财务状况和经济效益进行综合分析和评价的一种系统评价方法。它是由美国杜邦公司率先采用的一种财务评价方法,简称杜邦体系(The DuPont System)。杜邦体系的关键在于建立一套指标间具有系统联系的财务比率体系,并确定一个总指标(通常使用净资产收益率),然后利用指标分解的方法建立起指标之间的相互联系,通过数据的替代,确定各个从属指标变动对总指标的影响。如图2-3所示,列示了运用杜邦分析法对JL公司进行财务分析的基本模型。

杜邦财务分析体系主要反映了以下几种主要的财务比率关系。

（1）净资产收益率与总资产净利率及权益乘数之间的关系：

$$净资产收益率 = 总资产净利率 \times 平均权益乘数$$

（2）总资产净利率与营业净利率及总资产周转率之间的关系：

$$总资产净利率 = 营业净利率 \times 总资产周转率$$

（3）营业净利率与净利润及营业收入之间的关系：

$$营业净利率 = 净利润 \div 营业收入$$

（4）总资产周转率与营业收入及资产总额之间的关系：

$$总资产周转率 = 营业收入 \div 资产平均总额$$

（5）权益乘数与资产及所有者权益之间的关系：

$$权益乘数 = 资产平均总额 / 所有者权益平均总额 = 1/（1-资产负债率）$$

需要指出的是，权益乘数中的资产和所有者权益总额要用年初年末的平均数，以便与相关指标计算中净资产和总资产都用平均数保持口径一致。资产负债率也需要用资产总额和负债总额的平均数进行计算。

【例2-6】以表2-1和表2-2中JL公司的财务报表数据为基础，计算出相关的财务比率，运用杜邦财务分析体系的列示情况如图2-3所示。

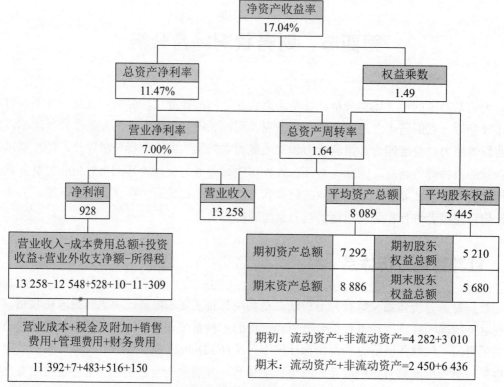

图2-3 杜邦财务分析体系（单位：元）

其中，公司的平均资产负债率为：

$$[(2\,082+3\,206)÷2]÷[(8\,886+7\,292)÷2]×100\%=32.686\%$$

权益乘数为：
$$1÷(1-32.686\%)=1.486$$

或：
$$[(8\,886+7\,292)÷2]÷[(5\,210+5\,680)÷2]=1.486$$

杜邦财务分析体系可以对企业的财务状况进行综合分析，它通过一些主要财务指标及其相互之间的关系，直观明了地反映出公司的财务状况。运用杜邦财务分析体系可以了解到以下财务信息。

（1）净资产收益率是一个综合性最强，最具代表性的财务比率，是杜邦财务分析体系的核心。其他各项指标都是围绕这一核心，通过彼此间的依存制约关系，从而揭示企业的获利能力及其前因后果。公司的财务目标是使股东财富最大化，净资产收益率反映所有者投入资本的获利能力，反映公司筹资、投资、资产运营等活动的效率，提高净资产收益率是实现公司财务目标的基本保证。该指标的高低取决于营业净利率、总资产周转率与权益乘数。

（2）营业净利率反映了公司净利润与营业收入的关系。提高营业净利率是提高公司盈利的关键，主要途径有两个：一是扩大营业收入，二是降低成本费用。

（3）总资产周转率揭示企业资产总额实现营业收入的综合能力。公司应当联系营业收入分析企业资产的使用是否合理，资产总额中流动资产和非流动资产的结构安排是否适当。此外，还必须对流动资产和非流动资产各自的内部结构以及影响资产周转率的各项具体因素进行分析。

（4）权益乘数反映所有者权益（股东权益）与总资产及其资金来源的关系。权益乘数越大，说明公司资金来源中的负债比例较高，这可能会给公司带来较大的财务杠杆利益，但同时也可能会给公司带来较大的偿债风险。因此，公司既要合理使用全部资产，也要妥善安排资本结构。

杜邦财务分析体系是分解财务比率的方法，而不是另外新建指标，关键在于对指标的理解和运用，而不是计算。通过杜邦财务分析体系自上而下地层层分析，不仅可以揭示公司各项主要财务指标间的结构联系，查明影响公司盈利能力变动的主要因素，而且能为决策者科学理财，提高公司经营效益提供方向和思路。提高公司效益的根本在于扩大销售、节约成本、合理投资、加速资金周转、优化资本结构、确立风险意识等。同时，通过杜邦财务分析体系也为企业提供了财务目标的分解控制途径。自下而上运用，可以考察企业经营活动中各项财务指标的实际情况，为企业的财务控制和财务考核提供基本的路径和范围，有利于企业财务管理中责、权、利关系的进一步明确，为建立有效的内部财务管理体系奠定基础。因此，在实际工作中，不应将杜邦财务分析体系仅仅看作是一个分析工具，更应将其作为一个管理工具。通过杜邦财务分析体系，企业经营者能够更加清晰地看到公司盈利能力的决定因素及其关联关系，从而拥有了一张清晰的提升公司资产管理效率、经营绩效、满足股东投资最优回报的路线图，从而更好地达到净资产收益率的要求，实现企业的发展目标。

二、沃尔评分法

亚历山大·沃尔（AlexanderWall）是财务状况综合评价的先驱者之一，1928年他创立综合比率评价体系，将流动比率、产权比率、固定资产比率、存货周转率、应收账款周转率、固定资产周转率、自有资金周转率七项财务比率用线性关系结合起来，并分别给定了各自在总评价分值中所占比重，总和为100分。然后将实际比率与事先确定的标准比率进行比较，评出每项指标的得分，最后求出总评分，以此来评价该企业的综合绩效。以JL公司为例，如表2-10所示列出了沃尔评分法选择的财务比率及其评分的简要程序。

表2-10 沃尔评分法

财务比率	比重①	标准比率②	实际比率③	相对比率 ④=③÷②	评分 ⑤=①×④
流动比率	25	2.0	0.84	0.42	10.5
净资产/负债	25	1.50	1.77	1.18	29.5
资产/固定资产	15	2.5	3.31	1.32	19.8
销售成本/存货	10	8	30.46	3.81	38.1
销售额/应收账款	10	6	22.62	3.77	37.7
销售额/固定资产	10	4	4.94	1.23	12.3
销售额/净资产	5	3	2.33	0.78	3.9
合计	100				151.8

沃尔评分法从理论上讲有弱点，即未证明为什么采取这7项指标，而不是更多或更少，或选择其他指标，以及未能证明每个指标所占比重的合理性。

耐人寻味的是，很多理论上相当完善的经济计量模型在实践中往往很难应用，而企业实际使用并行之有效的模型又在理论上无法证明。这可能是人类对经济变量之间数量关系的认识还相当肤浅造成的。尽管沃尔评分法在理论和技术上有一些缺陷，但其对于后来的绩效评价体系的发展提供了思路和方法。

三、业绩评价

业绩评价，是指运用数理统计和运筹学的方法，通过建立综合评价指标体系，对照相应的评价标准，按照一定的程序，通过定量与定性的对比分析，对企业一定经营期间的获利能力、资产质量、债务风险及经营增长等方面的经营者的经营业绩和努力程度进行的综合评判。业绩评价由财务业绩定量评价和管理业绩定性评价两部分组成。其中，评价企业财务业绩时大多采用一些财务比率指标。

国务院国资委2006年发布的《中央企业综合绩效评价实施细则》中关于"企业综合绩效评价指标及权重"如表2-11所示。

表 2-11　企业综合绩效评价指标及权重表

评价内容与权数		财务绩效（70%）				管理绩效（30%）	
		基本指标	权数	修正指标	权数	评议指标	权数
盈利能力状况	34	净资产收益率	20	销售（营业）利润率	10	战略管理	18
		总资产报酬率	14	盈余现金保障倍数	9	发展创新	15
				成本费用利润率	8	经营决策	16
				资本收益率	7	风险控制	13
资产质量状况	22	总资产周转率	10	不良资产比率	9	基础管理	14
		应收账款周转率	12	流动资产周转率	7	人力资源	8
				资产现金回收率	6	行业影响	8
						社会贡献	8
债务风险状况	22	资产负债率	12	速动比率	6		
		已获利息倍数	10	现金流动负债比率	6		
				带息负债比率	5		
				或有负债比率	5		
经营增长状况	22	销售（营业）增长率	12	销售（营业）利润增长率	10		
		资本保值增值率	10	总资产增长率	7		
				技术投入比率	5		

表 2-11 中所列的企业财务绩效定量评价指标中有一些指标前面没有涉及，这些增加的指标的计算公式为

- 总资产报酬率 =[（利润总额 + 利息支出）÷ 平均资产总额]×100%
- 销售（营业）利润率 =（主营业务利润 ÷ 主营业务收入净额）×100%
- 盈余现金保障倍数 = 经营现金净流量 ÷（净利润 + 少数股东损益）
- 成本费用利润率 =（利润总额 / 成本费用总额）×100%

式中，成本费用总额 = 主营业务成本 + 主营业务税金及附加 + 经营费用（营业费用）+ 管理费用 + 财务费用。

- 资本收益率 =（净利润 ÷ 平均资本）×100%

式中，平均资本 =[（年初实收资本 + 年初资本公积）+（年末实收资本 + 年末资本公积）]÷2。

- 不良资产比率 =[（资产减值准备余额 + 应提未提和应摊未摊的潜亏挂账 + 未处理资产损失）÷（资产总额 + 资产减值准备余额）]×100%
- 资产现金回收率 =（经营现金净流量 ÷ 平均资产总额）×100%
- 现金流动负债比率 =（经营现金净流量 ÷ 流动负债）×100%
- 带息负债比率 =[（短期借款 + 一年内到期的长期负债 + 长期借款 + 应付债券 + 应付利息）÷ 负债总额]×100%
- 或有负债比率 =[或有负债余额 ÷（所有者权益 + 少数股东权益）]×100%

式中，或有负债余额 = 已贴现承兑汇票 + 担保余额 + 贴现与担保外的被诉事项金额 + 其他或有负债。

- 技术投入比率 =（本年科技支出合计 ÷ 主营业务收入净额）×100%

本章介绍的是以中小企业编制的财务报表为基础的财务分析，没有涉及合并财务报表。但规模较大的企业往往对外进行股权投资并控制形成了一些子公司，大多数上市公司就是如此。这时候除了母公司作为会计主体的财务报表外，还要编制以母公司及其控制的子公司为会计主体的企业集团的合并报表。对合并报表的财务分析主要聚焦于母公司的投资价值的分析和判断，其他方面就要更为复杂一些了。

有效的财务分析往往需要结合企业所处行业的发展阶段和特征等经营背景，从公司制定的经营战略出发，依据企业运营的具体情形展开进行。唯有秉持"业财融合"的思维，才能使财务分析发挥出应有的作用。我们相信，随着现代信息技术的快速发展，借助于大数据和人工智能技术，财务分析技术必然会发生跳跃式的提升，并极大提升企业的经营管理水平。

思 考 题

1. 财务报表与企业财务活动之间的联系是什么？
2. 主要财务报表之间的关系如何？如何理解资产负债表在财务报表体系中的重要地位？
3. 什么是财务分析？如何理解财务分析的作用？
4. 企业内部管理当局、投资者、债权人进行财务分析的目的分别是什么？
5. 企业偿债能力的含义是什么？分析和评价企业偿债能力常用的财务分析指标有哪些？
6. 企业营运能力的含义是什么？分析和评价企业营运能力常用的财务分析指标有哪些？
7. 企业盈利能力的含义是什么？分析和评价企业盈利能力常用的财务分析指标有哪些？
8. 企业发展能力的含义是什么？分析和评价企业发展能力常用的财务分析指标有哪些？
9. 上市公司的财务分析有哪些特点？上市公司的财务分析主要有哪些财务指标？
10. 什么是杜邦财务分析体系？如何运用杜邦财务分析体系进行企业财务状况的综合分析？

练 习 题

1. 某公司是一家上市公司，表2-12和表2-13是公司2019年的资产负债表和利润表数据。2019年年末公司发行在外的普通股数为6 400万股，2019年公司派发的现金股利为400万元，公司股票在2019年最后一个交易日的收盘价4.2元/股。

表 2-12 资产负债表

编制单位：某公司　　　　　　　　2019 年 12 月 31 日　　　　　　　　单位：万元

项目	年初数	年末数	项目	年初数	年末数
流动资产：			流动负债：		
货币资金	1 600	2 900	短期借款	470	270
交易性金融资产	200	80	应付账款	650	490
应收账款	1 800	1 220	应付职工薪酬	10	8
预付账款	10	220	应交税费	160	110
存货	180	150	一年内到期的非流动负债	170	90
流动资产合计	3 790	4 570	流动负债合计	1 460	968
非流动资产：			非流动负债：		
长期股权投资	600	1 390	应付债券	580	600
固定资产	9 200	8 550	长期借款	210	300
无形资产	50	30	非流动负债合计	790	900
非流动资产合计	9 850	9 970	负债合计	2 250	1 868
			股东权益：		
			股本（每股面值 1 元）	6 000	6 400
			资本公积	4 200	4 500
			盈余公积	520	800
			未分配利润	670	972
			股东权益合计	11 390	12 672
资产总计	13 640	14 540	负债及股东权益合计	13 640	14 540

表 2-13 利　润　表

编制单位：某公司　　　　　　　　2019 年　　　　　　　　单位：万元

项目	上年数	本年数
一、营业收入	45 100	47 000
减：营业成本	28 000	30 600
营业费用	800	1 000
税金及附加	2 255	2 350
管理费用	3 800	4 400
财务费用（利息费用）	−3 400	−200
加：投资收益	900	100
二、营业利润	14 545	8 850
加：营业外收入	600	500
减：营业外支出	3 640	350
三、利润总额	11 505	9 100
减：所得税（25%）	2 876	2 275
四、净利润	8 629	6 825

要求：

（1）根据报表数据计算2019年该公司的流动比率、速动比率、资产负债率、已获利息倍数、应收账款周转率、存货周转率、总资产周转率、营业毛利率、营业净利率、净资产收益率、每股收益、股利支付率、市盈率。

（2）对该公司的财务状况进行趋势分析。

（3）试用杜邦财务分析体系对该公司财务状况进行综合分析。

2. 某股份公司2019年财务报表中有关数据和财务比率如表2-14所示。

表2-14 财务数据和财务比率

项　目	年 初 数	年 末 数	本年数或平均数
存货/万元	7 200	9 600	
流动负债/万元	6 000	8 000	
总资产/万元	15 000	17 000	
流动比率	2		
速动比率		0.5	
权益乘数			1.2
流动资产周转次数			5
净利润/万元			3 200

要求：

（1）计算流动资产的年初余额、年末余额和平均余额（假定流动资产由速动资产与存货组成）；

（2）计算本年产品销售收入净额；

（3）计算本年总资产周转率；

（4）计算本年销售净利率；

（5）计算本年净资产收益率；

（6）试运用杜邦财务分析体系分析该公司可以采取哪些措施提高净资产收益率。

案例分析

中航西飞和波音公司的对标分析

第三章
财务管理的价值观念

本章导读

1797年3月，拿破仑在卢森堡第一国立小学演讲时，潇洒地把一束价值3路易的玫瑰花送给该校校长，并且说："为了答谢贵校对我，尤其是对我夫人的盛情款待，我不仅今天献上一束玫瑰花，并且在未来的日子里，只要我们法兰西存在一天，每年的今天我都将派人送给贵校一束价值相等的玫瑰花，作为法兰西与卢森堡友谊的象征。"

后来，拿破仑穷于应付连绵的战争和此起彼伏的政治事件，并最终因失败而被流放，早已把对卢森堡的承诺忘得一干二净。1984年，卢森堡人竟旧事重提，他们要求法国政府：要么从1797年起，用3个路易作为一束玫瑰花的本金，以5厘复利计息全部清偿（电脑计算出的本息高达1 375 596法郎）；要么在法国各大报刊上公开承认拿破仑是个言而无信的小人。

如果法国政府选择了前者，则需要向卢森堡清偿的金额高达1 375 596法郎，可见货币时间价值的威力有多大！你知道如此高额的清偿金额是如何计算出来的吗？在本章学习结束后你可以亲自来计算一下。

资料来源：https://wenku.baidu.com/view/266bdc16ba0d6c85ec3a87c24028915f804d84f3.htm。

第一节 货币时间价值

一、货币时间价值的概念

货币的时间价值是指货币随着时间推移而发生的增值，是货币经过一定时间的投资和再投资所增加的价值，也称为资金的时间价值。例如，将现在的1元钱存入银行，若银行存款年利率为10%，一年后可得到1.10元，即现在的1元钱经过1年时间的投资发生了0.10元的增值，这就是货币的时间价值。

货币在周转使用中为什么会产生时间价值呢？这是因为企业资金循环和周转的起点是投入货币资金，企业用它来购买所需的资源，借以生产新的产品，创造新价值，产品出售时得到的货币量大于最初投入的货币量，货币实现了增值。从量的角度上看，资金在运用过程中所增加的价值并不全部是资金的时间价值，其中还包括了投资者因承担投资风险和通货膨胀而获得的补偿，因此，所谓的时间价值应当是扣除了风险报酬和通货膨胀贴水后的真实报酬率。

货币的时间价值有两种表现形式：一种是用绝对数即利息额来表示，即时间价值额是资金在生产经营过程中带来的真实增值额，是一定数额的资金与时间价值率的乘积。另一种是用相对数即没有风险和没有通货膨胀条件下的真实报酬率来表示。货币时间价值也是企业筹资、投资和利润分配等财务活动中不可或缺的基本影响因素，是企业做出资本分配等财务决策时必须要首先考虑的因素。

二、货币时间价值的计算

（一）计算时间价值时涉及的基本概念

1. 单利与复利

单利是指一定时期内，只对本金计算利息，其所产生的利息不加入本金重复计算利息，即本能生利，利不能生利；复利则是指不仅对本金计算利息，而且需要将本金所生的利息在下期转为本金，再计算利息，即本能生利，利也能生利，俗称"利滚利"或"驴打滚"。

复利的概念更充分地体现了货币时间价值的含义，因为资金可以再投资以获取报酬。如果投资期限较短的话，单利和复利差别不大，但是期限越长，二者之间的差别就越大。假设以 100 元现金进行单利和复利分别投资，年利率为 10%，一年后，二者终值相同；但是如果投资 100 年，二者终值则会相差 1 376 961 元。因此，在讨论货币的时间价值时，除非特别说明，一般都按复利计算。

2. 终值与现值

终值（F）是指现在一定量的现金在未来某一时点上的价值，俗称本利和；而现值（P）又称本金，是指在未来某一时点的一定量现金折合到现在的价值。

3. 一次性收付款与系列收付款

一次性收付款是指在某一特定时点上一次性支付（或收取），经过一段时间后再相应地一次性收取（或支付）的款项。比如，现在一次性地向银行存入一笔款项，经过一段时间以后再一次性地取出该存款，这就是一次性收付款。系列收付款是指在某一特定时期内多次收付的款项，通常是多次收款一次付款或多次付款一次收款，比如，银行存款中的零存整取和存本取息等都属于系列收付款。

4. 年金

年金（annuity）是指定期、等额的系列收支，是系列收付款的一种特殊形式，通常记为 A。在实际生活中，分期收付款、分期偿还贷款、保险金、养老金等都属于年金收付形式。年金具有的四个基本特征是：等额，即现金流量大小相等；定期，即现金流量时间间隔相同；同向，即现金流量方向相同；同利率，即现金流量持续期内利率保持不变。只有四个特征同时具备，才能称为年金。年金按其每次收付发生的时点不同，可以分为普通年金、预付年金、递延年金和永续年金。

（二）单利终值与现值的计算

1. 单利终值的计算

单利终值是指现在的一笔本金按单利计算的将来价值。其计算公式为：

$$F = P + I \\ = P + P \cdot i \cdot n \\ = P \cdot (1 + i \cdot n) \quad (3\text{-}1)$$

式中：F——终值，即本利和；

P——现值，即本金；

I——利息；

i——利率；

n——计息期。

【例3-1】假如现在将1 000元存入银行，年利率为10%，则5年后到期时的终值是多少元？

解析：

$$F = 1\,000 \times (1 + 10\% \times 5) = 1\,500 \text{（元）}$$

2. 单利现值的计算

单利现值是指若干年以后收入或支出一笔资金按单利计算的现在价值，由终值求现值，叫作贴现，可用倒求本金的方法计算。其计算公式为：

$$P = \frac{F}{1 + i \cdot n} \quad (3\text{-}2)$$

【例3-2】某人打算在10年后用200 000元购置一套商品房，银行年利率为10%，则他现在应存入银行多少元？

解析：

$$P = \frac{200\,000}{1 + 10\% \times 10} = 100\,000 \text{（元）}$$

（三）复利终值与现值的计算

1. 复利终值的计算

复利终值是指现在的一笔本金按复利计算的本利和。

【例3-3】假如某人现在将1 000元存入银行，年利率为10%，则1年后到期时的复利终值是多少元？

解析：

$$F = P \cdot (1 + i \cdot n) = 1\,000 \times (1 + 10\% \times 1) = 1\,100 \text{（元）}$$

若此人不提走现金，而是将1 100元继续存在银行，则在计算第二年利息时的本金就

是1 100元,而不是1 000元,即第二年的终值为:

$$F = [P \times (1+i \cdot n)] \times (1+i)$$
$$= P \times (1+i)^2$$
$$= 1\,000 \times (1+10\%)^2 = 1\,210\,(元)$$

依此类推,则复利终值的计算公式为:

$$F = P \times (1+i)^n \tag{3-3}$$

式中,$(1+i)^n$ 被称为复利终值系数,简称为"1元复利终值系数",记为 $(F/P, i, n)$,表示本金1元,利率为 i,n 期的复利终值,可通过查"1元复利终值系数表"(附表一)直接获得。

如例3-3,如果期限为3年,通过查附表一可知,$(F/P, 10\%, 3)$ 为1.331 0,故其复利终值为:

$$F = 1\,000 \times (1+10\%)^3$$
$$= 1\,000 \times 1.331\,0$$
$$= 1\,331\,(元)$$

2. 复利现值的计算

复利现值是复利终值的对称概念,是指未来一定时间的特定资金按复利计算的现在价值,或者说是为取得将来一定本利和现在所需要的本金。

复利现值的计算公式可通过复利终值的计算公式变形得来:

$$P = \frac{F}{(1+i)^n} \tag{3-4}$$
$$= F \times (1+i)^{-n}$$

式中,$(1+i)^{-n}$ 被称为一次性收付款现值系数,简称为"1元复利现值系数",用符号 $(P/F, i, n)$ 表示,可通过查"1元复利现值系数表"(附表二)直接获得。

【例3-4】资料同例3-2,但按复利计算,则:

$$P = F \times (1+i)^{-n}$$
$$= F \times (P/F, i, n)$$
$$= 200\,000 \times (P/F, 10\%, 10)$$
$$= 200\,000 \times 0.385\,5$$
$$= 77\,100\,(元)$$

扩展阅读 3.1

复利的72法则

(四)普通年金终值与现值的计算

1. 普通年金终值的计算

普通年金是指一定时期内每期期末等额收付的系列款项,又称后付年金。

普通年金终值犹如零存整取的本利和,是一定时期内每期期末收付款项的复利终值之和,其计算方法如图3-1所示。

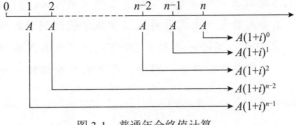

图 3-1 普通年金终值计算

由图可知,普通年金终值的计算公式为:

$$F = A(1+i)^0 + A(1+i)^1 + A(1+i)^2 + \cdots + A(1+i)^{n-2} + A(1+i)^{n-1} \tag{3-5}$$

将上式两边同时乘上（1+i）得:

$$F(1+i) = A(1+i)^1 + A(1+i)^2 + A(1+i)^3 + \cdots + A(1+i)^{n-1} + A(1+i)^n \tag{3-6}$$

式（3-6）减去式（3-5）得:

$$\begin{aligned} F \cdot i &= A(1+i)^n - A \\ &= A \cdot [(1+i)^n - 1] \end{aligned} \tag{3-7}$$

$$F = A \cdot \left[\frac{(1+i)^n - 1}{i} \right]$$

式中,$\left[\dfrac{(1+i)^n - 1}{i}\right]$ 通常称作"1元年金终值系数",用符号 $(F/A,i,n)$ 表示,可通过查"一元年金终值系数表"（附表三）直接获得。

【例 3-5】某人每年年末在银行存入 10 000 元,年存款利率为 10%,复利计息,则第 5 年年末此人能从银行取走多少钱?

解析:

$$\begin{aligned} F &= 10\ 000 \times \frac{(1+10\%)^5 - 1}{10\%} \\ &= 10\ 000 \times 6.105\ 1 \\ &= 61\ 051（元） \end{aligned}$$

2. 偿债基金的计算

偿债基金是指为了在约定的未来某一时点清偿某笔债务或积聚一定数额资金而必须分次等额提取的存款准备金,即为使年金终值达到既定金额每年应支付的年金数额。由此可见,年偿债基金的计算也就是年金终值的逆运算。其计算公式如下:

$$A = F \cdot \left[\frac{i}{(1+i)^n - 1} \right] \tag{3-8}$$

式中,$\left[\dfrac{i}{(1+i)^n - 1}\right]$ 是普通年金终值系数的倒数,称为偿债基金系数。偿债基金系数可以制成表格备查,也可以根据对普通年金终值系数求倒数确定。

【例 3-6】 某公司 5 年后有一笔金额为 100 万元的到期借款,为此该公司设立偿债基金,假设年利率为 10%,该公司每年年末需要存入多少钱才能到期用本利和偿清借款?

解析: 由于有利息因素,不必每年存入 20 万元,只要存入较少的金额,5 年后本利和即可达到 100 万元,可用以清偿债务。因此,每年需存入的款项为:

$$A = F \cdot \frac{i}{(1+i)^n - 1}$$
$$= 100 \times \frac{10\%}{(1+10\%)^5 - 1}$$
$$= 100 \times \frac{1}{(F/A, 10\%, 5)}$$
$$= 100 \times \frac{1}{6.1051}$$
$$= 16.38 \text{(万元)}$$

3. 普通年金现值的计算

普通年金现值是指一定时期内每期期末等额的系列收付款项的复利现值之和。其计算方法,如图 3-2 所示。

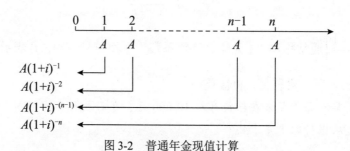

图 3-2 普通年金现值计算

由图 3-2 可知,普通年金现值的计算公式为:

$$P = A(1+i)^{-1} + A(1+i)^{-2} + \cdots + A(1+i)^{-(n-1)} + A(1+i)^{-n} \quad (3\text{-}9)$$

将式(3-9)两边同时乘上(1+i)得:

$$P(1+i) = A(1+i)^0 + A(1+i)^{-1} + \cdots + A(1+i)^{-(n-2)} + A(1+i)^{-(n-1)} \quad (3\text{-}10)$$

式(3-10)减去式(3-9)得:

$$P \cdot i = A - A(1+i)^{-n}$$
$$= A \cdot [1 - (1+i)^{-n}] \quad (3\text{-}11)$$
$$P = A \cdot \left[\frac{1 - (1+i)^{-n}}{i}\right]$$

式中,$\left[\dfrac{1-(1+i)^{-n}}{i}\right]$ 通常称作"1 元年金现值系数",用符号 $(P/A, i, n)$ 表示,可通过查"一元年金现值系数表"(附表四)直接获得。

【例 3-7】 某公司因业务需求需租入一台机器设备,每年年末需付租金 3 000 元,租期 5 年。假设银行存款利率为 10%,则该公司为保证租金的按时支付,现在应存入银行多少元?

解析:

$$P = 3\ 000 \times \left[\frac{1-(1+10\%)^{-5}}{10\%}\right]$$
$$= 3\ 000 \times (P/A, 10\%, 5)$$
$$= 3\ 000 \times 3.790\ 8$$
$$= 11\ 372.4\ (元)$$

4. 年资本回收额的计算

年资本回收额是指在约定的年限内等额回收初始投入资本或清偿所欠债务的金额,这里的等额款项即为年资本回收额。年资本回收额的计算也就是普通年金现值的逆运算。其计算公式如下:

$$A = P \cdot \left[\frac{i}{1-(1+i)^{-n}}\right] \quad (3\text{-}12)$$

式中,$\left[\dfrac{i}{1-(1+i)^{-n}}\right]$ 是普通年金现值系数的倒数,称为资本回收系数。

资本回收系数可以制成表格备查,也可以根据对普通年金现值系数求倒数确定。

【例 3-8】 某公司欲投资 100 万元购置一台机器设备,预计可使用 3 年,社会平均利润率为 8%,问该设备每年至少给公司带来多少收益才是可行的?

解析:

$$A = P \cdot \frac{i}{1-(1+i)^{-n}}$$
$$= 100 \times \frac{8\%}{1-(1+8\%)^{-3}}$$
$$= 100 \times \frac{1}{(P/A, 8\%, 3)}$$
$$= 100 \times 0.388\ 0$$
$$= 38.8\ (万元)$$

因此,每年至少要有 38.8 万元的收益才是可行的。

(五)预付年金终值与现值的计算

预付年金是指一定时期内每期期初等额收付的系列款项,又称即付年金、先付年金。预付年金与普通年金的区别仅在于收付款时间的不同,前者收付款的时间为期初,而后者的收付款时间为期末。

1. 预付年金终值的计算

n 期预付年金终值与 n 期普通年金终值之间的关系,如图 3-3 所示。

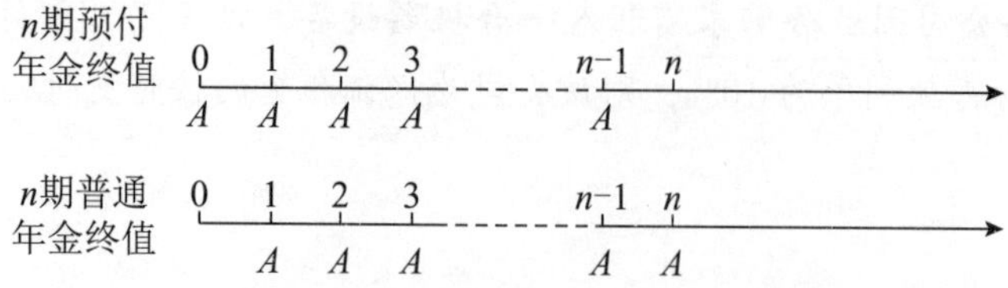

n期预付
年金终值
0 1 2 3 n−1 n
A A A A A
n期普通
年金终值
0 1 2 3 n−1 n
A A A A A

图 3-3　预付年金终值与普通年金终值关系

从图 3-3 可知，n 期预付年金与 n 期普通年金的付款次数相同，但由于付款时间不同，n 期预付年金终值比 n 期普通年金终值多一个计息期。因此，可以先求出 n 期普通年金终值，然后再乘以（$1+i$）即可求出 n 期预付年金的终值。其计算公式如下：

$$\begin{aligned} F &= A\cdot\left[\frac{(1+i)^n-1}{i}\right](1+i) \\ &= A\cdot\left[\frac{(1+i)^{n+1}-(1+i)}{i}\right] \\ &= \mathrm{A}\cdot\left[\frac{(1+i)^{n+1}-1}{i}-1\right] \end{aligned} \tag{3-13}$$

式中，$\left[\frac{(1+i)^{n+1}-1}{i}-1\right]$称为“预付年金终值系数”，它和普通年金终值系数$\left[\frac{(1+i)^n-1}{i}\right]$相比，期数加 1、系数减 1，通常记为 $[(F/A,i,n+1)-1]$，并可以通过查阅“一元年金终值系数表”得（$n+1$）期的数值，然后用此数值减去 1 便可得到预付年金终值系数的值。

【例 3-9】 某人决定连续 5 年每年年初存入 15 万元作为购房基金，银行存款利率为 10%，则此人在第 5 年年末能一次取出多少钱用于购买房产？

解析：

$$\begin{aligned} F &= A\cdot[(F/A,i,n+1)-1] \\ &= 15\times[(F/A,10\%,6)-1] \\ &= 15\times(7.715\,6-1) \\ &= 100.73\text{（万元）} \end{aligned}$$

2. 预付年金现值的计算

n 期预付年金现值与 n 期普通年金现值之间的关系，如图 3-4 所示。

n期预付
年金现值
0 1 2 3 n−1 n
A A A A A
n期普通
年金现值
0 1 2 3 n−1 n
A A A A A

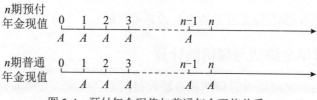

图 3-4　预付年金现值与普通年金现值关系

从图 3-4 可知，n 期预付年金现值与 n 期普通年金现值的付款次数相同，但由于付款时间不同，n 期预付年金现值比 n 期普通年金现值少折现一期。因此，可以先求出 n 期普通年金现值，然后再乘以（1+i）即可求出 n 期预付年金的现值。其计算公式如下：

$$P = A \cdot \left[\frac{1-(1+i)^{-n}}{i}\right](1+i)$$

$$= A \cdot \left[\frac{(1+i)-(1+i)^{-(n-1)}}{i}\right] \qquad (3\text{-}14)$$

$$= A \cdot \left[\frac{1-(1+i)^{-(n-1)}}{i}+1\right]$$

式中，$\left[\dfrac{1-(1+i)^{-(n-1)}}{i}+1\right]$ 称为"预付年金现值系数"，它和普通年金现值系数 $\left[\dfrac{1-(1+i)^{-n}}{i}\right]$ 相比，期数减 1、系数加 1，通常记为 [(P/A, i, $n-1$)+1]，并可以通过查阅"一元年金现值系数表"得（$n-1$）期的数值，然后用此数值加 1 便可得到预付年金现值系数的值。

【例 3-10】如果例 3-7 中，该公司租入设备的租金不是年末支付，而是每年年初支付租金 3000 元，租期 5 年，银行存款利率为 10%，那么该公司现在应存入银行多少钱？

解析：

$$P = A \cdot [(P/A, i, n-1)+1]$$
$$= 3\,000 \times [(P/A, 10\%, 4)+1]$$
$$= 3\,000 \times (3.169\,9+1)$$
$$= 12\,509.7（元）$$

（六）递延年金现值的计算

递延年金是指第一次收付款发生在第二期期末或第二期期末以后的年金。递延年金是普通年金的特殊形式，凡不是从第一期期末开始的普通年金都是递延年金。由于递延年金的终值与递延期数无关，所以其计算方法与普通年金终值相同。

递延年金现值的计算原理如图 3-5 所示。

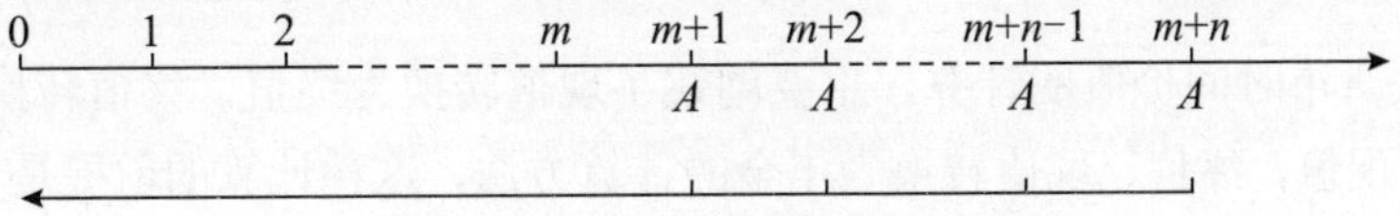

```
0   1   2       m   m+1  m+2     m+n-1  m+n
                     A    A        A     A
```

图 3-5 递延年金现值计算

在图 3-5 中，第一次收付款发生在第 $m+1$ 期期末，连续支付了 n 期，m 表示递延期数。递延年金现值的计算方法有两种：

第一种方法：假设递延期内也有年金收付，先求出（$m+n$）期的年金现值，然后扣除实际并未收付的递延期（m）的年金现值，即可得出最终结果。

第二种方法：先把递延年金视为普通年金，求出其至递延期末的现值，再将此现值换算成第一期期初的现值。前者按普通年金现值计算，后者按一次性收付款的复利现值计算。

【例 3-11】某人拟在年初存入一笔资金，以便能在第 6 年年末每年取出 1 000 元，至第 10 年年末取完。在银行存款利率为 10%的情况下，此人应在最初一次存入银行多少钱？

解析：

$$P = A \cdot [(P/A, 10\%, 10) - (P/A, 10\%, 5)]$$
$$= 1\,000 \times [6.144\,6 - 3.790\,8]$$
$$\approx 2\,354（元）$$

或：

$$P = A \cdot (P/A, 10\%, 5) \cdot (P/F, 10\%, 5)$$
$$= 1\,000 \times 3.790\,8 \times 0.620\,9$$
$$\approx 2\,354（元）$$

（七）永续年金现值的计算

永续年金是指无限期支付的年金，在实际经济生活中，无限期债券、绝大多数优先股股利、存本取息的奖励基金都属于永续年金。

永续年金没有终止时间，所以没有终值。永续年金的现值可以从普通年金现值的计算公式中推导出来：

$$P = \lim_{n \to \infty} A \cdot \frac{1-(1+i)^{-n}}{i}$$
$$= \frac{A}{i}$$

（3-15）

【例3-12】某公司拟在某航空院校设立一项永久性的奖学金，计划每年颁发 50 000 元奖金。若利率为 10%，现在应该存入多少钱？

解析：

$$P = 50\,000 \times \frac{1}{10\%}$$
$$= 500\,000（元）$$

（八）货币时间价值计算中的特殊问题

以上有关货币时间价值的计算，主要阐述了现值转换为终值，终值转换为现值，年金转换为终值、现值，终值、现值转换为年金的计算方法，这种计算的前提是计息期为一年，而且贴现率和计息期数为已经给定了的。但是，在经济生活中，往往每年现金流量不等，计息期短于一年或者需要根据已知条件确定贴现率和计息期数的情况。为此，就要对货币时间价值计算中的几个特殊问题进行分析。

1. 不等额现金流量终值和现值的计算

前面所讲的年金每次收入或者付出的款项都是相等的，在实际经济活动中，每次收付的款项并不都以年金的形式出现，经常会遇到每次收付的款项不相等的情况，因而不能直接按年金终值和现值计算，而必须要计算不等额现金流量的终值或现值。

【例3-13】有一笔现金流量如表3-1所示，贴现率为8%，求这笔不等额现金流量的终值与现值。

表 3-1　不等额现金流量表

	第 0 年	第 1 年	第 2 年	第 3 年	第 4 年
现金流量（元）	2 000	3 000	4 000	5 000	6 000

解析：这笔不等额现金流量的终值计算如下：

$$P = 2\,000 \times (F/P,8\%,4) + 3\,000 \times (F/P,8\%,3) + 4\,000 \times (F/P,8\%,2) +$$
$$\quad 5\,000 \times (F/P,8\%,1) + 6\,000 \times (F/P,8\%,0)$$
$$= 2\,000 \times 1.360\,5 + 3\,000 \times 1.259\,7 + 4\,000 \times 1.166\,4 + 5\,000 \times 1.080\,0 +$$
$$\quad 6\,000 \times 1$$
$$= 22\,565.7（元）$$

这笔不等额现金流量的现值计算如下：

$$P = 2\,000 \times (P/F,8\%,0) + 3\,000 \times (P/F,8\%,1) + 4\,000 \times (P/F,8\%,2) +$$
$$\quad 5\,000 \times (P/F,8\%,3) + 6\,000 \times (P/F,8\%,4)$$
$$= 2\,000 \times 1 + 3\,000 \times 0.925\,9 + 4\,000 \times 0.857\,3 + 5\,000 \times 0.793\,8 +$$
$$\quad 6\,000 \times 0.735\,0$$
$$= 16\,585.9（元）$$

上述例子是每年的现金流量均不相等，除此之外，还有一种现金流量为年金与不等额现金混合出现的情况，在此情况下，不能用年金计算的部分采用一次性收付款的复利公式计算，然后与用年金计算的部分加总，即可求出年金和不等额现金流量混合情况下的现值或终值。

【例 3-14】某项现金流量如表 3-2 所示，贴现率为 10%，求这笔不等额现金流量的现值。

表 3-2　不等额现金流量表

	第 1 年	第 2 年	第 3 年	第 4 年	第 5 年	第 6 年	第 7 年	第 8 年
现金流量（元）	3 000	3 000	3 000	2 000	2 000	2 000	2 000	1 000

在这个例子中，第 1～3 年为等额款项，可求 3 年期的年金现值；第 4～7 年为等额款项，可视为递延年金；第 8 年的款项可计算其复利现值，则该系列现金流量的现值：

$$P = 3\,000 \times (P/A,10\%,3) + 2\,000 \times [(P/A,10\%,7) - (P/A,10\%,3)] +$$
$$\quad 1\,000 \times (P/F,10\%,8)$$
$$= 3\,000 \times 2.486\,9 + 2\,000 \times (4.868\,4 - 2.486\,9) + 1\,000 \times 0.466\,5$$
$$= 12\,690.2（元）$$

2. 计息期短于一年的时间价值的计算

计息期就是每次计算利息的期限。在单利计算中，通常按年计算利息，不足一年的存款利息率可根据年利率乘以存款日数除以 365 天来计算，所以不需要单独规定计息期。在复利计算中，如按年复利计息，一年就是一个计息期，如按季复利计息，一季就是一个计息期，则一年就有四个计息期，计息期越短，一年中按复利计息的次数就越多，利息额就越大。

在以上叙述中，计息期是以年为单位的，n 是指计息年数，i 是指年利率。在实际经济生活中，计息期有时短于一年，如半年、季、月等，则期利率也应与之相匹配。如计息期为一季，就要求采用计息季数"季利率"；如计息期为一月，就要求采用计息月数"月利率"。

按国际惯例，如果未作特别说明，i 就是指年利率。大多数国家规定的利率是年利率。因此，当计息期短于一年，而运用的利率又是年利率时，则期利率和计息期数应加以换算。

计息期短于一年时，期利率和计息期数的换算公式如下：

$$r = \frac{i}{m} \tag{3-16}$$

$$t = n \times m \tag{3-17}$$

式中，r——期利率；

i——年利率；

m——每年的计息期数；

n——年数；

t——换算后的计息期数。

计息期数换算后，复利终值和现值的计息可分别按下列公式进行：

$$F = P\left(1 + \frac{i}{m}\right)^{mn} \tag{3-18}$$

$$P = \frac{F}{\left(1 + \frac{i}{m}\right)^{mn}} \tag{3-19}$$

【例 3-15】某公司因资金需求向银行借款 200 万元，年利率为 16%。按季复利计息，两年后应向银行偿付本利和为多少？

解析：

$$r = \frac{16\%}{4} = 4\%$$

$$t = 2 \times 4 = 8$$

$$F = 200 \times (F/P, 4\%, 8) = 200 \times 1.368\ 6 = 273.72 （万元）$$

3. 实际利率

如果不是按年计息，则实际利率并不等于名义利率。所谓实际利率是指不论复利期间的长短，在一年中实际的利率，又称为实际年收益率，即实际收到或支付的利息额与本金的比值。

名义利率只有在给出计息间隔期的情况下才是有意义的，例如：若名义利率为 10%，1 元每半年按复利计息下，一年后的终值为 $[1+（10\%/2）]^2=1.102\ 5$ 元；在按季复利计息下，一年后的终值为 $[1+（10\%/4）]^4=1.103\ 8$ 元。如果仅给出名义利率为 10%，但是计息间隔期没有给出，就不能计算终值。也就是说，人们不知道该按年、季、月或是其他间隔期进行计息。

相反，实际利率本身就有明确的意义，它不需要给出复利计息的间隔期。例如，若实际利率为 10.25%，就意味着 1 元的投资在一年后就可变成 1.102 5 元。你可以认为这是名义利率为10%、半年复利计息所得到的；或是名义利率为10.25%、年复利计息所得到的；抑或是其他的复利计息方式所得来的。

已知名义利率计算实际利率的公式如下：

$$(1+\text{实际利率}) = \left(1+\frac{i}{m}\right)^m \qquad (3-20)$$

因此，在给定名义利率 i 和每年计息期数 m 时，实际利率计算公式如下：

$$\text{实际利率} = \left(1+\frac{i}{m}\right)^m - 1 \qquad (3-21)$$

例如，一项存款的名义利率为8%，每季计息一次，那么实际利率为：

$$[1+（8\%/4）]^4-1=8.243\%$$

只有在每年计息一次时，实际利率才等于名义利率8%。

4. 折现率的推算

在前面的计算中，一般都是已知 i、n，求现值或终值，但在理论研究和实际工作中有时需要求解 i 或 n。

现以普通年金现值公式为例，说明推算折现率 i 过程。

假设在普通年金现值的计算公式：$P = A \cdot (P/A, i, n)$ 中 P、A、n 均已知，需要求 i 的值，其步骤如下。

（1）将普通年金现值的计算公式变形为：$(P/A, i, n) = P/A$，由于 P 和 A 均为已知数，所以，$P/A = \alpha$ 也为已知数。

（2）查普通年金现值系数表。沿着已知 n 所在的行横向查找，若恰好能找到某一系数值等于 α，则该系数值所在的列相对应的利率便为所求的 i 值。

（3）若无法找到恰好等于 α 的系数值，就应在表中 n 行上找两个与 α 最接近的上下临界系数值，设为 β_1、β_2（$\beta_1 > \alpha > \beta_2$，或 $\beta_1 < \alpha < \beta_2$），读出 β_1、β_2 所对应的临界利率 i_1、i_2，即可用内插法（如图3-6所示）求出 i：

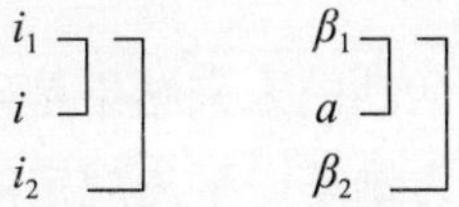

$$\begin{array}{cc} i_1 & \beta_1 \\ i & \alpha \\ i_2 & \beta_2 \end{array}$$

图3-6　内插法

即：

$$\frac{i_1 - i}{i_1 - i_2} = \frac{\beta_1 - \alpha}{\beta_1 - \beta_2}$$

在这个等式中，只有 i 是未知数，因此，i 的计算公式为：

$$i = i_1 + \frac{\beta_1 - \alpha}{\beta_1 - \beta_2} \times (i_2 - i_1) \qquad (3-22)$$

【例3-16】某人现在向银行存入20 000元，问年利率 i 为多少时，才能保证在以后9年中每年得到4 000元本利？

解析：
$$(P/A, i, 9) = P/A = 20\,000 / 4\,000 = 5$$

从普通年金现值系数表中可以看到，在 $n=9$ 的一行上没有找到恰好为 5 的系数值，故在该行上找两个最接近 5 的临界系数值，分别为 $\beta_1=5.328\,2$、$\beta_2=4.916\,4$；同时读出对应的临界利率为 $i_1=12\%$、$i_2=14\%$，则可用内插法计算年利率 i 如下：

$$\begin{aligned} i &= i_1 + \frac{\beta_1 - \alpha}{\beta_2 - \beta_1}(i_2 - i_1) \\ &= 12\% + \frac{5.328\,2 - 5}{5.328\,2 - 4.916\,4}(14\% - 12\%) \\ &\approx 13.59\% \end{aligned}$$

第二节　风险与报酬

企业的经济活动大都是在风险和不确定情况下进行的，离开了风险因素就无法正确评价企业收益的高低。资金的风险价值原理，揭示了风险同收益之间的关系，它同货币的时间价值原理一样，是财务决策的基本依据。

一、风险的内涵

（一）风险的概念

企业在市场经济条件下进行的经济活动根据其结果的变动性可以分为确定性和不确定性两种。

1. 确定性经济活动

确定性经济活动是指企业经济活动的未来结果是确定的，不会偏离预期的判断。如购买政府发行的国库券，由于国家实力雄厚，事先规定的国库券利息率到期几乎肯定可以实现，这就属于确定性的投资，即没有风险问题。

2. 不确定性经济活动

不确定性经济活动是指企业经济活动的未来结果是不确定的，可能会偏离预期的判断，决策者无法事先确知最终会出现哪一种结果。不确定性的经济活动又可以进一步分为风险性和完全不确定性两种。

（1）风险性经济活动。对于这一类经济活动，虽然其最终将出现哪些结果是不确定的，但这些结果和每一种结果出现的可能性——概率是已知的或是可以估计的。例如，掷硬币的游戏，我们事先知道硬币落地时有正面朝上和反面朝上两种结果，而且知道每一种结果出现的可能性（概率）各一半。

（2）完全不确定性经济活动。对于这一类经济活动，人们在事先不知道其所有可能的结果，或者虽然知道可能的结果但不知道它们出现的概率。例如，在不熟悉的地区寻找煤矿，事先只能知道能找到煤矿和找不到煤矿两种结果，但不知道这两种结果出现的可能性各是多少，这就属于完全不确定性问题而不是风险性问题。

根据以上分析，我们可以给风险下这样一个定义：风险是指在一定条件下和一定时期内可能发生的各种结果的变动程度，它属于经济活动不确定性的一种。

（二）风险的特征

1. 客观性

风险是客观存在的，是不以人的意志为转移的。风险的客观性基于两个原因：一是缺乏信息。管理者在决策时，由于取得信息的成本过高，或者因为有些信息根本无法取得，致使管理者对许多情况不甚了解，从而导致了决策的风险；另一个原因是决策者不能控制事物的未来状况。例如，国家宏观经济政策的变化、市场供求关系的变化以及供应单位和购买单位的违约等，都是决策者无法控制的因素，这些因素的存在客观上使风险不可避免。

2. 时间性

风险是一定时期的风险，其大小随时间的推移而变化。随着时间的延续，事件的不确定性在缩小，到事件完成，其结果也就完全肯定了，风险也就没有了。

3. 相对性

风险产生的主要原因是决策时缺乏可靠的信息，所以，同样的经济活动，对于某一个人而言，由于他掌握充分的信息，可能风险就比较小；但对于另一个人来说，由于他掌握的信息不够，可能会面临比较大的风险。

4. 收益性

风险可能会带来超出预期的收益，也可能会带来超出预期的损失。一般来说，投资人对意外损失的关切，比对意外收益的关切要强烈得多。因此，人们研究风险时侧重减少损失，主要从不利的方面来考察风险，经常把风险看成是不利事件发生的可能性，从财务的角度来说，风险主要是指无法达到预期报酬的可能性。

（三）风险的分类

1. 从影响范围的角度可以将风险分为市场风险和公司特有风险

市场风险是指由那些影响所有公司的因素而引起的风险，如战争、通货膨胀、经济衰退等。市场风险涉及所有的投资对象，不能通过多角化投资来分散，因此也称为不可分散风险或系统风险。例如，一家企业欲通过购买股票投资于另一家企业，不论其购买哪一家企业的股票，都要承担市场风险；在经济衰退时，各种股票的价格都会不同程度地下跌。

公司特有风险是指由发生在个别公司的特有事件而引起的风险，如罢工、新产品开发失败、没有争取到重要合同、诉讼失败等。这类事件是随机发生的，因而可以通过多角化投资来分散，即发生于一家公司的不利事件可以被其他公司的有利事件所抵消，因此公司特有风险也称为可分散风险或非系统性风险。

2. 从公司本身的角度可以将风险分为经营风险和财务风险

经营风险是指生产经营的不确定性而引起企业息税前利润波动的风险，它是任何商业活动都有的，也叫商业风险。影响经营风险的因素主要有市场销售情况、生产成本、生产技术等因素。

财务风险是指因借款而增加的风险，是筹资决策带来的风险，也叫筹资风险。由于企业举债从而产生了定期还本付息的压力，如果到期不能还本付息，就面临着诉讼、破产等威胁，遭受严重损失从而面临财务风险。显然，任何一个企业都有经营风险，但不一定每个企业都有财务风险，因为财务风险产生的原因是举债，如果一个企业没有负债，则该企业不存在财务风险。

二、风险的衡量

在财务管理中，由于风险的客观存在，将来出现的实际结果可能与我们期望的结果不一致，这种实际结果与期望结果的偏离程度往往被用来衡量风险，因此，风险的大小就可以借助于概率统计中的标准离差、标准离差率等离散指标进行定量的描述和评估。

（一）概率

在经济活动中，某一事件在相同的条件下可能发生也可能不发生，这类事件称为随机事件。概率就是用来表示随机事件发生可能性大小的数值，概率分布则是指一项活动可能出现的所有结果的概率集合。假定用 X 表示随机事件，X_i 表示随机事件的第 i 种结果，P_i 为出现该种结果的相应概率。若 X_i 出现，则 $P_i=1$；若 X_i 不出现，则 $P_i=0$，同时所有可能结果出现的概率之和必定为 1。因此，概率分布符合下列两个要求：① $0 \leqslant P_i \leqslant 1$；② $\sum_{i=1}^{n} X_i P_i = 1$。

【例 3-17】某公司甲、乙两种产品预计收益情况与不同季节所对应的淡旺季市场销量有关，可用表 3-3 描述各种可能的收益概率分布。

表 3-3 市场预测和预期收益概率分布表

市场预测	概率 P_i	甲产品年收益 X_i（万元）	乙产品年收益 X_i（万元）
旺季	0.3	800	1 000
正常	0.5	400	600
淡季	0.2	100	−200

（二）期望值

随机变量的各个取值，以其相应概率为权数的加权平均数，叫随机变量的期望值，它反映随机变量取值的平均化，通常用符号 $\bar{E}$ 表示，其计算公式如下：

$$\overline{E} = \sum_{i=1}^{n} X_i P_i \qquad (3\text{-}23)$$

以表 3-3 中有关数据为依据计算甲、乙两种产品预计收益的期望值，即期望收益为：

$$\overline{E}_甲 = 800 \times 0.3 + 400 \times 0.5 + 100 \times 0.2 = 460（万元）$$

$$\overline{E}_乙 = 1\,000 \times 0.3 + 600 \times 0.5 + (-200) \times 0.2 = 560（万元）$$

期望收益值体现的是预计收益的平均化，代表着预计收益的集中程度，在各种不确定性因素的影响下，它代表着投资者的合理预期。

（三）标准离差

为了完整地描述收益率分布的两个方面，需对期望收益率的分散度或离散度进行衡量，偏离度的一般衡量指标是标准离差。标准离差是反映概率分布中各种可能结果对期望值的偏离程度，通常以符号 σ 表示，其计算公式如下：

$$\sigma = \sqrt{\sum_{i=1}^{n} (X_i - \overline{E})^2 \times P_i} \qquad (3\text{-}24)$$

标准离差以绝对数衡量决策方案的风险大小，在期望值相同的情况下，标准离差越大，风险则越大；反之，标准离差越小，则风险越小。应该注意的是，标准离差仅适用于比较期望值相同的两个或两个以上的决策方案的风险，而不适用于期望值不同的决策方案之间的风险比较。

以例 3-17 中的数据为例计算甲、乙两种产品预计年收益与期望年收益的标准离差为：

$$\sigma_甲 = \sqrt{(800-460)^2 \times 0.3 + (400-460)^2 \times 0.5 + (100-460)^2 \times 0.2} = 249.8$$

$$\sigma_乙 = \sqrt{(1\,000-560)^2 \times 0.3 + (600-560)^2 \times 0.5 + (-200-560)^2 \times 0.2} = 417.6$$

尽管 $\sigma_甲 < \sigma_乙$，但并不能据此下结论：甲产品的销售风险小于乙产品的销售风险，因为甲产品和乙产品销售额的期望收益不相同，所以仅以标准离差尚无法做出判断，需要借助下面介绍的标准离差率来判断。

（四）标准离差率

标准离差率是标准差与期望值之比，通常用符号 q 来表示，其计算公式为：

$$q = \frac{\sigma}{E} \qquad (3\text{-}25)$$

标准离差率是一个相对指标，它以相对数反映决策方案的风险程度。与标准离差相比，标准离差率的适用范围更广，它不仅适用于期望值不同也适用于期望值相同的两方案或多方案风险比较。标准离差率越大，风险越大；反之，标准离差率越小，风险越小。

例 3-17 中，甲、乙两种产品预计年收益的标准离差率分别为：

$$q_{甲} = \frac{249.8}{460} = 0.54$$

$$q_{乙} = \frac{417.6}{560} = 0.75$$

至此，我们就可以得出结论：甲产品的销售风险小于乙产品的销售风险。

（五）置信概率和置信区间

根据统计学原理，在概率为正态分布的情况下，随机变量出现在期望值 ±1 个标准差范围内的概率有 68.26%（图3-7）；出现在期望值 ±2 个标准差范围内的概率有 95.44%；出现在期望值 ±3 个标准差范围内的概率有 99.72%。我们把"期望值 ±X 个标准差"称为置信区间，把相应的概率称为置信概率。

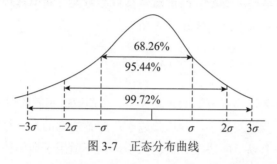

图 3-7　正态分布曲线

已知置信概率，可求出相应的置信区间，反过来也一样。但是，这种计算比较麻烦，通常编成表格以备查用（附表五）。该表第一列和第一行组成的标准差个数（X），列和行交叉处的数字是相应的正态曲线下的面积占总面积的比重（P），表示置信概率，表中给出的是对称轴一侧的面积。利用该表可以实现标准差个数与置信概率的换算。例如，1.00 个标准差对应的数字是 0.341 3。中轴两侧的面积占总面积的比重即为 68.26%（0.341 3×2）。

如果预先给定置信概率（a），能找到相应的报酬率的一个区间即置信区间，如果预先给定一个报酬率的区间，也可以找到其置信概率。

【例3-18】假设例 3-17 中的收益符合连续正态分布，要求计算甲、乙两种产品盈利（置信区间为 0～∞）的可能性有多大？

解析：先计算 0～460（均值）的面积。该区间含有标准差的个数为：

$$X = 460 \div 249.8 = 1.84$$

查书后所附"正态分布曲线的面积"，$X=1.84$ 时对应的面积是 0.467 1。
4.0～∞ 占总面积（100%）的一半：

$$P_{(甲盈利)} = 50\% + 46.71\% = 96.71\%$$

$$P_{(甲亏损)} = 50\% - 46.71\% = 3.29\%$$

同样，可计算乙产品盈利的概率。

在 0～560 区间含有的标准差个数：

$$X = 560 \div 417.6 = 1.34$$

查表得面积为 0.409 9，即：

$$P_{(乙盈利)} = 50\% + 40.99\% = 90.99\%$$

$$P_{(乙亏损)} = 50\% - 40.99\% = 9.01\%$$

由此可看出，甲产品盈利的概率大于乙产品盈利的概率，因此，甲产品的销售风险小于乙产品的销售风险。

通过对决策方案的风险进行量化，决策者便可做出决策。对于单个方案，决策者可根据其标准离差（率）的大小，并将其与设定的可接受的此项指标最高限值对比，看前者是否低于后者，然后做出取舍。对于多方案择优，决策者的行动准则应是选择低风险高收益的方案，即选择标准离差率最小、期望收益最高的方案。然而，通常情况下，高收益伴有高风险，低收益方案其风险程度往往也较低，究竟选择何种方案，就要权衡期望收益与风险，而且还要视决策者对风险的态度而定。

三、风险与报酬的关系

实践证明，风险厌恶是普遍成立的，在风险厌恶的假设下，人们选择高风险项目的基本条件是：它必须有足够高的预期投资报酬率，即风险程度越大，要求的报酬率越高。

一项投资的报酬率应该等于不承担风险即可获得的报酬加上投资者因冒该项目的风险而应获得的额外报酬，即预期投资报酬率的计算公式如下：

$$期望投资报酬率 = 无风险报酬率 + 风险报酬率$$

无风险报酬率就是到期一定能获得的报酬率。如购买国库券，基本上不存在风险，到期都能收回本息。如果不考虑通货膨胀和其他因素，无风险报酬率就是前一节我们讲的货币时间价值。风险报酬率是对投资者冒风险的一种额外报酬率，它是风险程度（可用标准离差、标准离差率等表示）的函数，风险程度越大，风险报酬率也就越高。

在西方金融学和财务管理学中，有许多模型描述风险和报酬率的关系，其中一个最重要的模型为资本资产定价模型（capital asset pricing model，CAPM）。这一模型为：

$$K_i = R_f + \beta_i(K_m - R_f)$$

式中：K_i——第 i 种投资的期望报酬率；

R_f——无风险报酬率；

β_i——第 i 种投资的 β 系数；

K_m——所有投资的平均报酬率。

在均衡状态下，$(K_m - R_f)$ 是投资者为补偿承担超过无风险收益的平均风险而要求的额外收益，即风险价值。

资本资产定价模型通常可以用图形加以表示，其中证券市场线（security market line，SML）表示一项投资的风险与报酬之间的关系，见图 3-8。SML 线越陡峭，投资者越规避风险。也就是说,在同样的风险水平上,要求的报酬更高;或者在同样的报酬水平上,要求的风险更小。

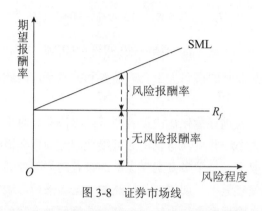

图 3-8 证券市场线

随着时间的推移,不仅证券市场线在变化,β 系数也在不断地变化,β 系数可能会因为一个企业的资产组合、负债结构等因素的变化而变化,也会因为市场竞争的加剧、专利权的到期等情况而改变。β 系数的变化同样会使公司的报酬率发生变化。

【例 3-19】某公司股票的 β 系数为 1.6,目前无风险报酬率为 4%,市场上所有股票的平均报酬率为 10%,那么,该航空公司股票的期望报酬率应该为多少?

解析:

$$K_i = R_f + \beta_i(K_m - R_f)$$
$$= 4\% + 1.6 \times (10\% - 4\%)$$
$$= 13.6\%$$

第三节 证 券 估 值

在财务管理实际工作中,经常会利用闲置资金短期投资证券或进行长期投资活动,在进行这些财务决策时,财务管理人员需要在考虑货币时间价值的基础上权衡风险与收益的关系后对将要投资的证券进行正确估值,从而发现获利机会。本节将介绍两种最常见的证券估值:债券估值和股票估值。

一、证券估值原理

(一)价值的含义

在证券估值中,经常会用到多种价值的概念,由于这些概念比较近似,需要进行明确界定才能在证券估值中得到正确应用。

1. 账面价值

账面价值也称为面值,是指某证券首次发行时,发行人承诺到期支付的价值。比如,某公司发行债券,面值 100 元,则该债券到期时,发行公司要支付债券持有人 100 元。

2. 市场价值

市场价值也称为市价或市值,是指某证券在交易市场上交易的价格。证券的市场价值受市场供求关系、投机炒作以及发行公司的经济状况影响,大多数情况下与账面价值不同。

3. 内在价值

内在价值是指在对所有影响价值的因素,如收益、现金流量、预期等都正确估价后,该证券应得的价值。如果证券市场是有效的,信息是完全披露的,证券的内在价值和它的市场价值应该是相等的。如果二者不相等,投资者的套利行为将会促使其市场价值向其内在价值回归。根据证券内在价值与市场价值的关系,投资者可以判断某种资产或者证券的价值究竟是被高估(内在价值低于市场价值)还是被低估(内在价值高于市场价值)了,以此为基础做出投资或筹资决策。

本节所讨论的证券估值是指其内在价值。

(二)证券估值的过程

证券的内在价值是投资者获得的未来预期现金流量按投资者要求的必要报酬率在一定时期内贴现的现值。因此,证券的价值受以下三个因素影响:一是未来各期预期的现金流量;二是未来预期现金流量的持续时间;三是市场决定的必要回报率或投资者要求的必要报酬率,取决于证券的个别风险与市场风险的相关程度。

证券估值的基本模型可用公式表示为:

$$P = \frac{CF_1}{(1+i)^1} + \frac{CF_2}{(1+i)^2} + \cdots + \frac{CF_n}{(1+i)^n} = \sum_{t=1}^{n} \frac{CF_t}{(1+i)^t}$$

(3-26)

式中:CF_t——t 时间内发生的现金流;

P——证券在 n 年内产生的全部预期现金流量的现值,即内在价值;

i——折现率,一般采用当时的市场利率或投资的必要报酬率;

n——预期现金流量持续期间。

基于上述模型,对证券进行估价时需要事先预期该证券能产生的未来现金流量,持续期间以及投资者所要求的必要报酬率,然后用投资者要求的必要报酬率把未来预期现金流量贴现即可。

二、债券估值

债券是由公司、金融机构或政府发行的一种有价证券,是发行人为筹措资金而向债券投资者出具的承诺以一定利率定期支付利息和到期偿还本金的债券债务凭证。

（一）债券的构成要素

尽管不同公司的债券往往在发行时订立了不同的债券契约，但典型的债券契约应包含以下几种要素。

（1）票面价值。票面价值又称面值，指发行人承诺到期支付给持有人的金额。

（2）票面利率。债券的票面利率是债券持有人定期获取的利息与债券面值的比率。

（3）到期日。债券一般都有固定的偿还期限，到期日即指期限终止之时。往往债券从发行日至到期日的时间越长，其风险越大，债券的票面利率越高。

（二）债券的估值方法

1. 每年定期支付一次利息，到期还本的债券

这类债券是最常见的债券，它既符合大部分投资人的需求，也便于公司进行理财活动。这类债券对于持有人来说有两部分未来现金流入，第一部分是每年收到的利息，是一个普通年金；第二部分是到期的本金，是一次性收到的终值。因此，根据内在价值的计算公式，对于这类债券的估值公式如下：

$$P_b = \frac{I_1}{(1+i)^1} + \frac{I_2}{(1+i)^2} + \cdots + \frac{I_n}{(1+i)^{n-1}} + \frac{M}{(1+i)^n} \quad (3\text{-}27)$$
$$= I \times (P/A, i, n) + M \times (P/F, i, n)$$

式中：P_b——债券价值；

I——每年的利息；

M——到期的本金；

i——折现率，一般采用当时的市场利率或投资的必要报酬率；

n——债券到期前的年数。

【例 3-20】刘先生和李女士各自拥有一笔闲置资金，2020 年年初得知 A 航空公司公开发行债券，面值 100 元，每年末定期支付利息，年利率 5%，3 年后归还本金。刘先生要求的必要报酬率为 5%，李女士要求的必要报酬率为 7%，如果两人都想投资该债券，问该债券对刘先生和李女士的价值各是多少？

解析： 刘先生估计的债券价值为：

$P(刘先生)=100 \times 5\% \times (P/A,5\%,3)+100 \times (P/F,5\%,3)$

$=5 \times 2.723\ 2+100 \times 0.863\ 8$

$=99.996$（元）

李女士估计的债券价值为：

$P(李女士)=100 \times 5\% \times (P/A,7\%,3)+100 \times (P/F,7\%,3)$

$=5 \times 2.624\ 3+100 \times 0.816\ 3$

$=94.75$（元）

虽然他们准备购买的债券相同,但他们估价却不一致,造成这种现象的原因在于他们各自的必要报酬率不同。

2. 到期一次还本付息的债券

一些债券发行人为了充分使用资金,将债券设置成到期一次还本付息。这种情况下,债券持有人的未来现金流入只有到期一次,因此其债券估值的公式如下:

$$P_b = \frac{I \times i \times n + M}{(1+i)^n} \quad (3\text{-}28)$$

$$= (I \times i \times n + M) \times (P/F, i, n)$$

以例 3-20 为例,假定该公司规定利息到期一次支付,则该债券对刘先生的价值为:

$$P(刘先生) = (100 \times 5\% \times 3 + 100) \times (P/F, 5\%, 3)$$

$$= 115 \times 0.863\ 8$$

$$= 99.34(元)$$

由于利息支付方式发生变化,即使刘先生所要求的必要报酬率不变,债券的价值也发生了变化,对债券投资人的吸引力下降。

3. 永久债券

永久债券是一种没有到期日,永久定期支付利息的债券。这种永久债券的现金流量实际上是一种永续利息年金,这种债券的一个典型例子就是英国的统一公债,它最早是英国在拿破仑战争后为偿债而发行的,英国政府必须无限期地向债券持有人支付固定利息。因此,这种债券的估值公式为:

$$P_b = \frac{I_1}{(1+i)^1} + \frac{I_2}{(1+i)^2} + \cdots + \frac{I_n}{(1+i)^n} \quad (3\text{-}29)$$

其中,$I_1 = I_2 = I_n = I$,$n \to \infty$ 时,该公式可化简为:

$$P_b = \frac{I}{i} \quad (3\text{-}30)$$

仍以例 3-20 为例,假定该公司发行的是永久债券,则该债券对李女士的价值为:

$$P(李女士) = (100 \times 5\%)/7\%$$

$$= 71.43(元)$$

三、股票估值

股票作为一种有价证券,它是股份公司发行的,用以证明投资者的股东身份和权益,并据以获取股息和红利的凭证。

(一)股票的构成要素

为了更好地理解股票估值模型,首先我们要了解股票的几个构成要素。

(1)股票价值。投资者投资股票通常是为了在未来能够获得一定的现金流入。而这种现金流入主要包括两个部分：每期的股利以及出售股票时得到的收入。这两部分现金流的现值就是股票的内在价值。

（2）股票价格。股票价格是指其在证券市场上的交易价格。股票的价格会受到各种因素的影响而出现波动，从而使股票的价格可能会偏离股票的内在价值。

（3）股利。股利是股份有限公司以现金的形式分配给股东的投资报酬，也称"红利"或"股息"。股利和债券利息不同，股利并不是强制分配的，只有在公司有利润并且管理层愿意将多余的利润分配给股东时，股东才能获得股利。

（二）股票的分类

股票有两种基本类型：普通股和优先股。普通股是企业发行股票时最常见的类型。普通股股东是公司的所有者，对公司具有投票权和决策权，但是当公司破产时，普通股股东只能最后得到偿付。

优先股则是公司发行的求偿权介于债券和普通股之间的一种证券。优先股股东在获得了优于普通股股东求偿权的同时，丧失了对公司的投票权和决策权。除此之外，优先股的股利一般是固定的，且优于普通股股利的发放。但与债券利息不同的是，如果公司未能按时发放股利，优先股股东不能请求公司破产。

（三）股票的估值方法

1. 普通股估值

与债券相比，普通股的估价难度要大得多，这主要是因为普通股投资者未来能够获得的现金流入不确定。普通股股利不一定固定，也没有到期日，此外普通股的股票价格也经常发生变化。因此，对普通股的估值要根据不同的情况进行具体处理。

（1）固定股利法。该方法假定普通股被投资者一旦购进，就将长久持有，并且股利在若干期间内保持不变。这样，每年的股利相当于永续年金中每期现金流量，投资者要求的收益率相当于永续年金中的折现率。其公式如下：

$$P_0 = \frac{D}{K} \tag{3-31}$$

式中：P_0——普通股价值；
D——普通股的年股利额；
K——投资者要求的收益率。

【例3-21】 某公司每年支付普通股股利10元，投资者要求的收益率为10%，则该普通股的价值为多少？

$$P_0 = \frac{10}{10\%} = 100 （元）$$

此法的优点是无须预测未来股利和转让价格的变动情况。但现实情况往往是，普通股股利并不是每年固定不变的。因此，采用简单法，往往会低估或高估普通股的价值。

（2）股利持续增长率法。该法适用于股利按固定的比率增长的情况。在采用该法时，我们假设股利增长率总是低于投资者要求的收益率。

如果设 D_0 为基年每股股利，D_t 为第 t 年年末每股股利，g 为年股利增长率，K 为收益率或折现率。则第 t 年的每股股利为：

$$D_t = D_0(1+g)^t$$

将各年的股利折现成现值并相加，即可得到普通股的价值。用公式表示：

$$P_0 = \sum_{t=1}^{\infty} \frac{D_t}{(1+K)^t} = \sum_{t=1}^{\infty} \frac{D_0(1+g)^t}{(1+K)^t} \qquad (3-32)$$

根据假设，K 永远大于 g，当 $t \to \infty$ 时，该式是一个收敛的等比几何级数，其极限为：

$$P_0 = \frac{D_0(1+g)}{K-g}$$

根据上式，即可对普通股的价值进行评估。

【例 3-22】某公司普通股基年已支付股利为 2 元，投资者要求的收益率为 10%，估计股利按 5% 的固定比率增长。则该普通股的价值为：

$$P_0 = \frac{2 \times (1+5\%)}{10\% - 5\%} = 42 \text{（元）}$$

（3）转让价格法。前述两种方法均假设投资者一旦持有这种普通股，就将永久持有，不再转让。实际上，投资人购入普通股，持有一段时间以后，也许会在合适的时候将其转让出去。在这种情况下，普通股的价值就等于持股期间所得股利的现值加上最终转让该股票时售价的现值。用公式表示为：

$$P = \sum_{t=1}^{\infty} \frac{D_0(1+g)^t}{(1+k)^t} + \frac{MD_0(1+g)^n}{(1+k)^n}$$

式中：P_0——普通股的价值；

D_0——基期已支付的股利；

g——每期收益增长率；

K——投资者要求的收益率；

M——普通股价格收益倍数；

n——投资者期望持有该股票的年数。

上例中，若投资者希望在第 3 年年末将该股票转让出去，转让价格按每股收益的 12 倍计算，则该普通股的价值将为：

$$P_0 = \frac{2 \times (1+5\%)}{1+10\%} + \frac{2 \times (1+5\%)^2}{(1+10\%)^2} + \frac{2 \times (1+5\%)^3}{(1+10\%)^3} + \frac{12 \times 2 \times (1+5\%)^3}{(1+10\%)^3}$$

$$= 1.91 + 1.82 + 1.74 + 20.87 = 26.34 \text{（元）}$$

以上我们看到了股利零增长及固定增长的情形，但实务中企业的营运状况会有随着经济景气波动而变化的现象存在，即使经营能力没有改变，获利水准（或股利）也不见得会不断成长，最终呈现出非固定成长的情形。如一些以技术为导向的电子、信息产业或是生物科技行业，初期的成长性都十分惊人，但随着时间的推移，产品进入成熟期之后，盈利能力超成长的现象将可能不复存在，并回归正常或稳定增长的情形。此时，投资人只要运用货币时间价值的观念，将企业未来各期的股利以适当的必要报酬率折现，即可计算"股利非固定成长"形态的股票价值。

2. 优先股的估值

优先股的价值等于无期限固定股息用优先股股东所要求的收益率折现成现值的总和，用公式表示：

$$P_0 = \sum_{t=1}^{\infty} \frac{D}{(1+K)^t} \tag{3-33}$$

代入等比数列前 n 项和公式，当 $n \to \infty$ 时，可得：

$$P_0 = \frac{D}{K}$$

式中：P_0——优先股价值；

　　　D——优先股每年股息；

　　　K——优先股股东所要求的收益率。

【例 3-23】某公司发行的优先股股息每年为 10 元，投资者要求的收益率为 10%，则该种优先股的价值为：

$$P_0 = \frac{10}{10\%} = 100 \text{（元）}$$

现在假若社会总利率水平上升，引起投资者要求的收益率上升，例如上述优先股股东要求的收益率上升为 11%，则该优先股的价值将下跌为：

$$P_0 = \frac{10}{11\%} = 90.91 \text{（元）}$$

思 考 题

1. 什么是货币的时间价值？为什么要采用复利概念进行计算？
2. 如何理解风险与报酬的关系？市场风险和可分散风险的区别是什么？
3. 在什么情况下，债券的票面利率与到期收益率不一样？

练 习 题

1. 某人以 10 000 元存入银行，3 年期，年利率 4%，复利计息，求 3 年后终值。
2. 某公司准备向银行贷款 5 000 万元投资一个新的项目，假设银行借款利率为 12%，该项目当年即可建成投产。试回答以下问题：

（1）该工程投产后，假设 A 航空公司将分 10 年每年年末等额归还银行借款，则每年需还银行多少钱？

（2）该工程投产后，假设 A 航空公司将分 10 年每年年初等额归还银行借款，则每年需还银行多少钱？

（3）若该公司每年可获净利 1 500 万元，全部用来归还借款，则需多少年可以还清？

3. 某公司拟购置一项设备，目前有 A、B 两种可供选择。A 设备的价格比 B 设备高 50 000 元，但每年可节约维修保养费等费用 10 000 元。假设 A、B 设备的经济寿命均为 6 年，利率为 8%。若该公司在 A、B 两种设备中必须择一的情况下，应选择哪一种设备？

4. 某公司准备对外投资，现有三家公司可供选择，分别为甲公司、乙公司、丙公司，这三家公司的年预期收益及其概率的资料如表 3-4 所示。

表 3-4　B 航空公司预期收益及其概率资料

市场状况	概　率	年预期收益（万元）		
		甲公司	乙公司	丙公司
良好	0.3	40	50	80
一般	0.5	20	20	-20
较差	0.2	5	-5	-30

假定你是该企业集团的稳健型决策者，请依据风险与收益原理做出选择。

5. 目前股票市场上有 A，B 两家公司的证券可供选择，基本资料如下：

（1）A 公司目前股票市价为 9 元，该公司采用固定股利政策，每股股利 1.2 元。

（2）B 公司目前股票市价为 8 元，当前股利为每股 1 元，以后各年股利固定增长率为 3%。

（3）无风险收益率为 8%，市场上所有股票平均收益率为 12%，A 公司股票的 β 系数为 1.5，B 公司股票的 β 系数为 1.2。

试计算 A 航公司与 B 公司股票的必要收益率。如果你是投资者，你应该购买哪家公司的股票？

西格资产理财公司的理财运作

第四章
财务战略与预算

本章导读

2016年,"茅台集团'十三五'规划"出台,提出到"十三五"期末集团的营业收入要达到1 000亿元,打造"千亿茅台"。2015年集团的营业收入是419亿元,这意味着要实现"千亿"目标,未来五年营业收入的年平均增幅要达到28%,而在"十二五"期间集团营业收入的年平均增幅仅为14.6%,可想而知这个目标实现的难度有多大!为了实现这一目标,茅台集团第三任董事长李保芳采取了一系列"铁腕"措施:大力发展茅台系列酒、大规模清理子品牌、推动茅台销售体制改革、大力反腐、人事换防……由于这些措施的指向性非常强,即均指向增加营业收入这一目标,因此茅台集团的营业收入提前一年也就是在2019年即达到了1 003亿元,突破"千亿"大关。

这一案例说明战略在企业管理中具有重要的导向和引领作用,财务战略作为企业战略中的重要组成部分,同样对财务决策具有方向性的指导作用。在学习完本章内容后,你将掌握企业财务战略的制定方法、财务预测技术和财务预算的编制方法。

资料来源:http://www.supporter.com.cn/web/hangYeAnLi/jiaoTongYunShu/323.html。

第一节 财 务 战 略

一、财务战略的含义和特征

(一)财务战略的含义

"战略"一词主要源于军事,是指军事家们对战争全局的规划和指挥,或指导重大军事活动的方针、政策与方法。随着生产力水平的不断提高和社会实践的不断丰富,"战略"一词逐渐被人们广泛地运用于军事以外的其他领域。最早把"战略"正式引入企业管理领域的是美国管理史学家钱德勒(chandler),1962年在其著作《战略与组织结构》一书中,将战略定义为"确定企业基本长期目标、选择行动途径和为实现这些目标进行资源分配"。企业战略是企业为实现整体价值,筹划企业所拥有的资源,对一系列长远或重大行动的动态统筹。

财务战略（financial strategy）是在企业总体战略目标的统筹下，以价值管理为基础，以实现企业财务管理目标为目的，以实现企业财务资源的优化配置为衡量标准所采取的战略性思维方式、决策方式和管理方针。企业财务战略管理，决定着企业财物资源的取向和模式，影响着企业理财活动的行为与效率。

财务战略与企业战略二者之间互为影响。财务战略是企业总体战略的重要组成部分，企业战略需要财务战略来支撑。财务管理只有把自己放到为实现企业长期总体战略而服务的职能战略的层面，只有为企业管理服务，为企业战略服务才会有出路。如果就财务论财务，而忽略企业的组织背景、内外部环境以及市场等因素来研究财务问题，仅仅限于成本、收益和风险的技术性分析，就失去了为企业管理服务的意义，财务管理也难以在企业的发展中发挥其重要作用。同样，没有财务管理的有效配合，任何企业战略都会成为空中楼阁。财务战略的选择，往往决定着企业资源配置的取向和模式，也由此决定了企业经营战略的实现与管理效率。战略管理条件下，财务管理需要具备战略思想，需要将企业战略意图有机地融入财务管理。财务管理应该在理解企业战略的基础上，以支持企业战略为目标，从战略全局的角度来考虑和规划企业的财务安排。

（二）财务战略的特征

1. 全局性
财务战略是为企业的筹资、投资、营运和股利分配等财务活动的整体制定的，对企业未来长期财务规划和年度财务预算具有全局性的指导作用。

2. 长期性
制定财务战略是为了谋求企业未来的长远发展，对企业未来相当长时期内的财务活动做出的战略性筹划。

3. 导向性
财务战略规定了企业未来长期财务活动的发展方向、基本目标以及实现目标的基本途径，为企业财务预算提供方向性的指引。

二、财务战略的分类

财务管理应支持企业的总体战略，但并不意味着没有自己的战略。重要的财务决策总是由企业高层做出的，甚至要经过董事会决议。大多数企业以财务目标作为整个企业的主要目标，两者目标的直接一致使得财务管理不同于其他职能管理。重要的财务决策总会涉及企业的全局，带有战略的性质。

（一）财务战略的职能类型

企业的财务战略涉及企业财务管理的职能。因此，财务战略按照财务管理的职能领域可分为投资战略、筹资战略、营运战略、股利战略。

1. 投资战略
投资战略是涉及企业长期、重大投资方向的战略性筹划。企业重大的投资行业、投资企业、投资项目等筹划，属于投资战略问题。

2. 筹资战略

筹资战略是涉及企业重大筹资方向的战略性筹划。企业重大的首次发行股票、增资发行股票、发行大笔债券、与银行建立长期合作关系等战略性筹划，属于筹资战略问题。

3. 营运战略

营运战略是涉及企业营运资本的战略性筹划。企业重大的营运资本策略、与重要供应商和客户建立长期商业信用关系等战略性筹划，属于营运战略问题。

4. 股利战略

股利战略是涉及企业长期、重大分配方向的战略性筹划。企业重大的留用利润方案、股利政策的长期安排等战略性筹划，属于股利战略的问题。

（二）财务战略的综合类型

企业的财务战略往往涉及企业财务资源的总体配置和长期筹划。根据企业的实际经验，财务战略的综合类型一般可以分为扩张型财务战略、稳健型财务战略、防御型财务战略和收缩型财务战略。

1. 扩张型财务战略

扩张型财务战略一般表现为长期内迅速扩大投资规模，全部或大部分保留利润，大量筹措外部资本。

2. 稳健型财务战略

稳健型财务战略一般表现为长期内投资规模稳定增长，保留部分利润，内部留存与外部筹资相结合。

3. 防御型财务战略

防御型财务战略一般表现为保持现有投资规模和投资收益水平，保持或适当调整现有资产负债率和资本结构水平，维持现行的股利政策。

4. 收缩型财务战略

收缩型财务战略一般表现为维持或缩小现有投资规模，分发大量股利，减少对外筹资，甚至通过偿债和股份回购归还投资。

三、财务战略的分析方法

财务战略分析是通过对企业外部环境和内部条件的分析，全面评价与财务资源相关的企业外部的机会与威胁、企业内部的优势与劣势，形成企业财务战略决策的过程。财务战略分析的方法主要是 SWOT 分析法。

（一）SWOT 分析法的含义

SWOT 分析法，即优劣势分析法（strength weakness opportunity threat analysis）是在对企业的外部财务环境和内部财务条件进行调查的基础上，对有关因素进行归纳分析，评价企业外部的财务机会与威胁、企业内部的财务优势与劣势,从而为财务战略的选择提供参考方案。SWOT分析法是由麦肯锡咨询公司开发,主要分析研究企业内外的优势和劣势、机会和威胁,英文分别为strengths,weaknesses,opportunities和threats,取其首字母组合而得名。

(二) SWOT的因素分析

从财务战略的角度而言,SWOT分析法涉及企业的外部财务环境和内部财务条件等众多财务因素,需要经过分析判断,找出主要的财务因素,并将其区分为内部财务优势、内部财务劣势、外部财务机会和外部财务威胁。

1. 企业外部财务环境的影响因素分析

关于企业外部的财务环境方面的因素在第一章中已有基本介绍,这里仅将对财务战略具有重要影响的主要财务因素简要归纳分析如下。

(1)产业政策:如产业发展的规划、产业结构的调整政策、鼓励或限制发展产业的政策等。这些产业政策及其调整往往会直接影响企业投资的方向、机会和程度从而影响企业财务战略的选择。

(2)财税政策:如积极或保守的财政政策、财政信用政策、财政贴息政策、税收的总体负担水平、行业和地区的税收优惠政策等。这些财税政策及其调整往往会直接或间接地影响企业投资和筹资的方向、机会及程度,从而影响企业财务战略的选择。

(3)金融政策:如货币政策、汇率政策、利率政策、资本市场政策等。这些金融政策及其调整往往会直接或间接地影响企业投资和筹资的方向、机会及程度,从而影响企业财务战略的选择。

(4)宏观周期:如宏观经济周期、产业周期和金融周期所处的阶段等。这需要企业加以科学的分析和判断,以选择和调整与宏观周期相匹配的财务战略。

2. 企业内部财务条件的影响因素分析

关于企业内部的财务条件及状况方面的因素,这里仅将对财务战略具有重要影响的主要财务因素简要归纳如下:①企业生命周期和产品寿命周期所处的阶段;②企业的盈利水平;③企业的投资项目及其收益状况;④企业的资产负债规模;⑤企业的资本结构及财务杠杆利用条件;⑥企业的流动性状况;⑦企业的现金流量状况;⑧企业的筹资能力和潜力等。这些因素将直接支撑或限制企业财务战略决策选择。

3. SWOT的因素定性分析

运用SWOT分析法,需要经过定性判断,对SWOT因素进行定性分析,将企业内部财务条件因素和企业外部财务环境因素,分别归为内部财务优势与劣势和外部财务机会与威胁。

(1)内部财务优势。例如,企业的盈利水平较高、资本结构比较合理、现金流量比较充足。这些因素属于企业内部的财务优势因素,能够为财务战略选择提供有利的条件。

(2)内部财务劣势。例如,企业的资产负债率过高、流动比率大幅下降、债务筹资能力受限。这些因素属于企业内部的财务劣势,将限制企业财务战略选择的余地。

(3)外部财务机会。企业外部的财务机会或机遇能为企业财务战略的选择提供更大的空间。

（4）外部财务威胁。例如，企业发行债券筹资受到严格控制、竞争对手正在准备扩大筹资。这些因素属于企业外部的财务威胁或挑战，将制约企业财务战略的选择。

（三）SWOT 分析法的运用

运用 SWOT 分析法，可以采用 SWOT 分析表和 SWOT 分析图来进行分析，从而为企业财务战略的选择提供依据。

1. SWOT 分析表

SWOT 分析表可以进行因素归纳和定性分析，为企业财务战略的选择提供依据。某公司 2020 年的 SWOT 分析表，如表 4-1 所示。

表 4-1　SWOT 分析表

主要财务因素	对财务战略的影响分析
内部财务优势（S）	
主要财务因素	对财务战略的影响分析
·资本结构稳健性： 长期资本结构稳定合理 ·现金流量充足： 经营现金流量持续增长	·资本结构方面： 适当提升财务杠杆 ·投资方面： 适宜追加投资
内部财务劣势（W）	
主要财务因素	对财务战略的影响分析
·资产负债率较高： 短期借款较多 流动比率较低 ·股东要求提高回报： 全球金融危机影响	·营运资本方面： 考虑减少短期筹资 改善营运资本政策 ·股东关系方面： 考虑适当增发股利
外部财务机会（O）	
主要财务因素	对财务战略的影响分析
·投资机会良好： 行业投资报酬率回升 ·筹资环境趋于宽松： 积极的政府财政政策 适当宽松的货币政策	·投资方面： 考虑是否增加投资规模 ·筹资方面： 考虑是否增加筹资规模
外部财务威胁（T）	
主要财务因素	对财务战略的影响分析
·筹资控制严格： 发行债券筹资控制严格 ·筹资竞争激烈： 不少企业准备扩大筹资规模	·筹资方式方面： 考虑采取股权筹资方式 ·筹资竞争方面： 考虑设计有效的筹资方案

2. SWOT 分析图

运用 SWOT 分析法，可以在 SWOT 分析表的基础上，采用 SWOT 分析图对四种性质的因素进行组合分析，为企业财务战略的选择提供参考。某公司 2020 年的 SWOT 分析图，如图 4-1 所示。

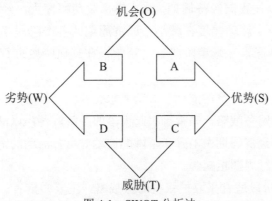

图 4-1　SWOT 分析法

一般而言，企业的内部财务优势与劣势和外部财务机会与威胁往往是同时存在的，因此，综合四类不同性质因素的组合，客观上可以构成四种综合财务战略的选择。在图 4-1 中，企业内部的财务优势与劣势和外部的财务机会与威胁可以构成下列四种组合。

A 区为 SO 组合，即财务优势和财务机会的组合，是最为理想的组合。企业的内部条件具有优势；同时，企业的外部环境可以提供机会。处于这种最为理想组合下的企业，应当发挥优势和利用机会，适当采取积极扩张型的财务战略。

B 区为 WO 组合，即财务机会和财务劣势的组合，是不尽理想的组合。一方面，企业的外部环境提供机会；另一方面，企业的内部条件处于劣势。处于这种不尽理想组合下的企业，可以利用机会、克服劣势，适合采取稳健增长型的财务战略。

C 区为 ST 组合，即财务优势和财务威胁的组合，是不太理想的组合。一方面，企业的内部条件具有优势；另一方面，企业的外部环境构成威胁或挑战。处于这种不太理想组合下的企业，可以尽可能发挥优势、回避威胁，采取有效防御型的财务战略。

D 区为 WT 组合，即财务劣势和财务威胁的组合，是最不理想的组合。一方面，企业的内部条件处于劣势；另一方面，企业的外部环境构成威胁或挑战。处于这种最不理想组合下的企业，应当克服劣势、回避威胁，可以采取适当收缩型的财务战略。

四、财务战略的选择

在财务战略分析的基础上，选择财务战略还需要明确一些基本依据。

（一）财务战略选择的依据

企业的财务战略要适应内外部环境的变化，具有防范未来风险的意识，着眼于企业未来长期稳定的发展。企业财务战略的选择必须考虑经济周期的波动情况、企业发展阶段和企业增长方式，并及时进行调整，以保持旺盛的生命力。

1. 财务战略的选择必须与宏观经济周期相适应

现代经济发展的周期性是以工商业为主体的经济总体发展过程中不可避免的现象，是经济系统存在和发展的重要特征。我国经济周期的直观表现是周期长度不规则，发生频率高。有学者测算以往我国经济周期为4.6年，波动幅度大；经济周期的波动呈收敛趋势，周期长度在拉长，波动幅度在减小；经济周期的各个阶段呈现出不同的特征，在高涨阶段总需求迅速膨胀，在繁荣阶段过度繁荣，在衰退阶段进行紧缩性经济调整，严格控制总需求。

从企业财务的角度看，经济的周期性波动要求企业顺应经济周期的过程和阶段，通过制定和选择富有弹性的财务战略，来抵御大起大落的经济震荡，以减轻经济震荡对财务活动的影响，特别是减少经济周期中上升和下降的波动对财务活动的消极影响。财务战略的选择和实施要与经济运行周期相配合。

（1）在经济复苏阶段适宜采取扩张型财务战略。主要举措有：增加厂房设备，采用融资租赁，增加存货，开发新产品，增加劳动力等。

（2）在经济繁荣阶段适宜先采取扩张型财务战略，再转为稳健型财务战略。主要举措有：扩充厂房设备，采用融资租赁，继续增加存货，提高产品价格，开展营销策划，增加劳动力等。

（3）在经济衰退阶段应采取防御型财务战略。主要举措有：停止扩张，出售多余的厂房设备，停产无利润的产品，停止长期采购，削减存货，减少雇员等。

（4）在经济萧条阶段，特别是在经济处于低谷时期，应采取防御型和收缩型财务战略。主要举措有：建立投资标准，保持市场份额，压缩管理费用，放弃次要的财务利益，削减存货，减少临时性雇员等。

2. 财务战略的选择必须与企业发展阶段相适应

每个企业的发展都要经过一定的发展阶段。典型的企业一般要经过初创期、扩张期、稳定期和衰退期四个阶段。不同的发展阶段应该有不同的财务战略与之相适应。企业应当分析自身所处的发展阶段，采取相应的财务战略。

（1）在初创期，现金需求量大，需要大规模举债经营，因而存在很大的财务风险，一般采用股票股利政策。

（2）在扩张期，虽然现金需求量也大，但它是以较小幅度增长的，财务风险仍然很高，一般采用低现金股利政策。因此，在初创期和扩张期，企业应采取扩张型财务战略。

（3）在稳定期，现金需求量有所减少，一些企业可能有现金结余，财务风险降低，通常采用现金股利政策。在稳定期，企业一般采取稳健型财务战略。

（4）在衰退期，现金需求量持续减少，财务风险降低，一般采用高现金股利政策。在衰退期，企业应采取防御收缩型财务战略。

3. 财务战略的选择必须与企业经济增长方式相适应

长期以来，低水平重复建设与单纯数量扩张的经济增长，是我国经济增长的主要方式。这种增长方式在短期内容易见效，表现出短期高速增长的特征。但是，由于缺乏相应的技术水平和资源配置能力的配合，企业生产能力和真正的长期增长实际上受到了制约。因此，企业经济增长的方式客观上要求实现从粗放型增长向集约型增长的根本转变。为适应这种转变，财务战略需要从两个方面进行调整。

一方面，调整企业财务投资战略，加大基础项目的投资力度。企业经济真正的长期增长要求提高资源配置能力和效率,而资源配置能力和效率的提高取决于基础项目的发展。虽然基础项目在短期内难以带来较大的财务利益,但它为长期经济的发展提供了重要的基础。所以,企业在财务投资的规模和方向上,要实现基础项目相对于经济增长的超前发展。

另一方面,加大财务制度创新力度。通过建立与现代企业制度相适应的现代企业财务制度,既可以对追求短期数量增长的冲动形成约束,又可以强化集约经营与技术创新的行为取向,通过明晰产权,从企业内部抑制掠夺性经营的冲动;通过以效益最大化和本金扩大化为目标的财务资源配置,限制高投入、低产出对资源的耗用,使企业经营集约化、高效率得以实现。

(二)财务战略选择的方式

在企业发展的不同阶段,企业外部环境中的风险因素和企业内部拥有各项资源的情况不同,因此,企业需要根据自身的目标采取不同的财务战略。即便处于同一周期阶段,内外部条件不同的企业根据自身的目标也会采取不同类型的财务战略。

1.基于产品生命周期的财务战略选择

产品的生命周期理论假设产品都要经过导入期、成长期、成熟期和衰退期四个阶段,根据企业发展周期的阶段特点,企业确定财务战略一般有如下几种方式。

(1)处于产品生命周期导入期的企业财务战略。产品生命周期的导入期是企业经营风险最高的阶段。新产品是否有销路,是否被既定客户接受,是否会受到发展和成本的制约,市场能否扩大到足够的规模,即使所有这些方面都没有问题,企业能否获得足够的市场份额来树立其在行业中的地位,这些都是风险。经营风险高意味着这一时期的财务风险可能较低。因此,财务战略的关键是吸纳股权资本,筹资战略是筹集股权资本,股利战略是不分红,投资战略是不断增加对产品开发推广的投资。

(2)处于产品生命周期成长期的企业财务战略。这个阶段企业产品成功推向市场,销售规模快速扩大,利润大幅增长,超额利润明显,产品市场快速增长并吸引了更多的竞争者,企业的经营风险略有降低。这不仅代表了产品整体业务风险的降低,而且表明需要调整企业的战略。此阶段企业以促进销售增长、快速提高市场占有率为战略重点,与之相匹配的财务战略是积极扩张型财务战略,其关键是实现企业的高增长与资金的匹配,保持企业可持续发展。筹资战略是尽量利用资本市场大量增加股权资本,适度引入债务资本,股利战略仍旧是不分红或少量分红,投资战略是对核心业务大力追加投资。有些企业在股权资本不足以支撑高速发展的时候,更多地利用债务资本,这种筹资方式只能作为短期的财务政策,不能成为该阶段的财务战略,否则很可能引发企业的财务危机。

(3)处于产品生命周期成熟期的企业财务战略。当产品进入成熟期,产业销售额很大而且相对稳定,利润也比较合理,企业的风险再次降低。由于竞争的加剧,超额利润逐渐减少甚至消失,追加投资的需求减少,企业战略重心转为对盈利能力的关注。与之相匹配的财务战略是稳健发展型财务战略,关键是处理好日益增加的现金流量。筹资战略可以调整为以更多低成本的债务资本替代高成本的股权资本,股利战略调整为实施较高的股利分配,将超过投资需求的现金返还给股东,在投资战略上,企业可以利用充裕的现金流,围绕核心业务拓展新的产品或市场,进行相关产品或业务的并购,但需要防止由于盲目多元化造成企业竞争力下降。

(4)处于产品生命周期衰退期的企业财务战略。当产品进入衰退期,产品市场出现萎缩,利润空间越来越小,企业开始最大限度地转让、变卖专用设备、厂房,或另外开发新产品、新市场。此时,经营活动和投资活动都产生巨额的现金流入,而融资活动的净现金流出也达到了历史高位。企业面临的风险比先前的成熟阶段更低了,主要风险是在该产业中企业还能够生存多久。此阶段企业的战略重心是收回投资,或通过并购扩大市场占有率,延缓衰退期的到来。企业财务战略是收缩型财务战略,其关键是收回现有投资并将退出的投资现金流返还给投资者。财务战略上采用的是不再进行筹资和投资,全额甚至超额发放股利,将股权资本退出企业,最终实现企业的正常终止。

2. 基于价值创造的财务战略选择

创造价值是财务管理的目标,也是财务战略管理的目标。鉴于财务战略是影响企业价值可持续增长的重要动因,对于日益追求价值可持续增长的企业来说,构建可持续增长的价值创造财务模型是财务战略管理的关键。影响价值创造的因素主要有:投资资本回报率、资本成本、销售增长率、可持续增长率。它们是影响财务战略选择的主要因素,也是管理者为增加企业价值可以控制的主要内容。根据价值创造的影响因素,可以构造一个矩阵把价值创造(投资资本回报率-资本成本)和现金余缺(销售增长率-可持续增长率)联系起来,该矩阵称为财务战略矩阵,可以作为评价和制定战略的分析工具,如图4-2所示。

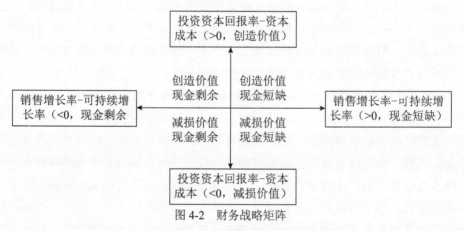

图 4-2 财务战略矩阵

财务战略矩阵假设一个企业有一个或多个业务单位。纵坐标是一个业务单位的投资资本回报率与其资本成本的差额,实际上就是经济增加值(economic value added,EVA),财务战略矩阵用该指标来评价公司的价值增长状态。如果EVA的值大于零,说明企业的税后净经营利润大于资金成本,该业务单位为股东创造价值;如果EVA的值小于零,说明企业的税后净经营利润不能够弥补其资金成本,该业务单位减损股东价值。财务矩阵的横坐标用销售增长率减去可持续增长率来表示,用以衡量企业资源耗费的状况。可持续增长率是指不增发新股并保持目前经营效率和财务政策条件下公司销售可以实现的最高增长率。如果销售增长率大于可持续增长率,说明企业销售带来的现金流量不能维持其自身发展,现金短缺;反之,表示企业销售带来的现金流量可以满足自身发展需要,企业有剩余现金。

据此建立的矩阵有四个象限:处于第一象限的业务,属于增值型现金短缺业务;处于第二象限的业务,属于增值型现金剩余业务;处于第三象限的业务,属于减损型现金剩余业务;处于第四象限的业务,属于减损型现金短缺业务。处于不同象限的业务单位(或企业)应当选择不同的财务战略。

(1)增值型现金短缺的财务战略选择。在第一象限中,EVA 大于零,销售增长率大于可持续增长率。该象限业务往往处于业务成长期,一方面,该业务能够带来企业价值增值;另一方面,其产生的现金流量不足以支持业务增长,会遇到现金短缺的问题。在这种情况下,业务增长越快,现金短缺越是严重。

(2)增值型现金剩余的财务战略选择。在第二象限中,EVA 大于零,销售增长率小于可持续增长率。该象限业务往往随着企业发展,获得持续增长的现金净流量。其内外部环境也发生了一系列的变化,新技术不断成熟,新产品逐渐被市场接受,目标市场逐步稳定,获利水平持续增长,为企业带来预期的现金流。这时企业的现金流量足以满足其自身发展需求,即该业务单元能够为企业带来价值增值。本阶段关键的问题是能否利用剩余的现金迅速增长,使增长率接近可持续增长率。

(3)减损型现金剩余的财务战略选择。在第三象限中,EVA 小于零,销售增长率小于可持续增长率。该象限的业务虽然能够产生足够的现金流量维持自身发展,但是业务的增长反而会降低企业的价值。这是业务处于衰退期的前兆。减损型现金剩余的主要问题是盈利能力差,而不是销售增长率低,简单的加速增长很可能有害无益。在此情形下,首先应分析盈利能力差的原因,寻找提高投资资本回报率或降低资本成本的途径,使投资资本回报率超过资本成本。

(4)减损型现金短缺的财务战略选择。在第四象限中,EVA 小于零,销售增长率大于可持续增长率。该象限的业务既不能带来企业价值的增值,又不能支持其自身的发展,并且会由于增长缓慢遇到现金短缺问题。这种业务不能通过扩大销售得到改变。由于股东财富和现金都在被吞食,需要快速解决问题。

第二节 财 务 预 测

一、财务预测的意义

财务预测(financial forecast)是根据财务活动的历史资料,考虑现实的要求和条件,对企业未来的财务活动和财务成果做出科学的预计和测算。财务预测有广义和狭义之分。狭义的财务预测仅指估计企业未来的融资需求,即筹资预测;广义的财务预测包括编制全部的预计财务报表。本节主要讨论筹资预测的依据和方法。

1. 财务预测是融资计划的前提

企业对外提供产品和服务，必须要有一定的资产。企业销售增加时，要相应增加流动资产，甚至还需增加固定资产。为取得扩大销售所需增加的资产，企业需要筹措资金，一部分来自留存收益，另一部分来自外部融资。通常，销售增长率较高时留存收益不能满足公司的资本需求，即使获利良好的公司也需外部融资。对外融资，需要寻找资金提供者，向其做出还本付息的承诺或提供盈利前景，使之相信其投资安全并且可以获利，这个过程往往需要较长时间。因此，企业需要预先知道自己的财务需求，提前安排融资计划，否则就可能产生资金周转问题。

2. 财务预测有助于改善投资决策

根据销售前景估计出的融资需求不一定总能满足。因此，就需要根据可能筹集到的资金来安排销售以及有关投资项目，使投资决策建立在可行的基础上。

3. 预测有助于应对不确定性冲击

财务预测与其他预测一样都不可能很准确。从表面上看，不准确的预测只能导致不准确的计划，从而使预测和计划失去意义。事实并非如此，预测展现了未来的各种可能的前景，促使企业制订出相应的应急计划。预测和计划是超前思考的过程，其结果并非仅仅是一个融资需求额，还包括对未来各种可能前景的认识和思考。预测可以提高企业对不确定事件的反应能力，从而减少不利事件带来的损失，增加有利机会带来的收益。

二、财务预测的依据与步骤

（一）财务预测的依据

企业的经营和投资业务的资本需要额是筹资的数量依据，必须科学合理地进行预测。开展企业筹资数量预测的基本目的是：保证企业经营和投资业务的顺利进行，使筹集的资本既能保证满足经营和投资的需要，又不会有太多的闲置，从而促进企业财务管理目标的实现。

影响企业筹资数量的条件和因素有很多，如法律规范方面的限定、企业经营和投资方面的因素等。归纳起来，企业筹资数量预测的基本依据主要有以下几点。

（1）法律方面的限定。例如，《公司法》第二十六条：有限责任公司的注册资本为在公司登记机关登记的全体股东认缴的出资额。法律、行政法规以及国务院决定对有限责任公司注册资本实缴、注册资本最低限额另有规定的，从其规定。第二十七条：股东可以用货币出资，也可以用实物、知识产权、土地使用权等可以用货币估价并可以依法转让的非货币财产作价出资；但是，法律、行政法规规定不得作为出资的财产除外。

（2）企业经营和投资的规模。一般而言，公司经营和投资规模越大，所需资本越多；反之，所需资本越少。在企业筹划重大投资项目时，需要进行专项的筹资预算。

（3）其他因素。利息率的高低、对外投资规模的大小、企业资信等级的优劣等，都会对筹资数量产生一定的影响。

（二）财务预测的步骤

财务预测的基本步骤如下。

1. 销售预测

财务预测的起点是销售预测。一般情况下，财务预测把销售数据视为已知数，作为财务预测的起点。销售预测本身不是财务管理的职能，但它是财务预测的基础，销售预测完成后才能开始财务预测。销售预测对财务预测的质量有重大影响。如果销售的实际状况超出预测很多，公司没有准备足够的资金添置设备或储备存货，则无法满足顾客需要，不仅会失去盈利机会，并且会丧失原有的市场份额。相反，销售预测过高，筹集大量资金购买设备并储备存货，则会造成设备闲置和存货积压，使资产周转速度下降，导致权益净利率降低，股价下跌。

2. 估计经营资产和经营负债

通常，经营资产是营业收入的函数，根据历史数据可以分析出该函数关系。根据预计营业收入以及经营资产与营业收入的函数，可以预测所需经营资产的金额。经营负债也是营业收入的函数，应据此预测经营负债随营业收入的自发增长，这种增长可以减少企业外部融资额。

3. 估计各项费用和留存收益

假设各项费用也是营业收入的函数，可以据此估计费用和损失，在此基础上确定净利润，净利润和利润留存率共同决定所能提供的利润留存额。

4. 估计所需外部融资需求

根据预计经营资产总量，减去已有的经营资产、自发增加的经营负债、可动用的金融资产和内部提供的利润留存便可得出外部融资需求。

三、筹资数量预测的方法

（一）筹资数量的定性预测法

定性预测法是根据有关的历史资料，考虑未来影响资金需求量的因素，依靠个人经验、主观判断和分析能力，对未来筹资数量做出预测的方法。由于各种原因，企业有关人员搜集不到完整的、准确的历史资料，而又要对企业未来资金需求量做出预测，这时只能聘请财务专家和经营管理专家对企业未来资金需求量做出大致推算。企业在这种情况下就可以采用定性预测法预测。这种方法全面考虑了影响企业资金需求量的有关因素，综合性非常强。虽然其预测结果可能只是个估计数，不是非常的准确，但它仍被人们视为对财务决策很有帮助的一种方法。

（二）筹资数量的定量预测法

定量预测法是根据有关因素与资金需求量之间的数量关系来预测筹资数量，主要有销售百分比法、线性回归法和因素分析法等。

1. 销售百分比法

销售百分比法是根据资产负债表和利润表中有关项目与营业收入之间的依存关系预测资金需求量的一种方法。即假设相关资产、负债与营业收入存在稳定的百分比关系，然后根据预计营业收入和相应的百分比预计相关资产、负债，最后确定融资需求。下面主要说明销售百分比法的原理和运用。

（1）销售百分比法的原理。销售百分比法是根据经营业务与资产负债表和利润表项目之间的比例关系，预测各项目资本需要额的一种方法。例如，某企业每年为销售100元货物，需有20元存货，则存货与销售收入的比例是20%。若销售收入增至200元，那么，该企业需有40元存货。由此可见，在某项目与销售收入比例既定的前提下，便可预测未来一定销售额下该项目的资本需要额。

销售百分比法的主要优点是能为财务管理提供短期预计的财务报表，以适应外部筹资的需要，且易于使用。但这种方法也有缺点，如果有关项目与销售收入的比例与实际不符，据此进行预测就会形成错误的结果。因此，在有关因素发生变动的情况下，必须相应地调整原有的销售百分比。

（2）销售百分比法的运用。运用销售百分比法，一般要借助预计利润表和预计资产负债表。通过预计利润表预测企业留用利润这种内部资本来源的增加额，通过预计资产负债表预测企业资本需要总额和外部筹资的增加额。

①编制预计利润表，预测留用利润。预计利润表是运用销售百分比法的原理，预测留用利润的一种预计报表。预计利润表与实际利润表的内容、格式相同。通过提供预计利润表，可预测留用利润这种内部筹资的数额，也可为预计资产负债表预测外部筹资数额提供依据。编制预计利润表的主要步骤如下：

第一，收集基年实际利润表资料，计算确定利润表各项目与销售收入的比例。

第二，取得预测年度销售收入预计数，计算预测年度预计利润表各项目的预计数并编制预测年度预计利润表。

第三，利用预测年度税后利润预计数和预定留用比例，测算留用利润的数额。

②编制预计资产负债表，预测外部筹资额。预计资产负债表是运用销售百分比法的原理预测外部筹资额的一种报表。预计资产负债表与实际资产负债表的内容、格式相同。通过提供预计资产负债表，可预测资产、负债及留用利润有关项目的数额，进而预测企业需要外部筹资的数额。

运用销售百分比法要选定与销售收入保持基本不变比例关系的项目。这类项目可称为敏感项目，包括敏感资产项目和敏感负债项目。其中，敏感资产项目一般包括现金、应收账款、应收票据、存货等项目；敏感负债项目一般包括应付账款、应付票据、应交税费等项目。固定资产、长期股权投资、递延所得税资产、短期借款、非流动负债和股本（实收资本）通常不属于短期敏感项目，留用利润因其受到企业所得税税率和股利政策的影响，也不宜列为敏感项目。

③按预测模型预测外部筹资额。根据"资产＝负债＋所有者权益"，进而确定出所需要的融资数量。具体公式如下：

外部资金需要量＝增加的资产－增加的负债－增加的留存收益
增加的资产＝增量收入×基期敏感资产占基期销售额的百分比
增加的负债＝增量收入×基期敏感负债占基期销售额的百分比
增加的留存收益＝预计销售收入×销售净利润率×留存比率

即：

$$对外筹资数量 = \frac{A}{S_0} \times \Delta S - \frac{B}{S_0} \times \Delta S - P \times E \times S_1$$

其中，A 为随销售变化的资产（敏感资产）；B 为随销售变化的负债（敏感负债）；S_0 为基期销售额；S_1 为预测期销售额；ΔS 为销售的变动额；P 为销售净利润率；E 为留存比率；A/S_0 为单位销售额所需的资产数量，即敏感资产占基期销售额的百分比；B/S_0 为单位销售额所产生的自然负债数量，即敏感负债占基期销售额的百分比。

这种方法是根据预计资产负债表的原理，预测企业追加外部筹资数额的简便方法。上述销售百分比法的介绍是基于预测年度非敏感项目、敏感项目及其与销售收入的百分比均与基年保持不变的假定。在实践中，非敏感项目、敏感项目及其与销售收入的比例有可能发生变动，具体情况有：①非敏感资产、非敏感负债的项目构成以及数量的增减变动；②敏感资产、敏感负债的项目构成以及与销售收入比例的增减变动。这些变动对预测资本需要总量和追加外部筹资额都会产生一定的影响，必须相应地予以调整。

【例 4-1】某公司 2019 年销售收入 15 000 万元，实现净利润 1 000 万元，采用固定股利支付率政策，股利支付率为 60%，2019 年 12 月 31 日的资产负债表（简表）如表 4-2 所示。

表 4-2 资产负债简表　　　　　　　　　　　　　　　　单位：万元

资　产	期末余额	负债及所有者权益	期末余额
货币资金	3 000	应付账款	100
应收账款	2 000	应付票据	500
存货	2 000	长期借款	4 000
固定资产	4 500	股东权益	6 500
资产总计	12 000	负债与所有者权益总计	12 000

该公司销售部门预测 2020 年销售收入增长率为 10%。根据历年财务数据分析，公司流动资产与流动负债随销售额同比率增减，现有生产能力尚未饱和。假定公司 2020 年的销售净利率与上年保持一致，请预测该公司 2020 年的外部融资需求。

分析： 外部资金需要量 ΔF＝增加的敏感资产－增加的自然负债－增加的留存收益

其中： 增加的敏感资产＝增长收入×基期敏感资产占基期销售额的百分比

$$= \Delta S \times \frac{A}{S_0} = (15\,000 \times 10\%) \times \frac{3\,000 + 2\,500 + 2\,000}{15\,000} = 750 \text{（万元）}$$

增加的自然负债＝增量收入×基期敏感负债占基期销售额的百分比

$$\Delta S \times \frac{B}{S_0} = (15\,000 \times 10\%) \times \frac{1\,000 + 500}{15\,000} = 150 \text{（万元）}$$

增加的留存收益 = 预计销售收入 × 计划销售利润率 × 留存收益率

$$= S_1 \times P \times E = (\Delta S + S_0) \times P \times E$$

$$= 15\,000 \times (1+10\%) \times \frac{1000}{15\,000} \times (1-60\%) = 440（万元）$$

外部资金需要量 ΔF =(敏感资产销售百分比 × 新增销售额)-(敏感负债销售百分比 × 新增销售额)-[预计销售额 × 新增销售额 ×(1-股利支付率)]

$$= \Delta S \times \frac{A}{S_0} - \Delta S \times \frac{B}{S_0} - (\Delta S + S_0) \times P \times E$$

$$= 750 - 150 - 440 = 160（万元）$$

或：

外部资金需要量 ΔF = 基期变动资产 × 销售增长率 - 基期变动负债 × 销售增长率 - [计划销售净利率 × 预计销售额 ×(1-股利支付率)]

$$= A \times \frac{\Delta S}{S_0} - B \times \frac{\Delta S}{S_0} - (\Delta S + S_0) \times P \times E$$

$$= (3\,000 + 2\,500 + 2\,000) \times 10\% - (1\,000 + 500) \times 10\% - 15\,000(1+10\%) \times$$
$$(1\,000/15\,000) \times (1-60\%)$$

$$= 750 - 150 - 440 = 160（万元）$$

2. 因素分析法

因素分析法是一种比较简单的预测筹资数量的方法。下面主要说明因素分析法的原理、运用以及需要注意的问题。

（1）因素分析法的原理。因素分析法又称分析调整法，是以有关资本项目上年度的实际平均需要量为基础，根据预测年度的经营业务和加速资本周转的要求，进行分析调整，来预测资本需要量的一种方法。这种方法计算比较简单，容易掌握，但预测结果不太精确，因此通常用于估算企业全部资本的需要额，也可以用于对品种繁多、规格复杂、用量较小、价格较低的资本占用项目的预测。采用这种方法时，首先应在上年度资本平均占用额的基础上，剔除其中呆滞、积压等不合理占用部分，然后根据预测期的经营业务和加速资本周转的要求进行测算。因素分析法的基本模型是：

资本需要额 =[上年度资本实际平均占用额-不合理平均占用额]×
[1+预测年度销售增减的百分比]×[1+预测期资本周转速度变动率]

（2）因素分析法的运用。根据因素分析法的基本模型，收集有关资料，就可以对筹资数量进行预测。

【例4-2】某公司2019年度资本实际平均占用额为5 000万元，其中不合理部分为1 000万元，预计本年度销售增长10%，资本周转速度加快5%，请预测该公司2020年度资本需要额为多少万元？

解析：

（5 000-1 000）×（1+10%）×（1-5%）=4 180（万元）

（3）运用因素分析法要注意的问题。因素分析法比较简单，预测结果不太精确，因此运用这一方法时应当注意以下问题。

①对决定资本需要额的众多因素进行充分的分析与研究，确定各种因素与资本需要额之间的关系，以提高预测质量。

②因素分析法限于对企业经营业务资本需要额的预测，当企业存在新的投资项目时，应根据新投资项目的具体情况单独预测其资本需要额。

③运用因素分析法估算企业全部资本的需要额，只是对资本需要额的一个基本估计。在进行筹资预算时，还需要采用其他预测方法对资本需要额做出具体的预测。

3. 回归分析法

回归分析法是一种较为复杂的预测筹资数量的方法。下面主要说明回归分析法的原理、运用以及需要注意的问题。

（1）回归分析法的原理。回归分析法是先基于资本需要量与营业业务量（如销售数量、销售收入）之间存在线性关系的假定建立数学模型，然后根据历史有关资料，用回归直线方程确定参数预测资金需要量的方法。预测模型为

$$Y = a + bX$$

式中：Y——资本需要总额；

a——不变资本总额；

b——单位业务量所需要的可变资本额；

X——经营业务量。

不变资本是指在一定的营业规模内不随业务量变动的资本，主要包括维持营业所需要的最低数额的现金、原材料的保险储备、必要的成品或商品储备，以及固定资产占用的资本。可变资本是指随营业业务量变动而同比例变动的资本，通常包括在最低储备以外的现金、存货、应收账款等所占用的资本。方程中参数 a 和 b 的计算公式如下：

$$a = \frac{\sum y - b \sum x}{n}$$

$$b = \frac{n \sum xy - \sum x \sum y}{n \sum x^2 - (\sum x)^2}$$

（2）回归分析法的运用。运用上述预测模型，在利用历史资料确定 a、b 数值的条件下，即可预测一定业务量 X 所需要的资本总量 Y。

【例 4-3】 某公司 2015—2019 年销售量和资金需求量的历史资料，如表 4-3 所示。假定公司 2020 年的销售量为 27 万件，试确定该公司 2020 年的筹资数量。

表 4-3　2015—2019 年销售量与资金需求量表

年度	销售量（X）/万件	资金需求量（Y）/万元
2015	22	115
2016	24	118
2017	25	120
2018	26	122
2019	28	125

首先，将相关数据算出，代入以上公式，得出：$b=1.7$ 万元。

其次，将相关数据代入以上公式，得出：$a=77.5$ 万元。

所以，回归方程为：$Y=77.5+1.7X$。

最后，2020年的筹资数量为：$77.5+1.7\times27=123.4$ 万元。

（3）运用回归分析法要注意的问题。运用回归分析法预测筹资数量，应当注意以下问题：

①资本需要额与营业业务量之间的线性关系应符合历史实际情况，预期未来这种关系将保持下去。

②确定 a、b 两个参数的数值，应利用预测年度前连续若干年的历史资料。一般要有3年以上的资料，才能取得比较可靠的参数。

③应当考虑价格等因素的变动情况。在预期原材料、设备的价格和人工成本发生变动时，应相应调整有关预测参数，以取得比较准确的预测结果。

第三节 财务预算

一、财务预算概述

（一）财务预算的含义

财务预算是反映企业计划期内现金收支、财务成果和财务状况的预算，它明确了企业近期财务工作的目标，是控制企业财务活动的标准和考核财务业绩的依据。财务预算有狭义和广义之分。狭义的财务预算是针对企业预算期经营活动而编制的货币性财务报告预算，主要包括现金预算、预计资产负债表、预计利润表和预计现金流量表。广义的财务预算就是全面预算，它是以货币等形式展示计划期内企业全部活动的目标以及资源配置的定量说明。全面预算主要包括经营预算、财务预算和资本预算三个组成部分。经营预算是企业的业务预算，包括销售预算、生产预算、直接材料预算、直接人工预算、制造费用预算、产品成本预算、销售费用预算、管理费用预算及财务费用预算等。经营预算常常分别以实物量指标和价值量指标反映企业的收入、费用及资产的构成。资本预算是关系企业长远发展的投融资预算，如固定资产的购置、扩建、改建、更新等都需要在投资项目可行性论证之后编制出反映投资时间、规模、收益以及筹资方式的专门预算。

企业应根据长期市场预测和生产能力，编制长期销售预算。以此为基础，确定本年度的销售预算，进而确定资本支出预算。销售预算是年度预算的编制起点，根据"以销定产"的原则确定生产预算。生产预算的编制除了考虑计划销售量以外，还要考虑期初存货和期末存货；根据生产预算来确定直接材料预算、直接人工预算和制造费用预算；产品成本预算和现金预算是有关预算的汇总；预计利润表、预计资产负债表和预计现金流量表则是全部预算的综合。

现金预算是反映企业预算期内现金收支、现金余缺及现金筹集和运用情况的预算。现金预算可以帮助财务人员了解公司未来一定期间内现金收支及现金余缺的数额和时间，以便及时作出投资和筹资决策，防止现金积压或短缺，保持正常支付能力，更有效地管理现金流。现金预算的编制要以各项经营预算和资本支出预算为基础，在编制其他各项预算时要为现金预算做好数据准备。

（二）财务预算的作用

企业预算是各级各部门工作的具体奋斗目标、协调工具、控制标准和考核依据，在经营管理中发挥着重要作用。

（1）财务预算是财务部门的具体奋斗目标。企业的目标是多重的，不能仅用唯一的数量指标来表达。企业的主要目标是盈利，但也要考虑社会的其他限制。因此，需要通过预算分门别类、有层次地表达企业的各种目标。企业的总目标，通过预算被分解成各级各部门的具体目标。它们根据预算安排自己的活动，如果各级各部门都完成了自己的具体目标，企业的总体目标也就有了保障。

（2）财务预算是协调各部门的重要工具。企业内部各级各部门必须协调一致，才能最大限度地实现企业的总目标。各级各部门因其职责不同，往往会出现互相冲突的现象。例如，企业的销售、生产、财务等各部门可以分别编出对自己来说最好的计划，而该计划在其他部门不一定能行得通。销售部门根据市场预测，提出一个庞大的销售计划，生产部门可能没有那么大的生产能力；生产部门可以编制一个充分发挥生产能力的计划，但销售部门可能无力将这些产品销售出去；销售和生产部门都认为应当扩大生产能力，财务部门可能认为无法筹集到必要的资金。现金预算运用货币度量来表达，具有高度的综合性，经过综合平衡以后，可以体现解决各级各部门冲突的最佳办法，可以使各级各部门的工作在此基础上协调起来。

（3）财务预算是企业各项活动的控制标准。预算一经确定，就进入了实施阶段，管理工作的重心转入控制过程，即设法使经济活动按计划进行。控制过程包括经济活动状态的计量、实际状态和标准的比较、两者差异的确定和分析，以及采取措施调整经济活动等。预算是控制经济活动的依据和衡量其合理性的标准，当实际状态和预算有了较大差异时，要查明原因并采取措施。

（4）财务预算是各部门业绩的考核依据。现代化生产是许多共同劳动的过程，不能没有责任制度，而有效的责任制度离不开对工作成绩的考核。通过考核，对每个人的工作进行评价，并据此实行奖惩和人事任免，可以促使人们更好地工作。考核与不考核是大不一样的。当管理人员知道将根据工作实绩来评价其能力并实行奖惩时，将会更努力地工作。超过上年或历史最高水平，只能说明有所进步，而不能说明这种进步已经达到了应有的程度。由于客观条件的变化，收入减少或成本增加并不一定是管理人员失职造成的，很难依据历史变化趋势说明工作的好坏。当然，考核时也不能只看预算是否被完全执行了，某些偏差可能是有利的，如增加销售费用可能对企业总体有利；反之，年终突击花钱，虽未超过预算，但也不是种好的现象。

为使预算发挥上述作用，除了要编制一个高质量的预算外，还应制定合理的预算管理制度，包括编制程序、修改预算的办法、预算执行情况的分析方法、调查和奖惩办法等。

（三）财务预算的编制程序

本部分将以某公司为例介绍全面预算的编制。该公司只生产一种产品 W，预计 2020 年的产品销售量、销售单价以及生产 W 产品的相关成本资料已列入相关预算表中，要求分季度编制公司的各项预算。

财务预算的编制，涉及企业经营管理的各个部门，只有执行人参与预算的编制，才能使预算成为自愿努力完成的目标，而不是外界强加的枷锁。财务预算的编制程序如下。

（1）企业决策部门根据长期规划，利用本量利分析等工具，提出企业在一定时期的总目标，并下达规划指标。

（2）最基层成本控制人员自行草编预算，使预算能够较为可靠、较为符合实际。

（3）各部门汇总部门预算，并初步协调本部门预算，编制出销售、生产、财务等预算。

（4）预算委员会审查、平衡各预算，汇总出公司的总预算。

（5）经过总经理批准，审议机构通过或者驳回修改预算。

（6）主要预算指标报告给董事会或上级主管单位，讨论通过或者驳回修改。

（7）批准后的预算下达给各部门执行。

二、财务预算的编制方法

企业财务预算的构成内容比较复杂，编制预算需要采用适当的方法。常用的预算方法主要包括增量预算法与零基预算法、固定预算法与弹性预算法、定期预算法与滚动预算法，这些方法广泛应用于营业预算的编制。

（一）增量预算与零基预算

按出发点的特征不同，营业预算的编制方法可以分为增量预算法和零基预算法两类。

1. 增量预算法

增量预算法又称调整预算法，是指以历史期实际经济活动及其预算为基础，结合预算期经济活动及相关影响因素的变动情况，通过调整历史期经济活动项目及金额形成预算的预算编制方法。

增量预算法的前提条件是：①现有的业务活动是企业所必需的；②原有的各项业务都是合理的。

增量预算法的缺点是当预算期的情况发生变化时，预算数额会受到基期不合理因素的干扰，可能导致预算的不准确，不利于调动各部门达成预算目标的积极性。

2. 零基预算法

零基预算法，是指企业不以历史期经济活动及其预算为基础，以零为起点，从实际需要出发分析预算期经济活动的合理性，经综合平衡，形成预算的预算编制方法。采用零基预算法在编制费用预算时，不考虑以往期间的费用项目和费用数额，主要根据预算期的需要和可能分析费用项目和费用数额的合理性，综合平衡编制费用预算。运用零基预算法编制费用预算的具体步骤如下。

（1）根据企业预算期利润目标、销售目标和生产指标等，分析预算期各项费用项目，并预测费用水平。

（2）拟订预算期各项费用的预算方案，权衡轻重缓急，划分费用支出的等级并排列先后顺序。

（3）根据企业预算期预算费用控制总额目标，按照费用支出等级及顺序，分解落实相应的费用控制目标，编制相应的费用预算。

应用零基预算法编制费用预算的优点是不受前期费用项目和费用水平的制约，能够调动各部门降低费用的积极性，但其缺点是编制工作量大。

零基预算适用于企业各项预算的编制，特别是不经常发生的预算项目或预算编制基础变化较大的预算项目。

（二）固定预算与弹性预算

按业务量基础的数量特征不同，营业预算的编制方法可分为固定预算法和弹性预算法两类。

1. 固定预算法

固定预算法又称静态预算法，是指在编制预算时，只根据预算期内正常、可实现的某一固定业务量（如生产量、销售量等）水平作为唯一基础来编制预算的方法。固定预算法存在适应性差和可比性差的缺点，一般适用于经营业务稳定、生产产品产销量稳定、能够准确预测产品需求及产品成本的企业，也可用于编制固定费用预算。

2. 弹性预算法

弹性预算法又称动态预算法，是指在成本性态分析的基础上，依据业务量、成本和利润之间的联动关系，按照预算期内相关的业务量（如生产量、销售量、工时等）水平计算其相应预算项目所消耗资源的预算编制方法。理论上，该方法适用于编制全面预算中所有与业务量有关的预算，但实务中主要用于编制成本费用预算和利润预算，尤其是成本费用预算。

编制弹性预算，要选用一个最能代表生产经营活动水平的业务量计量单位。例如，以手工操作为主的车间，就应选用人工工时；制造单一产品或零件的部门，可以选用实物数量；修理部门可以选用直接修理工时等。

弹性预算法所采用的业务量范围，视企业或部门的业务量变化情况而定，务必使实际业务量不至于超出相关的业务量范围。一般来说，可定在正常生产能力的 70%～110%，或以历史上最高业务量和最低业务量为其上下限。弹性预算法编制预算的准确性，在很大程度上取决于成本性态分析的可靠性。

与按特定业务量水平编制的固定预算相比，弹性预算有两个显著特点。

（1）弹性预算是按一系列业务量水平编制的，从而扩大了预算的适用范围。

(2) 弹性预算是按成本性态分类列示的，在预算执行中可以计算一定实际业务量的预算成本，以便预算执行的评价和考核。

运用弹性预算法编制预算的基本步骤如下。

(1) 选择业务量的计量单位。

(2) 确定适用的业务量范围。

(3) 逐项研究并确定各项成本和业务量之间的数量关系。

(4) 计算各项预算成本，并用一定的方式来表达。

（三）定期预算与滚动预算

按预算期的时间特征不同，营业预算的编制方法可分为定期预算法和滚动预算法两类。

1. 定期预算法

定期预算法是以固定不变的会计期间（如年度、季度、月份）作为预算期间编制预算的方法。采用定期预算法编制预算，保证预算期间与会计期间在时期上配比，便于依据会计报告的数据与预算的比较，考核和评价预算的执行结果。但不利于前后各个期间的预算衔接，不能适应连续不断的业务活动过程的预算管理。

2. 滚动预算法

滚动预算法又称连续预算法或永续预算法，是在上期预算完成情况的基础上，调整和编制下期预算，并将预算期间逐期连续向后滚动推移，使预算期间保持一定的时期跨度。采用滚动预算法编制预算，按照滚动的时间单位不同可分为逐月滚动、逐季滚动和混合滚动。

(1) 逐月滚动方式。逐月滚动方式是指在预算编制过程中，以月份为预算的编制和滚动单位，每个月调整一次预算的方法。例如，在 2020 年 1 月至 12 月的预算执行过程中，需要在 1 月末根据当月预算的执行情况，修订 2～12 月的预算，同时补充下一年 2021 年 1 月份的预算；到 2 月末可根据当月预算的执行情况，修订 2020 年 3 月～2021 年 1 月的预算，同时补充 2021 年 2 月份的预算；依此类推。

(2) 逐季滚动方式。逐季滚动方式是指在预算编制过程中，以季度为预算的编制和滚动单位，每个季度调整一次预算的方法。逐季滚动编制的预算比逐月滚动的工作量小，但精确度较差。

(3) 混合滚动方式。混合滚动方式是指在预算编制过程中，同时以月份和季度作为预算的编制和滚动单位的方法。这种预算方法的理论依据是，人们对未来的了解程度具有对近期的预计把握较大，对远期的预计把握较小的特征。

运用滚动预算法编制预算，使预算期间依时间顺序向后滚动，能够保持预算的持续性，有利于结合企业近期目标和长期目标考虑未来业务活动；使预算随时间的推进不断加以调整和修订，能使预算与实际情况更相适应，有利于充分发挥预算的指导和控制作用。

三、销售预算

销售预算是整个预算的编制起点，其他预算的编制都以销售预算为基础。一般说来，当企业参照销售预测确定销售规模时,销售决定了生产,即"以销定产"。销售预算和生产预算一经确定,就成为各项生产成本预算的依据。

销售预算的主要内容是销售数量、销售价格和销售收入。销售数量是根据市场预测或销货合同并结合企业生产能力确定的;销售单价是通过定价决策确定的;销售收入是两者的乘积,在销售预算中计算得出。

销售预算通常要分品种、分月份、分季度、分销售区域、分推销员来编制。销售预算中通常还包括预计现金收入的计算,其目的是为编制现金预算提供必要的资料。其中,各季度的现金收入额由本季销售所得现金和本季收到上季销售的现金两个部分组成。如表4-4所示,为根据有关资料编制的公司销售预算及现金收入计算表。

表 4-4 销售预算及现金收入表

季度 项目	1	2	3	4	全年
预计销售量 / 件	150	160	200	180	690
销售单价 / 元	200	200	200	200	200
预计销售收入 / 元	30 000	32 000	40 000	36 000	138 000
上年应收账款收现 / 元	6 250				6 250
第1季度销货收现 / 元	18 000	12 000			30 000
第2季度销货收现 / 元		19 200	12 800		32 000
第3季度销货收现 / 元			24 000	16 000	40 000
第4季度销货收现 / 元				21 600	21 600
现金收入合计 / 元	24 250	31 200	36 800	37 600	129 850

根据该公司以往历史资料,估计以后每季的销售中有60%能够于当季收到现金,剩余40%要到下季度才能够收到现金。2019年末应收账款为6 250元,这些销货款均将于2020年第1季度收回现金。

四、生产预算

生产预算是在销售预算的基础上编制的,其主要内容有销售量、期初和期末产成品存货、生产量。如表4-5所示,为根据销售预算及有关资料编制的生产预算。

表 4-5 生产预算表

季度 项目	1	2	3	4	全年
预计销售量 / 件	150	160	200	180	690
加:预计期末存货量 / 件	16	20	18	20	20
减:预计期初存货量 / 件	10	16	20	18	10
预计生产量 / 件	156	164	198	182	700

通常,企业的生产和销售往往不能做到"同步同量",因此需要设置一定的产成品存货,以保证能在发生意外需求时按时供货,并可均衡生产,节省赶工的额外支出。期末产

成品存货数量通常按下期销售量的一定百分比确定。年初产成品存货是编制预算时预计的，年末产成品存货根据长期销售趋势来确定。生产预算的"预计销售量"来自销售预算：

预计期末产成品存货 = 下季度销售量 × 下季度销售量的百分比

预计期初产成品存货 = 上季度期末产成品存货

预计生产量 =（预计销售量 + 预计期末产成品存货）- 预计期初产成品存货

根据该公司历史资料，假设年初有产成品存货10件，本例按10%安排期末产成品存货，预计下年第1季度的销售量200件。生产预算在实际编制时是比较复杂的，产量受到生产能力的限制，产成品存货数量受到仓库容量的限制，只能在此范围内来安排产成品存货数量和各期生产量。此外，有的季度可能销量很大，可以用赶工方法增产，为此要多付加班费。如果提前在淡季生产，会因增加产成品存货而多付资金利息。因此，要权衡两者得失，选择成本最低的决策方案编制生产预算。

五、直接材料预算

直接材料预算又叫直接材料采购预算，是以生产预算为基础编制的，同时要考虑材料存货水平。其编制依据为预算期生产量、直接材料单位耗用量及标准价格等资料。

企业往往要保留一定数量的材料以备临时性产量变化之需，预算期直接材料的生产用量与期末材料存量之和是预算期直接材料的需要量，再减去期初直接材料存量，才是预算期应该采购的直接材料数量，用公式表示即为：

预计材料采购量 =（预计生产需用量 + 预计期末材料存量）- 预计期初材料存量

直接材料的采购量与标准价格相乘，即为直接材料的采购金额。

直接材料预算通常包括一个现金支出计算表，用以计算预算期为采购直接材料而支付的现金数额，供编制现金预算之需。预算期用于采购直接材料方面的现金支出，包括本季采购现金支出与支付上季采购款两个部分。如表4-6所示，为根据该公司生产预算及其他相关资料编制的直接材料预算及现金支出计算表。

表4-6 直接材料预算及现金支出表

季度 项目	1	2	3	4	全年
预计生产量	156	164	198	182	700
单位产品标准耗用量/（千克/件）	10	10	10	10	10
生产需用量/千克	1 560	1 640	1 980	1 820	7 000
加：预计期末存货量/千克	246	297	273	300	300
减：预计期初存货量/千克	240	246	297	273	240
预计采购量/千克	1 566	1 691	1 956	1 847	7 060
标准价格/（元/千克）	5	5	5	5	5
预计采购金额/元	7 830	84 551	9 780	9 235	35 300
上年应付账款/元	4 550				4 550
第1季度采购付款/元	3 915	3 915			7 830

续表

季度 项　目	1	2	3	4	全　年
第2季度采购付款/元		4 228	4 227		8 455
第3季度采购付款/元			4 890	4 890	9 780
第4季度采购付款/元				4 618	4 618
现金支出合计/元	8 465	8 143	9 117	9 508	35 233

该公司生产的W产品只耗用一种材料，产品标准单位耗用量为10kg/件，材料标准单位成本为5元/kg，公司确定每季末的材料存货量相当于下季度生产用量的15%，假设年初原材料存货量240kg，预计明年第一季度生产用量为2 000kg，预计每季材料采购额中50%需在当季付款，其余50%在下季付款，上年年末应付材料采购款为4 550元。

六、直接人工预算

直接人工预算是反映为完成预算期生产任务而直接发生的工时耗费和人工成本支出的预算，它也是以生产预算为基础，并结合直接人工标准耗用量和标准工资率等资料编制。如表4-7所示，为根据该公司生产预算及其他相关资料编制的直接人工预算。

表4-7　直接人工预算表

季度 项　目	1	2	3	4	全　年
预计生产量/件	156	164	198	182	700
单位产品标准工时/（小时/件）	10	10	10	10	10
直接人工总工时/小时	1 560	1 640	1 980	1 820	7 000
标准工资率/（元/小时）	2	2	2	2	2
直接人工成本/元	3 120	3 280	3 960	3 640	14 000

该公司生产W产品所需各工种的标准单位工时直接人工成本都是2元，生产1件W产品所需各工种的工时之和为10小时。由于直接人工成本全部用现金在预算期内一次支付给生产工人，因而直接人工预算实际上也就是预算期内直接人工的现金支出计算表。

七、制造费用预算

制造费用是指生产成本中除了直接材料、直接人工以外的生产费用。在编制制造费用预算时，应将其分为变动制造费用和固定制造费用两大类，并分别进行编制。变动制造费用是根据生产预算和变动制造费用分配率编制的；固定制造费用通常与本期产量无关，需要逐项按实际情况编制。

变动制造费用分配率（元/单位产品）= 预算期变动制造费用总额/预算期生产量
变动制造费用分配率（元/直接人工工时）= 预算期变动制造费用总额/预算期直接人工工时总额

制造费用预算也应包括一个现金支出计算部分，计算预算期在制造费用方面的现金支出，以供编制现金预算之需。制造费用中，除折旧费用外都要支付现金。因此，根据每个季度制造费用数额扣除折旧费用后，即可得出"现金支出的费用"。本例假定除折旧费以外的各项制造费用均需在当季支付现金，制造费用预算及现金支出计算表，如表4-8所示。

表4-8 制造费用预算及现金支出表

项目＼季度	1	2	3	4	全年
变动制造费用：					
间接材料/（1元/件）	312	328	396	364	1 400
间接人工/（1元/件）	468	492	594	546	2 100
维修费/（2元/件）	312	328	396	364	1 400
水电费/（1元/件）	78	82	99	91	350
小计	1 170	1 230	1 485	1 365	5 250
固定制造费用：					
管理人员工资/元	500	500	500	500	2 000
保险费/元	200	220	180	190	790
维修费/元	1 200	1 150	1 050	900	4 300
折旧/元	1 000	1 000	1 000	1 000	4 000
小计	2 900	2 870	2 730	2 590	11 090
合计	4 070	4 100	4 215	3 955	16 340
减：折旧	1 000	1 000	1 000	1 000	4 000
制造费用现金支出合计	3 070	3 100	3 215	2 955	12 340

该公司制订的变动制造费用标准耗用量为：间接材料、间接人工、维修费和水电费分别为2元/件、3元/件、2元/件和0.5元/件；固定制造费用全年预算分别为：管理人员工资2 000元，保险费790元，维修费4 300元，折旧4 000元。为了便于以后编制现金预算，需要预计现金支出。在制造费用中，除折旧费外都要支付现金，因此根据每个季度制造费用总额扣除折旧费后，即可得出现金支出的金额。为了便于后续编制产品成本预算，需要计算小时费用率。

变动制造费用分配率 =5 250/7 000=0.75

固定制造费用分配率 =11 090/7 000≈1.58

八、产品成本预算

产品成本预算是生产预算、直接材料预算、直接人工预算和制造费用预算的汇总，主要反映预算期内产品的单位生产成本、产成品存货成本和总成本。单位产品成本的有关数据，来自前述三个预算；生产量、期末存货量来自生产预算，销售量来自销售预算；生产成本、存货成本和销货成本等数据，根据单位成本和有关数据计算得出。如表4-9所示，为该公司的产品成本预算，本例中变动制造费用分配率0.75元/小时，固定制造费用分配率1.58元/小时，假设期初存货10件，单位成本约为93元。

表 4-9　产品成本预算表

项　目	单位成本		成本/元	生产成本/700 件	期末存货/20 件	销货成本/690 件
	投入量					
直接材料	5	10kg	50	35 000	1 000	34 500
直接人工	2	10 小时	20	14 000	400	13 800
变动制造费用	0.75	10 小时	7.5	5 250	150	5 175
固定制造费用	1.58	10 小时	15.84①	11 090	317	10 932
合计			93.34	65 340	1 867	64 407

九、资本支出预算

资本支出预算，是指为购置固定资产、无形资产等资本性投资活动而编制的预算，是按经过审核批准的各个长期投资项目详细列示现金流量等重要财务资料的明细表，是控制资本性支出，检查投资效果的重要依据。编制资本支出预算的主要根据，是长期投资决策的结果。资本支出预算中各期的投资额应编入该期现金预算的现金支出部分和预计资产负债表的资产部分。

假定公司根据长期投资决策的结果，2020 年度第 3 季度分别购置一台价值 5 000 元的 M 型车床和一台价值 5 000 元的 N 型车床，设备价款均在当期付现。如表 4-10 所示是该公司 2020 年度的资本支出预算。

表 4-10　资本支出预算表　　　　　　　　　　　　　　　　　　　　　　单位：元

项目	季度	1	2	3	4	全　年
M 型车床 1 台			6 000			6 000
N 型车床 1 台				4 000		4 000
合计			6 000	4 000		10 000

十、销售费用和管理费用预算

销售费用预算，是指为了实现销售预算所需安排的费用预算。它以销售预算为基础，分析销售收入、销售利润和销售费用的关系，力求实现销售费用的最有效使用。在安排销售费用时，要利用本量利分析方法，费用的支出应能获取更多的收益。在制定销售费用预算时，要对过去的销售费用进行分析，考察过去销售费用支出的必要性和效果。销售费用预算应和销售预算相配合，应有按品种、按地区、按用途的具体预算数额。

管理费用是企业管理业务所必需的费用。附着企业规模的扩大，企业管理职能日益重要，其费用也相应增加。在编制管理费用预算时，要分析企业的业务成绩和一般经济状况，务必做到费用合理化。管理费用多属固定成本，一般是以过去的实际开支为基础，按预算

---

① 15.842 9×690≈10 932。

期的可预见变化予以调整。管理费用预算必须充分考察每种费用是否必要，以便提高费用的合理性和有效性。

如表 4-11 所示是该公司全年的销售及管理费用预算。本例假定，各项销售及管理费用均于当季付现。

表 4-11　销售及管理费用预算表　　　　　　　　　　　　　　　　　　　单位：元

项　目	金　额
销售费用：	
销售人员工资	4 000
广告费	2 500
包装、运输费	2 550
保管费	3 200
管理费用：	
管理人员费用	3 000
福利费	1 200
保险费	1 000
办公费	1 500
合计	18 950
每季度支付现金	4 738[①]

十一、现金预算

现金预算是以上各项预算中有关现金收支部分的汇总，反映预算期现金收入、现金支出和资金融通。其目的在于现金不足时筹措现金，现金多余时及时处理现金余额，并提供现金收支的控制限额，发挥现金管理的作用。现金预算由可供使用现金、现金支出和现金余缺三个部分组成。该公司 2020 年度的现金预算，如表 4-12 所示，假定该公司年初现金余额为 10 000 元，计划于预算年度第 2 季度和第 4 季度均发放现金股利 12 000 元，所得税数据来源于利润计划，按季预缴 4 000 元。

表 4-12　现金预算表　　　　　　　　　　　　　　　　　　　　　　　　单位：元

项　目 \ 季　度	1	2	3	4	全　年
期初现金余额	10 000	10 858	6 797	8 167	10 000
加：销售现金收入（表 4-4）	24 250	31 200	36 800	37 600	129 850
可供使用现金	34 250	42 058	43 597	45 767	139 850
减：各项支出					
直接材料（表 4-6）	8 465	8 143	9 118	9 508	35 234
直接人工（表 4-7）	3 120	3 280	3 960	3 640	14 000
制造费用（表 4-8）	3 070	3 100	3 215	2 955	12 340
销售及管理费用（表 4-11）	4 738	4 738	4 737	4 737	18 950

① 销售及管理费用预算为 18 950，第 1 季度、第 2 季度均为 4 738 元，第 3 季度和第 4 季度均为 4 737 元。

续表

项目 \ 季度	1	2	3	4	全年
所得税费用	4 000	4 000	4 000	4 000	16 000
设备购置（表4-10）		10 000			10 000
股利（计划发放数）		12 000		12 000	24 000
支出合计	23 393	45 261	25 030	36 840	130 524
现金余缺	10 858	-3 203	18 567	8 927	9 326
向银行借款		10 000			10 000
还银行借款			10 000		10 000
短期借款利息（年利率8%）			400		400
长期借款利息（年利率10%）				850	850
期末现金余额	10 858	6 797	8 167	8 077	8 076

"可供使用现金"包括期初现金余额和预算期收入，销货取得的现金收入是其主要来源。"期初现金余额"是在编制预算时预计的；"销售现金收入"的数据来自销售预算；"可供使用现金"是期初余额与本期现金收入之和。

"现金支出"包括预算期的各项现金支出。"直接材料""直接人工""制造费用""销售及管理费用"的数据分别来自前述有关预算；此外，还包括所得税费用、股利分配等现金支出。

"现金余缺"部分列示可供使用现金与现金支出合计的差额。差额大于最低现金余额，说明现金多余，可用于偿还过去的银行借款，或者用于短期投资。差额小于最低现金余额，说明现金不足，要向银行借款。本例中，该公司需要保留的最低现金余额为6 500元，不足时要向银行借款。假设银行借款的金额要求是1 000元的倍数，那么该公司第2季度的借款金额为

借款金额 = 最低现金余额 + 现金短缺额 = 6 500+3 203 ≈ 10 000（元）

该公司第3季度现金多余，可用于偿还借款，还款后仍要保持最低现金余额，否则只能偿还部分借款。按照"期初借入，期末归还，利随本清"的规定来预计借款利息。本例中，借款期限为6个月，假设短期借款年利率为8%，则应计利息为400（10 000×8%×6/12=400）元。该公司长期借款余额为8 500元，年利率为10%，预计第4季度支付借款利息850（8 500×10%=850）元。

现金预算的编制，以各项营业预算和资本预算为基础，反映各预算期的收入款项和支出款项，并对比说明。编制现金预算目的在于现金不足时筹集现金，现金多余时及时处理现金余额，并提供现金收支的控制限额，发挥现金管理的作用。

十二、利润表预算

利润表预算和资产负债表预算是财务管理的重要工具。财务报表预算的作用与实际的财务报表不同。所有企业都要编报实际的年度财务报表，是有关法规的强制性规定，主要

目的是向报表信息的外部使用者提供财务信息。当然，这并不表明常规财务报表对企业经理人员没有价值。财务报表预算主要为企业财务管理服务，是控制企业成本费用、调配现金、实现利润目标的重要手段。如表 4-13 所示是根据相关预算编制的公司 2020 年度利润表预算。

表 4-13 利润表预算   单位：元

项目及计算方法	金　额
销售收入（表 4-4）	13 8000
销售成本（表 4-9）	64 407
毛利	73 593
销售费用和管理费用（表 4-11）	18 950
借款利息（表 4-12）	1 250
利润总额	53 393
所得税费用（表 4-12）	16 000
净利润	37 393

"销售收入"的数据，来自销售收入预算；"销售成本"的数据，来自产品成本预算；"毛利"的数据是前两项的差额；"销售费用和管理费用"的数据，来自销售费用和管理费用预算；"借款利息"的数据，来自现金预算。另外，"所得税费用"是在利润预测时估计的，并已列入现金预算。它通常不是根据"利润总额"和所得税税率计算出来的，因为有诸多纳税调整的事项存在。从预算编制程序上看，如果根据"利润总额"和所得税税率计算所得税，就需要修改"现金预算"，引起借款计划修订，进而改变"借款利息"，最终又要修改"利润总额"，从而陷入数据的循环修改。

利润表预算与会计的利润表内容、格式相同，只不过数据是面向预算期的。它是在汇总销售收入、销售成本、销售及管理费用、营业外收支、资本支出等预算的基础上加以编制的。通过编制利润表预算，可以了解企业预期的盈利水平。如果预算利润与最初编制方针中的目标利润有较大的不一致，就需要调整部门预算，设法达到目标，或者经企业领导同意后修改目标利润。

十三、资产负债表预算

资产负债表预算是根据本期期初的资产负债表和前述有关各项预算编制的，其目的在于判断预算反映的财务状况的稳定性和流动性。由于资产负债表预算受其他各个预算的制约，为了使企业预算年度保持良好的财务状况，在确定其他预算时应充分考虑其对资产负债表预算的影响。如果通过资产负债表预算的分析，发现某些财务比率不佳，必要时可以修改有关预算，以改善企业未来的财务状况。如表 4-14 所示是根据相关预算编制的该公司资产负债表预算。其中，该公司普通股、长期借款两项指标本年度没有变化，年初未分配利润为 16 333 元。

表 4-14 资产负债表预算   单位：元

	2019-01-01	2020-12-31
现金（表 4-12）	10 000	8 076
应收账款（表 4-4）	6 250	14 400
直接材料（表 4-6）	1 200	1 500
产成品（表 4-9）	933	1 867
固定资产	31 000	37 000
资产总额	49 383	62 843
负债及权益		
应付账款（表 4-6）	4 550	4 617
长期借款	8 500	8 500
普通股	20 000	20 000
未分配利润	16 333	29 726
负债及权益总计	49 383	62 843

表中有关项目的填列说明如下：

（1）期末未分配利润 = 期初未分配利润 + 本期净利润 − 本期现金股利
=16 333+37 393−24 000=29 726（元）

（2）期末应收账款 = 本期销售收入 ×（1− 本期销售收现率）
=36 000×（1−60%）=14 400（元）

（3）期末应付账款 = 本期采购金额 ×（1− 本期采购付现率）
=9 235×（1−50%）≈ 4 617（元）

思 考 题

1. 运用 SWOT 分析法分析企业财务战略，通常需要考虑哪些企业内外部财务环境的影响因素？为什么要考虑这些因素？
2. 在不同的企业发展周期，企业应分别选择确定什么样的财务战略？
3. 请说明筹资数量预测的销售百分比法的原理、优缺点和局限。

练 习 题

1. 洪都航空是国内专业生产教练飞机和通用飞机的企业，也是我国以大批出口订单的整架飞机为主营产品的高科技外向型企业。近年来，该公司在"寓军于民、军民并举"的发展方针指引下，努力开拓转包生产新领域。在航空转包生产领域，与美国古德里奇（Goodrich）公司、波音公司、日蚀（Eclipse）公司、铁姆肯（Timken）公司、欧洲空客公司、沈飞公司、西飞公司等国内外知名航空企业开展转包生产合作；在非航空产品转包生产领域，该公司已成功进入了 GE 公司、西屋制动（Webtac）等世界 500 强企业的供应链。形成了"军民并重、两翼齐飞"的大好局面，成功地走出了一条"以科研带动生产、以生产促进科研"之路，发展壮大成为集科研、生产和经营为一体的大型企业集团。

要求：根据上述资料，运用 SWOT 分析法，对洪都航空内部环境与外部环境进行简要分析。

2. 某公司 2019 年实现销售收入 250 亿元，销售净利率为 6%，净利润的 40% 分配给投资者。2019 年 12 月 31 日的资产负债表（简表），如表 4-15 所示。

表 4-15　某公司资产负债表　　　　　　　　　　　　　　单位：亿元

资　产	期末余额	负债及所有者权益	期末余额
货币资金	80	短期借款	55
应收账款	60	应付账款	75
应收票据	55	长期借款	180
存货	185	实收资本	200
非流动资产	250	留存收益	120
资产总计	630	负债与所有者权益总计	630

该公司 2020 年计划销售收入比上年增长 15%。据历年财务数据分析，公司流动资产与流动负债随销售收入同比率增减，公司现有生产能力尚未饱和。假定该公司 2020 年的销售净利率和利润分配政策与上年保持一致。

要求：请预测该公司 2020 年外部融资需求量。

第五章
投资决策原理

本章导读

1971年，洛克海德公司为了继续研制三星飞机而取得了美国政府的担保贷款，但公司内部关于是否继续研制而展开了激烈的讨论。支持继续研制的人认为，既然前期已经为研制三星飞机花费了10亿美元，如果放弃，就等于浪费了10亿美元，这是非常愚蠢的；而反对继续研制的人认为，对于一个已经花费了10亿美元但毫无盈利前景的项目，继续投入巨额资金同样是愚蠢的。那么，你会如何对待这10亿美元呢？

资料来源：https://wenku.baidu.com/view/e12bc2ec19e8b8f67c1cb9b0.html。

第一节 企业投资概述

一、企业投资的概念及意义

企业投资是企业为了在未来可预见的时期内获得收益或是资金增值，在一定时期内向一定领域投放足够数额的资金或实物的货币等价物的经济行为。企业投资的目的是在未来一定时期内获得与风险成比例的收益。

投资管理是企业财务管理的主要内容之一，投资决策的好坏会给整个企业的生存和发展造成一系列不可低估的影响。

（1）投资是企业实现财务管理目标的基本前提。企业的财务管理目标是不断提高企业价值，因此企业要采取各种措施增加利润，降低风险。企业要想获得利润，就是要不断地进行成功的投资活动，进而创造财富，实现企业的财务管理目标。

（2）投资是企业价值创造的源泉。企业的价值体现在企业通过投资活动选择购买所需要的生产要素以及将这些生产要素有效地结合起来的能力。由此看来，决定企业价值的关键不在于企业为购置所需生产要素付出的代价，而在于企业的经营者利用这些生产要素创造收益的能力，创造收益的能力越强，企业的价值就越高；反之，企业的价值就越低。而企业创造价值的能力，主要是通过投资活动来实现的。

（3）投资是企业降低经营风险的重要手段。企业把资金投向生产经营的关键环节和薄弱环节，可以使各种生产经营能力配套、平衡，形成更大的综合生产能力。如把资金投向多个行业，实现多元化经营，则更能增加公司销售和盈余的稳定性。这些都是降低企业经营风险的重要方法。

二、企业投资的分类

根据不同的分类标准，企业投资可以做出如下分类。

（一）按投资的影响程度分为战略性投资和战术性投资

战略性投资是指对企业全局及未来有重大影响的投资。如扩大企业规模、投资开发新产品、建立分公司等。这种投资一般会改变企业的经营方向，直接关系企业未来的命运，而且投资数量大、回收时间长，因此投资的风险程度较高。

战术性投资是指只关系到企业某一局部的具体业务投资。如提高生产效率、降低产品成本等方面的投资。这种投资一般不会改变企业的经营方向，只限于局部条件的改善，因此其影响范围较小。

（二）按投资与企业生产经营的关系可分为直接投资和间接投资

直接投资是指企业将资金直接投入投资项目，形成实物资产以便获取利润的投资。例如对厂房、机械设备等的投资。

间接投资是指企业以其资金购买公司债券、金融债券或公司股票等各种有价证券，以取得利息、股利或资本利得收入的投资，由于其投资形式主要是购买各种各样的有价证券，因此也被称为证券投资。

（三）按投资回收时间的长短可以分为长期投资和短期投资

长期投资是指一年以上才能收回的投资，主要是指对厂房、机器设备等固定资产的投资，也包括对无形资产和长期有价证券的投资。由于长期投资中固定资产所占的比重较大，所以，长期投资有时专指固定资产投资。

短期投资又称为流动资产投资，是指能够并且准备在一年以内收回的投资，主要是指对现金、应收账款、存货、短期有价证券等的投资。

（四）按投资方向可分为对内投资和对外投资

对内投资是指企业为了保证内部生产经营活动的顺利进行和规模扩大而进行的投资活动。在企业的投资活动中，对内投资是其主要内容，例如，增加固定资产、新产品的研制开发等。

对外投资是指企业以现金、实物、无形资产等方式或者以购买股票、债券等有价证券方式向其他单位的投资。对内投资都是直接投资，对外投资主要是间接投资，也可以是直接投资。

（五）按投资项目之间的关系可分为独立投资、互斥投资和互补投资

独立投资也称非相关性投资，它可以是不管任何其他投资是否得到采纳和实施，都不

受到显著影响的投资。这种投资的收入和成本也不会因其他投资的采纳与否而受到影响。

互斥投资则是指采纳或放弃某一投资会受到其他投资项目的影响，或者其他投资的采纳或放弃，会使某一投资受到显著的影响。这种投资的收入和成本将会因采纳或放弃其他投资而受到影响。

互补投资是指可同时进行、相互配套的各项投资，如港口和码头、油田与油管都属于相互补充的投资。

三、企业投资管理的原则

企业投资的根本目的是为了增加利润，增加企业价值。企业能否实现这一目标，关键在于企业能否在风云变幻的市场环境下，抓住有利的时机，作出合理的投资决策。为此，企业在投资时必须坚持以下原则。

（1）认真进行市场调查，及时捕捉投资机会。捕捉投资机会是企业投资活动的起点，也是企业投资决策的关键。在市场经济条件下，投资机会要受到诸多因素的影响，企业在投资之前，必须认真进行市场调查和市场分析，寻找最有利的投资机会。

（2）建立科学的投资决策程序，认真进行投资项目的可行性分析。在市场经济条件下，企业的投资决策都会面临一定的风险。为了保证投资决策的正确有效，必须按科学的投资决策程序，认真进行投资项目的可行性分析。投资项目可行性分析的主要任务是对投资项目技术上的可行性和经济上的有效性进行论证，运用各种方法计算出有关指标，以便合理确定不同项目的优劣。财务部门是对企业的资金进行规划和控制的部门，财务人员必须参与投资项目的可行性分析。

（3）及时足额地筹集资金，保证投资项目的资金供应。企业的投资项目，特别是大型投资项目，建设周期长，所需资金多，一旦开工，就必须有足够的资金供应。否则，就会使工程建设中途下马，出现"半截子工程"，造成很大的损失。因此，在投资项目上马之前，必须科学预测投资所需资金的数量和时间，采用适当的方法，筹措资金，保证投资项目顺利完成，尽快产生投资效益。

（4）认真分析风险和收益的关系，适当控制企业的投资风险。收益和风险是共存的。一般而言，收益越大，风险也越大，收益的增加是以风险的增大为代价的，而风险的增加将会引起企业价值的下降，不利于财务目标的实现。企业在进行投资时，必须在考虑收益的同时认真考虑风险情况，只有在收益和风险达到最好的均衡时，才有可能不断增加企业价值，实现财务管理的目标。

四、企业投资的管理过程

投资是一项具体而复杂的系统工程，根据投资的进程顺序，可以将投资过程分为事前、事中和事后三个阶段。事前阶段是投资项目的决策阶段；事中阶段是投资方案的实施和监督控制阶段；事后阶段是投资结束后对投资效果的事后审计与评价阶段。

（一）投资项目的决策阶段

投资项目的决策阶段是整个投资过程的开始阶段，此阶段决定了投资项目的性质、资金的流向和投资项目未来的收益能力。

1. 投资项目的提出

产生新的有价值的创意，进而提出投资方案是投资程序的第一步。新创意可以来自公司的各级部门，一般来说，公司的高层管理人员提出的投资多数是大规模的战略性投资，如兴建一座新厂房；而中层或基层人员提出的主要是战术性投资，如生产部门提出更新设备。

2. 估计项目的现金流量

投资方案确定下来之后，就要对项目进行评估，包括测算项目的计算期，测算有关项目投产后的收入、费用和经济效益。其中，最关键的就是估计项目可能产生的现金流量，包括现金流入、现金流出和净现金流量。

3. 计算投资项目的投资决策指标

根据估计出来的项目的现金流量，计算其相应的投资决策指标，主要包括净现值、内含报酬率、回收期和会计收益率等指标。

4. 投资项目的决策

计算出投资项目的决策指标以后，将计算出的指标与可以接受的判断标准进行比较，以做出项目是否投资的决策。

（二）投资项目的实施与监控阶段

决定对某项目进行投资后，就要积极地实施并进行有效的监督与控制。在项目的实施与控制阶段要做好以下几项工作：①为投资方案筹集资金；②按照拟定投资方案有计划有步骤地实施投资项目；③实施过程中的控制与监督，即在项目的实施过程中，要对项目的实施进度、工程质量、施工成本等进行控制和监督，以保证投资按照预算规定如期完成；④投资项目的后续分析，即在投资项目的实施过程中，要定期进行后续分析，要及时、准确地反映预算执行过程中的各种信息，将实际指标与预算指标进行对比，找出差异，分析原因，以便调整偏离预算的差异，实现既定的目标。

（三）投资项目的事后审计与评价阶段

通过投资项目的事后审计，将投资项目的实际表现与预期目标相比较，通过对其差额的分析可以帮助改善企业的财务控制，有助于指导未来的决策。同时，依据事后审计的结果还可以对投资管理部门进行绩效评价，并以此建立相应的激励机制，以持续提高企业的管理效率。

五、项目投资的概念和特点

（一）项目投资的概念

项目投资即企业的内部长期投资，是指企业为了内部生产经营活动的顺利进行和不断发展壮大而进行的长期投资。项目投资的投资对象是长期生产性资产，企业对土地、厂房、机器设备等资产的投资行为均属于这一范畴，投资后可以形成企业内部各项长期资产如固定资产、无形资产等。由于项目投资的支出均为资本性支出，因此项目投资又被称为资本投资。

（二）项目投资的特点

1. 投资对象是生产性资本资产

投资按其对象可以分为生产性资产投资和金融性资产投资。生产性资产是指企业生产经营活动所需要的资产，如机器设备、存货等。这些资产是企业进行生产经营活动的基础条件。企业对生产性资产的投资是一种直接投资，在企业内部进行。生产性资产又进一步分为营运资产和资本资产。资本资产是指企业的长期资产，由于企业投资于该类资产上的资金主要来源于企业的长期资金即资本，因此被称为资本资产。营运资产是指企业的流动资产，流动资产投资对企业的影响涉及时间短，又称为短期投资。

金融性资产的典型表现形式是所有权凭证，如股票和债券。正因为如此，金融资产也被称为"证券"。企业对金融资产的投资是一种间接投资。

2. 影响时间长

从投资的效用来看，项目投资的效用是长期的、持续的。因此，项目投资对企业未来的生产经营活动和长期经济效益将产生重大影响，其投资决策的成败对企业未来的命运将产生决定性作用。

3. 投资数额大

从资金占用来看，项目投资占用的资金较为庞大，既需要一次性投入大笔资金以形成投资项目的初始投资，又要有相当数量的营运资本来保证项目运营过程中对流动资金的需要。

4. 变现能力差

从投资的变现能力来看，项目投资由于投资的是实体资产，投资期限长，投资金额大，因此，项目投资的变现能力差。

5. 投资风险大

一项成功的项目投资可以为企业带来大量的经济效益，但项目投资的失败不仅不能为企业带来经济效益，还会让企业背上沉重的负担，甚至可以彻底毁灭一个企业。所以，项目投资的风险大，在进行投资决策时，企业必须非常谨慎。

六、项目计算期

项目计算期是指投资项目从投资建设开始到最终清理结束整个过程的全部时间，包括建设期和运营期。建设期是指项目资金正式投入开始到项目建成投产为止所需要的时间，建设期的第一年初称为建设起点，建设期的最后一年末称为投产日，在建设期内项目的现金流量主要是现金流出量。运营期是指项目建成投产开始到项目清理结束为止的整个期间，项目清理结束的时点称为终结点。在运营期内，项目的现金流入量和现金流出量并存。

$$项目计算期 = 项目建设期 + 项目运营期$$

在对项目进行投资决策分析时，需要分析项目整个计算期内的现金流量，而不仅仅是建设期或运营期的现金流量。项目计算期，如图5-1所示。

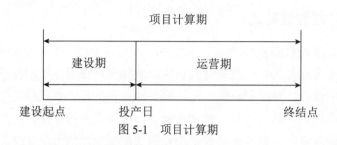

图 5-1　项目计算期

第二节　投资现金流量的分析

一、投资现金流量的概念及意义

（一）投资现金流量的概念

投资现金流量是指一个投资项目在其计算期内所引起的各项现金流入量与现金流出量的统称，它是评价投资项目是否可行时必须事先计算的一个基础性数据，是计算项目决策评价指标的主要依据和重要信息之一。

值得注意的是，这里的现金流量与会计上的现金流量有很大区别：首先，项目投资的现金流量是针对投资项目而不是针对会计期间，而会计上的现金流量是针对会计期间的；其次，这里的"现金"是广义的现金，它不仅包括各种货币资金，而且还包括项目需要投入的企业现有的非货币资源的变现价值。例如，一个项目需要使用原有的厂房、设备和材料等，则相关的现金流量是指他们的变现价值。

（二）投资现金流量的意义

在项目投资决策中是以现金流量而不是以会计利润作为评价投资项目的经济效益基础，主要是以下两个方面的原因。

1. 采用现金流量有利于科学地考虑时间价值因素

现金流量信息所揭示的是未来期间货币资金的收支运动，可以序时、动态地反映投资项目的现金流出与现金流入之间的投入产出关系，而利润的计算并不考虑资金收付的时间，它是以权责发生制为基础的。要在投资决策中考虑时间价值的因素，就不能利用利润来衡量项目的优劣，而必须采用现金流量。

2. 采用现金流量才能使投资决策更符合客观实际情况

在长期投资决策中，应用现金流量能科学、客观地评价投资方案的优劣，利润则明显地存在不科学、不客观的成分。原因如下。

（1）净利润的计算比现金流量的计算有更大的主观随意性。利润指标是按照财务会计的权责发生制原则计算的，由于不同的投资项目可以采取不同的固定资产折旧方法、存货估价方法或费用摊销方法，从而导致不同项目的利润额缺乏可比性，其利润信息的相关性差、透明度不高。而现金流量指标是在收付实现制的基础上对实际现金流入与现金流出的估计，不同的固定资产折旧方法、存货估价方法以及费用摊销方法并不会影响项目的现金流量。

（2）利润反映的是某一会计期间"应计"的现金流量，而不是实际的现金流量。若以未实际收到现金的收入作为收益，容易高估投资项目的经济效益，存在不科学、不合理的因素。

二、投资现金流量的构成

按照现金流动的方向，投资项目的现金流量可以分为现金流入量、现金流出量和净现金流量。现金流入量是指该项目投资所引起的企业现金流入的增加额（用"+"表示）；现金流出量是指该项目投资所引起的企业现金流出的增加额（用"-"表示）；净现金流量则是指某一时点的现金流入量和现金流出量的差额。当现金流入量大于现金流出量时，净现金流量为正值；反之，净现金流量为负值。

按照现金流量的发生时间，投资活动的现金流量又可以分为初始现金流量、营业现金流量和终结现金流量。

（一）初始现金流量

初始现金流量是指投资项目开始投资时发生的现金流量，初始现金流量一般都是现金流出量，但在固定资产更新决策中，对旧设备的清理会引起现金流入。初始现金流量一般包括以下几项。

（1）固定资产上的投资。固定资产上的投资包括固定资产的购置费用、设备安装费用、建筑工程费用以及其他费用。

（2）流动资产上的投资。投资项目建成后，必须垫支一定的营运资金才能投入运营，例如，新项目需要增加的现金、存货和应收账款等。这部分垫支的营运资金一般要到项目寿命终结时全部收回，所以，这部分投资应该作为长期投资，而不属于短期投资。

（3）其他投资费用。其他投资费用是指与投资项目相关的职工培训费、谈判费、注册费用等。

（4）原有固定资产的变价收入。这主要是指固定资产更新时对原有固定资产处置所引起的现金流量，既包括变卖原有固定资产所得的现金流入，也包括变卖固定资产对所得税的影响。根据税法的规定，如果固定资产的出售价格高于账面价值，应将高出部分确认为营业外收入，缴纳相应的所得税从而形成现金流出；如果固定资产的出售价格低于账面价值，应将不足部分确认为营业外支出，可相应抵减当年的所得税从而形成现金流入。

（二）营业现金流量

营业现金流量是指投资项目投入使用后，在其寿命周期内由于生产经营所带来的现金流入和流出的数量。这种现金流量一般以年为单位进行计算。这里现金流入一般是指营业现金收入；现金流出是指营业现金支出和缴纳的税金。

如果一个投资项目每年的销售收入等于营业现金流入，付现成本（指不包括折旧等非付现的成本）等于营业现金流出，那么，该项目的年营业现金净流量（net cash flow，NCF）可用下列公式计算：

$$年营业现金净流量（NCF）= 年营业收入 - 年付现成本 - 所得税$$
$$= 税后净利润 + 折旧$$

（三）终结现金流量

终结现金流量是指投资项目完结时所发生的现金流量，主要包括以下三项。

（1）固定资产的残值收入或变价收入。这部分现金流量和初始现金流量中对旧设备处置时产生的现金流量类似，既包括固定资产的残值收入，也包括实际残值和税法规定的残值之间的差额对所得税的影响。

（2）原有垫支在各种流动资产上的资金的收回。

（3）停止使用的土地的变价收入等。

三、投资现金流量的影响因素

（一）增量现金流量

在确定项目的相关现金流量时，应遵循的最基本原则是：只有增量现金流量才是与项目相关的现金流量。所谓增量现金流量，是指接受或拒绝某个投资项目后，企业总现金量因此发生的变动。也就是说，如果有一项现金流量的发生与否与该项目的投资无关，那么，该现金流量就不是增量现金流量，在计算该项目的现金流量时，就不应该包括在内。

为了正确计算投资项目的增量现金流量，需要正确判断哪些支出会引起企业总现金流量的变动，哪些支出不会引起企业总现金流量的变动，哪些现金流量是只有当新项目进行时才会发生的，哪些是不管新项目是否进行都必须发生的。在进行这些判断时，要注意以下四个问题。

1. 区分相关成本和非相关成本

相关成本是指与特定决策有关的、在分析评价时必须加以考虑的成本。例如，差额成本、未来成本、重置成本和机会成本就是相关成本。与此相反，与特定决策无关的、在分析评价时不必加以考虑的成本是非相关成本。如沉没成本、历史成本和账面成本等就是非相关成本。如果将非相关成本纳入投资方案的总成本，则一个有利的方案可能因此变得不利，一个较好的方案可能变为较差的方案，从而造成决策错误。

例如，某公司在2018年曾经打算新建一个飞机发动机生产车间，并请一家咨询公司做过可行性分析，支付咨询费50万元。后来由于公司有了更好的投资机会，该项目被搁置下来，该笔咨询费作为费用已经入账。2020年旧事重提，在进行投资分析时，这笔咨询费是否仍是相关成本呢？答案当然是否定的。这笔咨询费属于沉没成本，不管公司是否采纳新建一个车间的方案，它都已无法收回，与公司未来的总现金流量无关，是项目的非相关成本。

2. **不能忽视机会成本**

在投资方案的选择中，如果选择了一个方案，则必须放弃其他投资机会，而放弃方案的收益是该投资方案的一种代价，被称为该方案的机会成本。在投资决策中，我们不能忽视机会成本。

例如，某公司在新建生产车间的时候，需要使用企业拥有的一块土地，这块土地如果出租，每年可以获得租金收入100万元，那么在进行新建车间的投资分析时，这100万元的租金收入就是一项机会成本，在计算项目的现金流量的时候，需要将其视作现金流出量。

机会成本不是通常意义上的"成本"，它不是一种支出或费用，而是一种潜在收益。机会成本总是针对具体方案而言的，离开被放弃的方案就无从计量确定。

3. **要考虑投资方案对企业其他部门的影响**

当选择一个新的投资项目后，该项目可能对企业的其他部门造成有利或不利的影响。比如，若新建的厂房生产的产品上市后，原有产品的销路可能减少，因此，企业在进行投资分析时，不能将新建厂房的销售收入作为增量收入来处理，而应该扣除其他部门因此减少的销售收入。当然，也有可能发生相反的情况，新产品上市后将促进其他部门的销售增长，这要看新项目和原有部门是竞争关系还是互补关系。尽管这类影响难以准确计算，但决策者在进行投资分析时仍需将其考虑在内。

4. **要考虑对净营运资本的影响**

在一般情况下，当企业开办一个新业务并使销售额扩大后，一方面，对于存货和应收账款等流动资产的需求会增加，企业必须筹措新的资金以满足这种额外需求；另一方面，随着业务的扩张，应付账款和一些应付费用等流动负债也会同时增加，增加的流动资产与增加的流动负债之间的差额即构成了新项目对净营运资本的需求，企业需要对这部分净营运资本进行投资。

当投资项目的寿命期快要结束时，企业将与该项目有关的存货出售，收回应收账款，应付账款和应付费用也随之偿付，企业可以收回在项目开始时垫支的营运资本。通常，在进行投资分析时，均假定开始投资时垫支的营运资本在项目结束时收回。

（二）所得税和折旧对现金流量的影响

投资项目在经营期内的营业利润所要上缴的所得税会导致现金流出，它的大小取决于利润大小和税率高低,而利润大小又受到折旧方法的影响,因此,讨论所得税问题必然会涉及折旧问题。折旧之所以对投资决策产生影响,实际是所得税存在引起的。因此,这两个问题要放在一起讨论。

1. 税后成本和税后收入

如果问一位企业家,他的工厂厂房租金是多少,他的答案比实际每个月付出的租金要少一些。因为,租金是一项可以减免所得税的费用,所以应以税后的基础来观察。凡是可以减免税负的项目,实际支付额并不是真实的成本,而应将以此而减少的所得税考虑进去。扣除了所得税影响以后的成本费用净额,称为税后成本,其计算公式为

$$税后成本 = 支出金额 \times (1 - 税率)$$

【例 5-1】某公司 2019 年的损益状况如表 5-1 所示。该公司正在考虑一项广告计划,该广告计划需要每月支付广告费用 20 000 元,假设所得税税率为 25%,该项广告的税后费用是多少?

表 5-1 公司损益数据   单位:元

项目	目前(不做广告)	做广告方案
营业收入	1 500 000	1 500 000
成本和费用	50 000	500 000
新增广告		200 000
税前经营利润	1 000 000	800 000
所得税费用(25%)	250 000	200 000
税后净利	750 000	600 000
新增广告税后成本		150 000

从表 5-1 中可以看出,该项广告的税后费用为每月 150 000 元,两个方案(不做广告与做广告)的唯一差别是广告费 200 000 元,其对净利润的影响为 150 000 元,该广告的税后费用为

$$税后费用 = 200\ 000 \times (1 - 25\%) = 150\ 000(元)$$

与税后成本相对应的概念是税后收入。如果有人问你,你每月工资收入是多少,你可能很快回答工资单上的合计数。如果你买了彩票,并且有幸中了大奖,那么你得到的奖金却往往比彩票上标明的金额要低一些,这是因为中奖所得需要交纳个人所得税,而你的工资可能还没有达到征税的起点。

由于所得税的作用,企业营业收入中有一部分会流出企业,企业实际得到的现金流入是税后收入,其计算公式为

$$税后收入 = 应税收入 \times (1 - 税率)$$

2. 折旧的抵税作用

我们都知道,折旧是在所得税前扣除的一项费用,多计提折旧会减少利润,从而使所得税减少。如果不计提折旧,企业的所得税将会增加许多。所以,折旧可以起到减少税负的作用,这种作用被称之为"折旧抵税"或折旧的"税盾作用"。

【例 5-2】假设有 A 公司和 B 公司,全年的销售收入和付现费用均相同,所得税税率

为25%。两者的区别是A公司有一项计提折旧的资产，每年折旧额相同。两家公司的现金流量，如表5-2所示。

表5-2 折旧对税负的影响 单位：元

项目	A公司	B公司
销售收入	20 000	20 000
费用：		
付现营业费用	10 000	10 000
折旧	3 000	0
合计	13 000	10 000
税前净利	7 000	10 000
所得税（25%）	1 750	2 500
税后净利	5 250	7 500
营业现金流入：		
净利润	5 250	7 500
折旧	3 000	0
合计	8 250	7 500
A公司比B公司拥有较多现金	750	

A公司利润虽然比B公司少2 250元，但现金净流入多出750元，其原因在于有3 000元的折旧计入成本，使应税所得减少3 000元，从而少纳税750（3 000×25%）元，这笔现金保留在企业，不必缴出，从增量分析的观点来看，由于增加了一笔3 000元折旧，使企业获得750元的现金流入。所以，折旧的税盾作用可以按下式计算：

$$税负减少额 = 折旧额 \times 税率$$
$$= 3\,000 \times 25\%$$
$$= 750（元）$$

3. 税后现金流量

在加入所得税的因素以后，营业现金流量的计算主要有三种方法。

（1）直接法。根据现金流量的定义，所得税是一种现金支付，应当作为营业现金流量的一个减项。所以，营业现金流量可以按以下公式计算：

$$年营业现金净流量 = 年营业收入 - 年付现成本 - 所得税$$

项目的付现成本是指在当期经营过程中以现金支付的成本费用，与付现成本相对应的概念是非付现成本，即在当期经营过程中不需要用现金支付的成本，一般包括固定资产的折旧、无形资产的摊销额、开办费的摊销额及全投资假设下经营期间发生的借款利息支出等项目。

如果假设所有的非付现成本只有折旧这一项，那么付现成本和营业成本之间的关系为：

$$付现成本 = 营业成本 - 折旧$$
$$年营业净现金流量（NCF）= 年营业收入 - 年付现成本 - 所得税$$
$$= 税后净利润 + 折旧$$

(2) 间接法。间接法以税后净利润为计算起点，此时，营业现金流量可以按以下公式计算：

$$年营业现金净流量 = 税后净利润 + 折旧$$

根据第一种计算方法及其分析我们可以推导出这个计算公式：

$$年营业现金净流量 = 年营业收入 - 年付现成本 - 所得税$$
$$= 年营业收入 - （年营业成本 - 折旧）- 所得税$$
$$= 年营业收入 - 年营业成本 - 所得税 + 折旧$$
$$= 税后净利润 + 折旧$$

(3) 根据所得税对收入和折旧的影响计算

根据前边讲到的税后成本、税后收入和折旧的税盾作用可知，由于所得税的影响，现金流量并不等于项目实际的收支金额。所以，根据第二种计算方法还可以推导出以下公式：

$$年营业现金净流量 = 税后净利润 + 折旧$$
$$= （年营业收入 - 年营业成本）×（1 - 税率）+ 折旧$$
$$= （年营业收入 - 年付现成本 - 折旧）×（1 - 税率）+ 折旧$$
$$= （年营业收入 - 年付现成本）×（1 - 税率）+ 折旧 × 税率$$

【例5-3】 已知某公司2019年的全部营业收入为1 000 000元，其营业成本为700 000元，其中付现成本为500 000元，折旧为200 000元。如果所得税率为25%，请计算该公司该年度的营业现金净流量。

解析： 该公司应缴纳的所得税为

$$所得税额 = （1 000 000 - 700 000）× 25\% = 75 000（元）$$

该公司的税后净利润为

$$税后净利润 = （1 000 000 - 700 000）×（1 - 25\%）= 225 000（元）$$

我们分别用三种方法来计算其营业现金净流量：

（1）营业现金净流量 = 营业收入 - 付现成本 - 所得税
$$= 1 000 000 - 500 000 - 75 000 = 425 000（元）$$

（2）营业现金净流量 = 税后净利润 + 折旧
$$= 225 000 + 200 000 = 425 000（元）$$

（3）营业现金净流量
$$= （营业收入 - 付现成本）×（1 - 税率）+ 折旧 × 税率$$
$$= （10 00 000 - 500 000）×（1 - 25\%）+ 200 000 × 25\%$$
$$= 425 000（元）$$

由此可见，用三种方法计算的结果是一致的，但三种方法中最常用的是第三种计算方法，因为企业的所得税是根据企业总利润计算的，在决定某个项目是否投资时，我们往往并不知道整个企业的利润及与此有关的所得税，这就妨碍了第一种方法和第二种方法的使用。第三种方法并不需要知道企业的利润是多少，使用起来比较方便。

四、投资现金流量实例

【例5-4】某公司计划购入一套设备以扩充生产能力。现有A和B两个方案可供选择,A方案需投资10 000元,使用寿命为5年,采用直线法计提折旧,5年后设备无残值,5年中每年销售收入为6 000元,每年付现成本为2 000元。B方案需投资12 000元,采用直线折旧法提折旧,使用寿命也为5年,5年后残值收入2 000元。5年中每年的销售收入为8 000元,付现成本第一年为3 000元,以后随着设备陈旧,逐年增加修理费400元,另需垫支营运资金3 000元,假设所得税率为40%。试计算两个方案各年的净现金流量。

解析: 为计算两个方案的净现金流量,必须先计算两个方案每年的折旧额。

A方案年折旧额 = 10 000÷5=2 000(元)

B方案年折旧额 = (12 000-2 000)÷5=2 000(元)

用列表法计算两个方案的净现金流量如表5-3、表5-4所示。

表5-3 A方案净现金流量计算过程 单位:元

时间 项目	第0年	第1年	第2年	第3年	第4年	第5年
初始投资	-10 000					
营业收入(1)		6 000	6 000	6 000	6 000	6 000
付现成本(2)		2 000	2 000	2 000	2 000	2 000
折旧(3)		2 000	2 000	2 000	2 000	2 000
税前利润(4) (4)=(1)-(2)-(3)		2 000	2 000	2 000	2 000	2 000
所得税(5)=(4)×40%		800	800	800	800	800
净利润(6)=(4)-(5)		1 200	1 200	1 200	1 200	1 200
净现金流量	-10 000	3 200	3 200	3 200	3 200	3 200

表5-4 B方案净现金流量计算过程 单位:元

时间 项目	第0年	第1年	第2年	第3年	第4年	第5年
初始投资	-12 000					
营运资本	-3 000					3 000
营业收入(1)		8 000	8 000	8 000	8 000	8 000
付现成本(2)		3 000	3 400	3 800	4 200	4 600
折旧(3)		2 000	2 000	2 000	2 000	2 000
税前利润(4) (4)=(1)-(2)-(3)		3 000	2 600	2 200	1 800	1 400
所得税(5)=(4)×40%		1 200	1 040	880	720	560
净利润(6)=(4)-(5)		1 800	1 560	1 320	1 080	840
净残值						2 000
净现金流量	-15 000	3 800	3 560	3 320	3 080	7 840

第三节　非折现现金流量方法

非折现现金流量方法在进行项目投资决策时不考虑货币的时间价值，把不同时间的现金流量看成是等效的。非折现现金流量方法的决策指标主要包括静态投资回收期和平均会计收益率。

一、静态投资回收期法

静态投资回收期法是以静态投资回收期作为决策指标的一种投资评价方法。静态投资回收期，简称为回收期（payback period，PP），是指以投资项目的营业现金流量抵偿原始投资所需要的全部时间。静态投资回收期不考虑现金流量的时间价值，用公式表示为：

$$\sum_{t=0}^{pp} NCF_t = 0$$

式中，NCF_t——各年净现金流量；
　　　PP——投资回收期。

回收期法的评价标准是目标回收期，目标回收期由企业事先确定。如果项目的回收期小于目标回收期，项目就可被接受；反之，项目不能被接受。

（一）静态投资回收期的计算

对于静态投资回收期的计算，如果投资项目各年的净现金流量（NCF）相等，可以采用简化的方法计算，计算公式为

$$静态投资回收期 = \frac{原始投资额}{每年NCF}$$

如果投资项目各年的净现金流量不相等，要计算各期累计的净现金流量，然后同原始投资额比较，确定回收期的大致期间，再用内插法计算具体的回收期。

【例5-5】以例5-4的资料为例（详见表5-3和表5-4），计算两个方案的静态投资回收期。

解析：由于方案 A 营业期内各年的净现金流量相等，所以可以采用简化的方法计算其静态投资回收期。

$$PP（A）= 10\ 000 \div 3\ 200 = 3.13（年）$$

由于方案 B 营业期内各年的净现金流量不相等，可以先计算各年累计净现金流量，如表5-5所示。

表5-5　B方案静态投资回收期的计算　　　　　　　　　　　单位：元

年　份	现金流量	累计现金流量
第 0 年	−15 000	−15 000
第 1 年	3 800	−11 200

续表

年　份	现金流量	累计现金流量
第 2 年	3 560	−7 640
第 3 年	3 320	−4 320
第 4 年	3 080	−1 240
第 5 年	7 840	6 600

从表 5-5 中看出，方案 B 的回收期在第 4 年和第 5 年之间，在第 4 年年末，还有 1 240 元未收回，而第 3 年的现金流量为 7 840 元，因此，其回收期为：

$$PP（B）= 4 + 1\ 240 \div 7\ 840 = 4.16（年）$$

（二）静态投资回收期法的优缺点

静态投资回收期法的概念容易理解，计算也比较简单。其指导思想是回收期越短，企业收回原始投资越快，可使企业保持较强的流动性；而回收期越短的项目风险越低，因为时间越长越难以预计，风险也大。因此，静态投资回收期法大体上衡量了项目的流动性和风险。

但是，静态投资回收期没有考虑资金的时间价值，也没有考虑多期现金流量中包含的风险，尤其是对回收期后的现金流量不予考虑，企业对投资项目的选择容易出现短期行为。事实上，有战略意义的长期投资往往早期收益较低，而中后期收益较高。因此，静态投资回收期法往往用来评价项目投资的流动性而非盈利性。

二、平均会计收益率法

平均会计收益率法是以平均收益率（average rate of return，ARR）作为决策指标的一种投资评价方法，又称为平均投资报酬率法，平均收益率有多种计算方法，最常见的计算公式如下：

$$ARR = \frac{年平均现金流量}{原始投资额} \times 100\%$$

【例 5-6】 仍以例 5-4 的资料为例（详见表 5-3 和表 5-4），计算两个方案的平均会计收益率。

解析： A 方案的平均会计收益率为

$$ARR_A = \frac{3\ 200}{10\ 000} \times 100\% = 32\%$$

B 方案的平均会计收益率为

$$ARR_B = \frac{(3\ 800 + 3\ 560 + 3\ 320 + 3\ 080 + 7\ 840)/5}{15\ 000} \times 100\% = 28.8\%$$

平均会计收益率的评价标准是投资者期望的投资报酬率或者是项目的资本成本，如果当年的平均会计收益率大于期望的投资报酬率或项目的资本成本，则该投资方案是可行的，而且平均会计收益率越大，投资方案越好。

平均会计收益率法最大的优点是简单明了，易于理解和掌握。但是这种方法没有考虑货币时间价值因素的影响，把不同时期的货币价值等量齐观，有时会做出错误决策。

第四节 折现现金流量方法

折现现金流量方法需要考虑货币时间价值对项目现金流量的影响，它是比非折现现金流量方法更全面、更科学的评价方法。折现现金流量方法主要包括净现值法、现值指数法、内含报酬率法和动态投资回收期法。

一、净现值法

净现值法是使用净现值（net present value，NPV）作为投资项目评价指标的方法。所谓净现值，是指投资项目各期发生的现金流量现值之和，即项目未来现金流入量的现值与未来现金流出量的现值之间的差额，它是评价项目是否可行的最重要指标。其计算公式可以表示为

$$\text{NPV} = \sum_{t=0}^{n} \frac{I_t}{(1+k)^t} - \sum_{t=0}^{n} \frac{O_t}{(1+k)^t}$$

式中：n——项目期限；

I_t——第 t 年的现金流入量；

O_t——第 t 年的现金流出量；

k——项目的折现率（项目的资本成本或投资者要求的报酬率）。

（一）净现值的计算步骤

第一步，测定投资方案各年的现金流量，包括现金流入量和现金流出量。

第二步，设定投资方案的折现率，可以是市场利率、投资者要求的必要报酬率或者企业的平均资本成本率。

第三步，计算未来现金流量的总现值。即按照选定的折现率，分别将各年的现金流入量和现金流出量折算成现值，现金流入量和现金流出量的现值之和即为未来现金流量的总现值。

第四步，计算净现值。其计算公式为

净现值 = 未来现金流量的总现值 − 初始投资

（二）净现值法的决策规则

净现值法的决策规则是，在只有一个备选方案时，如果净现值为正数，说明项目的

投资报酬率大于资本成本或者投资者要求的报酬率，该项目可以增加股东财富，应予采纳；如果净现值为负数，说明项目的投资报酬率小于资本成本或者投资者要求的报酬率，该项目将减损股东财富，应予放弃；如果净现值为零，则要根据选定的折现率来做出决定。在有多个备选方案的互斥项目选择决策中，应选用净现值是正值中的最大者。

【例 5-7】仍以例 5-4 的资料为例（详见表 5-3 和表 5-4），假设资本成本为 10%，计算两个方案的净现值。

解析：A 方案各年的现金流量相等，可以采用年金现值法计算净现值。

$$NPV_A = 3\,200 \times (P/A,10\%,5) - 10\,000$$
$$= 3\,200 \times 3.790\,8 - 10\,000$$
$$= 2\,131（元）$$

B 方案各年的现金流量不相等，需要采用复利现值法计算净现值。

$$NPV_B = 3\,800 \times 0.909\,1 + 3\,560 \times 0.826\,4 + 3\,320 \times 0.751\,3 + 3\,080 \times 0.683\,0 +$$
$$7\,840 \times 0.620\,9 - 15\,000$$
$$= 862（万元）$$

从上面的计算中我们可以看出，A 方案的净现值大于 B 方案的净现值，所以该公司应选择 A 方案进行投资。

净现值法所依据的原理是：假设预计的现金流入在年末肯定可以实现，并把原始投资看成是按选定的折现率借入的，当净现值为正数时偿还本息后该项目仍有剩余的收益；当净现值为零时偿还本息后一无所获；当净现值为负数时该项目收益不足以偿还本息。这一原理可以通过该公司 A 方案的还本付息表来说明，如表 5-6 所示。

表 5-6　A 方案还本付息表　　　　　　　　　　　　　　　　　　　单位：元

年　份	年初借款	年息（10%）	年末借款	偿还现金	借款余额
第 1 年	10 000	1 000	11 000	3 200	7 800
第 2 年	7 800	780	8 580	3 200	5 380
第 3 年	5 380	538	5 918	3 200	2 718
第 4 年	2 718	271.8	2 989.8	3 200	(210.2)
第 5 年	0	0	0	3 200	(3 200)

A 方案在第 4 年年末还清本息后，尚有 210.2 元的现金剩余，第 5 年年末又流入现金 3 200 元，折合成现值共计 2 131（210.2×0.683 0+3 200×0.620 9）元，即为 A 方案的净现值。

（三）净现值线

根据净现值的计算过程发现，当投资项目的现金流量不变时，净现值会随着折现率选择的变化而变化，二者表现为一种函数关系，净现值会随着折现率的增加而下降，如图 5-2 所示，我们把图 5-2 中表示净现值和折现率关系的曲线称为净现值线，它是一条向右下方倾斜的凸向原点的曲线。

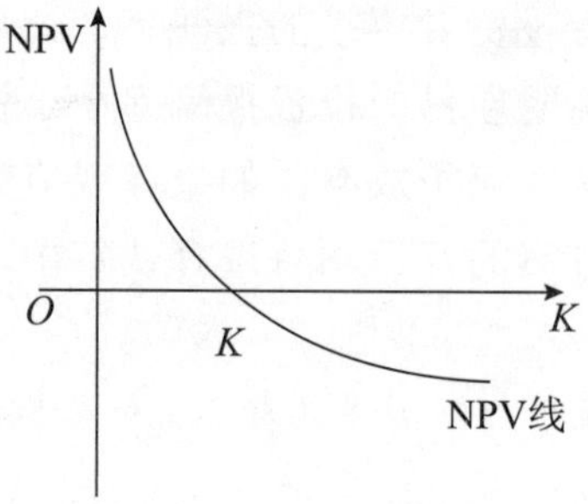

图 5-2 项目的净现值线

从净现值线可以看出,当折现率小于 K 时,净现值为正,投资项目可以接受;当折现率大于 K 时,净现值为负,投资项目不能接受。由此可见,在现金流量一定的情况下,项目是否能够被接受,完全取决于折现率的选择。而折现率又取决于投资者要求的报酬率,不同的投资者对投资报酬率的要求不一样,所以会导致对同一投资项目的决策结果也不一样。

(四) 净现值法的优缺点

净现值法是项目投资评价中常用的方法,其主要优点有:①考虑了资金时间价值,增强了投资经济性评价的实用性;②系统考虑了项目计算期内全部现金流量,体现了流动性与收益性的统一;③考虑了投资风险,项目投资风险可以通过提高折现率加以控制。

但是,净现值法也存在某些缺点,主要有:①净现值是一个绝对数,不能从动态的角度直接反映投资项目的实际收益率,在进行互斥性投资决策时,如果项目的投资额不相等,仅用净现值法有时无法确定投资项目的优劣;②净现值的计算比较复杂,且较难理解和掌握;③净现值法的计算需要有较准确的现金净流量的预测,并且要正确选择折现率,而实际上现金净流量的预测和折现率的选择都比较困难。

二、现值指数法

现值指数法是利用现值指数(profitability index,PI)作为评价指标的方法。所谓现值指数,也被称为获利指数,是项目未来净现金流量的总现值与原始投资的现值之比,即项目未来现金流入现值与现金流出现值的比率。其计算公式可以表示为

$$PI = \sum_{t=0}^{n} \frac{I_t}{(1+k)^t} \div \sum_{t=0}^{n} \frac{O_t}{(1+k)^t} = 1 + \frac{NPV}{CF_0}$$

式中:CF_0 为原始投资额的现值。

(一) 现值指数法的决策规则

现值指数法的决策规则是,在只有一个备选方案的采纳与否决策中,现值指数大于或等于 1,项目可以被采纳;现值指数小于 1,项目应该被放弃。在有多个方案的互斥选择决策中,应采用现值指数最大的项目。

【例 5-8】 仍以例 5-4 的资料为例（详见表 5-3 和表 5-4），假设资本成本为 10%，计算两个方案的现值指数。

解析：

$$PI_A = 1 + \frac{NPV}{CF_0} = 1 + \frac{2\ 131}{10\ 000} = 1.21$$

$$PI_B = 1 + \frac{NPV}{CF_0} = 1 + \frac{862}{15\ 000} = 1.06$$

在本例题中，A、B 两个方案的现值指数都大于 1，所以这两个方案都可以进行投资，但是由于 A 方案的现值指数更大，所以应该选择 A 方案进行投资。

现值指数表示 1 元初始投资取得的现值毛收益。A 方案的 1 元投资取得 1.21 元的现值毛收益，也就是取得 0.21 元的现值净收益，或者说用股东的 1 元钱为他们创造了 0.21 元的新增财富。B 方案的 1 元钱投资取得 1.06 元的现值毛收益，也就是取得 0.06 元的现值净收益，或者说用股东的 1 元钱为他们创造了 0.06 元的新增财富。

（二）现值指数法的优缺点

现值指数可以看成是 1 元原始投资渴望获得的净收益的现值，它的优点是考虑了资金的时间价值，能够真实反映投资项目的盈利能力；而且现值指数是一个相对数指标，不仅可以用于独立投资方案的比较，也可以用于投资额不同的方案之间的比较。现值指数法的缺点主要是由于现值指数只代表项目获得收益的能力而不代表实际可能获得财富的多少，忽略了互斥项目之间投资规模上的差异。

三、内含报酬率法

内含报酬率法是根据项目本身的内含报酬率（internal rate of return，IRR）来对方案进行评价的一种方法。所谓内含报酬率是指能够使未来现金流入量的现值等于现金流出量的现值的一个折现率，或者说是使投资项目的净现值为零的折现率，即：

$$\sum_{t=0}^{n} \frac{I_t}{(1+IRR)^t} - \sum_{t=0}^{n} \frac{O_t}{(1+IRR)^t} = 0$$

净现值法和现值指数法虽然考虑了货币的时间价值，可以说明投资方案高于或低于某一特定的投资报酬率，但没有揭示方案本身可以达到的具体报酬率是多少。内含报酬率是根据方案的现金流量计算的，是方案本身的投资报酬率。

（一）内含报酬率法的计算方法

1. 年金法

如果项目的建设期为 0，初始投资在期初一次性投入，项目投产后各年的现金流量相等时，可以直接利用年金现值系数来计算项目的内含报酬率，具体计算步骤如下。

第一步，计算年金现值系数。

$$\text{年金现值系数} = \frac{\text{初始投资额}}{\text{每年NCF}}$$

第二步，根据计算出来的年金现值系数，查 n 期的年金现值系数表，如果恰好能找到该系数，则该系数所对应的折现率就是所求的内含报酬率。

第三步，若在年金现值系数表上查不到该系数，则需要利用插值法来确定内含报酬率。即在年金现值系数表上，找出略大于和略小于上述年金现值系数的两个临界值及其对应的折现率，采用插值法计算出投资方案的内含报酬率。

【例 5-9】仍以例 5-4 的资料为例（表 5-3），计算 A 方案的现内含报酬率。

解析：

$$(P/A, IRR, 5) = \frac{\text{初始投资额}}{\text{每年NCF}}$$
$$= \frac{10\,000}{3\,200}$$
$$= 3.125$$

查 $n=5$ 期的年金现值系数表，可以得到：

$$(P/A, 18\%, 5) = 3.127 > 3.125$$
$$(P/A, 19\%, 5) = 3.058 < 3.125$$

因此，A 方案的内含报酬率肯定介于 18%～19% 之间，用插值法计算如下：

折现率	年金现值系数
18%	3.127
IRR	3.125
19%	3.058

$$\frac{18\% - IRR}{18\% - 19\%} = \frac{3.127 - 3.125}{3.127 - 3.058}$$

$$IRR = 18.03\%$$

2. 逐步测试法

如果投资项目各年的净现金流量不相等，需要用逐步测试法来计算内含报酬率。具体计算步骤如下。

第一步，首先估计一个折现率，用它来计算项目的净现值，如果计算出的净现值为正，说明项目的内含报酬率超过了估计的折现率，需提高折现率来进一步测试；如果净现值为负，则说明项目的内含报酬率低于估计的折现率，应降低折现率再进行测试。经过如此反复的逐步测试，找到净现值由正到负并且比较接近于 0 的两个折现率。

第二步，根据上述两个邻近的折现率，采用插值法求出方案的内含报酬率。

【例 5-10】仍以例 5-4 的资料为例（详见表 5-4），计算 B 方案的现内含报酬率。

解析： 用 10% 的折现率进行测试，此时 $NPV_{10\%}=861$，净现值大于 0，说明内含报酬率大于 10%，应该调高折现率进行测试。

用 11% 的折现率进行测试，此时 $NPV_{11\%}=421$，净现值大于 0，说明内含报酬率大于

11%，继续调高折现率进行测试。

用 12% 的折现率进行测试，此时 $NPV_{12\%}=-2$，净现值小于 0，说明内含报酬率一定在 11%～12% 之间，用插值法计算如下：

$$\begin{array}{cc} 折现率 & 年金现值系数 \\ 11\% & 421 \\ IRR & 0 \\ 12\% & -2 \end{array}$$

$$\frac{18\%-IRR}{18\%-12\%}=\frac{421-0}{421-(-2)}$$

$$IRR=11.995\%$$

（二）内含报酬率法的决策规则

内含报酬率法的决策标准是投资者期望的投资报酬率或企业的资本成本，在只有一个备选方案时，如果计算出的内含报酬率大于企业的资本成本或投资者期望的投资报酬率，则项目可以接受；反之，则拒绝。在有多个备选方案的互斥项目选择中，应该选择内含报酬率更高的投资项目。

根据上述计算结果，A 方案的内含报酬率大于 B 方案的内含报酬率，所以 A 方案优于 B 方案。

内含报酬率是项目本身的盈利能力。如果以内含报酬率作为贷款利率，通过借款来投资本项目，那么，还本付息后将一无所获。这一原理可以通过 A 项目的数据来证明，如表 5-7 所示。

表 5-7　A 项目还本付息　　　　　　　　　　　　　　　　　　　　　单位：元

年份	年初借款	年息（18.03%）	年末借款	偿还现金	借款余额
第 1 年	10 000	1 803	11 803	3 200	8 603
第 2 年	8 603	1 551.12	10 154.12	3 200	6 954.12
第 3 年	6 954.12	1 253.83	8 207.95	3 200	5 007.95
第 4 年	5 007.95	902.93	5 910.88	3 200	2 710.88
第 5 年	2 710.88	488.77	3 199.65	3 200	-0.35

（三）内含报酬率法的优缺点

内含报酬率法考虑了货币的时间价值，能够反映项目本身的获利能力。但是，内含报酬率法假定各个项目在其全过程内是按各自的内含报酬率进行再投资而形成增值，这一假定具有较大的主观性，缺乏客观的经济依据。

四、动态投资回收期法

动态投资回收期法是以动态投资回收期（discounted payback period，DPP）作为投资决策评价指标的一种方法。动态投资回收期，是以贴现的现金流量为基础而计算的投资回收期。计算公式如下：

$$\sum_{t=0}^{PP}\frac{NCF_t}{(1+k)^t}=0$$

式中：NCF_t——各年现金净流量；

k——折现率。

【例 5-11】仍以例 5-4 的资料为例（详见表 5-3），假定折现率为 10%，计算 A 方案的动态投资回收期。

在考虑了货币时间价值以后，A 方案的动态投资回收期计算如表 5-8 所示。

表 5-8　A 方案动态回收期计算　　　　　　　　　　　　　　单位：元

年　份	现金流量	折现系数（10%）	现值	累计净现值
第 0 年	-10 000	1	-10 000	-10 000
第 1 年	3 200	0.909 1	2 909.12	-7 090.88
第 2 年	3 200	0.826 4	2 644.48	-4 446.40
第 3 年	3 200	0.751 3	2 404.16	-2 042.24
第 4 年	3 200	0.683 0	2 185.60	143.36
第 5 年	3 200	0.620 9	1 986.88	2 130.24

从表 5-8 中可以看出，A 方案的动态投资回收期在第 3～4 年之间，用内插法可以求得：

动态投资回收期 = 3 + 2 042.24 ÷ 2 185.6 = 3.93（年）

动态投资回收期法与静态投资回收期法相比，由于考虑了现金流量的时间价值，其回收期要长于静态投资回收期。但是，和静态投资回收期法一样，它仍然无法揭示回收期以后继续发生的现金流量的变动情况，有一定的片面性，有可能做出错误的投资决策。

第五节　投资决策指标的比较

一、折现和非折现指标在投资决策应用中的比较

在 20 世纪 50 年代以前，以投资回收期法为代表的非折现方法曾流行全世界。1950 年，迈克尔·戈特（Michrel Gort）教授对美国 25 家大型公司调查的资料表明，被调查的公司全部使用投资回收期等非折现现金流量指标，而没有一家采用折现现金流量指标。

在 20 世纪 50 年代以后，人们日益发现其局限性，于是，建立起以时间价值原理为基础的折现法。20 世纪 50—80 年代，在时间价值原理基础上建立起来折现现金流量指标，在投资决策指标体系中的地位发生了显著变化。使用折现现金流量指标的公司不断增多，从 20 世纪 70 年代开始，折现现金流量指标已占主导地位，并形成了以折现现金流量指标为主，以投资回收期为辅的多种指标并存的指标体系。目前，更多的公司在进行投资决策

时会使用两种以上的决策指标，并且规模越大的公司越倾向于使用折现现金流量指标，而规模较小的公司更多地依赖于非折现的现金流量指标。

二、折现现金流量指标广泛使用的主要原因

（1）非折现指标忽略了资金的时间价值因素。非折现指标将不同时点上的现金流量当作具有同等价值的资金量进行比较，这种做法实际上是夸大了投资收益的价值和投资项目的盈利水平，从而可能导致错误的投资决策。而折现指标把不同时间点收入或支出的现金按统一的贴现率折算到同一时间点上，使不同时期的现金具有可比性。

（2）非折现指标中的投资回收期法只能反映投资的回收速度，不能反映投资的主要目标——净现值的多少。并且由于回收期没有考虑时间价值因素，因而夸大了投资的回收速度。

（3）投资回收期、平均报酬率等非贴现指标对寿命不同、资金投入时间和提供收益时间不同的投资方案缺乏鉴别能力。而折现指标法可以通过净现值、内含报酬率和现值指数等指标，有时还可以通过净现值的年均化方法进行综合分析，从而做出正确合理的决策。

（4）非折现指标中的平均报酬率、投资利润率等指标，由于没有考虑资金的时间价值，因而实际上是夸大了项目的盈利水平。而折现指标中的报酬率是以预计的现金流量为基础，考虑了货币的时间价值以后计算出的真实报酬率。

（5）在运用投资回收期这一指标时，标准回收期是方案取舍的依据。但标准回收期一般都是以经验或主观判断为基础来确定的，缺乏客观依据。而折现指标中的净现值和内含报酬率等指标实际上都是以企业的资金成本为取舍依据的，这一取舍标准符合客观实际。

三、折现现金流量指标的比较

（一）独立项目的决策

在单个独立项目的投资决策中，净现值法、现值指数法和内含报酬率法的结论是一致的，只是每个指标的侧重角度有所不同。三种方法的联系与区别，如表 5-9 所示。

表 5-9　净现值法、现值指数法和内含报酬率法的联系与区别

比　较	内　　容
相同点	1. 都考虑了资金的时间价值 2. 都考虑了项目计算期内全部的现金流量 3. 都受到建设期的长短、回收额的有无以及现金流量大小的影响 4. 在评价单一方案可行与否的时候，结论是一致的，即： 当净现值＞0 时，现值指数＞1，内含报酬率＞资本成本； 当净现值＜0 时，现值指数＜1，内含报酬率＜资本成本； 当净现值 =0 时，现值指数 =1，内含报酬率 = 资本成本

续表

比较	内容			
	指标	净现值	现值指数	内含报酬率
区别点	指标性质	绝对数指标	相对数指标	相对数指标
	指标反映的收益特性	衡量投资的效益	衡量投资的效率	衡量投资的效率
	是否受设定折现率的影响	是	是	否
	是否反映项目投资方案本身报酬率	否	否	是

（二）净现值和内含报酬率的比较

在多数情况下，运用净现值法和内含报酬率法这两种方法得出的结论是相同的，但是在如下两种情况下，可能会产生差异。

1. 互斥项目

在独立项目的可行性决策中，净现值法和内含报酬率法的结论基本一致，即净现值大于零时，项目的内含报酬率一般也大于其资本成本。但是在互斥项目决策中，两种方法得出的结论可能相反，原因主要有以下两点。

（1）投资规模不同。当一个项目的投资规模大于另一个项目时，规模较小的项目内含报酬率可能较大但净现值较小。这是因为净现值作为反映企业财富增加的绝对值指标，较大的投资规模可能带来较大的净现值，但也可能导致创造财富的效率较低。当企业面临这种局面时，实际上就是在更多的财富和更高的内含报酬率之间进行选择，很显然，决策者会选择更多的财富。所以，当互斥项目投资规模不同并且资金可以满足投资规模时，净现值法优于内含报酬率法。

（2）现金流量发生时间不同。有的项目早期现金流入量比较大，而有的项目后期现金流入量比较大，此时，净现值法和内含报酬率法的结论也有可能产生差异。

【例 5-12】某公司需要购买一种机器设备，现有 A、B 两种方案可供选择，两种方案的现金流量如表 5-10 所示，假设企业的资本成本率为 8%，分别计算两种方案的净现值和内含报酬率。

表 5-10 A 和 B 方案的现金流量资料 单位：元

年 份	A 方案	B 方案
第 0 年	-10 000	-10 000
第 1 年	8 000	1 000
第 2 年	4 000	4 500
第 3 年	1 000	9 700
净现值（8%）	1 631	2 484
内含报酬率	20%	18%

根据表 5-10 的计算结果，如果按照净现值法决策，应该选择 B 方案；如果按照内含报酬法决策，应该选择 A 方案。造成这一差异的原因是这两个投资方案现金流量发生时间不同而导致其时间价值不同，即折现率对远期现金流量的现值的影响要大于对近期现金

流量现值的影响。A方案总的现金流量小于B方案，当选择的折现率较高时，远期现金流量的现值低，影响小，投资收益主要取决于近期现金流量的高低，这时A方案具有一定的优势；当选择的折现率较低时，远期现金流量的现值增大，这时B方案具有一定的优势。

2. 非常规项目

非常规项目是指在项目投资开始的年份，净现金流量为负值，投产以后各年的现金流量有时是正值，有时又为负值，即整个项目净现金流量正、负号的改变在一次以上。而常规项目在整个项目计算期内净现金流量的正、负号只改变一次。

【例 5-13】 某项目各年的净现金流量如表 5-11 所示，该项目要求的折现率为 8%，计算该项目的内含报酬率并判断该项目是否可行。

表 5-11 非常规项目的现金流量　　　　　　　　　　　　　　　　单位：元

时间	0	1	2
净现金流量	−100 000	+250 000	−154 000

解析： 该项目为非常规项目，其内含报酬率计算如下：

$$-100\,000 + \frac{250\,000}{1+\text{IRR}} + \frac{154\,000}{(1+\text{IRR})^2} = 0$$

通过解方程的方法，我们可以得到该项目有两个内含报酬率，分别为 10% 和 40%。由于该项目要求的折现率为 8%，而两个内含报酬率均大于 8%，因此，很容易得出该项目可行的结论。

但是，从该项目的净现值线（图 5-3）可以看出，当折现率大于 10% 小于 40% 时，净现值为正，而当折现率小于 10% 时，净现值为负。

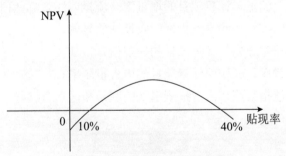

图 5-3　非常规项目的内含报酬率

当折现率为 8% 时，

$$\text{NPV} = -100\,000 + \frac{250\,000}{(1+8\%)} + \frac{-154\,000}{(1+8\%)^2} = -548.7 \text{（元）}$$

由于净现值为负值，因此该项目不可行。

因此，对于非常规项目，若采用内含报酬率法进行决策，无法得出正确的结论，应采用净现值法进行决策。

（三）净现值和现值指数的比较

由于净现值和现值指数使用的是相同的信息，所以这两种方法在评价投资项目的优劣时，结果常常是一致的。但是当项目的初始投资额不同时，净现值和现值指数的评价结果也有可能产生差异。由于净现值是用各期现金流量现值减初始投资额，是一个绝对值，表示投资的效益或者说是给公司带来的财富；而现值指数使用现金流量的现值除以初始投资，是一个相对数，表示投资的效率，因而评价的结果可能会不一致。

最高的净现值符合企业的最大利益，净现值越高，企业的收益越大，而现值指数只反映投资回收的程度，不反映投资回收的多少，在没有资金限制情况下的互斥投资项目决策中，应该选用净现值较大的投资项目。也就是说，当现值指数与净现值得出不同结论的时候，应该以净现值为准。

总之，在没有资金限制的情况下，利用净现值法在所有的投资评价中都能做出正确的决策，而利用内含报酬率和现值指数在独立项目评价中也能做出正确的决策，但在互斥选择中或非常规项目中有时会得到错误的结论。因而，在这三种评价方法中，净现值法仍然是最好的评价方法。

思 考 题

1. 简述项目投资的特点。
2. 项目投资的一般程序是什么？
3. 确定现金流量的假设包括哪些？
4. 项目现金流量的构成内容是什么？
5. 什么是增量现金流量？计算项目的增量现金流量应注意哪些问题？
6. 比较静态投资回收期法和动态投资回收期法的异同。
7. 什么是净现值法？应如何计算项目的净现值？
8. 什么是内含报酬率？应如何计算项目的内含报酬率？
9. 净现值法、现值指数法和内含报酬率法的联系和区别有哪些？

练 习 题

1. 某公司拟购置一固定资产，该固定资产购置成本为 120 000 元，资产寿命 5 年，按直线法折旧，第 5 年末有残值 20 000 元，该资产无须安装。另需垫支营运资金 30 000 元，年收入 80 000 元，付现成本第 1 年 30 000 元，以后逐年递增 4 000 元。所得税率 40%，资金成本为 10%。

要求：计算该固定资产各年的现金流量。

2. 某公司拟投资购买一项机器设备，现有 A、B 两种设备可供选择，两种设备预计各年的现金流量如表 5-12 所示，假设资本成本为 10%。

表 5-12　两种机器设备的预计现金流量　　　　　　　　　　　　　　　　单位：万元

年　份	第 0 年	第 1 年	第 2 年	第 3 年	第 4 年	第 5 年
A 设备	−10 000	4 000	6 000	6 000	6 000	6 000
B 设备	−10 000	4 000	6 000	8 000	8 000	8 000

要求：计算两种设备的静态投资回收期和动态投资回收期。

3. 某公司准备购入一设备以扩充生产能力。现有甲、乙两个方案可供选择，两种方案的现金流量如表 5-13 所示。资金成本为 12%。

表 5-13　两种方案的预计现金流量　　　　　　　　　　　　　　　　单位：万元

年　份	第 0 年	第 1 年	第 2 年	第 3 年	第 4 年	第 5 年
A 设备	−20 000	7 600	7 600	7 600	7 600	7 600
B 设备	−33 000	9 280	9 160	9 040	8 920	15 800

要求：（1）计算两个方案的净现值。

（2）计算两个方案的现值指数。

（3）计算两个方案的内含报酬率。

（4）试判断应采用哪个方案。

4. 某公司准备购入一设备以扩充生产能力。现有甲、乙两个方案可供选择：

甲方案需投资 3 万元，使用寿命 5 年，采用直线法计提折旧，5 年后设备无残值，5 年中每年销售收入为 15 000 元，每年的付现成本为 5 000 元。

乙方案需投资 36 000 元，采用直线法计提折旧，使用寿命也是 5 年，5 年后有残值收入 6 000 元。5 年中每年收入为 17 000 元，付现成本第一年为 6 000 元，以后随着设备陈旧，逐年将增加修理费 300 元。

不管采用哪个方案，均需垫支营运资本 3 000 元。假设所得税税率为 25%，资本成本为 10%。

要求：（1）计算两个方案的净现金流量。

（2）计算两个方案的净现值。

（3）计算两个方案的现值指数。

（4）计算两个方案的内含报酬率。

（5）计算两个方案的静态投资回收期。

Day-Pro 化学公司
投资决策案例

第六章
投资决策实务

本章导读

有一风险投资机会,成功和失败的概率都是0.5。投资者每投1元,若成功,可以得到1.6元的利润(原投资本金仍归还给投资者);若失败,则损失1元(投资者仅失去投资本金)。有一投资者为了不把钱输光,采取了如下策略:总是拿他所持有的钱的一半去投资。假设他开始的资金是100万元,并且钱是无限可分的,如果他投资了10 000次,那么平均说来,他最后有多少钱?他又有多大可能在最后拥有的钱不少于开始的100万元?

资料来源:https://wenku.baidu.com/view/f60a560b763231126edb11c2.html。

第一节 互斥项目的投资决策

互斥项目是指互相关联、互相排斥的方案,即一组方案中的各个方案彼此可以互相代替,采纳某一方案,就会自动排斥这组方案中的其他方案。通常,互斥项目是为了解决同一个问题设计的两个备选方案。

面对互斥项目,仅仅评价哪一个项目方案可以接受是不够的,因为他们都有正的净现值,我们需要利用具体决策方法比较各个方案的优劣,并从备选方案中选出一个最优方案。对于互斥方案而言,在多数情况下,运用净现值法、内含报酬率法和回收期法进行决策得出的结论是一样的,但是在一些特殊情况下,不同的决策方法将得出不同的结论。

评价结论出现矛盾的原因主要有两种:一是投资额不同;二是项目寿命不同。如果是投资额不同(项目的寿命相同)引起的,对于互斥项目可以使用净现值法或者差额净现值法进行择优决策。

如果净现值法与内含报酬率法的矛盾是由于项目的使用寿命不同引起的,我们有两种解决办法:一是共同年限法,另一个是等额年金法。

一、互斥项目使用寿命相同的情况

在互斥项目使用寿命相同的情况下,我们可以直接计算出两个项目的净现值来进行比较，还可以采用差额净现值法进行择优决策。

假设有两个投资期限相同的互斥项目 A 和 B，采用差额净现值法进行决策的基本步骤如下（所有增减量均用"Δ"表示）：

首先，将两个方案的现金流量进行对比，求出各期 Δ 现金流量 = A 的现金流量 − B 的现金流量。

其次，根据各期的 Δ 现金流量，计算两个方案的 Δ 净现值。

最后，根据 Δ 净现值做出决策：如果 Δ 净现值 ≥ 0，则选择方案 A；否则，选择 B。

【例 6-1】某公司考虑用一台新的效率更高的设备来代替旧设备，以减少成本，增加收益。旧设备采用直线法计提折旧，新设备采用年数总和法计提折旧，公司的所得税税率为 25%，资本成本率为 10%，不考虑营业税的影响，新旧设备的其他资料如表 6-1 所示。试做出该公司是继续使用旧设备还是对其进行更新的决策。

表 6-1 新旧设备相关数据　　　　　　　　　　　　　　　　　　　　　单位：元

项　　目	旧设备	新设备
原价	50 000	70 000
可用年限/年	10	4
已用年限/年	6	0
尚可使用年限/年	4	4
税法规定残值	0	7 000
目前变现价值	20 000	70 000
每年可获得的收入	40 000	60 000
每年付现成本	20 000	18 000
每年折旧额：	直线法	年数总和法
第 1 年	5 000	25 200
第 2 年	5 000	18 900
第 3 年	5 000	12 600
第 4 年	5 000	6 300

（1）计算初始投资的差额现金流量。

Δ 初始投资 = 70 000 − 20 000 = 50 000（元）

（2）计算各年营业现金流量的差额，如表 6-2 所示。

表 6-2 各年营业现金流量的差额　　　　　　　　　　　　　　　　　　单位：元

项　　目	第 1 年	第 2 年	第 3 年	第 4 年
Δ 销售收入（1）	20 000	20 000	20 000	20 000
Δ 付现成本（2）	−2 000	−2 000	−2 000	−2 000
Δ 折旧额（3）	20 200	13 900	7 600	1 300
Δ 税前利润（4）=（1）−（2）−（3）	1 800	8 100	14 400	20 700
Δ 所得税（5）=（4）×25%	450	2 025	3 600	5 175
Δ 税后净利润（6）=（4）−（5）	1 350	6 075	10 800	15 525
Δ 营业现金净流量（7）=（6）+（3）=（1）−（2）−（5）	21 550	19 975	18 400	16 825

（3）计算两个方案的差额现金流量，如表 6-3 所示。

表 6-3　两个方案的差额现金流量　　　　　　　　　　　　　　单位：元

项　　目	第 0 年	第 1 年	第 2 年	第 3 年	第 4 年
△ 初始投资（1）	-50 000				
△ 营业现金流量（2）		21 550	19 975	18 400	16 825
△ 终结现金流量（3）					7 000
△ 现金流量（4）=（1）+（2）+（3）	-50 000	21 550	19 975	18 400	23 825

（4）计算差额净现值。

$$\Delta NPV = 21\,550 \times (P/F, 10\%, 1) + 19\,975 \times (P/F, 10\%, 2) +$$
$$18\,400 \times (P/F, 10\%, 3) + 23\,825 \times (P/F, 10\%, 4) - 50\,000$$
$$= 21\,550 \times 0.909\,1 + 19\,975 \times 0.826\,4 + 18\,400 \times 0.751\,3 +$$
$$23\,825 \times 0.683\,0 - 50\,000$$
$$= 16\,194.84\,（元）$$

因为该机器设备更新后，将增加净现值 16 194.84 元，故应该更新。

当然，我们也可以用两个项目的净现值来直接进行决策，其结果是一样的。

二、互斥项目使用寿命不同的情况

上面的例题中，新旧设备的使用寿命相同。多数情况下，新设备的使用年限要长于旧设备。对于使用寿命不同的项目，不能对他们的净现值、内含报酬率及现值指数进行直接比较。例如，一个项目投资 3 年创造了较少的净现值，另一个项目投资 6 年创造了较多的净现值，后者的盈利性不一定比前者好。为了使两个项目的各项指标具有可比性，要设法使其在相同的寿命期内进行比较，我们可以使用共同年限法和等额年金法。

（一）共同年限法

共同年限法的工作原理是：假设投资项目可以在终止时进行重置，将两个方案使用寿命的最小公倍数作为比较期间，并假设两个方案在这个比较期间内可以进行重复投资，再将各自多次投资的净现值进行比较。

【例 6-2】某公司考虑用一台新的效率更高的设备来代替旧设备，以减少成本，增加收益。其中，旧设备可以使用 3 年，新设备可使用 6 年。该企业的资本成本率为 10%，新旧设备的现金流量如表 6-4 所示。试做出该公司是继续使用旧设备还是对其进行更新的决策。

表 6-4　新旧设备的现金流量　　　　　　　　　　　　　　单位：万元

项　　目		旧 设 备		新 设 备	
年　份	折现系数（10%）	现金净流量	现　值	现金净流量	现　值
第 0 年	1	-17 800	-17 800	-40 000	-40 000
第 1 年	0.909 1	7 000	6 364	13 000	11 818
第 2 年	0.826 4	13 000	10 744	8 000	6 612

续表

年 份	折现系数（10%）	旧设备		新设备	
		现金净流量	现值	现金净流量	现值
第3年	0.7513	12 000	9 016	14 000	10 518
第4年	0.6830			12 000	8 196
第5年	0.6209			11 000	6 830
第6年	0.5645			15 000	8 467
净现值			8 324		12 441
内含报酬率		32.67%		19.73%	

通过计算我们发现，新设备的净现值为 12 441 万元，内含报酬率为 19.73%；旧设备的净现值为 8 324 万元，内含报酬率为 32.67%。两个指标的评价结论有矛盾，新设备净现值大，旧设备的内含报酬率高。此时，如果认为净现值法可靠，应该更新设备，其实是不对的。

我们用共同年限法进行分析：假设旧设备终止时可以进行重置一次，该项目的期限就延长到了 6 年，与新设备使用寿命相同。重置旧设备后两个项目的现金流量分布，如表 6-5 所示。

表 6-5 新旧设备的现金流量　　　　　　　　　　　　　　　　　　　　单位：元

年 份	折现系数（10%）	旧设备		重置旧设备		新设备	
		现金净流量	现值	现金净流量	现值	现金净流量	现值
第0年	1	−17 800	−17 800	−17 800	−17 800	−40 000	−40 000
第1年	0.9091	7 000	6 364	7 000	6 364	13 000	11 818
第2年	0.8264	13 000	10 744	13 000	10 744	8 000	6 612
第3年	0.7513	12 000	9 016	−5 800	−4 358	14 000	10 518
第4年	0.6830			7 000	4 781	12 000	8 196
第5年	0.6209			13 000	8 072	11 000	6 830
第6年	0.5645			12 000	6 774	15 000	8 467
净现值			8 324		14 577		12 441
内含报酬率		32.67%				19.73%	

其中，重置旧设备第 3 年年末的现金流量 −5 800 万元是重置初始投资 −17 800 万元与第一期项目第 3 年年末现金流入 12 000 万元的合计。经计算，重置旧设备的净现值为 14 577 万元。因此，继续使用旧设备优于新设备，不应该更新。

共同年限法有一个缺点，如果设备的寿命周期比较长，则一个可匹配的周期需要相当长的时间。假如一个设备可以使用 10 年，另一个设备可以使用 15 年，那么一个完整的重置周期是 10 和 15 的最小公倍数，即 30 年，计算将是非常复杂的，更主要的是预计 30 年后的现金流量并没有实际意义。

（二）等额年金法

为了避免共同年限法的复杂计算，我们也可以用等额年金法来进行决策。等额年金法的计算步骤如下：

（1）计算两个项目的净现值 NPV。

（2）计算净现值的平均净现值：$\text{ANPV} = \dfrac{\text{NPV}}{(P/A,i,n)}$。

（3）假设项目可以无限重置，并且每次都在该项目的终止期，等额年金的资本化就是项目的净现值。

【例 6-3】 仍以例 6-2 的资料为例，试用等额年金法做出决策。

解析： 旧设备的 NPV = 8 324 万元

旧设备的平均净现值 = 8 324÷（P/A，10%，3）

$\qquad\qquad\qquad$ = 8 324÷2.486 9

$\qquad\qquad\qquad$ = 3 347（万元）

旧设备的永续净现值 = 3 347÷10% = 33 470（万元）

新设备的 NPV = 12 441 万元

新设备的平均净现值 =12 441÷（P/A，10%，6）

$\qquad\qquad\qquad$ = 12 441÷4.355 3

$\qquad\qquad\qquad$ = 2 857（万元）

新设备的永续净现值 = 2 857÷10% = 28 570（万元）

其实，等额年金法的最后一步即永续净现值的计算，并非总是必要的。在资本成本相同时，平均净现值大的项目永续净现值肯定大，根据平均净现值的大小就可以直接判断项目的优劣。

三、固定资产更新决策

（一）固定资产更新决策概述

固定资产更新决策是典型的互斥项目投资问题，即对技术上或者经济上不宜继续使用的旧资产，用新的资产更换或者用先进的技术对原有设备进行局部改造。

固定资产更新决策主要研究两个问题：一个是决定是否更新，即继续使用旧资产还是更换新资产；另一个是决定选择什么样的资产来更新。实际上，这两个问题是结合在一起考虑的，如果市场上没有比现有设备更适用的设备，那么就继续使用旧设备。由于旧设备总可以通过修理继续使用，所以固定资产更新决策实际上是对继续使用旧设备与购置新设备所作出的选择。

固定资产更新决策不同于一般的投资决策。一般来说，设备更换并不改变企业的生产能力，不增加企业的现金流入，因此更新决策的现金流量主要是现金流出，即使有少量的残值变价收入，也属于支出抵减，而非实质上的流入增加。

（二）固定资产更新决策的平均年成本法

如果新固定资产与旧固定资产的未来使用年限不同，由于没有适当的现金流入，不能计算其净现值和内含报酬率，由于新旧设备的未来使用年限不同，也不能通过比较两个方案的总成本来判别方案的优劣。因此，我们应当比较其 1 年的成本，即获得 1 年的生产能力所付出的代价，据以判断方案的优劣，即通过计算新旧固定资产的平均年成本来对固定资产更新做出决策。

【例6-4】 某公司打算购买一台新机器更新原有的一台机器，新旧机器的相关资料如表 6-6 所示。已知新旧机器均采用直线法折旧，在第 6 年年末，新机器要进行大修理一次，费用为 1 800 元，该公司的所得税税率为 40%，该项目的资本成本为 12%，该公司应如何决策？

表 6-6　新旧机器资料　　　　　　　　　　　　　　单位：元

项　目	旧机器	新机器
账面价值	4 900	0
尚可使用年限 / 年	5	10
折旧年限 / 年	5	8
年折旧	900	900
年经营成本	2 500	2 400
预计残值	400	0
市场价值	3 000	7 200

对于旧机器而言，如果现在按市场价格出售，可得 3 000 元，另外，由于该机器的账面价值为 4 900 元，处理固定资产的损失为 1 900 元，可抵减当年所得税 760 元，我们把这 3 760 元作为继续使用旧机器的机会成本。

平均年成本法是把继续使用旧机器和购置新机器看成是两个互斥的方案，而不是一个更换设备的特定方案。也就是说，要有正确的"局外观"，即从局外人角度来考察：一个是用 3 760 元购置旧机器，可使用 5 年。另一个方案是用 7 200 元购置新机器，可使用 10 年，在此基础上比较各自的平均年成本，并选择其中较低者作为最优方案。继续使用旧机器和购买新机器的现金流出如表 6-7 和表 6-8 所示。

表 6-7　继续使用旧机器的现金流出　　　　　　　　单位：元

项　目	第 0 年	第 1 年	第 2 年	第 3 年	第 4 年	第 5 年
市场价值	3 000					
处理损失抵税	760					
经营成本		2 500	2 500	2 500	2 500	2 500
折旧		900	900	900	900	900
总成本		3 400	3 400	3 400	3 400	3 400
税后成本		2 040	2 040	2 040	2 040	2 040
残值						(400)
税后现金流出	3 760	1 140	1 140	1 140	1 140	740

旧机器现金流出的净现值为

$NPV = 3\,760 + 1\,140 \times (P/A, 12\%, 4) + 740 \times (P/F, 12\%, 5)$

　　　$= 3\,760 + 1\,140 \times 3.037\,3 + 740 \times 0.567\,4$

　　　$= 7\,642.5$（元）

那么，使用旧机器的平均年成本为

$$EAC = \frac{7642.5}{(P/A,12\%,5)} = 2120.1 \text{（元）}$$

表 6-8 购置新机器的现金流出   单位：元

项　目	第 0 年	第 1～5 年	第 6 年	第 7 年	第 8 年	第 9 年	第 10 年
购置成本	7 200						
营成本		2 400	2 400	2 400	2 400	2 400	2 400
折旧		900	900	900	900		
大修理			1 800				
总成本		3 300	5 100	3 300	3 300	2 400	2 400
税后成本		1 980	3 060	1 980	1 980	1 440	1 440
税后现金流出	7 200	1 080	2 160	1 080	1 080	1 440	1 440

新机器现金流出的净现值为

$$\begin{aligned} NPV =\ & 7\,200 + 1\,080 \times (P/A, 12\%, 5) + 2160 \times (P/F, 12\%, 6) + \\ & 1\,080 \times (P/F, 12\%, 7) + 1\,080 \times (P/F, 12\%, 8) + \\ & 1\,440 \times (P/F, 12\%, 9) + 1\,440 \times (P/F, 12\%, 10) \\ =\ & 7\,200 + 1\,080 \times 3.604\,8 + 2\,160 \times 0.506\,6 + 1\,080 \times 0.452\,3 + \\ & 1\,080 \times 0.403\,9 + 1\,440 \times 0.360\,6 + 1\,440 \times 0.322\,0 \\ =\ & 14\,095.1 \text{（元）} \end{aligned}$$

则新机器的平均年成本为

$$EAC = \frac{14\,095.1}{(P/A,12\%,10)} = 2\,494.6 \text{（元）}$$

由此可见，旧机器的平均年成本较低，应继续使用旧机器。

平均年成本法的假设前提是将来设备更换时，可以按原来的平均年成本找到可替换的设备。例如，旧机器 5 年后报废时，仍可找到平均年成本为 2 120.1 元的可代替设备。如果有明显证据表明，5 年后替换设备的平均年成本会高于当前更新设备的平均年成本（2 494.6 元），则需要把 5 年后更新设备的成本纳入分析范围，合并计算当前使用旧机器和 5 年后更新设备的综合平均年成本，然后与当前更新设备的平均年成本进行比较。

第二节 资本限额决策

资本限额是企业可以用于投资的资金总量有限，不能投资于所有可以接受的项目，这种情况在很多公司都存在，尤其是那些以内部融资为经营策略或外部融资受到限制的企业。在资本限额的情况下，为了使企业获得最大利益，应该选择那些使净现值最大的投资组合，可以采用两种方法——现值指数法和净现值法。

一、现值指数法步骤

第一步，计算所有投资项目的现值指数，并列出每个项目的初始投资额。

第二步，只接受 PI ≥ 1 的投资项目，如果资本限额能够满足所有可以接受的项目，则决策过程完成。

第三步，如果资本限额不能满足所有 PI ≥ 1 的投资项目，那么就对第二步进行修正。修正的过程是，对所有项目在资本限额内进行各种可能的组合，然后计算出各种可能组合的加权平均现值指数。

第四步，接受加权平均现值指数最大的投资组合。

二、净现值法步骤

第一步，计算所有投资项目的净现值，并列出每个项目的初始投资额。

第二步，只接受 NPV ≥ 0 的投资项目，如果资本限额能够满足所有可以接受的项目，则决策过程完成。

第三步，如果资本限额不能满足所有 NPV ≥ 0 的投资项目，那么就对第二步进行修正。修正的过程是，对所有项目在资本限额内进行各种可能的组合，然后计算出各种可能组合的净现值合计数。

第四步，接受净现值合计数最大的投资组合。

三、资本限额投资决策举例

【例 6-5】某公司有五个可供选择的项目 A、B、C、D、E，五个项目彼此独立，企业的初始投资限额为 400 000 元。详细情况如表 6-9 所示。

表 6-9 投资项目情况　　　　　　　　　　　　　　　　　　　　单位：元

投资项目	初始投资	现值指数 PI	净现值 NPV
A	120 000	1.56	67 000
B	150 000	1.53	79 500
C	300 000	1.37	111 000
D	125 000	1.17	21 000
E	100 000	1.18	18 000

如果该公司想选取现值指数最大的项目，那么它就选择 A、B、C；如果该公司按照每个项目净现值的大小来选取，那么它首选项目 C，另外可选择的项目只有 B。而这两种选择方法都是错误的，因为它们选择的都不是使公司投资净现值最大的项目组合。

为了选出最优的项目组合，可以用穷举法列出五个项目的所有投资组合，在其中寻找出满足资本限额要求的各种组合，并计算它们的加权平均现值指数和净现值合计，从中选出最优方案。

以上五个项目的所有投资组合共有 31 种，其中满足初始投资限制为 400 000 元条件的有 16 种，将这 16 中组合列于表 6-10，并分别计算它们的加权平均现值指数和净现值合计数。

表 6-10 16 种投资组合   单位：元

序号	项目组合	初始投资	加权平均现值指数	净现值合计	优先级排序
1	A	120 000	1.168	67 000	13
2	AB	270 000	1.367	146 500	3
3	AD	245 000	1.221	88 000	10
4	AE	220 000	1.213	85 000	11
5	ABD	395 000	1.420	167 500	1
6	ABE	370 000	1.412	164 500	2
7	ADE	345 000	1.226	106 000	7
8	B	150 000	1.199	79 500	12
9	BD	275 000	1.252	100 500	8
10	BE	250 000	1.240	97 500	9
11	BDE	375 000	1.297	118 500	5
12	C	300 000	1.278	111 000	6
13	CE	400 000	1.323	129 000	4
14	D	125 000	1.053	21 000	15
15	DE	225 000	1.098	39 000	14
16	E	100 000	1.045	18 000	16

在表 6-10 中，投资组合 ABE 有 30 000 元资金没有用完，在计算加权平均现值指数的时候，可以假设这些剩余资金不再进行投资而作为现金持有，即将这部分剩余资金的现值指数看作 1（其余项目组合也如此），则组合 ABE 的加权平均现值指数可以计算为

$$PI_{ABE} = \frac{120\ 000}{400\ 000} \times 1.56 + \frac{150\ 000}{400\ 000} \times 1.53 + \frac{100\ 000}{400\ 000} \times 1.18 + \frac{30\ 000}{400\ 000} \times 1$$
$$= 1.412$$

从表 6-10 中可以看出，用现值指数法和净现值法得到的结论一致：项目 ABD 是最优组合，其净现值为 167 500 元。

第三节 投资时机选择决策

一、投资时机选择决策

投资时机选择决策可以使决策者确定开始投资的最佳时期，例如，产品专利权的所有

者必须决定何时推出该产品比较合适。这类决策既会产生一定的效益,又会伴随相应的成本。在等待时机的过程中,公司能够得到更为充分的市场信息或更高的产品价格,或者有时间继续提高产品的性能。但是这些决策有时也会因为等待而引起时间价值的损失,以及竞争者提前进入市场的危险。另外,成本也可能会随着时间的延长而增加。如果等待时机的利益超过伴随而来的成本,那么公司应该采取等待时机的策略。

进行投资时机选择的标准仍然是净现值最大化。但由于开发时间的不同,不能将计算出来的净现值进行简单对比,而应该折算成同一个时点的现值再进行比较。

【例 6-6】 某公司有一片经济林准备采伐并加工成木材出售,该经济林的树木将随着时间的推移而更加茂密,也就是单位面积的经济价值会逐渐提高。根据预测,每年每亩树木的销售收入将提高 20%,但是采伐的付现成本每年也将增加 10%。按照公司的计划安排,可以现在采伐或者 3 年后再采伐。无论哪种方案,树林都可供采伐 4 年,需要购置的采伐及加工设备的初始成本都为 100 万元,直线法折旧 4 年,无残值,项目开始时均需垫支营运资本 20 万元,采伐结束后收回。计划每年采伐 200 亩林木,当前每亩林木可获得销售收入 1 万元,采伐每亩林木的付现成本为 0.35 万元。

有关林木采伐的基本资料如表 6-11 所示,试做出公司是现在采伐还是 3 年后采伐的决策。

表 6-11　林木采伐方案的基本资料

投资与回收		收入与成本	
固定资产投资	100 万元	年采伐量	200 亩
营运资金垫支	20 万元	当前采伐每亩收入	1 万元
固定资产残值	0 万元	当前采伐每亩付现成本	0.35 万元
固定资产直线折旧	4 年	所得税税率	25%
资金成本	10%		

1. 计算现在采伐的净现值

现在采伐的现金流量如表 6-12 所示。

表 6-12　现在采伐的现金流量　　　　　　　　　　　　　　　　单位:万元

项　目	第 0 年	第 1 年	第 2 年	第 3 年	第 4 年
固定资产投资	-100				
营运资金垫支	-20				
销售收入		200	240	288	345.6
付现成本		70	77	84.7	93.17
折旧		25	25	25	25
税前利润		105	138	178.3	227.43
所得税		26.25	34.5	44.58	56.86
税后利润		78.75	103.5	133.72	170.57
营业现金流量		103.75	128.5	158.72	195.57
营运资金回收					20
现金流量	-120	103.75	128.5	158.72	215.57

计算现在采伐的净现值:

$$NPV = 103.75 \times (P/F, 10\%, 1) + 128.5 \times (P/F, 10\%, 2) +$$
$$158.72 \times (P/F, 10\%, 3) + 215.57 \times (P/F, 10\%, 4) - 120$$
$$= 103.75 \times 0.909\,1 + 128.5 \times 0.826\,4 + 158.72 \times 0.751\,3 +$$
$$215.57 \times 0.683\,0 - 120$$
$$= 346.99 \text{（万元）}$$

2. 计算3年后采伐的净现值

3. 后采伐的现金流量（以第4年年初为起点）如表6-13所示。

表6-13　3年后采伐的现金流量　　　　　　　　　　单位：万元

项　目	第4年年初	第4年	第5年	第6年	第7年
固定资产投资	-100				
营运资金垫支	-20				
销售收入		345.6	414.72	497.66	597.2
付现成本		93.17	102.49	112.74	124.01
折旧		25	25	25	25
税前利润		227.43	287.23	359.92	448.19
所得税		56.86	71.81	89.98	112.05
税后利润		170.57	215.42	269.94	336.14
营业现金流量		195.57	240.42	294.94	361.14
营运资金回收					20
现金流量	-120	195.57	240.42	294.94	381.14

计算3年后采伐的净现值：

$$NPV = 195.57 \times (P/F, 10\%, 4) + 240.42 \times (P/F, 10\%, 5) +$$
$$294.94 \times (P/F, 10\%, 6) + 381.14 \times (P/F, 10\%, 7) -$$
$$120 \times (P/F, 10\%, 3)$$
$$= 195.57 \times 0.683\,0 + 240.42 \times 0.620\,9 + 294.94 \times 0.564\,5 +$$
$$381.14 \times 0.513\,2 - 120 \times 0.751\,3$$
$$= 554.79 \text{（万元）}$$

通过计算发现，3年后采伐的净现值大于现在采伐的净现值，所以应该在3年后再采伐。

二、投资期选择决策

所谓投资期，是指项目从开始投入至项目建成投入生产所需的时间。较短的投资期，需要在初期投入较多的人力、物力，但是后续的营业现金流量发生得比较早；较长的投资期，初始投资较少，但是由于后续的营业现金流量发生得比较晚，也会影响投资项目的净现值。所以，在可以选择的情况下，公司应该运用投资决策的分析方法，对延长或缩短投资期进行比较，以权衡利弊。

在投资期选择决策中，最常用的方法是差量分析法，采用差量分析法计算比较简单，但是不能反映不同投资期下项目的净现值。

【例6-7】某公司要进行一项投资，正常投资期为3年，每年投资200万元，3年共需要投资600万元，第4～13年每年现金流量为210万元。如果把投资期缩短为2年，每年需投资320万元，2年共投资640万元，竣工投产后的项目寿命和每年现金流量不变。资本成本为20%，假设项目终止时没有残值，不用垫支营运资金。试分析判断是否应该缩短投资期。

1. 用差量分析法进行分析

计算不同投资期的现金流量的差量如表6-14所示。

表6-14 不同投资期现金流量的差量   单位：万元

项目	第0年	第1年	第2年	第3年	第4～12年	第13年
缩短投资期的现金流量	-320	-320	0	210	210	
正常投资期的现金流量	-200	-200	-200	0	210	210
缩短投资期的Δ现金流量	-120	-120	2.0	210	0	-210

计算净现值的差量：

$\Delta NPV = -120 - 120 \times (P/F, 20\%, 1) + 200 \times (P/F, 20\%, 2) + 210 \times (P/F, 20\%, 3) - 210 \times (P/F, 20\%, 13)$

$= -120 - 120 \times 0.8333 + 200 \times 0.6944 + 210 \times 0.5787 - 210 \times 0.0935$

$= 20.78$（万元）

2. 分别计算两种方案的净现值并进行比较

采用差量分析法计算比较简单，但是不能反映不同投资期下项目的净现值到底是多少，因此也可以分别计算两种方案的净现值，然后通过比较得出结论。

计算原定投资期的净现值：

$NPV = -200 - 200 \times (P/A, 20\%, 2) + 210 \times (P/A, 20\%, 10) \times (P/F, 20\%, 3)$

$= -200 - 200 \times 1.5278 + 210 \times 4.1925 \times 0.5787$

$= 3.94$（万元）

计算缩短投资期后的净现值：

$NPV = -320 - 320 \times (P/F, 20\%, 1) + 210 \times (P/A, 20\%, 10) \times (P/F, 20\%, 2)$

$= -320 - 320 \times 0.8333 + 210 \times 4.1925 \times 0.6944$

$= 24.71$（万元）

通过计算可以发现，缩短投资期会比按照原定投资期增加净现值20.77万元，所以应该采用缩短投资期的方案。

第四节 风险投资决策

长期投资决策实际的时间较长，因而对未来收益和成本都很难进行准确预测，即投资决策都存在不同程度的不确定性或风险性。前面的分析，我们都避开了风险问题，讨论了一些确定性投资决策问题。实际上,风险是客观存在的,如何处置项目的风险是一个很复杂的问题,本节我们将讨论风险性投资决策问题。

一、风险调整贴现率法

风险调整贴现率法的基本思路是首先根据项目的风险程度来调整贴现率,对于高风险的项目,采用较高的折现率,对于低风险的项目,采用较低的折现率;然后再根据调整后的贴现率计算项目投资净现值,并根据净现值来进行项目投资决策。

$$调整后的净现值 = \sum_{t=0}^{n} \frac{预期现金流量}{(1+风险调整贴现率)^t}$$

风险调整贴现率法的关键在于对贴现率按照风险程度进行调整,其确定方法很多,比较有代表性的方法是根据资本资产定价模型来调整贴现率。其计算公式为:

风险调整贴现率 = 无风险报酬率 + 项目的 β × (市场平均报酬率 − 无风险报酬率)

【例6-8】当前的无风险报酬率为4%,市场平均报酬率为12%,某项目的 β 值为1.5,该项目的初始现金流出为40 000元,第1年年末到第5年年末的现金流入均为13 000元,计算该项目的净现值。

解析:在不考虑风险因素的情况下,该项目的净现值为

NPV = −40 000 + 13 000 × (P/A, 4%, 5) = 17 874(元)

考虑了风险因素后:

项目的风险调整贴现率 = 4% + 1.5 × (12% − 4%) = 16%

则其净现值可计算为

NPV = −40 000 + 13 000 × (P/A, 16%, 5) = 2 569(元)

调整后,净现值也有较大幅度的下降。这是因为风险调整贴现率要远远大于无风险报酬率,因此其未来有风险的现金流量的现值会大幅度降低,引起项目的净现值下降。

二、肯定当量法

在风险投资决策中,由于各年的现金流量具有不确定性,需要进行调整。肯定当量法就是把不确定的现金流量用肯定当量系数调整为确定的现金流量,然后用无风险的报酬率作为贴现率计算其肯定当量净现值,再根据净现值来进行风险项目的投资决策。

在肯定当量法下,投资项目净现值的计算公式为

$$肯定当量净现值 = \sum_{t=0}^{n} \frac{肯定当量现金流量}{(1+无风险报酬率)^t}$$

我们知道,肯定的一元比不肯定的一元更受欢迎。不肯定的一元,只相当于不足一元的金额,两者的差额,与现金流的不确定性程度的高低有关。利用肯定当量系数可以把不肯定的现金流量折算成肯定的现金流量,或者说去掉了现金流中有风险的部分,使之成为"安全"的现金流。

肯定当量系数是指不肯定的一元现金流量期望值相当于使投资者满意的肯定的金额系数，它可以把各年不肯定的现金流量换算为肯定的现金流量。肯定当量系数介于 0 和 1 之间，其计算公式为

$$\text{肯定当量系数} = \frac{\text{肯定当量现金流量}}{\text{不肯定的现金流量的期望值}}$$

经研究表明，现金流量的变异系数与其肯定当量系数之间存在着一定的关系，其关系如表 6-15 所示。对于不肯定的现金流量来说，我们可以首先判断其概率分布，计算出该现金流量的期望值和标准差，而其标准差与期望值之比即为变异系数。然后利用表 6-15 查出其相应的肯定当量系数，从而把不肯定的现金流量换算为肯定的现金流量。

表 6-15 现金流量的变异系数与其肯定当量系数对照表

变 异 系 数	肯定当量系数
0～0.07	1
0.08～0.15	0.9
0.16～0.23	0.8
0.24～0.32	0.7
0.33～0.42	0.6
0.43～0.54	0.5
0.55～0.70	0.4
……	……

【例 6-9】当前的无风险报酬率为 4%。某项目的初始现金流出为 40 000 元，第 1 年年末到第 5 年末的现金流入均为 13 000 元。假设第 1 年到第 5 年现金流量的变异系数分别为 0.1、0.2、0.3、0.4、0.5，请计算该项目调整前的净现值和调整后的净现值。

解析：调整前的净现值为：

NPV=-40 000+13 000×（P/A，4%，5）=17 874（元）

调整后的现金流量如表 6-16 所示。

表 6-16 肯定当量现金流量

年　　份	第 0 年	第 1 年	第 2 年	第 3 年	第 4 年	第 5 年
调整前的现金流量 / 元	-40 000	13 000	13 000	13 000	13 000	13 000
变异系数		0.1	0.2	0.3	0.4	0.5
肯定当量系数		0.9	0.8	0.7	0.6	0.5
肯定当量现金流量 / 元	-40 000	11 700	10 400	9 100	7 800	6 500

则调整后的净现值为

NPV = 11 700×（P/F，4%，1）+ 10 400×（P/F，4%，2）+
　　　9 100×（P/F，4%，3）+ 7 800×（P/F，4%，4）+
　　　6 500×（P/F，4%，5）-40 000
　　= 11 700×0.961 5+ 10 400×0.924 6 + 9 100×0.889 0+
　　　7 800×0.854 8 + 6 500×0.821 9-40 000
　　= 965（元）

由此可见，调整后净现值有较大幅度的下降。对于有些项目而言，用肯定当量法调整后，净现值会由正转为负，项目由可行转为不可行，这就提醒人们要充分注意项目中包含的风险。

通过对风险调整贴现率法和肯定当量法的比较，我们不难发现：风险调整贴现率法用单一的贴现率同时完成风险调整和时间调整，这种做法意味着风险随时间推移而加大，可能与事实不符，夸大远期现金流量的风险；而肯定当量系数法对时间价值和风险价值分别进行调整，先调整风险，然后把肯定现金流量用无风险报酬率进行折现，对不同年份的现金流量，可以根据风险的差别使用不同的肯定当量系数进行调整，但是如何准确、合理地确定肯定当量系数是一个比较困难的问题。

三、决策树法

我们在运用净现值法进行决策时，第一步工作就是要先估计项目的现金流量。但是，当未来的现金流量不确定时，预先估计的现金流量就会很不准确。实际上，人们总是在项目的进行过程中，不断地调整对下一阶段的现金流量的估计。当项目的现金流量包含较多的不确定因素时，就需要进行多阶段决策，此时决策树法就是一种非常好的方法。

决策树法是通过分析投资项目未来各年各种可能的净现金流量及其发生概率，并计算投资项目的期望净现值来评价风险投资的一种决策方法。决策树法考虑了投资项目未来各年现金流量之间的依存关系，为了考察投资项目未来各年各种可能的净现金流量及其发生的概率，一般以树状图的形式列示各种净现金流量的条件概率分布，并在此基础上计算项目的期望净现值。当项目的期望净现值大于零时，项目就可以被投资，否则就不能被投资。

决策树法对项目的决策步骤如下。

（1）把项目分成明确界定的几个阶段。

（2）列出每一个阶段可能发生的结果。

（3）基于当前可以得到的信息，列出每个阶段每个结果发生的概率。

（4）计算每一个结果对项目的预期现金流量的影响。

（5）根据前面阶段的结果及其对现金流量的影响，从后向前评估决策树各个阶段所采取的最佳行动。

（6）基于整个项目的预期现金流量和所有可能的结果，并考虑各个结果相应的发生概率，估算第一阶段应采取的最佳行动。

【例6-10】某公司拟投资的项目有两个备选方案A和方案B，两个方案的寿命期均为10年，生产的产品也完全相同，但投资额及年净收益均不相同。方案A的投资额为500万元，其年净收益在产品销路好时为150万元，销路差时为-50万元；方案B的投资额为300万元，其年净收益在产品销路好时为100万元，销路差时为10万元。根据市场预测，在项目寿命期内，产品销路好的可能性为70%，销路差的可能性为30%。该项目的折现率为10%。使用决策树法对该项目进行决策。

此项目中有一个决策点，两个备选方案，每个方案又面临着两种状态。由此，可画出其决策树，如图6-1所示。

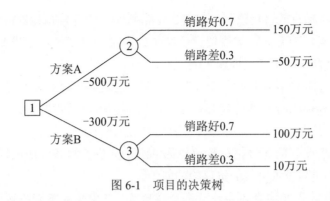

图 6-1 项目的决策树

计算各个机会点的期望净收益：

机会点②的期望净收益 = 150×（P/A，10%，10）×0.7+
　　　　　　　　　　（-50）×（P/A，10%，10）×0.3
　　　　　　　　　= 553（万元）

机会点③的期望净收益 = 100×（P/A，10%，10）×0.7+
　　　　　　　　　　10×（P/A，10%，10）×0.3
　　　　　　　　　= 448.50（万元）

计算各个备选方案净现值的期望值：

方案 A 的净现值的期望值 = 553-500 = 53（万元）

方案 B 的净现值的期望值 = 448.50-300 = 148.50（万元）

因此，应该优先选择方案 B。

四、敏感性分析

正确的投资决策是在贴现率、项目有效期、净现金流量等相关因素科学预测的前提下做出的，而这些预测是在一定的"基础状态"下进行的，如果组成"基础状态"的因素发生变动，就需要进行敏感性分析。

敏感性分析是衡量不确定性因素的变化对项目评价指标影响程度的一种分析方法，是投资项目经济评估中常用的分析不确定性的方法之一。敏感性分析法是指从众多不确定性因素中找出对投资项目经济效益指标有重要影响的敏感性因素，并分析、测算其对项目经济效益指标的影响程度和敏感性程度，进而判断项目承受风险能力的一种不确定性分析方法。如果某因素的小幅度变化能导致经济效益指标的较大变化，则称此参数为敏感性因素，反之则称其为非敏感性因素。进行敏感性分析的目的，在于使人们预见到各相关因素在多大范围内变动时，不会影响原来结论的有效性。当相关因素的变动超过一定范围时，原来的结论就不得不进行修正了。也就是说，原来认为经济上可行的方案，可能变为不可行；原来认为经济上最优的方案，可能变为不是最优的了。

对投资项目进行敏感性分析的主要步骤如下。

（1）确定敏感性分析指标，如 NPV、IRR 等。

（2）计算投资项目的目标值。一般将在正常状态下的评价指标数值作为目标值。

（3）选取不确定因素。影响投资评价结果的因素会有很多，这里要选择对项目的投资收益影响较大且自身的不确定性较大的因素。

（4）对所有选定的不确定因素分乐观、正常、悲观等情况，做出估计。

（5）计算不确定因素变动时对分析指标的影响程度。假设其它因素保持正常状态不变的条件下，变动其中一个不确定因素，估算对应的评价指标数值。

（6）以正常情况下的评价指标数值作为标准，分析其对各种影响因素的敏感程度，找出敏感因素，以提高投资项目的抗风险的能力。

【例6-11】某公司2019年准备投资一个新项目，正常情况下有关资料如表6-17所示，初始投资全部为固定资产投资，固定资产按直线法折旧，使用期为10年，期末无残值，假定公司的资本成本为10%，所得税税率为40%。

表6-17 正常情况下公司的现金流量情况　　　　　　　　　　　单位：元

项　目	第0年	第1~10年
原始投资额	−10 000	
销售收入		40 000
变动成本		30 000
固定成本（不含折旧）		4 000
折旧		1 000
税前利润		5 000
所得税		2 000
税后净利润		3 000
现金流量	−10 000	4 000

根据敏感性分析的步骤，对该项目进行敏感性分析评价。

（1）选择净现值NPV作为该项目的敏感性分析对象。

（2）计算正常情况下项目的净现值。

$$NPV = -10\ 000 + 4\ 000 \times (P/A, 10\%, 10)$$
$$= -10\ 000 + 4\ 000 \times 6.145$$
$$= 14\ 580（元）$$

（3）选取不确定因素。这些因素包括：初始投资额、年销售收入、变动成本（均为付现成本）、固定成本（不含折旧，折旧需要根据初始投资额计算）。

（4）对以上不确定因素分别在乐观情况、正常情况和悲观情况下的数值做出估计，如表6-18所示。

表6-18 NPV的敏感性分析表　　　　　　　　　　　　　　　　单位：元

影响因素	变动范围			净现值		
	悲观情况	正常情况	乐观情况	悲观情况	正常情况	乐观情况
初始投资	15 000	10 000	8 000	10 809	14 580	16 088
销售收入	30 000	40 000	50 000	−22 290	14 580	51 450

续表

影响因素	变动范围			净现值		
	悲观情况	正常情况	乐观情况	悲观情况	正常情况	乐观情况
变动成本	38 000	30 000	25 000	−14 916	14 580	33 015
固定成本	6 000	4 000	3 000	7 206	14 580	18 267

（5）计算各个因素变动时对应的净现值，如表6-18所示。

（6）以正常情况下的评价指标数值作为标准，分析其对各种影响因素的敏感程度，找出敏感因素，以提高投资项目的抗风险能力。

1）此处，我们以初始投资在悲观因素情况下的净现值为例来说明影响因素变动时净现值的计算过程。

在悲观情况下，初始投资由正常情况下的10 000元变为15 000元，因此，

$$年折旧额 = 15\,000 \div 10 = 1\,500（元）$$

其他因素仍然保持正常情况下的状态，因此，第1～10年的营业现金流量为：

$$(40\,000 - 30\,000 - 4\,000 - 1\,500) \times (1 - 40\%) + 1\,500 = 4\,200（元）$$

$$NPV = -15\,000 + 4\,200 \times (P/A, 10\%, 10) = 10\,809（元）$$

2）这里假设公司的其他项目处于盈利状态，意味着在此项目上的亏损可用于抵扣其他项目的利润，从而产生节税效应，节税金额看作是该项目现金流入的一部分。当公司在悲观情况下的年销售收入为30 000元时：

$$年息税前利润\ EBIT = 30\,000 - 30\,000 - 4\,000 - 1\,000 = -5\,000（元）$$

$$年节税金额 = 5\,000 \times 40\% = 2\,000（元）$$

$$税后净利润 = -5\,000 + 2\,000 = -3\,000（元）$$

$$营业现金流量 = -3\,000 + 1\,000 = -2\,000（元）$$

$$NPV = -10\,000 - 2\,000 \times (P/A, 10\%, 10) = -22\,290（元）$$

最后，结合表6-18，分析净现值对各种因素的敏感性，并对投资项目做出评价如下。

首先，净现值对每年销售收入的变化十分敏感。当年销售收入从40 000元下降到30 000元时，净现值由14 580元降到−22 290元；而当年销售收入从40 000元增加到50 000元时，净现值由14 580元增加到51 450元。也就是说，如果销售收入减少10 000元，项目就是失去了投资价值，如果这种情况出现的可能性较大，就应该考虑放弃该项目。

其次，净现值对变动成本的变化也比较敏感，相对来说，净现值对初始投资和固定成本的变化不太敏感，无论初始投资和固定成本变高还是变低，净现值都大于零，这说明，即使出现悲观情况，项目仍然可以投资。

不管是乐观估计还是悲观估计，都是人们的主观估计，因此可能会存在过分乐观估计悲观状态的情形，如果项目在所有的悲观状态下净现值都是正值，那么经理就会误认为该项目无论怎样都不会亏损，这实际上会加重"安全错觉"。为避免这种情形出现，有些公司并没有主观地对悲观估计和乐观估计进行预测，而是把各个变量的悲观估计简单地假定为正常估计的某个百分比，如低于正常状态的20%。然而，这种试图改进敏感性分析有效

性的方法并不灵验，因为用同一固定百分比的偏离来确定所有变量的悲观估计，似乎很客观，但忽略了一个事实，即某些变量比其他变量更易于预测，而且所有变量在悲观状态下偏离正常状态的幅度并不会完全一样。

敏感性分析可以测量各种不确定性因素变动对投资方案效益的影响范围，有利于决策者了解投资方案的风险根源和风险程度；可以从各种不确定性因素中寻找出最敏感的因素，使评估人员将注意力集中于这些关键因素；在多方案比较中，运用敏感性分析可以进行投资方案的优选。但敏感性分析方法也存在一些不足，如敏感性分析关于乐观和悲观的估计在一定程度上带有主观性；敏感性分析没有考虑各种不确定性因素在未来发生变动的概率分布情况，从而影响风险分析的准确性。比如说项目评价标准对某些因素十分敏感，这些因素发生变动的可能性却很小；相反，一些不太敏感的因素发生变动的可能性却很大，也会对决策指标产生重要影响。另外，敏感性分析孤立地处理每一个影响因素的变化，有时也会与实际不符，事实上，许多影响因素都是相互关联的。

第五节　通货膨胀条件下的投资决策

通货膨胀是经济生活中的一个客观存在，通货膨胀的存在不仅会导致利率的不确定性，而且会增加预期现金流量的不确定性，从而使得投资项目的风险增加，因此，在进行投资项目决策时应考虑通货膨胀的影响。

通货膨胀对项目的未来现金流量的估计和利率都会产生影响，在对投资项目进行决策分析时，两者或者都需要考虑通货膨胀因素或者都不考虑通货膨胀因素。当一项估计包括了通货膨胀因素时，称为名义量；当它不包括通货膨胀因素时，称为实际量。只有各部分全部以名义值或者全部以实际值来表示，才能做到计量口径的不一致。也就是说，名义现金流量要用名义利率来折现，实际现金流量要用实际利率来折现。

一、通货膨胀对利率的影响

当发生通货膨胀时，存在着两个利率：一个是名义利率，另一个是实际利率。
名义利率和实际利率之间的关系是：
$$1+名义利率=(1+实际利率)\times(1+通货膨胀率)$$
整理后可以得到
$$实际利率=\frac{1+名义利率}{1+通货膨胀率}-1$$
当通货膨胀率较低时，上式也可近似表示为
$$实际利率\approx名义利率-通货膨胀率$$
假定银行一年期存款利率为10%，这意味着今天存入1 000元，一年后将得到1 100元，但如果发生 6% 的通货膨胀，物价将上涨 6%，该存款带来的实际收益将会大打折扣，其实际利率为 3.8%，约等于 4%。

二、通货膨胀对现金流量的影响

和利率一样，当存在通货膨胀时，现金流量也有名义现金流量和实际现金流量之分。一般情况下，项目的营业收入、付现成本等可以是根据不变购买力水平估测出来的实际值，也可以是随着通货膨胀变化的名义值。而每年的折旧是按照设备的历史成本和约定折旧方法计算出来的，也即是说，每年的折旧额预先已经固定，它是一个名义量。所以，在求净现值的时候，一定要将折旧和其他的现金流量统一用名义值表示，然后用名义利率进行折现；或者统一用实际值表示，然后用实际利率折现。

在预期每年通货膨胀率相同的情况下，名义现金流量与实际现金流量之间的关系为

$$\text{第}n\text{期的实际现金流量} = \frac{\text{第}n\text{期的名义现金流量}}{(1+\text{通货膨胀率})^n}$$

例如，某出版商用 200 万元购买了一套印刷设备，该设备将以直线折旧法在 5 年内提取折旧，即每年的折旧费为 40 万元。那么，这 40 万元的折旧费是名义量还是实际量呢？

很显然，折旧是一种名义量，因为在以后的 4 年内，都是按照 40 万元来提取折旧，而不考虑物价上涨因素。假设通货膨胀率为 6%，第 4 年的折旧额如果用第 0 年的不变价格来表示的话，就是

$$\frac{40}{(1+6\%)^4} = 31.68 \text{（万元）}$$

因此，我们说，第 4 年折旧的名义量为 40 万元，而其实际量为 31.68 万元。

三、通货膨胀情况下的投资决策

我们前面介绍了当存在通货膨胀时，名义利率与实际利率，以及名义现金流量与实际现金流量之间的关系，那么，当我们用净现值法进行投资决策时，就应该做到在现金流量和贴现率之间保持一致。

【例 6-12】某公司正在考虑投资一个项目，该项目的初始投资额为 100 000 元，项目寿命期为 4 年，期末无残值，采用直线法折旧，所以每年的折旧额为 25 000 元。按照不变的购买力水平估算，这台机器每年可以为公司带来营业收入 80 000 元，每年的付现成本是 30 000 元。假定公司的所得税税率为 40%，与该项目适应的贴现率为 10%。但该公司的财务人员认为，在未来 4 年内，预计将会每年发生 8% 的通货膨胀。请就该项目做出投资决策。

1. 按实际值计算净现值

在按实际值计算该项目的净现值的时候，收入和付现成本按照不变的购买力水平计算，但折旧是按照历史成本计算的，并不会因为通货膨胀而增加，折旧额本身就是一个名义量，需要转换成实际值。

$$第1年折旧的实际现金流量 = \frac{25\,000}{1.08} = 23\,148 \text{（元）}$$

$$第2年折旧的实际现金流量 = \frac{25\,000}{1.08^2} = 21\,433 \text{（元）}$$

$$第3年折旧的实际现金流量 = \frac{25\,000}{1.08^3} = 19\,846 \text{（元）}$$

$$第4年折旧的实际现金流量 = \frac{25\,000}{1.08^4} = 18\,376 \text{（元）}$$

然后，按实际值计算该项目的净现金流量，如表6-19所示。

表6-19 按实际值计算的现金流量　　　　　　　　　　　　　　　单位：元

项　目	第0年	第1年	第2年	第3年	第4年
初始投资	-100 000				
营业收入		80 000	80 000	80 000	80 000
付现成本		30 000	30 000	30 000	30 000
折旧		23 148	21 433	19 846	18 376
税前利润		26 852	28 567	30 154	31 624
所得税		10 741	11 427	12 062	12 650
税后利润		16 111	17 140	18 092	18 974
营业现金流量		39 259	38 573	37 938	37 350
净现金流量	-100 000	39 259	38 573	37 938	37 350

最后，以实际资金成本10%为贴现率计算净现值。

NPV = -100 000 + 39 259×（P/F，10%，1）+ 38 573×（P/F，10%，2）+
　　　37 938×（P/F，10%，3）+ 37 350×（P/F，10%，4）
　　= 21 582.4（元）

2. 按名义值计算净现值

首先，将各年的营业收入和付现成本转换成名义值。

第1年营业收入的名义值 = 80 000×1.08 = 86 400（元）
第2年营业收入的名义值 = 80 000×1.08^2 = 93 312（元）
第3年营业收入的名义值 = 80 000×1.08^3 = 100 777（元）
第4年营业收入的名义值 = 80 000×1.08^4 = 108 840（元）

同理可以计算出第1~4年的付现成本的名义值分别是32 400元、34 992元、37 791元和40 815元。

然后，计算项目各年的净现金流量，如表6-20所示。

表6-20 按名义值计算的现金流量　　　　　　　　　　　　　　　单位：元

项　目	第0年	第1年	第2年	第3年	第4年
初始投资	-100 000				

续表

项　目	第0年	第1年	第2年	第3年	第4年
营业收入		86 400	93 312	100 777	108 840
付现成本		32 400	34 992	37 791	40 815
折旧		25 000	25 000	25 000	25 000
税前利润		29 000	33 320	37 986	43 025
所得税		11 600	13 328	15 194	17 210
税后利润		17 400	19 992	22 792	25 815
营业现金流量		42 400	44 992	47 792	50 815
净现金流量	-100 000	42 400	44 992	47 792	50 815

最后，以名义资金成本为贴现率计算净现值。

名义资金成本 =（1+10%）×（1+8%）-1 = 18.8%

NPV = -100 000 + 42 400×（P/F，18.8%，1）+ 44 992×（P/F，18.8%，2）+
　　　47 792×（P/F，18.8%，3）+ 50 815×（P/F，18.8%，4）
　　= 21 584（元）

由此可见，不管是用名义现金流量和名义利率进行贴现还是用实际现金流量和实际利率进行贴现，其净现值是一样的。由于净现值大于零，所以应该投资新项目。

思 考 题

1. 在对互斥方案进行投资决策时，应注意哪些问题？
2. 在固定资产的更新决策中，为什么需要比较各方案的平均年成本？
3. 通货膨胀条件下，应如何进行投资决策？
4. 在进行投资决策时，应如何处理现金流量中包含的不确定性？
5. 什么是投资决策的决策树法？
6. 什么是敏感性分析？其重要性体现在哪里？
7. 通货膨胀会从哪些方面影响企业的投资决策？

练 习 题

1. 某公司拟对正在使用的一台旧设备予以更新，新旧设备均采用直线法计提折旧，新旧设备的相关资料如表6-21所示，该公司的所得税税率为25%，要求的最低收益率为10%。

要求：做出公司是继续使用旧设备还是对其进行更新的决策。

表6-21　新旧设备的资料　　　　　　　　　　　　　　　　　　　　单位：万元

项　目	使用旧设备	购置新设备
原值/万元	5 000	6 000
预计使用年限/年	8	8

续表

项　　目	使用旧设备	购置新设备
已用年限/年	4	0
尚可使用年限/年	4	8
税法残值/万元	500	600
最终报废残值/万元	450	750
目前变现价值/万元	2 000	6 000
年折旧/万元	562.5	675
年付现成本/万元	2 500	1 800

2. 某公司现有 6 个项目可供选择，但该公司今年制定的投资限额为 1 000 000 元。假设这 6 个项目是互相独立的，相关资料如表 6-22 所示。

要求：为 B 公司做出投资决策。

表 6-22　项目的投资额和净现值　　　　　　　　　　　　　　　　　单位：元

项　　目	投　资　额	净　现　值
A	500 000	105 000
B	150 000	-7 500
C	350 000	70 000
D	450 000	81 000
E	200 000	40 000
F	400 000	20 000

3. 某公司有甲、乙、丙三个投资项目，投资支出分别为 100 000 元、350 000 元和 12 000 元，每一项目的经济寿命均为 5 年，每年净现金流量如表 6-23 所示。该企业无风险条件下的投资报酬率为 5%，而甲、乙、丙三个项目属于风险投资，风险溢价分别为 2%、10% 和 15%。

要求：用风险调整贴现率法对甲、乙、丙三个投资项目的可行性做出评价。

表 6-23　项目的净现金流量　　　　　　　　　　　　　　　　　　　单位：元

项目＼年份	第1年	第2年	第3年	第4年	第5年
甲	20 000	25 000	28 000	33 000	40 000
乙	80 000	95 000	100 000	80 000	90 000
丙	3 000	3 000	4 000	5 000	4 500

4. 某公司准备进行一项投资，其各年的净现金流量和分析人员确定的肯定当量系数如表 6-24 所示，该公司的资金成本是 10%。

表 6-24　净现金流量及约当系数　　　　　　　　　　　　　　　　　单位：元

年　份	第0年	第1年	第2年	第3年	第4年
净现金流量	-20 000	6 000	7 000	8 000	9 000
约当系数	1	0.95	0.9	0.8	0.8

要求：用肯定当量法分析该项目的可行性。

5. 某公司正在评估一项投资，该投资购置生产设备需 96 万元，使用年限为 6 年，采用直线法计提折旧，到期账面无余额，无残值收入。每年产品销售量为 15 万件，单价 19.95 元，单位变动成本为 12 元。每年的固定成本（不包括折旧）为 75 万元，所得税率为 25%，投资报酬率为 12%。

要求：（1）计算该投资项目的净现值。

（2）假设当市场繁荣时，销售量会增加 1 万件，市场衰退时，销售量会减少 1 万件，请对销售量对净现值的影响做敏感性分析。

6. 某公司投资生产 A 产品，购置机器成本为 50 万元，预计寿命为 5 年，设备采用直线折旧法计提折旧，期末无残值。该生产线投资后，每年生产 2 万件 A 产品，每件产品的单位变动成本为 10 元，固定成本总额（不包括折旧）每年为 60 万元。公司所得税率为 25%，项目资本成本为 15%。

要求：（1）如要达到会计盈亏平衡点，A 产品的售价应为多少？

（2）如要达到财务的盈亏平衡点，A 产品的售价应为多少？

7. 某公司准备投资购买一项检测设备，该设备售价为 6 万元，寿命为 5 年，预期每年可减少人工检测成本 2 万元，期末无残值，采用直线法折旧，该公司的所得税率为 25%，资本成本为 15%。

要求：（1）用净现值法评价该项目的可行性。

（2）如果预计从第 1 年末开始将发生 6% 的通货膨胀，则该设备节约的人工成本将会每年增加 6%，即第 1 年为 2 万元，第 2 年为 21 200 元，以此类推，那么，该项目的净现值是多少？试评价该项目的可行性。

美多印刷公司的固定资产更新决策

第七章
流动资产投资管理

本章导读

从前,有三个贫穷的人。一个理发师、一个裁缝,还有一个鞋匠。

清晨起来,店铺开张了,但是他们三个人的小店生意冷清。因为顾客们看到他们凌乱的头发和胡子、满是皱纹的皮鞋,还有破了洞的衣服,觉得很邋遢,于是连进来坐一下都不肯。

正午的阳光下,三个人各自蹲在门铺前发愁。各自心想:手里只剩下2块钱,晚上一家老小的伙食费都不够,怎么办?

还是理发师聪明。他先拿出一块钱到了裁缝铺,把衣服补好,熨得笔挺;再拿出一块钱,到了鞋匠那里,鞋匠精心的为他把鞋子擦得锃亮。收拾完毕,理发师站在了自己的店铺门口,顾客们看到这么精神抖擞并且干干净净的小伙子,都到这里来剪发。虽然他花了2块钱,但是开张营业了。

裁缝和鞋匠看到后,十分羡慕。于是裁缝先到理发师那里花一块钱理了发;然后去鞋匠处又花了剩下的一块钱,把皮鞋擦亮。收拾完毕,顾客们也陆续地上门了。

鞋匠看到他们都开张了,终于决定如法炮制,先去理发师那里花了一块钱把自己的头发弄利落,又到裁缝铺花了一块钱补好了衣服。终于顾客也来光顾了。傍晚时分,三个人凑在一起聊天,发现每个人手里都有5块钱,但是新顾客只来了3位。这是怎么回事呢?三个人左思右想,突然间明白了,每个人原本手里有的2块钱在三个人之间转了一圈又回到了各自的口袋里。

这就是资金流动的神奇力量。企业经营过程中同样离不开现金,如果没有这些现金,可想而知公司的经营将会变得多么糟糕,流动资金为什么重要,因为它每周转一次都能产生营业收入和利润,所以,我们可以认为流动资金就是公司利益的创造者。

资料来源:风鸣. 鞋匠、裁缝、理发师 [J]. 启迪与智慧: 2014(7):1.

流动资产是指在一年以内或超过一年的一个营业周期内变现或运用的资产。流动资产是企业资产的重要组成部分,是企业最具活力的资产。按照实物形态进行划分,流动资产包括库存现金、交易性金融资产、应收及预付账款和存货等形式。流动资产投资的主要目的仍然是实现股东财富的最大化,但由于流动资产的投资是一个周而复始的不断循环过程,因此对于流动资产投资评价的主要方法是以最低的投资成本满足企业正常生产经营周转的需要。

第一节 现金与短期金融资产管理

一、现金及现金管理的目的

（一）现金的定义

现金的定义有狭义与广义之分。狭义的现金仅指库存现金，即人民币现金和外币现金，而广义的现金除了库存现金外，还包括各种可以随时转换成现金的现金等价物，如银行存款、银行本票、银行汇票及有价证券等货币性资产。

企业的现金除极少数以流通中的货币形态持有外，大部分以活期存款的形态持有。有价证券是指能自由转让的公司股票、公司债券以及各级政府发行的公债。这里的有价证券仅指短期有价证券，包括国库券、大额可转让定期存单、商业汇票等，企业持有短期有价证券的目的是为了获取短期投资收益。所以，对企业来讲，这种短期性质的有价证券实际是一种货币性资产，可以随时在金融市场上变现。

（二）企业持有现金的动机

企业持有现金的直接报酬率几乎为零，在通货膨胀的情况下，其实际报酬率甚至为负。企业之所以持有现金，其动机主要有如下三个方面。

1. 交易性动机

交易性动机是指持有现金以便满足日常支付的需要，如用于购买材料、支付工资、缴纳税款、支付股利等。由于企业的现金流入与流出在时间上、数量上不可能完全保持一致，通常会产生一定程度的差异。有时候现金流入大于流出，形成现金置存；有时候现金流出大于现金流入，需要借入现金，这就要求企业保持一定数量的现金余额以满足日常生产经营活动的要求。一般来说，企业日常生产经营活动所产生的现金流入和流出以及它们的差额同其销售量呈正比例变化，因此交易所需现金的数量取决于其销售水平；而其他的现金收支，如买卖有价证券、购入机器设备、偿还借款等，虽较难预测，但随着销售数量的增长，均有增加的倾向。

2. 预防性动机

预防性动机是指企业为预防意外事件或紧急情况而需要持有的现金。在企业生产经营过程中，会有许多意外事件影响企业现金的收入和支出，使得企业对未来的现金流入量和流出量难以做出准确的预测和估计。如地震、水灾、火灾等自然灾害，生产事故，主要客户未能及时付款等，均会打乱企业的现金收支计划，从而出现现金收支的不平衡。持有较多的现金，可使企业更好地应付这些意外的发生。预防性动机所需现金的数量取决于以下三个因素：①现金收支预测的可靠程度；②企业临时借款的能力；③企业愿意承担的风险程度。

3. 投机性动机

投机性动机是指企业为把握市场上稍纵即逝的投资机会进行投机获利而需要持有的现金。比如在证券价格大幅度跌落时买入合适的有价证券，等待证券价格反弹时再出售，从中获取投资收益。投机性动机所需要的现金数量必须是在不影响企业日常生产经营需要为前提下进行的，因此，企业在确定现金余额时，投机性动机并不是其最主要的因素。

（三）现金管理的目的

现金管理的主要目的是在现金资产的流动性与收益性之间进行权衡，做到保证企业日常生产经营需要的同时，提高现金的使用效率，增加企业的收益。尽管现金的流动性最强，但其收益性也最差，出于交易、预防、投机等原因的需要，企业必须持有一定数量的现金余额，如果企业缺乏必要的现金，企业的日常生产经营将得不到有效的保证，企业可能会因此蒙受巨大损失。但如果企业持有过多的现金，企业的日常生产经营除了可以得到有效保证外，仍有大量的现金闲置未投入使用，现金的闲置一方面降低了其资金的使用效率，另一方面闲置的现金不能给企业带来任何的收益，同样会给企业造成损失。因此，现金管理应做到既保证企业生产经营所需现金，降低风险，又不使企业产生过多的闲置现金，增加企业的收益。

二、现金管理的成本

企业持有一定数量的现金，就需要对其进行有效的管理，相应地会产生一定的成本，现金管理的成本通常有以下几项。

（一）机会成本

机会成本就是指由于选择一个方案而必须放弃另外一个方案，所放弃方案的收益就是选用方案的成本。企业只要持有了现金就不能进行其他的投资，因此现金的机会成本是指由于持有一定数量现金而丧失投资机会的投资收益，一般以有价证券的利息率来衡量。由于持有现金所放弃的投资机会和投资收益就是持有现金的机会成本，因此现金机会成本也叫持有成本。很显然，企业持有的现金数量越多，其所丧失的投资收益也就越大，因此现金的机会成本与其持有量成正比。

（二）短缺成本

企业如果持有的现金数量不够，可能会给企业带来各种各样的损失。短缺成本是指由于缺少必要的现金持有量，以及无法及时通过有价证券的变现加以补充而给企业造成的无法满足其日常生产经营活动所造成的经济损失。例如，由于缺乏现金不能按时支付材料款而被迫停工待料所蒙受的经济上的损失，以及由于停工待料给企业信誉方面所造成的损失；再如由于缺乏现金支付能力而无法享受到现金折扣等。很显然，企业持有的现金数量越少，现金短缺的可能性越大，其短缺成本也越大，因此，现金的短缺成本与现金持有量成反比关系。

（三）转换成本

企业在日常生产经营过程中，可能会出现现金的多余或短缺，当现金出现多余时，企业需要将现金转化成有价证券；当现金出现短缺时，需要将有价证券转换成现金及时变现，以满足企业所需，在转换过程中就会发生相应的成本。转换成本是指企业用现金购入有价证券以及将有价证券转换成现金时付出的交易费，如委托买卖的佣金、手续费、证券过户费等。转换成本与证券交易的次数成正比，与现金持有量成反比。在现金需要量既定的前提下，现金持有量越少，有价证券变现的次数就越多，其转换成本也就越大；反之，现金持有量越大，有价证券变现的次数就越少，其转换成本也就越小。

（四）管理成本

企业持有现金就需要对其进行相应的管理，现金管理成本是指由于企业持有一定数量的现金而产生的各项管理费用，如现金管理人员的工资、必要的安全措施费等。现金管理成本在一定范围内与企业现金持有量的多少关系不大，一般属于固定成本。

三、最佳现金持有量的确定

现金管理的关键在于如何有效管理现金的收入与支出，保证企业生产经营的有序运作，同时如何将多余的现金进行合理投资，进而获取适当的收益。现金持有过多，会使企业机会成本上升，盈利水平下降，而现金持有太少，又可能出现现金短缺，影响生产经营，因此有必要确定一个最佳现金持有量，使企业的收益最大，风险最小。

（一）确定最佳现金持有量应考虑的因素

企业根据自身发展状况确定合理的现金持有量格外重要，充分考虑自身的财务特征，确定合理的现金持有量应重点关注下列十大因素。

（1）企业的日常现金流量规模。现金流量是企业持有现金的来源，对现金流量较大的企业来说，日常现金流量可以充分地满足营运和投资需要，其面临财务困境和放弃有价值投资机会的风险较低，因此持有现金的水平一般较低。

（2）现金流量的不确定性。由于市场行情和其他不确定因素的存在，企业通常对未来现金流入量和流出量很难做出准确的估计和预测，现金流量的不确定性增加了企业面临现金短缺的风险。因此，预期现金流量的不确定性程度较高的公司应持有较多的现金。

（3）投资机会。如果企业未来的投资机会多，因现金短缺不得不放弃有价值的投资项目的机会成本很高。这就意味着投资机会越多的企业应持有更多的现金，以免失去有利可图的投资机会。

（4）筹集外部资金的成本。一般来讲，已经进入到公开资本市场融资的企业筹集外部资金的成本低，能更容易筹集到外部资金，从而企业可以持有更少的现金。同时，融资成本低往往表示企业融资能力强，融资能力较强的企业可持有较少的现金。

（5）现金替代物。当企业现金短缺时，流动资产特别是其中的速动资产可以作为现金的替代物,迅速转换成现金,补充企业现金储备。因此,流动资产较多的企业一般现金持有量较低。

(6)财务杠杆。由于刚性的债务偿还计划对企业的财务压力较大,高财务杠杆的存在增加了企业破产的可能性,为降低企业破产的可能性,高财务杠杆的企业应持有较多的现金。但高财务杠杆也可能是由于企业的投资需求大于留存收益,使其债务融资额上升,此时现金持有量较少。而当投资需求小于留存收益时,债务融资额下降,现金持有量可相应提高。

(7)债务期限结构。过多依赖于短期债务的企业必须对它们的借款合同进行周期性的重新谈判,大多数债务契约都会严格规定续借的最高限额,增加了企业陷入财务困境的风险。为避免陷入财务困境,企业应该持有较多的现金。

(8)银行债务比重。相比其他融资方式,银行债务更容易进行重新谈判,实施债务展期,或者采用其他方式的银行债务替代,从而为企业提供财务弹性。因此,如果银行债务在企业负债中占有较大比重,企业就可以相应减少现金持有量。

(9)企业规模与经营时间。大规模企业的外部融资成本相对较低,而且规模大的企业可通过出售部分非核心资产获取现金流量,降低发生财务困境的可能性,即相应减少现金持有量。所以公司经营时间越长,公司规模越大,其现金持有量就会相应降低。

(10)股利支付水平。一方面,预期支付股利的公司有更大的灵活性通过减少它的股利来获得低成本的资金,所以这些公司比没有支付股利的公司持有更少的现金。另一方面,支付股利的公司也有可能比未支付股利持有更多的现金,以避免在需要支付股利时发生现金短缺。

(二)确定最佳现金持有量的方法

确定最佳现金持有量的方法有很多,这里择要介绍几种常用方法。

1. 现金周转模式

现金周转模式是从现金周转的角度出发,根据现金的周转速度来确定最佳现金持有量的一种方法。现金周转期是指从现金投入生产经营开始,到最终转化为现金的过程,它主要包括如下三个方面:①存货周转期,指用现金购买原材料,将原材料转化成产成品并出售所需要的时间;②应收账款周转期,指将销售过程中未收回的款项转换成现金所需要的时间;③应付账款周转期,指从收到尚未付款的材料开始,到最后现金支付所需要的时间。

上述三个方面与现金周转期之间的关系,如图7-1所示。

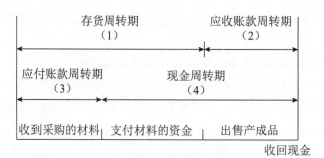

图7-1 现金周转期

根据图 7-1 所示，现金周转期可用下列算式表示：

$$现金周转期 = 存货周转期 + 应收账款周转期 - 应付账款周转期$$

现金周转期确定后，便可确定最佳的现金持有量。

其计算公式如下：

$$最佳现金持有量 = （企业年现金需求总额 / 360）\times 现金周转期$$

【例 7-1】某企业预计存货周转期为 70 天，应收账款周转期为 20 天，应付账款周转期为 30 天，预计全年需要现金 3 000 万元，求最佳现金持有量。

解析：

$$现金周转期 = 70 + 20 - 30 = 60（天）$$
$$现金周转率 = 360 / 60 = 6（次）$$
$$最佳现金持有量 = 3\,000 / 6 = 500（万元）$$

现金周转模式简单明了，易于计算。但这种方法假设材料采购与产品销售产生的现金流量在数量上一致，企业的生产经营过程在一年中持续稳定地进行，即现金需求和现金供应不存在不确定因素。如果以上条件不满足，则求得的最佳现金持有量将发生偏差。

2. 存货模式

存货模式是根据存货管理中最佳经济订货批量基本模型的原理所确定的最佳现金持有数量。该模式认为，公司最佳现金持有量在很多方面与存货具有相似性。因此，假设公司所需现金总量是稳定并且可以预测的；公司经营中的现金支出比例均衡，波动不大；而且现金与有价证券之间的转换是畅通的，企业现金短缺时可以通过转换一部分有价证券获得，如图 7-2 所示。

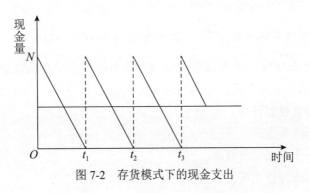

图 7-2 存货模式下的现金支出

在图 7-2 中，假定公司的现金支出需要在某一时间内是稳定的。公司最初持有的现金量为 N，当该笔现金在 t_1 时用完后，通过出售有价证券补充现金至 N，该笔现金到 t_2 时再次用完后，通过出售有价证券进一步补充现金，如此不断重复。

存货模式的目的也是使企业持有现金的相关总成本最低。在该模式中，由于管理成本在一定范围内与现金的持有量无关，被视为无关成本；另外由于现金的需求总量稳定且是可以预测的，而且企业一旦缺少现金，可以随时通过有价证券的转换获得，企业不存在现金短缺的可能性，因此现金的短缺成本也被视为与决策无关的成本。在存货模型中，与现金持有量相关的成本只有机会成本和转换成本，使这两项相关总成本最低的现金持有数量就是最佳现金持有量。如果企业现金持有量增多，其机会成本会增加，但转换成本可以减少；反之，如果现金持有量减少，其机会成本会下降，但转换成本却上升。存货模型的机会成本、转换成本与总成本之间的关系如图7-3所示：由于机会成本与转换成本两者之间的此消彼长关系，要求企业对现金与有价证券之间确定一个最佳比例，使机会成本与转换成本之和达到最低。

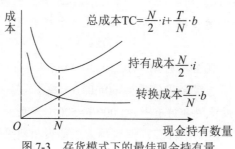

图7-3 存货模式下的最佳现金持有量

其中，TC 为总成本；T 为特定时间内的现金需求总额；b 为现金与有价证券的转换成本；N 为理想的现金转换数量（最佳现金持有量）；i 为短期有价证券利息率（机会成本）。则有

$$TC = \frac{N}{2} \cdot i + \frac{T}{N} \cdot b$$

转换成数学中的求极值问题，对 TC 求一阶导数，然后令一阶导数等于 0，求出极值 N。

$$TC' = \left(\frac{N}{2} \cdot i + \frac{Tb}{N}\right)' = \frac{i}{2} - \frac{Tb}{N^2} = 0$$

所以，最佳现金持有量 $N = \sqrt{\dfrac{2Tb}{i}}$，其相关总成本 $TC = \sqrt{2Tbi}$。

【例7-2】某企业预计一个月经营所需现金2 000万元，企业现金支出过程较稳定，故准备用短期有价证券变现取得，平均每次证券固定变现费用为500元，证券的市场年利率为6%，试运用存货模型计算：

（1）最佳现金持有量。
（2）最佳现金管理相关总成本。
（3）有价证券的转换次数。

解析：（1）最佳现金持有量 $N = \sqrt{\dfrac{2 \times 2\,000 \times 0.05}{6\% \div 12}} = 200$（万元）

（2）最低现金持有成本 $TC = \sqrt{2 \times 2\,000 \times 0.05 \times \dfrac{6\%}{12}} = 1$（万元）

（3）一个月内最佳变现次数 =2 000/200=10（次）

存货模式可以精确地测算出最佳现金持有量和变现次数，展现出现金管理中基本的成本结构，它对加强企业的现金管理有一定的作用。但是，这种模式以货币支出均匀发生、现金持有成本与转换成本易于预测为前提条件。因此，只有在上述因素比较确定的情况下才能用此方法。

3. 成本分析模式

成本分析模式是指通过对企业持有现金的机会成本、短缺成本和管理成本进行比较分析，使这三项总成本之和最低时的现金持有量便是企业的最佳现金持有量。在成本分析模式中，不考虑现金的转换成本，只考虑机会成本、短缺成本、管理成本这三项相关成本。而在这三项成本中，管理成本属于固定成本，与现金持有量不存在明显的线性关系，机会成本与现金持有量成正比，短缺成本与现金持有量成反比，这些成本与现金持有量之间的关系如图 7-4 所示。

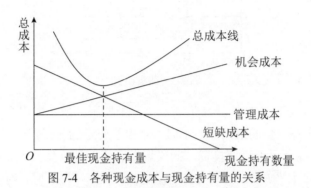

图 7-4　各种现金成本与现金持有量的关系

从图 7-4 可以看出，由于机会成本与短缺成本呈反方向变化，使得总成本呈一个向上开口的抛物线状，在抛物线的最底端就是总成本最低处，此时的现金持有数量为最佳现金持有量。这种方法所预测出的最佳现金持有量通常并不是很准确，它取决于管理人员对于各项成本预测的准确度，尤其是对于短缺成本估计的准确性。

【例 7-3】某企业根据市场资金供应情况预计其每期现金持有量可能为 600～1 000 万元。现有以下五种现金持有方案，根据测算企业的投资报酬率为 10%，现金持有管理成本为 15 万元。根据历史资料测算企业各种现金持有情况下，现金的短缺成本如下。各项持有成本如表 7-1 所示。

表 7-1　不同现金持有量方案的成本表　　　　　　　　　　　　单位：万元

项目	具体方案				
	1	2	3	4	5
现金持有量	600	700	800	900	1 000
机会成本	60	70	80	90	100
短缺成本	100	50	20	5	0
管理成本	15	15	15	15	15
总成本	175	135	115	110	115

通过对上述各方案总成本进行比较，便可发现第 4 个方案即现金持有量为 900 万元时，持有成本的总额最低，所以按照该方法所确定企业的最佳现金持有量应为 900 万元。

4. 随机模型

随机模型又称为米勒 - 奥尔模型（Miller-Orr model），该模型是在现金需求量难以准确预测的情况下，运用控制理论来确定最佳现金持有量。存货模型假设企业经营过程中现金支出量是均匀发生的,但事实上现金的需求量通常很难准确估计,故随机模型即假定企业现金需求量是随机的,无法准确预测,但是可以根据历史经验和现实需要,确定一个现金持有量的控制区域,如图7-5所示。

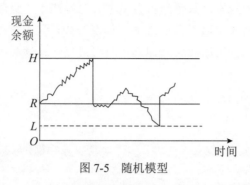

图7-5 随机模型

随机模型的基本原理就是依据经验制定出一个控制区域,即现金持有量的上限 H 和下限 L,上限为现金持有量的最高点,下限为现金持有量的最低点。当现金持有量达到或超过上限 H 时,将现金用于短期投资,购买短期有价证券,使其现金数量降至现金返回线即最佳现金持有量水平 R 处;当现金持有量达到或低于下限 L 时,则出售短期有价证券,将现金数量升至现金返回线水平 R 处;当现金持有量介于上下限之间时,现金数量处于企业合理的控制区域,无须买卖有价证券。

该模型的关键就是如何确定最佳现金持有量 R,由于现金流量是随机的,因此 R 不仅受现金的机会成本和交易成本的影响,还要受现金余额波动幅度的影响,在计算总成本时必须将这三者都予以考虑。其计算公式为

$$R = \left(\frac{3F\sigma^2}{4i}\right)^{1/3} + L$$

式中:R——最佳现金余额;
F——有价证券每次固定交易费用;
σ——每日现金余额的标准差;
i——有价证券日利率;
L——控制下限。

通过上述公式,可以看出:控制下限 L、交易成本 F、现金余额的标准差 σ 均与最佳现金余额 R 同方向变动,有价证券日利率 i 与最佳现金余额 R 反方向变动。

控制上限 H 的计算公式为

$$H = 3R - 2L$$

控制下限 L 主要取决于每日现金需要量、有价证券变现所需的时间和管理人员的风险倾向,可根据经验数据确定,一般而言,激进型的管理者其下限 L 会定的较低。

【例7-4】某企业根据现金流动性要求,最低现金持有量为20 000元,每日现金余额的标准差为900元,证券每次固定交易费用为72元,有价证券年利率10%,则:

$$R = \left(\frac{3 \times 72 \times 900^2}{4 \times 10\% \div 360}\right)^{\frac{1}{3}} + 20\,000 = 25\,400 \text{(元)}$$

$$H = 3 \times 25\,400 - 2 \times 20\,000 = 36\,200 \text{（元）}$$

根据上述计算结果，当企业的现金余额超过 36 200 元时，购入有价证券，使现金余额回落到 25 400 元；当现金余额降至不足 20 000 元时，则将有价证券转换为现金，使现金余额回升到 25 400 元；只要现金余额在 20 000 元至 36 200 元之间，则无须进行证券买卖。

由于随机模型是在现金需求量难以预测的情况下所采用的现金持有量控制方法，因此该模型计算出来的现金持有量相对比较保守。与存货模型的假设相比，随机模型假设日常的现金流量服从均值为 0 的正态分布，因此它更符合实际。存货模型与随机模型解决的是公司的现金交易性余额的最优化，没有考虑影响现金余额的其他因素，如补偿性余额对于现金的需求等。

以上各种计算模式分别从不同角度计算最佳现金持有量，各有优缺点，在实际工作中，可结合起来加以运用。另外，现金持有量的多少是多种因素共同作用的结果，数学模型并不能把各种因素的变化都考虑进去，所以，在大多数情况下还需根据财务人员的经验加以确定。

四、现金日常管理

现金日常管理的目的在于加速现金周转速度，提高现金的使用效率。其主要有两个途径：一是加速收款；二是严格控制现金支出，同时要尽量实现流量同步。

（一）加速收款

加速收款主要是尽可能缩短从客户汇款或开出支票到企业收到客户汇款或将支票兑现的过程。实现这一过程，可借鉴西方企业常用的如下两种方法。

1. 集中银行法

集中银行法是指公司不仅在其总部所在地设立收款中心，同时还根据客户地理位置的分布情况及收款额的多少，在收款额比较集中的地区设立多个收款中心，并指定一个收款中心的银行作为集中银行，一般为公司总部所在地的收账中心。具体做法是企业销售商品时，由各地分设的收款中心开出账单，并通知客户将货款送到最近的收款中心，收款中心再将每天所收到的货款存到当地银行或委托银行办理支票兑现，当地银行在进行票据交换处理后立即转给企业总部所在地银行。

与传统的集中收款法相比较，集中银行法具有两个优点：一是大大缩短了账单和货款的往返邮寄时间。这是因为账单是由客户所在地的收款中心开出并寄发给当地客户，所需时间明显少于从总部寄发给客户。二是大大缩短了支票兑现的时间。这是因为各地收款中心收到客户汇来的支票并存入所在地的银行，而支票的付款银行通常也在该地区内，企业支取现金时比较方便。这种方法也有不足，不足之处在于：一是各个收款中心当地银行所开设的账户按要求需要保持一定的补偿性余额，而补偿性余额企业是不可以使用支配的，因此企业设立的中心越多，补偿性余额及闲置资金也就越多，企业的成本也相应越大；二是设立收款中心要耗费企业的人力、物力和财力，花费较多。因此，企业在决定是否采用银行集中法时,应该根据成本效益的原则进行权衡。

2. 锁箱法

锁箱法又叫邮政信箱法,它是西方企业加速现金周转的一种常用方法。是指企业首先选择在业务比较集中的主要城市租用专门收取支票的邮政信箱,并开立分行存款账户,然后通知客户将款项直接邮寄到当地的专用信箱,再授权企业在当地的开户银行每日开启信箱,以便及时取出客户支票予以结算,并通过电汇将货款拨给企业所在地银行。这样,就省去了公司办理收账、货款存入银行的一切手续,缩短了支票邮寄及在企业的停留时间。锁箱法通过两种方式减少企业处理支票的时间,首先是利用遍布全国的邮箱以及代收银行,减少支票在邮寄过程中的时间,从而减少邮寄产生的未收支票余额;另外由银行处理支票和票据工作,避免了支票在接收公司耗费时间,消除了在公司处理支票的时间。但是采用该方法企业除了在各中心所在地区银行保持一定的补偿性余额外,还需要支付给银行一定的服务费,成本较高。企业在决定是否采用锁箱法时,需要在该方法所带来的收益与银行所收取的锁箱费用之间进行权衡,做出正确的决策。锁箱法尽管缩短了支票的处理时间,但是公司要花费更多的时间来记录谁已经付了款,而且该种方法也会给客户造成一些困惑,因为付款是邮寄到锁箱所在的地址,而其他信件是邮寄到公司经营所在地。

(二)严格控制现金支出

现金支出管理的目的就是在对风险与收益进行权衡的基础上,选用适当方法尽量延缓现金的支出。现金支出管理的内容主要是对现金支出的金额和时间进行控制,常见的控制方法如下。

1. 合理运用现金浮游量

充分利用现金浮游量是西方企业广泛采用的一种提高现金利用效率、节约现金支出总量的有效手段。所谓现金浮游量,是指企业账户上存款余额与银行账户上所示的存款余额之间的差额,也就是企业和银行之间的未达款项。产生现金浮游量的主要原因是由于企业开出支票、收款人收到支票并将其送到银行,直到银行办理完款项的划转,通常都需要一定的时间。在这个过程里,企业和银行双方在出账和入账时会存在相应的时间差,正是由于这一时间差使得企业账户上的存款余额和银行账户上的存款余额暂时会出现不一致,产生差额。企业应该合理预测现金浮游量,有效利用时间差,提高现金的使用效率。但是,企业在运用现金浮游量时应该谨慎行事,要事先估计好这一差额并控制好使用时间,否则可能会发生银行存款的透支,给企业带来不利的影响。

2. 合理利用商业信用,控制付款时间

企业在支付货款时,在不影响其自身信誉的前提下应该尽量推迟货款的支付时间。如果对方提供了现金折扣,企业应该在成本效益的原则下尽量享受现金折扣。例如企业在采购材料时,其付款条件为开票后10天内偿付,可享受2%的现金折扣,30天内则按发票金额付款。企业应安排在开票后第10天付款,这样既可最大限度地利用现金,又可享受现金折扣。倘若企业急需现金而放弃折扣的优惠,当然应该安排在信用条件规定的最后一天支付款项。

此外，企业还可以利用汇票这一结算方式来延缓现金支出的时间。因为汇票和支票不同，通常不能见票即付，还需由银行经购货单位承兑后方能付现，故企业的银行存款实际支付时间迟于开出汇票的时间。

提高现金使用率，不仅仅是要求做到加速收款、严格控制现金支出，还应尽量做到现金流量同步，使现金收入与支出在时间上相匹配，这样才能使企业所持有的交易性现金余额降低到最低限度。

五、短期金融资产管理

（一）短期金融资产的概念

短期金融资产是指能够快速变现且持有时间不超过一年（包括一年）的金融资产，如股票、债券、基金等。由于短期金融资产容易变现，故往往能够成为现金的替代品，短期金融资产管理的方法也与现金管理密切相关。

（二）短期金融资产的种类

随着我国金融市场的不断完善，企业持有的短期金融资产日益广泛。通常来讲，短期金融资产的种类主要包括银行定期存款、大额可转让定期存单、商业票据、短期国库券、货币市场基金以及证券化资产等。

大额可转让定期存单（CDs）是20世纪60年代初首先由美国花旗银行推出的一种定期存款创新。CDs现在已成为商业银行的主要资金来源，是定期存款的一种主要形式，它与传统的定期存款存在一定区别，表现在：①存单面额固定，有存款起点的限制，通常情况下面额较大，一般不低于10万元，而普通定期存单的要求较少，存款金额由储户自行决定；②利率不同，CDs的利率通常高于普通定期存单的利率；③资金流动不同，CDs在到期之前可以转让，而普通定期存单只能在到期后提取，提前支取会损失一定的利息。另外，两者均可以用于质押担保，通常情况下质押担保期限不能超过存单的有效期。CDs分为记名和不记名两种，期限为3个月、6个月、9个月至一年不等，虽然CDs不能提前支取，但可在二级市场上流通转让，并能够获得高于普通定期存单的收益，能满足企业流动性和盈利性的双重要求。

商业票据是指由金融公司或某些信用较高的企业开出的无担保短期票据。商业票据有确定的金额及到期日，其可靠程度依赖于发行企业的信用程度，可以背书转让和向银行贴现。商业票据的期限通常为2天至270天，由于其风险较大，利率高于同期银行存款利率。商业票据可以由企业直接发售，也可以由经销商代为发售，但其对出票企业信誉审查十分严格。如由经销商发售，则它实际在幕后担保了售给投资者的商业票据，商业票据有时也以折扣的方式发售。与CDs一样，商业票据是筹措流动资金的工具。从融资成本看，发行商业票据与CDs没有什么区别，因为两者的收益率是相当的，但商业票据的期限通常在30天以内，以避免与存款单市场竞争。

短期国库券是指中央政府为调节国库收支而发行的一种短期政府债券,其债务人是中央政府,偿还债务的资金来源于中央财政收入,风险很小,是西方国家货币市场上最主要的信用工具之一。英国在1877年通过了《财政部证券法》,把国库券的发行纳入了法律。其后,各国政府也采用了这一融资形式,并建立了国库券发行与流通市场,并成为西方金融市场中的一个重要组成部分。其期限主要有3个月、6个月、9个月和12个月四种。一般采取无记名方式,可在证券市场上自由转让流通。由于其期限短、风险小、流通性强,利率一般比较低。

货币市场基金是指投资于货币市场上短期有价证券的一种基金。该基金资产主要投资于剩余期限在一年以内的短期投资工具,如国库券、商业票据、银行定期存单、政府短期债券、企业债券等短期有价证券。由于货币市场基金风险低、流通性高且投资成本低,故常常被称为"准储蓄";也正是因为货币市场基金的灵活性接近活期储蓄,而收益远高于活期储蓄,故受到大多数投资者的青睐。

证券化资产是指实施了资产证券化的资产。资产证券化是指资金需求者以发行有价证券的方式从资金供给方取得资金,使相关资产以证券的形式存在。20 世纪 80 年代以来,金融市场融资方式发生了重大变化,由以间接融资为主逐步转变为以直接融资为主,出现金融资产证券化的趋向。2005 年,我国央行和银监会联合发布《信贷资产证券化试点管理办法》,随后展开信贷资产证券化的首批试点。在央行和银监会(现为银保监会)主导下,基本确立了以信贷资产为融资基础、由信托公司组建信托型特殊目的机构(spelial purpose wehide,SPW)、在银行间债券市场发行资产支持证券并进行流通的证券化框架。

(三)短期金融资产的持有动机与基本原则

1. 持有动机

企业持有短期金融资产的动机主要体现在两个方面:①作为库存现金的替代品。由于短期金融资产具有易变现、流通性强等特征,故企业可以通过持有不同类型的短期金融资产,丰富企业货币资金的持有形式;②获取一定的投资收益。由于持有现金的收益较低,故可以通过投资短期金融资产获取较高的收益,这在一定程度上能够在保障企业资金变现能力的同时获取高于持有现金的收益,这也是现代诸多企业的普遍做法。

2. 基本原则

企业持有短期金融资产的基本原则主要包括以下三个方面:①安全性、流动性与盈利性相均衡的原则。企业持有不同类型的短期金融资产,能够使得企业货币资金的持有形式多样化,从而保障企业资金的安全性和流动性,进而获取高于持有现金的收益,实现安全性、流动性与盈利性之间的相对平衡。②分散投资原则。金融资产的价格波动存在一定的随机性,为了有效控制持有短期金融资产的未知风险,应当遵循分散化的投资原则,将总体风险保持在可控范围内。③理性投资原则。购买短期金融资产过程中,应充分考虑到不同类型资产的风险与收益,不能为了追求盈利而忽略了风险,时刻保持理性投资。

（四）短期金融资产的投资组合策略

企业持有短期金融资产的目的在于保持流动性、风险性与收益性的相对平衡。为了保障这一目的的顺利实现，企业有必要对短期金融资产进行投资组合管理。通常来讲，较为常见的投资组合策略有以下几种。

1. 三分组合模式

部分西方发达国家较为流行的三分组合模式是指：1/3 的资金存入银行以备不时之需；1/3 的资金投资于股票、债券等有价证券；1/3 的资金投资于房地产等不动产。同样，投资于有价证券的资金也要进行三分，即 1/3 投资于风险较大的有发展前景的成长性股票，1/3 投资于安全性较高的债券或优先股等有价证券，1/3 投资于中等风险的有价证券。

2. 风险与收益组合模式

证券投资能够给企业带来额外收益，同时也存在诸多风险。投资者可以测定出自己期望的投资收益率和所能承受的风险程度，然后，在市场中选择相应风险和收益的证券作为投资组合。一般来说，在选择证券进行投资组合时，同等风险的证券，应尽可能选择报酬高的，同等报酬的证券，应尽可能选择风险低的，并且要尽可能选择一些风险呈负相关的证券进行投资组合，以便分散证券的非系统性风险。

3. 期限搭配组合模式

期限搭配组合模式是指根据企业不同时期的现金流模式和规律，对短期金融资产的期限进行搭配，构建长、中、短期相结合的投资组合。投资者对现金的需求总是有先有后，长期不用的资金可以进行长期投资，以获得较大的投资收益，近期可能需要使用的资金，最好投资于风险较小、易于变现的有价证券。同时，通过期限搭配，还可以使得企业现金流入与流出的时间尽可能接近，从而降低由于到期日不同所造成的机会成本。

第二节　应收账款管理

一、应收账款的功能与成本

企业提供商业信用，采取赊销、分期付款等销售方式，可以扩大销售，增加利润。但应收账款的增加，也会造成资金成本、坏账损失等费用的增加。应收账款管理的基本目标，就是在尽量发挥应收账款功能的基础上，降低应收账款投资的成本，使提供商业信用、扩大销售所增加的收益大于有关的各项费用。

（一）应收账款的功能

应收账款的功能主要包括以下两个方面。

1. 增加销售

在市场竞争比较激烈的情况下，赊销是促进销售的一种重要方式。进行赊销的企业，实际上是向顾客提供了两项交易：①向顾客销售产品；②在一个有限的时期内向顾客提供资金。虽然赊销仅仅是影响销售量的因素之一，但在银根紧缩、市场疲软以及资金匮乏的情况下，赊销所带来的促销作用是十分明显的。尤其是在企业销售新产品、开拓新市场时，赊销更是具有重要的意义。

2. 减少存货

企业持有产品存货，要支付管理费、仓储费和保险费等支出；相反，企业持有应收账款，则无须支付上述支出。因此，无论是季节性生产企业还是非季节性生产企业，当产成品存货较多时，一般可采用较为优惠的信用条件进行赊销，把存货转化为应收账款，减少产成品存货，节约相关支出费用。

（二）应收账款的成本

企业在给客户提供商业信用的时候，实际上向客户提供了两项交易：一是向客户提供了所销售的产品和劳务；二是在一定期限内向客户提供了资金。因此，基于商业信用所产生的应收账款实际上是企业的一项资金投放和使用，企业持有应收账款就会产生相应的投资成本。应收账款的成本主要有以下几方面。

1. 机会成本

企业在向客户提供商业信用的时候，预先占用了企业一段时期的资金，这些资金如果能够及时收回，不投资于应收账款，便可用于其他投资，并获取投资收益，如投资于有价证券，获得一定的利息收入。这种因投资于应收账款而放弃其他投资所减少的收入，就是应收账款的机会成本。这种机会成本通常以应收账款所占资金的利息来表示，一般按有价证券利息率计算。应收账款的机会成本计算公式如下：

$$应收账款的机会成本 = 应收账款占用资金 \times 有价证券利息率$$
$$= 应收账款平均余额 \times 变动成本率 \times 有价证券利息率$$

$$应收账款平均余额 = 日销售额 \times 平均收账期 = （年赊销收入 \div 360）\times 平均收账期$$

$$平均收账期 = 360 / 应收账款周转率$$

$$应收账款周转率 = 年赊销收入 / 应收账款平均余额$$

【例7-5】某企业预测的年赊销收入净额为5 000万元，应收账款周转期为36天，变动成本率为60%，有价证券利息率为10%，则应收账款的机会成本计算为：

$$应收账款平均余额 = 5\,000 \div 360 \times 36 = 500（万元）$$

$$应收账款占用资金 = 500 \times 60\% = 300（万元）$$

$$应收账款的机会成本 = 300 \times 10\% = 30（万元）$$

2. 坏账成本

如果企业每次销售都以现金结算，就不会产生应收账款。由于允许客户可以在售货之后一定期限内再付款，企业就承担了客户不按承诺付款的风险，而且如果公司放宽了信用条件的限制，或是对任何人都提供商业信用，就会吸引那些很有可能不支付允诺款项的客户。因此，由于各种原因，企业的应收账款总有一部分不能收回，这些不能收回而发生的损失就是坏账成本，它一般与应收账款的数量成正比。

$$坏账成本 = 赊销收入 \times 实际（或预期）坏账损失率$$

3. 管理成本

企业只要持有应收账款，就会产生相应的管理和催收账款的成本，这些成本主要包括调查顾客信用情况的费用、收集各种信息的费用、账簿的记录费用、收账费用等其他费用。

二、信用政策的制定

企业应收账款的数额及其效果直接取决于其信用政策，企业可以通过调整信用政策来改变或调节应收账款的大小。一般来说，企业的信用政策包括信用标准、信用条件和收账政策三个方面。

（一）信用标准

信用标准是指客户获得企业商业信用所应具备的最低条件，是用来评价是否给予信用的准则。一个企业信用标准制定得是否合适，直接影响其应收账款的多少以及赊销政策的效果。如果信用标准过于严格，企业的应收账款数额会减少，其机会成本也将减少，但同时也丧失向信誉较好的客户销售产品的机会，影响企业的市场竞争力；反之，如果信用标准过于宽松，虽然企业的销售收入增加了，市场占有率也提高了，但其潜在的坏账成本和应收账款占用的资金也随之增加。因此，企业应该根据不同情况制定合理的信用标准。

企业在制定某一客户的信用标准时，通常先要估计其信用状况，以判定其赖账的可能性。对于客户信用状况的评估，较为常用的方法是"5C 法"和信用评分法。

1. 5C 法

国外通常采用"5C"系统来评价客户的信用状况，即品质（character）、能力（capacity）、资本（capital）、抵押品（collateral）、条件（condition）。

（1）品质。品质是指客户的信誉，即客户履行其偿债义务的可能性。客户的品质可以通过其以前的付款记录得以体现，企业必须对客户过去的付款记录进行详细了解，以判断其是否能履行偿债义务。

（2）能力。能力是指客户的偿债能力，包括其长期偿债能力和短期偿债能力，在这里主要是指其短期偿债能力，即其流动资产的数量和质量以及与流动负债的比例。如果客户的流动资产越多，其转换为现金的数额越多，支付能力也越强。另外，企业还应注意流动资产的质量，存货的数量与质量都会影响企业的流动性，进而影响其支付能力。

（3）资本。资本是指客户的财务实力和财务状况，即如果需要，用现有的资产满足偿债义务的能力。客户的资本可以通过其相关的财务报表获得，通过对客户资本的了解，可以判断其偿还债务的背景和实力。

（4）抵押品。抵押品是指在客户不付款的情况下能被用作抵押的资产。如果对客户的信用状况有争议，可以在其提供相应抵押物的基础上给予相应的信用，这样即使客户拒付款项，企业可以变卖抵押物，充抵债权。

（5）条件。条件是指可能影响客户付款能力的经济环境，包括总的经济环境和行业环境。比如，出现经济不景气对客户的付款会产生什么影响。同样，特定行业的情况也会影响向处于该行业的企业提供信用的可能性。

企业可以通过直接查阅客户的财务报表或通过银行提供的相关信用资料获取客户上述五种的信用状况，也可以通过与客户有业务往来的其他企业获取其信用状况，比如付款记录、信用金额等。

2. 信用评分法

基于统计学原理，先对客户的一系列财务比率和信用情况进行评分，然后进行加权平均，计算出客户综合的信用分数，并以此进行信用评估的一种方法。信用评分法的基本公式为

$$Y = a_1x_1 + a_2x_2 + a_3x_3 + \cdots + a_nx_n = \sum_{i=1}^{n} a_i x_i$$

式中：Y——某企业信用评分；

a_i——事先拟定出的对第 i 种财务比率和信用品质进行加权的权数 $\left(\sum_{i=1}^{n} a_i = 1\right)$；

x_i——第 i 种财务比率或信用品质的评分。

现以某企业的财务数据为例来说明这种方法，具体情况如表 7-2 所示。

表 7-2　某公司信用评分表

项　目	财务比率和信用品质 （1）	分数（x_i） 0～100（2）	预计权数（a_i） （3）	加权平均数（$a_i x_i$） （4）=（2）×（3）
流动比率	0.18	70	0.2	14
资产负债率（%）	75	75	0.1	7.5
销售净利率（%）	2	75	0.1	7.5
信用评估等级	AAA	95	0.25	23.75
付款历史	好	85	0.25	21.25
企业未来预计	尚好	75	0.05	3.75
其他因素	好	85	0.05	4.25
合　计	—	—	1.00	82.00

在表 7-2 中，第（1）栏是根据收集来的资料及分析确定的；第（2）栏是根据第（1）栏确定的；第（3）栏是根据财务比率和信用品质的重要程度来确定的。

在采用信用评分法进行信用评估时，80 分以上说明企业的信用状况良好；60～80 分说明信用状况一般；60 分以下则说明信用状况较差。在应用此方法时，需要考虑成本效益原则。因为收集客户信息是需要耗费成本和时间的，只有当这些成本小于应收账款所带来的收益，此种方法才合适。尤其是对于那些数额不大的应收账款，收集信息的成本可能会超过此项应收账款所产生的潜在收益，在这种情况下，应用此方法对于企业来讲则是得不偿失。

信用评分法是通过运用成熟的统计学方法来分析很多过去客户的付款记录而构建起来的，这种方法的特点是一方面它能使销售方迅速的接受信用好的顾客而拒绝信用不良的顾

客；另一方面该模型需要包含足够多的样本，而且样本必须经常更新。

（二）信用条件

信用标准是企业给予客户信用的依据，一旦企业决定给予客户信用展期时，就要考虑具体的信用条件。信用条件就是企业愿意授予客户信用的条件，主要包括最高信用额度、信用期限、现金折扣及折扣期限率等。信用条件一般用"2/10，n/30"来表示，意思是：客户如在发票开出后的10天内付款，可以享受2%的现金折扣；如果放弃享受现金折扣，则必须在30天内全额付清。在此，30天为信用期限，10天为折扣期限，2%为现金折扣率。

1. 最高信用额度

企业在给予客户信用后，应该规定一个信用额度。信用额度是指该客户在任何时候可以赊欠的最大限额。只要这个客户的未付款保持在信用额度以内，就可由具体的经办人员按规定办理。一旦超过信用额度，则必须经有关负责人批准方可办理。信用额度实际上代表企业对该客户愿意承担的最高风险。由于风险是可以变化的，企业现在可以接受的风险将来可能成为不可能接受的风险，因此，对于信用额度，企业应定期检查、定期重新评估，以做必要的变动。

2. 信用期限

信用期限是指企业允许客户付款的最终期限，即客户付款的最长时间。信用期限过长，一方面可以扩大企业的销售，增加企业的利润；但一方面，应收账款所占用的资金也相应增加，其机会成本随之也增加。而且随着信用期限的延长，其潜在的坏账损失和管理成本也会相应增加。信用期限过短，企业则不足以吸引客户，销售额下降，在商业竞争中丧失优势。因此，企业在制定信用期限时，应该按照净增效益原则，信用期限的延长取决于延长信用期限所增加的边际收入是否大于其边际成本，当延长信用期限所增加的边际收入大于其边际成本可以延长，否则不宜延长。如果缩短信用期限，情况与之相反。

【例7-6】某企业预测的年赊销收入为9 000万元，其信用条件为$N/30$，变动成本率为60%，有价证券利息率为10%。该公司为扩大销售，拟将信用条件放宽到$N/60$。由于信用条件的放宽，销售收入将增长10%，坏账损失率也由原来的4%上升至6%，每年收账成本由原来的55万元上升至80万元。假设企业收账政策不变，固定成本总额不变。根据以上资料可计算相关指标，如表7-3所示。

表7-3 某企业信用条件变化情况分析表

项目	当前收账政策（$N/30$）	拟改变收账政策（$N/60$）
年赊销额/万元	9 000	9 900
变动成本/万元	5 400	5 940
扣除信用成本前的收益/万元	3 600	3 960
应收账款周转率/次	360/30=12	360/60=6
应收账款平均余额/万元	9 000/12=750	9 900/6=1 650

续表

项　目	当前收账政策（N/30）	拟改变收账政策（N/60）
应收账款占用资金/万元	750×60%=450	1 650×60%=990
应收账款机会成本/万元	450×10%=45	990×10%=99
坏账损失/万元	9 000×4%=360	9 900×6%=594
收账费用/万元	55	80
信用成本合计/万元	460	773
扣除信用成本后的收益/万元	3 140	3 187

从上述计算结果来看，延长信用期可使企业的边际收益由改变前的 3 140 万元增至改变后的 3 187 万元，净增 47 万元，因此企业应该将信用期限由原来的 30 天延长至 60 天。

3. 现金折扣和折扣期限

现金折扣是指企业为了鼓励客户在一定期限内尽早偿还货款，对销售货款所给予的一定比率的扣减，其主要目的是吸引客户为享受折扣优惠而提前付款。通常延长信用期限能够扩大销售，但同时也会增加应收账款所占用的资金。企业为了尽早收回货款，加速资金回笼，减少坏账损失，在提供信用期限的同时会给予一定的现金折扣，以促使客户尽早付款，缩短企业的收账期。折扣期限是企业规定客户可享受现金折扣的付款时间。如折扣条件"2/10，N/60"，折扣期限为 10 天，现金折扣率为 2%，信用期限为 60 天，如果在 10 天内付款，可以得到 2% 的折扣，如果放弃现金折扣，则必须在 60 天内付清全部货款。现金折扣一方面可以鼓励客户提早付款，但它也会增加企业的成本，即价格折扣损失，现金折扣实际上是产品售价的扣减。企业在给予客户现金折扣时，应当比较折扣所能带来的收益与成本，按照成本效益原则，进行决策。

由于现金折扣通常和信用期限相结合，因此企业在采用现金折扣时，应该将信用期限的改变与现金折扣结合起来，计算各方案信用期限的改变与现金折扣能为企业带来多大的边际收益，在净增效益原则下，只要改变后的净增效益大于零，方案就可行。

【例 7-7】沿用上述例子，假定该公司在放宽信用条件的同时，为了吸引客户尽早付款，将信用条件改为（2/10，1/20，N/60），估计会有 60% 的客户（按赊销额计算）会利用的现金折扣，15% 的客户会利用 1% 的现金折扣，坏账损失率降为 5%，收账费用降至 65 万元，根据相关资料计算如下：

应收账款周转期 =60%×10+15%×20+25%×60=24（天）

应收账款周转率 =360÷24=15（次）

应收账款平均余额 =9 900÷15=660（万元）

应收账款占用资金 =660×60%=396（万元）

应收账款的机会成本 =396×10%=39.6（万元）

坏账损失 =9 900×5%=495（万元）

现金折扣 =9 900×（2%×60%+1%×15%）=133.65（万元）

根据上述计算资料及计算数据可编制如表 7-4 所示。

表 7-4　某企业信用条件变化情况分析表

项　　目	收账政策（N/60）	收账政策（2/10，1/20，N/60）
年赊销额/万元	9 900	9 900
减：现金折扣/万元	0	133.65
变动成本/万元	5 940	5 940
扣除信用成本前的收益/万元	3 960	3 826.35
减：应收账款机会成本/万元	99	39.6
坏账损失/万元	594	495
收账费用/万元	80	65
信用成本合计/万元	773	599.6
扣除信用成本后的收益/万元	3 187	3 226.75

从计算结果可以看出，企业实行现金折扣政策后，收益由原来的 3 187 万元增至 3 226.75 万元，净增收益 39.75 万元，即该方案的改变能给企业增加边际收益 39.75 万元，因此，应该延长信用期，并提供现金折扣。

（三）收账政策

收账政策是指当客户违反信用条件，逾期不付账时企业所采取的收账策略与措施。企业的收账政策过松，可能拖欠的账款会越来越多，发生坏账的风险会越来越大，应收账款的投资成本也会越来越高；企业的收账政策过严，催收过紧，又可能会得罪无意拖欠的客户，影响公司未来的销售和利润。因此，企业在制定收账政策时必须十分谨慎，既不能过严也不能过松。企业的收账政策一经确定，一般不宜做大的改变，但有时企业为了加快资金回笼，尽快收回其应收账款，确实需要改变其当前的收账政策。由于收账政策的改变会影响到企业的收入和成本，因此企业在改变收账政策时，应该对改变前后的成本收益进行比较，看收账政策的改变是否能给企业带来边际收益的增加。合理的收账政策就是在改变收账政策所需追加的收账成本与收款政策改变后所节约的坏账损失和机会成本之间进行比较，如果前者小于后者，则应该改变当前的收账政策；否则，不宜改变。

【例 7-8】某企业的现行收款政策和建议改变收款政策后的有关资料如表 7-5 所示，目前有价证券利息率为 10%。

表 7-5　某企业收款政策的变化情况

项　　目	当前收账政策	拟改变的收账政策
年赊销额/万元	9 000	9 000
年收账费用/万元	30	40
平均收账期/天	20	10
坏账损失占销售收入的比率/%	5	3
变动成本率/%	60%	60%

根据以上资料可列表分析表 7-6 所示。

表 7-6　收款政策变化分析表

项　　目	当前收账政策	拟改变的收账政策
年赊销额 / 万元	9 000	9 000
应收账款周转率 / 次	360/20=18	360/10=36
应收账款平均余额 / 万元	9 000/18=500	9 000/36=250
应收账款占用资金 / 万元	500×60%=300	250×60%=150
应收账款机会成本 / 万元	300×10%=30	150×10%=15
坏账损失 / 万元	9 000×5%=450	9 000×3%=270
收账费用 / 万元	30	40
总成本合计 / 万元	510	325

表 7-6 计算结果表明，该企业采用积极的收账政策，缩短了应收账款周转期，尽管收账费用增加了 10 万元，但机会成本和坏账损失分别减少了 15 万元和 180 万元，从而使其边际收益增加了 185 万元。因此该企业改变收账政策有利可图，应加以改进。

三、应收账款的日常管理

应收账款发生后，企业应当采取各种措施对其进行日常管理，使账款能尽量按期收回，以免因拖欠时间过长形成坏账，使企业遭受损失。在管理过程中，首先应对客户的信用进行事先的调查与分析，以确定是否给予客户一定的商业信用；其次是对应收账款回收过程中的各种情况进行有效监督；最后是制定合适的收账政策，以在客户违反信用条件时做好相应的催收工作。客户信用分析在前面已阐述，此处仅对应收账款的监控与催收工作作一介绍。

（一）应收账款的监控

由于应收账款的投资占用了企业大量的资金，因此对于应收账款的监控就显得尤为重要。通过对应收账款全面的监控，将应收账款潜在的坏账损失降至最小。常见的应收账款监控方法为账龄分析法，账龄分析法就是通过制定账龄分析表来对企业的应收账款进行监控。企业已经发生的应收账款的时间有长有短，有的已经超过收款期，有的尚在收款期内。一般情况下，账款拖欠的时间越长，其收回的可能性越小，发生坏账的可能性越大。通过编制账龄分析表，可以将企业所有的应收账款按照发生时间的长短分别列示，使企业所有的应收账款情况以及客户遵循信用条件的程度一目了然，便于及时监控。账龄分析表的具体格式如表 7-7 所示。

表 7-7　某企业 2019 年度账龄分析表

应收账款账龄	应收金额 / 百万元	金额比率 /%
信用期内（1 年）	3 205	99.13
逾期 1 年以内	10	0.31
逾期 1～2 年	1	0.03

续表

应收账款账龄	应收金额/百万元	金额比率/%
逾期2年以上	17	0.53
合计	3 233	100

根据上述账龄分析表，我们可以得出以下分析。

（1）有多少账款和客户在信用期内。对于这些尚在信用期内的账款，属于正常欠款，但到期后能否收回，还要做具体分析，因此对于此部分账款应进行及时必要的监控。

（2）有多少账款和客户已经超过信用期，超过时间长短的款项的具体分布情况，以及有多少账款最终会形成坏账，账龄越长的账款发生坏账的可能性越大。企业应该针对不同账龄的客户制定不同的收账政策，采取不同的收账方法，避免出现过多的坏账损失。

（二）应收账款的催收

在催收拖欠账款过程中，应确定合理的收账程序。催收账款的程序一般是：信函通知、电话催收、派员面谈、法律行动。当客户拖欠账款时，先给客户一封有礼貌的通知信件或电子邮件；接着，可寄出一封措辞较直率的信件；进一步则可通过电话催收；如果再无效果，企业的收账员可直接与客户面谈，协商解决；如果协商不成，就只好交给企业的律师采取法律行动。

由于客户拖欠账款的原因不尽相同，企业在催收账款过程中还应针对不同的原因确定相应合理的讨债方法。客户拖欠账款的原因大致可以分为两类：一类是无力偿还，另一类是故意拖欠。无力偿还是由于客户经营不善，财务出现困境，没有资金偿付到期债务。对于这种情况要进行具体分析，如果客户仅是暂时遇到困难，企业应该帮助客户渡过难关，积极寻找债务重组的可能性。如果客户遇到严重困难，已达破产界限，企业应及时向法院起诉，以便在破产清算时得到债权的部分清偿。故意拖欠是指客户虽有付款能力，但为了自身利益，想方设法不付款。遇到这种情况企业需要确定合理的讨债方法，以便账款及时收回。目前常用的方法为委托追账公司追账，特别是涉及海外应收账款时，由于时差、语言、商业程序等差异，委托追债公司追债，可以弥补公司在这些方面的不足。

第三节 存货管理

一、存货的功能与成本

企业存货占流动资产的比重较大，存货利用程度的好坏，将对企业的财务状况构成显著影响。因此，加强存货的规划与控制，使存货保持在最优水平上，便成为财务管理的一项重要内容。进行存货管理的主要目的，是要控制存货水平，在充分发挥存货功能的基础上，降低存货成本。

（一）存货的功能

存货的功能是指存货在生产过程中的作用。存货包括各类材料、商品、在产品、半成品、产成品等，其功能如下。

（1）储存必要的原材料和在产品，保证生产活动顺利开展。生产过程中所需的原材料，是生产中必需的物质资料。为了保证生产顺利进行，必须适当地储备一些材料。尽管有些企业自动化程度很高，尝试采用零存货管理模式，但要完全达到这一目标并非易事。存货在生产不均衡和商品供求波动时，可起到缓和矛盾的作用。即使生产能力按事先规定好的程序来进行，但要每天都采购材料也并不现实，经济上也不一定合算。所以，为了保证生产正常进行，储备适当的原材料是必需的。在产品也因同样的原因，应保持一定的储备量。

（2）储备必要的产成品，有利于销售。企业的产品，一般不是生产一件出售一件，而是要组织成批生产、成批销售。这是因为：①顾客为节约采购成本和其他费用，一般要求成批采购；②为了达到运输上所需要的最低批量，也应组织成批发运。另外，为了应付市场上突然到来的需求，也应适当储备一些产成品。

（3）维持均衡生产。有些企业生产的产品属于季节性产品，或者企业产品需求很不稳定。如果根据需求状况时高时低地进行生产，生产能力可能得不到充分利用或者出现超负荷生产，这些情况均会导致生产成本提高。为了降低生产成本，实现均衡生产，有必要储备一定数量的原材料存货和产成品存货。

（4）保持必要的存货保险储备，防止意外事件造成的损失。采购、运输、生产和销售过程中，都可能发生意外事件，保持必要的存货保险储备，可避免或减少损失。

（二）存货的成本

1. 采购成本

企业为了生产经营，需要购买大量的原材料，采购成本是指购买存货而发生的相关支出，主要由买价和运杂费构成，采购成本一般与采购数量成正比，采购的数量越多，其采购成本也越大。单位采购成本一般不随采购数量变动而变动，因此，在批量采购决策中，采购单价与采购数量无关，此时采购成本可视为与决策无关的成本；但当供应商提供数量折扣等优惠办法时，即量大从优时，采购成本与采购数量密切相关，采购的数量越多，其采购的单位成本可享受的现金折扣就越高，此时采购成本为与决策相关的成本。

2. 订货成本

订货成本是指每次为订购货物而发生的各种成本，包括采购人员的工资、采购部门的一般性费用（如办公费、水电费、折旧费等）和采购业务费（如差旅费、邮电费、检验费等）。订货成本一般与订货的数量无关，而与订货次数有关。企业如果想降低订货成本，就需要降低采购次数，而只有通过大批量采购才能减少订货次数。

3. 储存成本

储存成本是指因储存存货而发生的各种成本，主要包括付现成本和资本成本两大部分。付现成本是指支付的存货储存过程发生的仓储费、搬运费、保险费、公司自设仓库的一切费用等。资本成本是指由于企业将资金投资于存货而放弃了其他投资的机会成本，表现为存货占用资本应计的利息。

有关订货成本和储存成本，在进行存货决策时要对其进行成本分解，将其按成本习性分为固定成本和变动成本两大部分。固定的订货成本和固定的储存成本，往往与采购数量无关，如仓库折旧、仓库职工固定工资等视为存货决策中的无关成本。

4. 缺货成本

缺货成本是指由于存货数量不能及时满足生产和销售的需要给企业造成的有形和无形的损失。比如：由于停工待料而导致的企业无法按期交货所造成的罚款损失及信誉损失；由于存货不足而失去的销售机会及高价采购所需存货而发生的超额费用等。缺货成本大多属于机会成本，计算比较困难，但为了决策的需要，应该采用一定的方法估算出单位缺货成本。

知识链接：计入存货成本的相关税费有哪些？

消费税：生活中常见的烟酒、鞭炮、化妆品、小汽车、汽油等成品油、电池都是需要缴纳消费税的，外购商品的这些税费随同商品一起计入"存货成本"。注意：如果委托外单位加工的存货在收回后直接出售，消费税计入"存货成本"；如果收回后继续加工成应税消费品，则计入"应交税金——消费税"。

资源税：原油、天然气、煤炭等自然资源是需要缴纳资源税的，资源税也要一同计入"存货成本"。

增值税：增值税对于一般纳税企业来说，要单独计入"应交税金—增值税—进项税额"，日后用来抵扣增值税。但是小规模企业应该直接计入"存货成本"。

二、存货资产的规划

为了保证企业的正常生产和销售的需要，企业必须要持有一定的存货，但无论持有多少数量的存货都会产生相应的成本。企业如果持有过多数量的存货，其缺货的损失会减少，但储存成本随之增加；反之，如果持有存货数量过少，储存成本会随之减少，缺货成本却增加。因此，企业应该对存货资产进行合理的规划，有效地配置存货数量和资本使用效率，在保证企业正常的生产经营下使存货的投资成本最小。通常对于存货资产的规划都是通过存货经济批量模型来进行的，存货经济批量模型有基本模型和扩展模型。

（一）经济订货批量基本模型

经济订货批量基本模型主要是帮助我们确定每次最佳的订货数量，以使整个期间的存货相关总成本最小。它是基于以下假设基础上建立的：①企业能够及时到货，需要订货便可及时取得，即所需存货市场供应充足，不会因买不到需要的存货而影响到生产经营；②存货能集中到货，而不是陆续入库；③不允许缺货，即不考虑缺货成本；④一定时期存货的需求量稳定，并且能够预测，即需求量已知；⑤存货单价不变，即不考虑现金折扣；⑥企业现金充足，不会因现金短缺而影响进货。

订货批量是指每次订购货物的数量，经济订货批量是指既能满足生产经营的需要，又能使存货成本费用达到最低的一次订货数量。在不存在数量折扣的批量决策中，采购成本与采购数量无关,此时采购成本为无关成本。根据基本模型的上述假设条件,在经济订货批量中不考虑缺货,缺货成本视为与决策无关的成本,因此在基本模型中,与经济订货批量决策相关的成本只有订货成本与储存成本。在全年存货需求量既定的情况下,订购批量越小,订货次数越多,订货成本就越高,但储存成本越低。反之,订货批量越大,订货次数越少,订货成本越低,相应的储存成本却越高。存货决策的目的就是要找出在满足企业正常生产经营的前提下,使存货的投资成本达到最小的订货数量,在基本模型中,就是使订货成本与储存成本两种相关成本之和最低的订货数量就是经济订货批量。

假设:D 为某种存货的全年需求量;Q 为订货批量;F 为每批的订货费用;C 为单位存货年储存成本;T 为年成本总额;则:年订货次数为 D/Q;平均储存量为 $Q/2$,如图 7-6 所示。

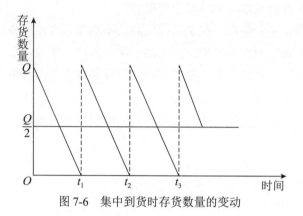

图 7-6 集中到货时存货数量的变动

全年总成本 (T) = 年订货成本 + 年储存成本 = $\dfrac{D}{Q} \cdot F + \dfrac{Q}{2} \cdot C$

求 T 对 Q 的一阶导数并令其等于零,得

$$T' = \left(\dfrac{D}{Q} \cdot F + \dfrac{Q}{2} \cdot C \right)' = \dfrac{C}{2} - \dfrac{DF}{Q^2} = 0$$

可得经济订货批量:

$$Q = \sqrt{\dfrac{2DF}{C}}$$

将上式代入总成本的计算公式,可以求出最低年成本为:

$$T^* = \sqrt{2DFC}$$

【例 7-9】某企业全年需要某种材料 8000kg,每次订货成本为 20 元,单位储存成本为 2 元,求最佳经济订货批量、最低年成本及年订货次数。

解析:

经济订货批量 $Q = \sqrt{\dfrac{2DF}{C}} = \sqrt{\dfrac{2 \times 8\,000 \times 20}{2}} = 400$(件)

最低年成本 $T^* = \sqrt{2 \times 8\,000 \times 20 \times 2} = 800$(元)

年订货次数 = $D/Q = 8000/400 = 20$(次)

（二）经济订货批量扩展模型

存货经济批量基本模型是在很多假设条件下建立的，但现实中满足上述所有假设是不切实际的，为了使模型与现实更为相符，我们可以将基本模型中的一些假设条件逐个放宽，使其更为符合实际。

1. 有数量折扣的经济订货批量模型

在经济订货批量基本模型中，我们假设存货单价不变，即存货价格不随其采购数量变化而变化，因此基本模型中，采购成本被视为与采购无关的成本。但实际生活中，许多商家为了扩大销售，在销售时都会量大从优，当采购数量达到相应水平时会提供相应的价格折扣优惠。在这种情况下，采购成本与采购数量密切相关，采购数量影响着采购成本，此时的采购成本与采购决策紧密相关，为相关成本。因此，在数量折扣模型下，与采购决策相关的成本除了订货成本、储存成本以外，还包括采购成本，此时的总成本为

$$T = \frac{Q}{2} \cdot C + \frac{D}{Q} \cdot F + p(1-d) \times D$$

式中：p——存货单价；
　　　d——数量折扣率。

使这三项成本之和最低的采购数量就是最佳经济订货批量。

【例7-10】 某企业全年需要 A 材料 1 200kg，每次订货成本为 400 元，单位储存成本为 6 元，该种材料买价为 10 元/kg。供应商规定：若每次订购量在 600kg 以上可获得 2% 的折扣，要求判断公司最佳经济订货量应该是多少。

解析： 确定最佳经济订货批量，一般是按以下步骤进行计算：

第一步：计算无数量折扣下的经济订货批量 Q。

$$Q = \sqrt{\frac{2DF}{C}} = \sqrt{\frac{2 \times 1\,200 \times 400}{6}} = 400 \text{（kg）}$$

第二步：计算无数量折扣下的总成本（订货成本、储存成本、采购成本）。

$$T = \frac{D}{Q} \cdot F + \frac{Q}{2} \cdot C + p(1-d) \times D = \frac{1\,200}{400} \times 400 + \frac{400}{2} \times 6 + 1\,200 \times 10 = 14\,400 \text{（元）}$$

第三步：计算接受数量折扣时（即订货批量为 600kg）的总成本（订货成本、储存成本、采购成本）。

$$T_{600} = \frac{D}{Q} \cdot F + \frac{Q}{2} \cdot C + p(1-d) \times D = \frac{1\,200}{600} \times 400 + \frac{600}{2} \times 6 + 1\,200 \times 10 \times (1-2\%) = 14\,360 \text{（元）}$$

第四步：确定最佳经济订货批量，选择总成本最低的订货数量即为最佳经济订货批量。

根据上述计算结果，比较各方案的总成本，可知订货量为 600kg 时，总成本最低，因此最佳经济订货批量应该为 600kg。

2. 存货陆续供应和使用的经济批量模型

在基本模型中，我们假设存货为集中到货，陆续使用，在这个假设条件下，存货的存

量变化为一条垂直的直线,年平均存货量为 $Q/2$。而事实上,有些存货是订货后陆续到达、陆续使用的情况,因此我们需要将集中到货这条假设放宽,对基本模型进行扩展。

假设每批订货数量为 Q,每日送货量为 S,这批货全部送完需要 Q/S 天,即送货期为 Q/S,每日耗用量为 f,每日存货剩余量为 $(S-f)$,由于存货边送边用,故每批送完时,最高库存量为 $Q/S \times (S-f)$,平均存货量为

$$\frac{1}{2} \times \frac{Q}{S} \cdot (S-f) = \frac{Q}{2} \cdot \left(1 - \frac{f}{S}\right)$$

很显然,每日耗用量 f 要小于每日送货量 P。因此,与批量相关的存货总成本为

$$TC(Q) = \frac{D}{Q} \cdot F + \frac{Q}{2} \cdot (S-f) \times C$$

同样,求 T 对 Q 的一阶导数并令其等于零,得

$$Q = \sqrt{\frac{2DF}{C} \cdot \left(\frac{S}{S-f}\right)}$$

最低年成本为

$$T^* = \sqrt{2DFC \cdot \left(1 - \frac{f}{S}\right)}$$

由于此模型中存货为边送边用,因此,该模型中的经济订货批量 Q 要大于集中到货情形下(基本模型)的经济批量 Q。并且由于存货陆续到货,企业平均库存量下降,年储存成本也随之下降,因此该模型中的年成本 T^* 要小于基本模型中的 T^*。企业自制零部件属于边送边用的情况,因此该扩展模型除了适用于陆续送货决策外,还可以适用于自制在产品或零部件的经济生产批量决策。

【例 7-11】某企业全年需要某种零部件 2 700 件,每日送货量为 25 件,每日消耗量为 9 件,每次订货成本为 100 元,单位储存成本为 6 元,计算其经济订货批量及总成本。

解析:

$$经济订货批量 Q = \sqrt{\frac{2 \times 2\,700 \times 100}{6} \times \frac{25}{25-9}} = 375 \text{(件)}$$

$$总成本 T^* = \sqrt{2 \times 2\,700 \times 100 \times 6 \times \left(1 - \frac{9}{25}\right)} = 1\,440 \text{(元)}$$

上述计算结果表明,在陆续供货、陆续使用情况下,最佳经济订货批量应为 375 件,此时年成本为 1 440 元。

(三)再订货点与保险储备量

企业除了要知道每次需要订多少货,还需要知道在什么时候订货。经济批量模型是在企业存货的相关总成本最低的情况下,确定每批最优的订货数量。由于从订货到供应商交货还需要一段时间,在这段时期内企业仍然需要存货来进行正常的生产经营,因此,为了

保证企业的生产和销售正常进行，企业必须在存货用完之前提前订货，即企业必须正确确定在什么时候订货最为合适，也就是要确定"再订货点"。所谓再订货点，就是企业订购下一批存货时本批存货的储存量。如果订货过早，会造成存货的闲置与资本的积压；如果订货过晚，存货的储备量会下降，可能会产生缺货，进而会影响企业的正常生产经营。因此，再订货点的确定也是企业存货决策的一项重要内容。

假设 L 为交货时间，d 为平均每天的存货需求量，在交货时间不变且不考虑缺货情况下，企业应该在上批存货用至还剩 $L \cdot d$ 的数量时，接着订下一批货物，即此时的再订货点为 $L \cdot d$。

上述再订货点是基于以下假设：企业存货的供需稳定；全年存货的需求量已知，且每天的需求量不变。在这种假设下，存货的交货时间不变。但事实上情况并非完全如此，一方面，企业对存货的需求量经常会因为市场上各种原因而发生变化，另一方面，供货方也会发生延迟供货的情形。一旦企业对存货需求量猛增或者是供应商未能及时供货，将会给企业造成巨额损失。基于这些不确定性因素，企业必须要保持一定的保险储备，以防止由于不确定性因素所造成的损失。如果考虑保险储备量，企业的再订货点应为

$$R = L \cdot d + B$$

式中：R——再订货点；

L——正常的交货时间；

d——平均每天存货的需要量；

B——保险储备量。

即当上一批存货还剩 R 时，企业就应该订下一批货物了。

【例7-12】假设某生产材料的全年平均日耗用量为30件，平均每次交货时间为15天，为防止需求变化导致缺货损失，该材料的保险储备量为200件，试计算该企业的再订货点。

解析：再订货点 $R = L \cdot d + B = 15 \times 30 + 200 = 650$（件）

在一个订货周期内，若 $d=30$，不需要动用保险储备；若 $d>30$，需求量大于供货量，需要动用保险储备；若 $d<30$，不仅不需要动用保险储备，正常储备未用完时，下次存货即已送到。

保险储备量的建立可以使企业避免缺货或由于存货供应不及时所造成的损失，降低了缺货成本，但是保险储备量增加了存货的数量，其储存成本也相应增加。如果保险储备量过低，其储存成本会下降，缺货成本却会上升；如果保险储备量过高，缺货成本会下降，储存成本却会上升。因此，保险储备量的确定就是在储存成本与缺货成本之间进行权衡，使这两项成本之和达到最低的保险储备量就是最佳保险储备量。

三、存货控制与管理

（一）ABC 管理法

ABC 管理法（activity based classification）是由意大利经济学家巴雷特（Pareto）于 19

世纪提出来的，后被不断发展和完善，现已广泛应用于存货管理、成本管理和生产管理。ABC 管理法的基本原理就是企业在对存货进行控制时，应分清主次和管理的重点，根据存货的不同特点进行分类管理。具体而言就是根据存货的重要性程度将存货分为 A、B、C 三类，其中最重要的是 A 类存货，然后是 B 类，最后是 C 类。一般 A 类存货的价值占据存货总价值的 70% 左右，但其数量只占存货总量的 10% 左右；而 C 类存货刚好和 A 类相反，C 类存货价值在存货总价值中的比例比较低，一般占存货总价值的比例为 10% 左右，但其数量和品种占存货总量的 70% 左右；B 类存货则是介于 A 类和 C 类之间的，B 类存货的价值一般为存货总价值的 20% 左右。

运用 ABC 管理法对存货进行管理时，一般分为以下几个步骤：首先计算每一种存货在一定时间内（一般为 1 年）的资金占用额，即存货的价值。然后计算每一种存货资金占用额占全部资金占用额的百分比，并按大小顺序排列，编成表格。接着根据事先制定好的标准，把最重要的存货列为 A 类，一般存货列为 B 类，不重要的存货列为 C 类，并用图表列示出来。最后按照 ABC 管理法控制的原则，对于 A 类存货进行重点管理和控制，对 B 类存货进行次重点管理，对 C 类存货只进行一般管理。例如，假设 10% 的存货种类占了存货总价值的 75%，25% 的存货占了存货总价值的 20%，而 65% 的存货只占据了存货总价值的 5%，如图 7-7 所示。

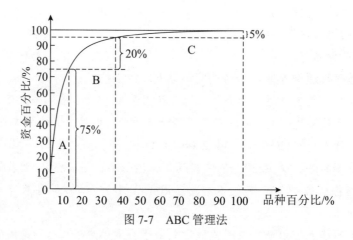

图 7-7　ABC 管理法

（二）准时制（JIT）生产方式

准时制（just in time，JIT）生产方式又称为无库存生产方式，是由丰田汽车公司于 20 世纪 50 年代首先创立并且推行的。70 年代中期以后，伴随着日本丰田汽车公司在世界市场竞争中的节节胜利，JIT 被当作日本企业成功的秘诀，受到众多西方企业界人士和管理学家的广泛关注。企业的生产系统如果能够真正实现在准时制生产方式的状态下运行，它的库存将被减至最小的程度，因此 JIT 又被誉为"零库存"管理。很显然，JIT 的零库存是企业理想的状态，其主要目的是在原材料、在产品及产成品保持最小库存的情况下实现大批量生产。在 JIT 生产方式下，原材料应该正好是在需要它们的时候准时获得，其思想就是在对生产和销售无负面影响的情况下持有零存货或尽可能接近于零，达到缩减存货成本的目的。众所周知，企业持有的存货越少，其储存成本就越低，减值的风险也越低，如果企业的存货持有数量为零，其储存成本和资产减值缺失就降至为零。为了达到准时生产制的零存货目的，企业在整个生产过程中都需要与供应商和销售商进行全面广泛的合作。在 JIT 生产方式中，质量管理贯穿于企业每一道工序中，通过全面质量管理来提高产品质量同时降低成本。而全面质量管理又要求企业的员工全员参与，只有通过企业全体员工的共同努力，才能达到提高企业产品和服务质量的同时降低成本。

JIT 生产方式和经济订货批量模型都是使持有和订购存货的成本最小，经济订货批量模型是通过确定最佳订购数量的商品使其成本最小，而 JIT 生产方式是通过关注这些成本的来源使其成本达到最小。

（三）ERP 管理法

随着因特网的普及与信息技术的发展，借助信息化的先进成果来管理存货，已经成了当前存货管理领域最热门的话题之一。ERP 又叫企业资源计划系统（enterprise resource planning，ERP），是建立在信息技术基础上，以系统化的管理思想，为企业决策层及员工提供决策运行手段的管理平台。如今，ERP 的观念早已深入人心，而各大软件公司也纷纷推出各种版本的 ERP 管理软件，引入 ERP 已是实现存货信息化管理的必由之路。现在大多数软件公司推出的 ERP 系统中都包含了相应的存货管理模块，企业可以通过计算机精确、快速的响应，来实现对存货的有效管理。随着 ERP 观念的深入，引入 ERP 的企业也不计其数。家电连锁巨头苏宁就是通过 ERP 来实现对全国各个分店存货的有效统一管理，众所周知，连锁企业对于存货的流转要求最高，从后台库存到前台 POS 机，从总部到每个分店都要经过繁杂的程序，存货周转成本很大。通过引入 ERP 管理系统，苏宁在全国各个分店实现了统一平台、统一供货。从后台库存到前台 POS 机，从总部到每个分店，都在同一个平台上工作，这就可以实现与上级的对接，大大减少了仓库的储存量。ERP 系统的实施使苏宁可以在一定半径里，让这个区域里面所有的门店都共享一个仓库，这样大大减少了库存量，提高了库存周转率，加快了资金流转的速度，提高了企业的效益。虽然 ERP 能给企业带来可观的好处，但引入 ERP 要耗费企业大量的精力和资源，并且还要不断地对固有的管理模式进行更新，对员工的适应性要求较高。

思 考 题

1. 简述企业持有现金的动机。
2. 确定最佳现金持有量的方法有哪些？简述其具体含义。
3. 企业的信用政策包括哪些方面，其具体含义分别是什么？
4. 如何运用 5C 评分法对客户信用进行评估？
5. 简述企业存货的功能和成本。
6. 简述存货 ABC 管理法的基本原理。

练 习 题

1. 某企业现金收支状况稳定,其年现金需求量为 20 万元,每次有价证券的转换成本为 400 元,有价证券的年利率为 10%。试计算:

（1）该企业的最佳现金持有量。

（2）最佳现金管理的相关总成本。

（3）计算一年内的最佳变现次数。

2. 某公司目前的赊销收入为 3000 万元,变动成本率为 70%,资本成本率为 12%,信用条件 $N/30$,坏账损失率 2%,年收账费用 48 万元。该公司拟改变信用政策以增加销售收入 10%,有 A、B 两个方案可供选择:

A 方案:坏账损失率 3%,年收账费用 70.2 万元。

B 方案:（2/10, 1/20, $N/60$）,坏账损失率 2%,收账费用 58.78 万元。客户分布为:10 日内付款占 60%,20 日内付款占 15%,60 日内付款占 25%。

通过计算说明该公司是否应该改变目前的信用政策。若改变,应采纳哪个方案。

3. 某公司本年度需耗用 A 材料 36 000kg,该材料采购成本为 200 元 /kg,年度储存成本为 16 元 /kg,平均每次进货费用为 20 元。要求:

（1）计算本年度 A 材料的经济订货批量。

（2）计算本年度 A 材料经济订货批量下的相关总成本。

（3）计算最优订货次数。

4. 某企业全年耗用 B 材料 8 000 件,每次订货成本 100 元,单位存货年储存成本为 10 元,该材料的价格为 20 元 / 件。若企业一次订货 800 件以上时,可享受 3% 的折扣,一次订货 1 000 件以上时,可享受 4% 的折扣。试求该企业的最佳经济订货批量。

案例分析

广联航空登陆创业板:应收账款偏高盈利能力存疑

第八章
筹资方式

本章导读

在互联网快速发展的时代，我国互联网相关企业得到了迅猛发展。其中，乐视以互联网新媒体视频内容起家占据了互联网视频的领先优势。乐视网集团自2004年在深交所上市到2016年经历了13个年头，这期间乐视集团独有的乐视生态模式即"乐视＋内容＋终端＋应用"平台，成为很多企业借鉴的发展模式。但在2016年，本就资金链紧张的乐视却不满足于现有的"乐视生态模式"而继续打造乐视超级汽车项目来扩大自己的业务规模，因而出现了2016年停牌、拖欠巨额资金等一系列资金链断裂的危机。乐视网的股价也从最高点179元跌到退市前的0.18元，1 600亿元市值烟消云散。

乐视网为何会走到今天这一步？乐视手机被认为是乐视资金链问题爆发的开端。2016年年底，公司控制人贾跃亭发布全员内部信，称目前资金比较紧缺的问题还是集中在手机上，主要是手机供应链的问题，并反思因节奏过快导致公司资金不足，宣布要停止烧钱扩张。但由于业务扩展过大，乐视网终于不堪债务重压，风雨飘摇，陷于破产边缘。

乐视网由盛转衰的事例说明：充足的资金是企业生存和发展的根本前提，企业可合理运用各种筹资方式及时筹足所需资金，充分发挥杠杆作用，确保企业的竞争力。但是，不恰当的筹资活动使得公司债务融资过多，导致企业承担过高的资本成本与财务风险，并最终陷于破产境地。

资料来源：https://baijiahao.baidu.com/s?id=1753096283958306204&wfr=spider&for=pc。

第一节 筹资概述

一、筹资的含义与动机

资金筹集（简称"筹资"），是指企业作为主体，依据其生产经营、对外投资和调整资本结构等需要，通过某种筹资渠道，采用适当的筹资方式，经济有效地筹措和集中资金的行为。一个企业能够及时足额地筹集资金，是其生存和发展的必要条件，同时也是其财务管理的重要内容。

（一）企业筹资的动机

企业筹资的基本目的是自身的生存与发展壮大，但具体的筹资动机是多种多样的，例如：为购买设备、引进技术、开发产品而筹资；为并购其他企业进行对外投资而筹资；为增强企业资产的流动性而筹资；为偿还债务并调整资本结构而筹资；等等。所有这些具体的动机总结归纳起来不外乎以下三种类型。

1. 扩张性筹资动机

扩张性筹资动机是企业为了扩大其生产经营规模、开辟全新的经营领域或者增加对外投资而产生的筹资动机。它主要适用于经营前景良好、处于成长阶段的企业。例如，企业生产经营的产品供不应求、企业为开发生产适销对路的新产品、开拓有发展前途的对外投资领域、追加有利的对外投资规模等等，都需要筹集大量的资金。扩张性筹资动机产生的结果是企业资产总额和资本总额的同时增加。

2. 调整性筹资动机

企业的调整性筹资动机是企业因资本结构调整需要而产生的筹资动机。资本结构是企业采取各种不同的筹资方式而形成的比例关系。一般来讲，资本结构的调整是企业为了降低筹资风险和资本成本而对权益资本与债务资本的比例关系进行的调整。资本结构的调整属于企业重大的财务决策事项，同时也是企业筹资管理的重要内容。资本结构调整的方式很多，例如，为提高权益资本的比例而增资、为提高权益资本利润率和降低资本成本而增加债务的发行、为维持现有合理的资本结构而举新债还旧债、为降低过高的财务风险和过重的财务压力而降低债务资本的比例等。为调整资本结构而进行的筹资，可能会引起企业资产总额与资本总额的增加，也可能会使资产总额和资本总额保持不变，在特殊情况下还可能引起资产总额的减少。

3. 混合性筹资动机

企业有时会同时因规模的扩张和资本结构的调整而产生筹资动机，该动机称为混合性筹资动机。这种混合性筹资动机兼容了扩张性筹资和调整性筹资两种筹资动机。

（二）资金筹集的原则

企业资金筹集的总体原则，就是要求企业深入分析影响筹资的各种因素，力求经济有效地筹集到所需资金，从而为企业的战略发展服务。

1. 合理地确定资金需求量

企业的资金需求量常常是不断变化的，企业要认真分析生产经营状况，采用一定的方法，预测资金需求量。既要防止因筹资不足影响生产经营的正常进行，又要避免筹资过多造成资金的闲置与浪费。

2. 合理地确定资本结构

企业的资本结构主要由权益资本和债务资本构成。负债的多少要与权益资本和偿债能力的要求相适应，既要避免负债过多，导致财务风险过大、偿债能力过低；又要有效地利用负债经营和财务杠杆，提高权益资本的收益水平。

3. 讲求经济效益

企业筹资应与其投资在效益上相互权衡。收益与资本成本的相互比较，决定着是否要追加筹资。同时一旦某项投资项目被采纳，其投资数量就决定着所需筹资的数量。因此，企业在进行筹资活动时，首先，要认真研究分析投资机会，讲究投资效益，避免忽视投资效益而盲目筹资。其次，由于不同筹资方式的资本成本不尽相同，企业就需综合研究各种筹资方式，寻求最优的筹资组合，从而降低资本成本，经济有效地筹集资本。

4. 依法筹资

企业的资金筹集活动，会影响到社会资金的流向与流量，同时涉及各有关方面的经济利益。因此，必须接受国家在宏观方面的指导和控制，遵守国家的有关法律法规，按照公正、公平、公开的原则，履行约定的责任，维护有关各方的合法权益。

二、筹资渠道与筹资方式

企业的资金筹集需要通过一定的筹资渠道，利用一定的筹资方式来进行。而不同的筹资渠道和筹资方式各有特点和适用范围，两者之间既有联系又有区别。所以企业在进行资金筹集时应加以分析，做到二者的有效配合。

（一）筹资渠道

筹资渠道是指企业筹集资金来源的方向与通道，体现着资金的源泉与供应量，其主要由社会资金的提供者及数量分布决定。认识和了解各个渠道及其特点，有助于企业充分拓宽和正确利用筹资渠道。概括起来，我国企业目前的筹资渠道主要有以下几项。

（1）国家财政资金。国家对企业的直接投资是国有企业最主要的资金来源渠道，特别是国有独资企业，其资本全部由国家投资形成。现有国有企业的资金来源中，其资本部分大多是由国家财政以直接拨款的方式形成的。从产权关系上看，它们都属于国家作为所有者投入的资金，产权归国家所有。

（2）银行信贷资金。各类企业重要的资金来源是各种银行的贷款。银行一般分为商业性银行和政策性银行。商业性银行为各类企业提供商业性贷款，政策性银行主要为特定企业提供政策性贷款。为了适应不同类型企业的资金需求，银行也采取了多种贷款方式。随着我国社会主义市场经济的不断发展，我国银行的贷款方式将更多元化。

（3）非银行金融机构资金。非银行金融机构资金也可以为一些企业提供一定的筹资来源。他们有的直接集聚社会资本，融资融物，如典当行、融资租赁公司；有的承销证券，为一些企业直接筹集资金或为一些公司发行证券筹资，提供承销信托服务。这种筹资渠道的财力虽然比银行要小，但具有广阔的发展前景。

（4）其他企业资金。企业在生产经营过程中，往往会形成部分暂时闲置的资本，并为一定的目的而进行相互投资；另外，在市场经济条件下，企业间的购销业务可以通过商业信用的方式来完成，从而形成企业间的债权债务关系，形成债务人对债权人的短期信用资金占用。企业间的相互投资和商业信用，使其他企业的资金也成为企业资金的重要来源。

（5）民间资金。民间资本可以为企业直接提供筹资来源。我国企业和事业单位的职工和广大城乡居民持有大笔的货币资金，可以对一些企业直接进行投资，为企业筹资提供资金来源。

（6）企业自留资金。企业自留资金是指企业内部形成的资金，主要包括计提的折旧、提取的公积金和未分配利润等。这些资本的重要特征之一是，他们无须企业通过一定的方式去筹集，而直接由企业内部自动生成或转移。

（7）外商及港澳台商资金。改革开放以来，外国投资者以及我国香港、澳门和台湾地区投资者已成为企业资金筹集的重要来源。随着世界经济一体化的进一步发展，其资金将在我国内地的建设中发挥更大的作用。

各种筹资渠道在所能提供的资金量方面，存在着较大的差别。有些渠道的资金供应量大，如银行信贷资金和非银行金融机构资金等。而有些相对较小，如企业自留资金等。这种资金量的大小，在一定程度上取决于财务管理环境的变化，特别是宏观经济体制、银行体制和金融市场的发达程度等。

（二）筹资方式

资金筹集方式是指企业筹措资金所采用的具体形式或者工具，体现了资金的属性和期限。如果说筹资渠道属于客观存在，那么筹资方式属于企业的主观能动行为。企业筹资管理的重要内容就是如何针对客观存在的筹资渠道，选择合适的筹资方式进行筹资。认识筹资方式的种类及各种筹资方式的属性，有利于企业选择适宜的筹资方式并有效地进行筹资组合，降低成本、提高效益。

1. 吸收直接投资

吸收直接投资是企业以协议的形式筹集政府、法人、自然人等直接投入的资金，形成企业投入资本的一种筹资方式。这种方式不以股票为媒介，所以适用于非股份制企业，是非股份制企业取得权益资本的基本方式。

2. 发行股票

发行股票筹资是股份制公司按照公司章程依法发售股票直接筹资，形成公司股本的一种筹资方式。发行股票筹资要以股票为媒介，仅适用于股份公司，是股份公司取得权益资本的基本方式。

3. 利用留存收益

利用留存收益就是企业将实现的净利润留存在企业内部，成为企业的资金来源。

4. 银行借款

银行借款筹资是企业按照借款协议从银行等金融机构借入各种款项的筹资方式。这种方式广泛适用于各类企业，是企业获得长期和短期债务资本的主要筹资方式。

5. 发行债券

发行债券筹资是企业按照债券发行协议来发售债券直接筹资。

6. 商业信用

商业信用筹资是企业通过赊购商品或劳务、预收货款等交易行为来筹集短期资金的一种筹资方式。这是中小型企业最重要的短期筹资方式。

7. 租赁筹资

租赁筹资是企业按照租赁合同租入资产从而筹集资本的特殊方式。

以上所述的各种筹资方式中，发行债券和租赁筹资主要为企业获得长期债务资本；商业信用筹资方式往往可为企业筹集短期债务资金；银行借款既可用于筹集长期债务资本，也可用于短期债务资金的筹集；吸收直接投资、发行股票和利用留存收益等方式可为企业取得永久性权益资本。

（三）筹资渠道与筹资方式的对应关系

企业的筹资渠道和筹资方式有着密切的联系。一定的筹资方式可能只适用于某一特定的筹资渠道，但同一渠道的资金往往可采用不同的方式去取得。有时同一筹资方式又常常可以适用于不同的筹资渠道。因此，企业在筹集资金时，应该注意筹资方式与筹资渠道二者的合理配合。它们之间的关系如表8-1所示。

表8-1 筹资方式与筹资渠道的对应关系

筹资渠道＼筹资方式	吸收直接投资	发行股票	利用留存收益	银行借款	发行债券	商业信用	租赁融资
国家财政资金	√	√					
银行信贷资金				√			
非银行金融机构资金	√	√			√		√
其他企业资金	√	√			√	√	√
民间资金	√	√					
企业自留资金	√						
外商及港澳台资金	√	√	√	√	√	√	√

需要注意的是，以上所列的对应关系并不是一成不变的，而是会随着社会整体经济、政治等环境的改变而改变。目前，我国的经济平稳快速地发展，同时国家的资本市场也在不断完善，筹资渠道和筹资方式的配合必将适应这种环境，从而出现新的、合适的对应关系。

三、资金筹集的种类

企业从不同的筹资渠道并采用不同的筹资方式筹集的资金，按不同的标准可分为不同的类型。

（一）长期资金与短期资金

按照所筹资金使用时间的长短可分为长期资金和短期资金。

1. 长期资金

长期资金是企业筹集的使用期限在一年以上的资金。企业的资本金、长期债券、长期借款等都是长期资金。广义的长期资金又可以分为中期资金和长期资金。一般地说，使用期限在一年以上至五年以内的资金为中期资金；使用期限在五年以上的资金为长期资金。

企业长期资金主要用于构建固定资产、取得无形资产、开展长期投资、垫付长期性流动资产等。长期资金通常采用吸收直接投资、发行股票、发行债券、长期借款、融资租赁等方式来筹措。

2. 短期资金

短期资金是企业筹集的使用期限在一年以内用于生产经营过程中短期周转所需的资金。短期资金主要用于流动资产、零星技术改造等方面。企业的短期借款、应付工资、应付税金等流动负债，属于短期资金。

一个企业的长期资金和短期资金的比例关系构成企业全部资金的期限结构。资金的期限结构对企业的风险与收益会产生一定的影响，企业应当根据资金的使用期限进行合理搭配。此外，长期资金与短期资金亦可相互融通。在长期资金富裕的情况下，可临时用于弥补短期资金的短缺；在短期资金充足的情况下，亦可暂时用来补充长期资金的不足。

（二）权益资本筹资与债务资本筹资

按照所筹资金的所有权性质可分为权益资本筹资和债务资本筹资。

1. **权益资本筹资**

权益资本又称为自有资本，是指企业投资者投入且拥有所有权的一部分资金，包括企业资本金、资本公积金、盈余公积金和未分配利润。按照国际惯例，自有资金包括实收资本和留存收益。它是一个企业经济实力的体现。自有资金具有以下特点。

（1）所有者以此参与企业经营管理、取得收益、对企业经营承担有限责任。

（2）属"永久性资金"，在企业存续期内只能依法转让，所有者不得以任何形式抽回。

（3）无还本付息压力，财务风险低。

2. **债务资本筹资**

债务资本是指企业从债权人处所借得的那部分资金，包括银行借款、应付债券等。企业筹措债务资本需要支付利息，而这种负债利息可列入企业成本费用中。当投资收益率高于负债利息率时，利用借入资金进行生产经营活动，可以提高企业自有资金利润率。借入资金具有以下特点。

（1）企业承担到期还本付息的责任，风险较大。

（2）债权人无权参与经营管理，对企业的债务不承担责任。

（3）特定条件下，有些借入资金可转换为自有资金，如可转换债券等。

（三）内部资金与外部资金

按照所筹资金的来源分为内部资金与外部资金。

1. **内部资金**

内部资金是企业在其内部通过计提折旧、留用利润等形成的资金。其中，计提折旧不增加企业的资金总量，只是改变资金的形态，其数量取决于企业的折旧资产及其政策；留用利润则增加企业的资金总量，其数量取决于企业的可供分配利润及利润分配政策。内部资金的筹集一般不需支付筹资费用。

2. 外部资金

外部资金是企业在其内部资金不足时，向企业外部筹集形成的资金。外部资金一般需要花费筹资费用，如借款时支付的手续费，发行股票、债券时支付的相关费用等。

（四）直接筹资与间接筹资

按照所筹资金是否以金融机构为媒介分为直接筹资和间接筹资。

1. 直接筹资

直接筹资是企业不通过银行等金融机构，与资金供应者直接协商或者以发行股票、债券等方式筹集资金。在直接筹资过程中，资金供需双方无须经过银行等金融机构作为媒介，直接转移资金。这种筹资方式目前正在不断地发展完善中。

2. 间接筹资

间接筹资是企业通过银行等金融机构进行的筹资活动。在间接筹资方式下，银行等金融机构先吸收客户资金，再提供给资金需要者，银行起中介作用。间接筹资的方式有银行借款、非银行金融机构借款、融资租赁等。这是一种传统的筹资方式。

3. 直接筹资与间接筹资的区别

第一，筹资载体不同。直接筹资通过货币或资本市场，以各种证券作为载体；而间接筹资以银行或非银行金融机构作为载体。第二，范围不同。直接筹资能够利用的筹资渠道以及方式比较多，筹资范围广泛；而间接筹资能够利用的筹资渠道以及方式只有金融机构，筹资范围狭窄。第三，效率与费用不同。直接筹资所需资料比较多，手续复杂，准备时间比较长，因而筹资费用也比较高，筹资效率比较低；而间接筹资过程简单，手续也相对简便，如企业向银行借款时，首先填写申请，然后与银行签订借款合同，最后取得借款，因而筹资费用比较低，筹资效率比较高。第四，意义不同。直接筹资能够使企业最大限度地利用社会资金，提高企业的知名度和信誉度，改善企业的资本结构；而间接筹资主要满足企业资金周转的需要。

第二节 权益资本筹资

相对于债券和借款的到期还本付息，权益资本筹资通常不需要归还本金且没有固定的股利负担，投资者将承担更高的财务风险，故权益资本筹资的资本成本也更高。权益性筹资包括内部股权筹资和外部股权筹资，反映在资产负债表上，前者是指留存收益的增加，后者则体现为股本或实收资本的增加（通常伴随资本公积的增加）。根据企业的性质不同，权益性筹资包括吸收直接投资和发行股票筹资。

一、吸收直接投资

（一）吸收直接投资的含义和要求

企业的资本金是指企业所有者为创办和发展企业而投入的资本，是企业股权资本最基本的组成部分。吸收直接投资是指非股份制企业以协议等形式吸收国家、其他企业、个人和外商等直接投入的资本，形成企业投入资本的一种筹资方式。吸收直接投资不以股票为媒介，适用于非股份制企业，是非股份制企业筹资股权资本的基本方式。

企业采用吸收直接投资方式筹措自有资本，必须满足一定的要求：第一，采用吸收直接投资方式筹措投入资本的企业，应当是非股份制企业，包括个人独资企业、合伙制企业和有限责任公司；第二，直接投资的出资者以现金、实物资产、无形资产出资时，必须符合企业生产经营、科研开发的需要；第三，企业筹集的投入资本，如果是实物和无形资产，必须在技术上能够消化，在工艺、人员方面能够适应。

（二）吸收直接投资的种类

1. 按投资者的性质分类

（1）吸收国家直接投资，主要为国家财政拨款，由此形成企业的国有资本。

（2）吸收其他企业、事业单位等法人的直接投资，由此形成企业法人资本。

（3）吸收本企业内部职工和城乡居民的直接投资，由此形成企业的个人资本。

（4）吸收外国投资者和我国港澳台地区投资者的直接投资，由此形成企业的外商资本和港澳台商资本。

2. 按投资者的出资形式分类

（1）吸收现金投资。现金在使用上具有比其他出资方式更大的灵活性，它可以用于购置资产或支付费用。因此，企业在筹建时吸收一定量的现金额将十分有利，各国的法律对现金在资本总额中的比例均有一定要求。我国《公司法》规定，设立有限责任公司或者股份有限公司，全体股东的现金出资金额不得低于其公司注册资本的百分之30%。

（2）吸收非现金投资。非现金出资主要有两类形式：①吸收实物资产投资，包括房屋、建筑物、设备等固定资产和材料、燃料、产品等流动资产；②吸收无形资产投资，包括专利权、商标权、非专利技术、土地使用权等。

（三）吸收直接投资的程序

1. 确定吸收直接投资的数量

企业新建或扩大规模而吸收直接投资时，应当合理确定所需筹集投入资本的数量。国有独资企业的增资，必须由国家授权投资的机构或国家授权的部门决定；合资或合营企业的增资必须由出资各方协商决定。

2. 选择吸收直接投资的具体形式

企业向哪些方面、用何种形式吸收直接投资，需要由企业和投资者双方互相选择，协商确定。企业应根据其生产经营等活动的需要以及协议等规定，选择吸收投资的方向和具体形式。

3. 签署决定、合同或协议等文件

企业吸收直接投资，无论是为了新建还是增资，都应当由有关方面签署决定或协议等书面文件。如果是国有企业，应该由国家授权投资的机构等签署创建或增资拨款决定，而合资企业应由各方共同签订合资或增资协议。

4. 取得资本来源

签署完相关文件后，应按文件规定取得资本来源。吸收国家以现金投资的，一般有拨款计划、拨款期限、每期数额和拨款形式，企业可按计划获得现金。吸收出资各方以实物资产或无形资产出资的，应结合不同情况，先采取合适的方法进行合理估价，然后办理产权的转移，取得资产。

（四）吸收非现金投资的估价

1. 吸收流动资产投资的估价

（1）对于材料、燃料、产成品等，可采用现行市价法或重置成本法进行估价。

（2）对于在制品、自制半成品，可先按完工程度折算为相当于产成品的约当量，再按产成品的估价方法进行估价。

（3）对于应收款项和有价证券，应针对具体情况，采用合理的估价方法。凡是能够立即收回的应收账款，可以用其账面价值作为评估价值；凡是能够立即贴现的应收票据，可以用其贴现值作为评估价值；凡是不能立即收回的应收款，应合理估计其坏账损失，并以其账面价值扣除坏账损失后的金额作为评估价值；凡是能够立即变现的带息票据和计息债券，可以用其面额加上持有期间的利息作为评估价值。

2. 吸收固定资产投资的估价

（1）对于筹集的机器设备，一般采用重置成本法和现行市价法进行估价；对有独立生产能力的机器设备，亦可采用收益现值法估价。评估价值应包括机器设备的直接成本和间接成本。

（2）房屋建筑物价值的高低，是由多方面因素决定的，主要受原投资额、地理位置、质量、新旧程度等因素的影响，可采用现行市价法并结合收益现值法进行估价。

3. 吸收无形资产投资的估价

对于能够单独计算自创成本或外购成本的无形资产，如专利权、专有技术等，可以采用重置成本法估价；对于在现时市场上有交易参照物的无形资产，如专利权、租赁权、土地使用权等，可采用现行市价法进行估价；对于无法确定研制成本或购买成本，又不能在市场上找到交易参照物，但能为企业持续带来收益的无形资产，如特许经营权、商标权等，可采用收益现值法估价。

（五）吸收直接投资的优缺点

1. 优点

（1）有利于增强企业信誉。吸收直接投资所筹集的资金属于自有资金，能增强企业的信誉和借款能力，对于扩大企业经营规模、壮大企业实力具有重要作用。

（2）有利于尽快形成生产能力。吸收直接投资可以直接获取投资者的先进设备和技术，与仅能筹集现金的筹资方式相比，有利于尽快形成生产能力、尽快开拓市场。

（3）有利于降低财务风险。吸收直接投资可以根据企业的经营情况向投资者支付报酬，比较灵活，所以财务风险较小。

2. 缺点

（1）资金成本较高。因为向投资者支付的报酬是根据其出资比例和企业实现利润的多寡来计算的。

（2）企业控制权容易分散。投资者在投资的同时，一般都要求获得与投资数量相适应的经营管理的权利。

（3）不便于产权交易。投入资本筹资由于没有证券作为媒介，产权关系有时不够明确，也不便于产权交易。

二、股票筹资

股票是股份有限公司为筹借股权资本而发行的有价证券，是持股人拥有公司股份的凭证。它代表持股人在公司中拥有股份的所有权。股票持有人即为公司的股东。公司股东作为出资人按投入公司的资本额享有所有者的资产收益、公司重大决策和选择管理的权利，并以其所持股份为限对公司承担责任。

与其他筹资方式相比，股票筹资具有如下优点。

（1）没有固定利息负担。公司有盈余，并认为适合分配股利，就可以分给股东；公司盈余较少，或虽有盈余但资金短缺或有更有利的投资机会，就可以少分配或不分配。

（2）没有固定到期日。利用普通股筹集的永久性资金，除非公司清算才需偿还。

（3）财务风险小。由于普通股没有固定到期日，不用支付固定的利息，因此财务风险小。

（4）筹资限制较少。利用优先股或债券筹资，通常有许多限制，这些限制往往会影响公司经营的灵活性。

与其他筹资方式相比，股票筹资也有如下一些缺点。

（1）普通股资本成本较高。首先从投资者角度讲，普通股投资风险较高，因此会要求较高的投资报酬率，其次从公司角度来说，普通股股利来自净利润，不像债券利息可以作为费用税前支付，因而不具有抵税作用，此外普通股发行费用一般也较高。

（2）会分散公司控制权。以普通股筹资会增加新股东，可能会分散公司的控制权，削弱原有股东对公司的控制。

（3）严格的信息披露。如果公司股票上市，需要履行严格的信息披露制度，接受公众的监督，会带来信息披露成本。

（4）股票上市会增加被收购的风险。公司股票上市后，其经营状况会受到社会的广泛关注，可能面临被收购的风险。

（一）私募股权融资

私募股权融资是指公司以非公开方式向潜在的投资者筹集股权资本的行为，风险投资公司、天使投资者、机构投资者以及公司投资者是私募股权融资的主要来源。

风险投资公司是为初始公司提供启动资本的有限合伙制企业，通过风险投资基金来进行投资，天使投资者则是为初创公司提供资本的个人，与风险投资公司受托管理资本不同，天使投资者使用自己的资金进行投资。从本质上说两者都属于风险投资，两者的共同点主要表现在：①投资对象多为初创期的中小型企业，而且作为高新技术企业，高风险、高收益并存；②投资期限较长，从风险投入到撤出投资为主，高风险高收益并存，这一过程需要 3～5 年甚至更长的时间；③投资方式一般为股权投资，通常占被投资企业 30% 左右的股权，而不要求控股权，也不需要任何担保或抵押；④风险投资人一般积极参与被投资企业的经营管理，提供增值服务。除了种子期融资外，风险投资人一般也对被投资企业以后各发展阶段的融资需求予以帮助，投资的目的并不是为了获得企业的所有权，不是为了控股，更不是为了经营企业，而是通过投资和提供增值服务，把投资企业做大，然后通过公开上市、兼并收购或其他方式退出，在产权流动中实现投资回报。

风险投资公司为公司发展开辟了新的融资渠道，解决了公司创业发展阶段的融资难题，打破了公司发展初期的资金瓶颈，为培育具有发展潜力的创新科技型公司作出了贡献。但风险投资对投资对象的选择比较严格，条件比较苛刻，使得风险资本的融通对一般公司来说有一定的困难。

机构投资者通常是用自有资本或从分散的公众中筹集的资本专门进行有价证券投资活动的法人机构。在西方国家，以有价证券投资收益为其重要收入来源。证券公司、投资公司、保险公司、各种福利基金、养老基金及金融财团等，一般称为机构投资者。其中最典型的机构投资者是专门从事有价证券投资的共同基金。在中国，机构投资者目前主要是具有证券自营业务资格的证券经营机构，符合国家有关政策法规规定的投资管理基金等，上述三种股权投资者关注的重点是项目的投资收益，而公司的投资者如公司的合作伙伴、战略合作伙伴或战略投资者，投资的目的不仅是获得投资收益，更重要的是实现公司战略目标、提高资源的配置效率。

（二）新股发行

上市公司首次公开发行股票募集资本，即新股发行（initial public offerings，IPO），是指首次公开发行股票的上市公司，与其承销商在上市前对股票发行价格进行定价，并将股票出售给投资者，进而实现其融资目的的一种制度安排。

1. 首次公开发行中的行为主体

首次公开发行股票是指企业公开向社会公众发行股票并上市的过程。IPO 发行涉及的行为主体包括证监会、发行人、投资银行和投资者。

证监会等作为监管机构，分别通过尽职调查、禁售条款、负债比率、信息披露要求等措施对 IPO 进行监督和管理。在新股发行定价中，证监会基本上遵循的是窗口指导原则，例如从最初的 13～15 倍发行市盈率的控制，到 1999 年逐渐放松管制，再到后来的 20 倍市盈率管制，证监会对 IPO 的监管方式，不仅影响 IPO 的发行速度和发行量，也影响 IPO 的定价机制。IPO 的发行人与投资银行、投资银行与投资者均通过签订发行股票契约成为 IPO 的行为主体。投资银行作为证券发行承销商，一方面为发行人提供金融中介服务，包括发行人上市融资辅导、发行公司融资工具和发行方案设计，根据发行人的发行规模、行业特征和公司业绩，结合投资者的购买预期确定新股定价区间等；另一方面为投资者提供尽职的投资价值和分析服务。投资银行家或资本市场专家通过分析报告影响投资者的投资策略，如果投资者认购发行股票则成为发行人的股东。

2. IPO 发行审批制度

国际证券市场股票发行的审批制度有三类：审批制、核准制和注册制。

审批制一般是在证券市场发展初期，在特殊的市场环境下，一些国家和地区采用的一种股票发行制度，审批制也称严格实质管理，即股票发行不仅要满足信息公开的各种条件和各项标准，还要接受计划指标前提下的更为严格的实质性审查。中国在证券市场发展初期也实行过审批制。

核准制也称为实质审查制。它要求证券监管机构依据法定标准，对拟发行股票的公司营业性质、资本结构、资金投向、收益水平、管理人员素质、公司竞争力、公司治理结构等方面实行实质性审查，并据此做出发行公司是否具备发行条件的判断。

注册制也称申报制。它要求发行股票的公司，将因公开的各种信息向证券发行监管机构申报注册，申报公司需对所提供信息的真实性、准确性、完整性和及时性承担法律责任，证券监管机构只对申报公司所公开信息的形式要件和真实性进行审查，不做实质条件的限制。其代表国家是美国、日本和韩国。2019 年 3 月，中国证监会颁布了第 153 号令《科创板首次公开发行股票注册管理办法（试行）》，开启了我国注册制的试点运行机制。

3. IPO 发行方式

发行方式是指发行公司及承销商采用什么方式、通过何种渠道发行新股。我国 IPO 发行方式的演变可以分为两个阶段。第一阶段是证券市场建立以前，这一阶段股票发行特点是：面值不统一；发行对象多为内部职工或当地投资者；由于技术条件和认知水平的限制，较多采用的是认购证、与储蓄存款挂钩、全额预缴款等网下发行方式。第二阶段是 20 世纪 90 年代初证券市场建立到现在。这一阶段由于电子交易技术的发展，使得股票发行方式不断创新，网下发行方式逐步被淘汰，网上发行方式逐渐成为主流且形式多样，主要有网上竞价发行、网上定价发行、网上询价发行、新股配售等方式。

4. IPO 定价机制

世界范围内广泛采用的三种定价机制是固定价格法、拍卖法和累计投标询价法。固定价格法是由承销商事先根据一定的标准确定发行价格，投资者以此价格进行申购。

拍卖法是投资者在规定的时间内申报，申购数量和价格，申购结束后，主承销商对所有有效申报按价格由高到低进行累计，累计申购量达到新股发行量的价格就是有效价位。高于此的所有申报都中标，并将此价位作为新股发行价格或最低发行价格。

累计投标询价法则是股票价格更趋于真实价值的方法，它通过三个过程最终确定发行价和股票的分配份额。首先承销商根据上市公司的财务、经营状况，运用一定的估价方法（现金流量折现法、市盈率法）确定新股发行的询价期间；其次，机构投资者、发行公司和主承销商一同进行路演，收集关于需求量和需求价格的信息，修正发行价格区间。最后承销商通过对询价及路演收集到的申购报价，即申购数量信息进行汇总分析，确定发行价格。

我国证券市场建立后，IPO 定价主要采用过如下方式。

（1）网上竞价。它是拍卖机制的一种形式，买方报价的高低决定其能否获得股票分配及股票的分配数量。发行时主承销商为唯一的"卖方"，其卖出数为新股发行数，卖出价格为发行底价。投资者在规定时间内也不低于发行底价的价格申购，申购结束后，证券交易所按照时间优先价格优先的竞价原则，确定申购成功者和实际发行价格。

（2）网上定价。它是固定价格机制的一种形式，投资者只能以固定的发行价格进行申购。

（3）网上或网下询价。网上询价也称为网上累计投标询价，是一种事先确定的发行数量，而发行价格不定的发行方式。它与网上定价的区别：在申购时发行公司和主承销商只给出发行价格区间，而不是固定的发行价格。投资者在价格区间进行申购。申购结束后，根据申购结果按照一定的超额申购倍数确定发行价格，高于或等于该发行价格的申购为有效申购，再由证券交易系统统计有效申购总量和户数，根据发行数量有效申购总量和有效申购户数确定申购者的认购股数。

5. IPO 发行条件

在资本市场不同的投资者与融资者都有不同的规模大小和主体特征，存在着对资本市场金融服务的不同需求。投资者和融资者对投融资金融服务的多样化需求，决定了资本市场应该是一个多层次的市场经济体系。我国资本市场主要包括沪深主板、中小板、新三板和创业板等板块，在不同板块的资本市场公开发行新股的条件是不同的。

不同板块资本市场 IPO 条件如表 8-2 所示。

表 8-2 不同板块资本市场 IPO 条件

	主板	中小板	创业板	新三板	科创板
市场类型	场内市场	场内市场	场内市场	场内市场	场内市场
公司类型	大型成熟企业	中型企业	高增值性、创新性企业；	非上市企业	成长型科创企业
上市制度	核准制	核准制	核准制	注册制	注册制
存续期	3 年以上	3 年以上	3 年以上	2 年以上	3 年以上
盈利要求	最近 3 个会计年度连续盈利，且累计净利润大于 3 000 万元；或营业收入累计大于 3 亿元	最近 2 年连续盈利，且累计净利润大于 5 000 万元，或最近 1 年营业收入大于等于 1 亿元	最近 2 个完整会计年度的营业收入累计大于等于 1 000 万元；因研发周期较长导致营业收入少于 1 000 万元，但最近一期期末净资产大于等于 3 000 万元的除外		允许符合科创板定位的，尚未盈利或存在累计未弥补亏损的企业上市，按照市值指定 5 套标准： （1）预计市值不低于 10 亿元，最近 2 年净利润均为正且累计净利润不低于人民币 5 000 万元或最近一年净利润为正且营业收入不低于人民币 1 亿元；

续表

	主 板	中小板	创业板	新三板	科创板
现金流要求	最近3个会计年度经营活动现金流量净额累计＞5 000万元		无	每一个会计期间内形成与同期业务相关的持续营运记录，不能仅存在偶发性交易或事项	（2）预计市值不低于15亿元，最近一个营业收入不低于人民币2亿元，且最近3年研发投入合计占最近3年营业收入的比例不低于15%； （3）预计市值不低于20亿元，最近一个营业收入不低于人民币2亿元，且最近3年研发投入合计占最近3年营业收入的比例不低于15%； （4）预计市值不低于30亿元，最近一个营业收入不低于人民币3亿元； （5）预计市值不低于40亿元，主要业务或产品需经国家部门批准，市场空间大，目前已取得阶段性成果
净资产要求	最近一期期末无形资产占净资产比小于等于20%；最近一期期末不存在未弥补亏损		无	报告期末每股净资产大于等于1元/股	
股本要求	发行前股本总额不少于5 000万元		发行前股本总额不少于3 000万元	发行后股本总额不少于3 000万元	发行后股本总额不少于3 000万元

（三）股权再融资

上市公司融资按其发生的时间不同，分为初始融资和再融资。股权再融资（seasoned equity offering，SEO），是指上市公司在首次公开发行以后，再次发行股票以进行股权融资的行为。目前，股权再融资包括向原股东配股和增发新股融资。

1. 配股

配股是上市公司根据公司发展需要，依照有关法律规定和相应的程序，向原股票股东按其持股比例、以低于市价的某一特定价格配售一定数量新发行股票的融资行为。按照惯例，公司配股时新股的认购权按照原有股权比例在原股东之间分配。配股赋予企业现有股东配股权，使得现有股东拥有合法的优先购买新发股票的权利。

（1）配股的条件。尽管配股融资是公司上市后融资的主要方式，但并不是所有的上市公司都可以运用配股方式融资。为了保护投资者利益，促进证券市场健康发展，证券监管部门对上市公司配股融资条件进行了限制，规定了配股资格线。目前，上市公司配股融资应具备的条件主要包括：①上市公司配股距上一次发行时间间隔不得少于1个完整会计年度；②上市公司最近3个会计年度连续盈利；③上市公司最近3年以现金和股票方式累计分配的利润不少于最近3年实现的年均可分配利润的20%；④上市公司募集资金的用途应符合国家的产业政策，配股比例的上限为10:3。

（2）配股除权价格。通常配股股权登记日后要对股票进行除权处理。除权后股票的理论除权基准价格为：

$$配股除权参考价 = \frac{配股前股票市值 + 配股价格 \times 配股数量}{配股前股数 + 配股数量}$$

$$= \frac{配股前每股价格 + 配股价格 \times 股份变动比例}{1 + 股份变动比例}$$

当所有股东都参与配股时，股份变动比例（即实际配售比例）等于拟配售比例。

除权参考价只是作为计算除权日股价涨跌幅度的基准，提供的只是一个参考价格。如果除权后股票交易价值高于该除权参考价，这种情形使得参与配股的股东财富较配股前有所增加，一般称之为填权；股价低于除权参考价则会减少参与配股股东的财富，一般称之为贴权。

（3）每股股票配股权价值。一般来说，原股东可以以低于配股前股票市价的价格购买所配发的股票，即配股权的执行价格低于当前股票价格，此时配股权是市值期权，因此配股权具有价值。利用配股除权参考价，可以估计每股股票配股权价值。每股股票配股权价值为：

$$每股股票配股权价值=\frac{配股除权参考价-配股价格}{购买一股新股配股所需的原股数}$$

【例8-1】航天科技控股集团股份有限公司是一家主业为航天飞行器和汽车电子产品制造的上市公司。2020年2月24日发布公告进行配股融资，本次配股以股权登记日2020年2月26日深圳证券交易所收市后公司总股本610 000 000股为基数，按每10股配售2股的比例向全体股东配售，2020年3月5日为配股除权登记日，配股价为配股说明书公布前20个交易日公司股票交易均价8.71元/股的80%，即配股价格为6.97元/股。

假定在分析中不考虑新募集资金投资产生净现值引起的企业价值变化，计算并分析：①在所有股东均参与配股的情况下，配股后每股价格；②每一份配股权的价值；③股东参与配股将对股东财富的影响。

解析：（1）以每股6.97元的价格发行了122 000 000（610 000 000×2÷10）股新股，筹集了850 340 000元，由于不考虑新募集资金投资产生净现值引起的企业价值变化，普通股总市场价值增加了本次配股融资的金额，配股后股票的价格应等于配股除权参考价。

$$配股除股参考价=\frac{610\,000\,000\times8.71+6.97\times122\,000\,000}{610\,000\,000+122\,000\,000}=8.42(元/股)$$

（2）由于原股东每10股股票将配售2股股票，故为得到一股新股需要有5股原股票，因此每股原股票的配股权价值为

$$每股股票配股权价值=\frac{8.42-6.97}{5}=0.29(元)$$

（3）假设某股东拥有10 000股航天科技，配股前价值为87 100元，如果所有股东都行使配股权参与配股，该股东配股后拥有股票的总价值为101 040（8.42×12 000）元，与配股前相比，价值增加0（101 040-87 100-2 000×6.97）元，股东财富没有变化。

2. 增发新股

增发新股是指已经经历过IPO并已挂牌交易的上市公司，根据其发展战略和经营需要，经证券监管部门批准，再次通过证券市场向社会投资者发售股票的融资行为。增发可以分为公开增发和非公开增发。

公开增发与首次公开发行一样，没有特定的发行对象，股票市场的投资者均可以认购，

而非公开增发有特定的发行对象,主要是机构投资者、大股东及关联方等。机构投资者大体可以划分为财务投资者和战略投资者。其中,财务投资者通常是以获利为目的、通过短期持有上市公司股票适时套现、实现获利的法人,他们一般不参与公司的重大战略决策。战略投资者通常是与发行人具有合作关系或合作意向和潜力并愿意按照发行人配售要求,与发行人签署战略投资配售协议的法人,他们与发行公司业务联系紧密,且长期持有发行公司股票。上市公司通过非公开增发引入战略投资者不仅获得战略投资者的资金,还有助于与引入其管理理念和经验,改善公司治理。大股东及关联方是指上市公司的控股股东或关联方。一般来说,采取非公开增发的形式向控股股东认购资产,有助于上市公司与控股股东进行股份与资产置换,进行股权和业务整合,同时也进一步提高了控股股东对上市公司的所有权。

(1)公开增发。除满足前述公开发行的基本条件外,我国《上市公司证券发行管理办法》要求,公开增发还应当符合下列规定:①最近三个会计年度加权平均净资产收益率平均不低于6%,扣除非经常性损益后的净利润与扣除前的净利润相比,以低者作为加权平均净资产收益率的计算依据;②除金融类企业外,最近一期期末不存在持有金额较大的交易性金融资产和可供出售的金融资产,借予他人款项、委托理财等财务性投资的情形;③发行价格应不低于公告招股意向书前20个交易日公司股票均价或前1个交易日的均价。公开增发新股的认购方式,通常为现金认购。

(2)非公开增发。根据我国《上市公司证券发行管理办法》规定,非公开发行股票的发行价格不低于基准日前20个交易日公司股票均价的80%。此处,定价基准日前20个交易日股票交易均价的计算公式为:

$$定价基准日前20个交易日股票交易均价=\frac{定价基准日前20个交易日股票交易总额}{定价基准日前20个交易日股票交易总量}$$

对于以通过非公开发行进行重大资产重组或者引起长期战略投资为目的的,可以在董事会、股东大会阶段事先确定发行价格;对于以筹集现金为目的的,应在取得发行核准批文后采取竞价方式确定。非公开增发新股的认购方式不限于现金,还包括股权、债权、无形资产、固定资产等非现金资产。通过非现金资产认购的非公开增发,往往是以重大资产重组或者引进长期战略投资为目的。因此非公开增发除了能为上市公司带来资金外,往往还能带来具有盈利能力的资产,提升公司治理水平、优化上下游业务等。

3. 股权再融资的影响

股权再融资对企业产生的影响如下。

(1)对公司资本结构的影响。通常权益资本成本高于债务资本成本,采用股权再融资会降低资产负债率,并可能使资本成本增大;但股权再融资有助于企业目标资本结构的实现、增强企业财务的稳健性、降低债务的违约风险。

(2)对企业财务状况的影响。在企业运营及盈利状况不变的情况下,采用股权再融资筹集资金会降低企业的财务杠杆水平,并降低净资产报酬率。但企业如果能将股权再融资筹集的资金投资于具有良好发展前景的项目,获得正的投资活动净现值,或者能够改善企业的资本结构,降低资本成本,就有利于增加企业的价值。

（3）对控制权的影响。就配股而言，由于全体股东具有相同的认购权利，控股股东只要不放弃认购的权利，就不会削弱控制权，公开增发会引入新股东，原股东控制权会受到增发认购数量的影响，非公开增发相对复杂，若对财务投资者和战略投资者增发，则会降低控股股东的控股比例，但财务投资者和战略投资者大多与控股股东有良好的合作关系，一般不会对控股股东的控制权形成威胁；若面向控股股东的增发是为了收购其优质资产或实现集团整体上市，则会提高控股股东的控股比例，增强控股股东对上市公司的控制权。

第三节 债务资本筹资

一、债券筹资

（一）债券的概念与特征

债券是债务人为筹集借入资本而发行的，约定在一定期限内向债权人还本付息的有价证券。发行债券是企业筹集借入资本的重要方式。我国非公司制企业发行的债券称为企业债券。按照我国相关法律和国际惯例，股份有限公司和有限责任公司发行的债券称为公司债券，习惯上又称公司债。

1. 债券的基本要素

（1）债券的面值。债券面值包括两个基本内容：一是币种，二是票面金额。面值的币种可用本国货币，也可用外币，这取决于发行者的需要和债券的种类。债券的发行者可根据资金市场情况和自己的需要情况选择适合的币种。债券的票面金额是债券到期时偿还债务的金额。

（2）债券的期限。债券有明确的到期日，债券从发行日起，至到期日之间的时间称为债券的期限。如果把商业票据也看成一种债券的话，那么债券的期限从数天到几十年不等。但近些年来，由于利率和汇率剧烈波动，许多投资者都不愿投资于还本期限太长的债券，因而，债券的期限有日益缩短的趋势。在债券的期限内，公司必须定期支付利息，债券到期时，必须偿还本金。

（3）利率和利息。债券上通常载明利率，一般为固定利率，也有少数是浮动利率。债券的利率为年利率，面值与利率相乘可得出年利息。

【例8-2】某公司发行的债券面值为1 000元，年利率为12%，则每年需支付的利息为：
$$1\,000 \times 12\% = 120（元）$$

（4）债券的价格。理论上债券的面值就是它的价格。但实际操作中，由于发行者的考虑或资金市场上供求关系、利息率的变化，债券的市场价格常常脱离它的面值，有时高于面值，有时低于面值，但差额并不大，不像普通股那样相差甚远。也就是说，债券的面值是固定的，但它的价格是经常变化的。发行者计算利息、偿付本金都以债券的面值为根据，而不以价格为根据。

2. 债券的基本特征

（1）盈利性。债券是投资者向国家、企业等发行者的直接投资，不会产生中间利润，因此相对收益率较高。

（2）安全性。因为债券在发行的时候就明确规定了在指定的时间支付的本金和利息，与发行者的收益无关，能保证投资者收益的稳定，且在公司解散和清偿时，债权人的权益能依法首先得到保证。

（3）流动性。债券期满之后，可以随时按规定向发行单位一次收回本金和利息。在到期前，若债券的持有者急需资金，可随时到证券市场进行转让变现，当债权转让完成后，债券权利也随之转让。因此，债券是一种具有高度流动性的有价证券。

3. 债券的种类

（1）按债券是否记名分为记名债券与无记名债券。记名债券是指在券面上记有持券人的姓名或名称。对于这种债券，发行人只对记名人偿还本金，持券人凭印鉴支取利息。记名债券的转让，由债券持有人以背书等方式进行，并向发行人将受让人的姓名或名称载于公司债券存根簿。无记名债券是指在券面上不记持券人的姓名或名称，还本付息以债券为凭，一般执行剪票付息。其转让由债券持有人将债券交付给受让人后即发挥效力。

（2）按债券有无抵押担保分为信用债券与担保债券。信用债券亦称无担保债券，是仅凭债券发行者的信用而发行的、没有抵押品作担保的债券。担保债券是指以抵押财产为担保而发行的债券。当债券的发行人在债券到期而不能履行还本付息义务时，债券持有者有权变卖抵押品来清偿抵付或要求担保人承担还本付息的义务。担保债券还可按抵押品的先后担保顺序分为第一抵押债券和第二抵押债券。公司解散时，只有在第一抵押债券持有人的债券已获清偿后，第二抵押债券的持有人才有权索偿剩余的财产，因此后者要求的利率相对较高。

（3）按债券利率的决定方式分为固定利率债券与浮动利率债券。固定利率债券是指其利率在发行之初便已确定。浮动利率债券的利率水平在发行之初不固定，而是根据一种或几种特定的利率作为浮动的参考依据加以确定，一般是根据银行业的同业拆放利率的平均水平，再加上一个既定的数额作为债券利息率。

（4）按债券持有人的受益程度和方式分为参加公司债券与非参加公司债券。参加公司债券的持有者除可以得到事先规定的利息外，还可以按规定在一定程度上参与企业的盈利分红。非参加公司债券的持有人则没有这种权利。参加公司债券的分配方式和比例在事前都必须约定，一般来说这种债券的发行数量很少。

（5）按债券所附的特殊条款分为收益公司债券、可转换公司债券与附认股权债券。收益公司债券是一种非固定利率债券，其利息收入取决于企业收益水平。当举债企业的利润扣除各项固定支出并有剩余时才支付利息，收益不足时只按既定利息率支付其中一部分，等以后经营情况改善后再补发利息，直到所有应付利息全部付清后，企业的股东才能够分红。可转换公司债券是一种特殊的债券，这种债券的持有者可根据自己的意愿在一定的时间内按规定的价格和条件将债券转换为发行企业的股票。附认股权债券是指在一定条件下，持券人有权要求认购债券发行公司增售新股票的债券。

（6）按债券是否公开发行分为公募债券和私募债券。公募债券是指按法定手续，经证券主管机构批准在市场上公开发行的债券，其发行对象是不限定的。私募债券是指发行者向与其有特定关系的少数投资者发行的债券。该债券的发行范围很小，其投资者大多数为银行或保险公司等金融机构，它不采用公开呈报制度，债券的转让也受到一定程度的限制，流动性较差，但其利率水平一般较公募债券要高。

（7）按债券利息的支付方式分为附息债券、贴现债券和普通债券。附息债券是在它的券面上附有各期息票的中长期债券，息票的持有者可按其标明的时间期限到指定的地点按标明的利息额领取利息。息票通常以6个月为一期，由于它在到期时可获取利息收入，息票也是一种有价证券，因此它也可以流通、转让。贴现债券是在发行时按规定的折扣率将债券以低于面值的价格出售，在到期时持有者仍按面额领回本息，其票面价格与发行价之差即为利息。除此之外就是普通债券，它按不低于面值的价格发行，持券者可按规定分期分批领取利息或到期后一次领回本息。

（二）债券的发行

1. 发行条件

主体条件。根据我国《公司法》规定，股份有限公司、国有独资公司和两个以上的国有企业或者其他两个以上的国有投资主体投资设立的有限责任公司，具有发行公司债券的资格。

积极条件。我国《证券法》规定，公开发行公司债券，应当符合下列条件：股份有限公司的净资产不低于人民币3 000万元，有限责任公司的净资产不低于人民币6 000万元；累计债券余额不超过公司净资产的40%；最近三年平均可分配利润足以支付公司债券一年的利息；筹集的资金投向符合国家产业政策；债券的利率不超过国务院限定的利率水平；国务院规定的其他条件。此外，公开发行公司债券筹集的资金，必须用于核准的用途，不得用于弥补亏损和非生产性支出。

消极条件。发行公司有下列情形之一的，不得再次公开发行公司债券：前一次公开发行的公司债券尚未募足；对已公开发行的公司债券或者其他债务有违约或者延迟支付本息的事实，仍处于继续状态；违反该法规定，改变公开发行公司债券所募资金的用途等。

2. 发行程序

（1）做出发行债券决议。公司在实际发行债券之前，必须由股东大会（或董事会）做出发行债券的决议，具体决定公司债券发行总额、票面金额、发行价格、募集办法、债券利率、偿还日期及方式等内容。我国股份有限公司、有限责任公司发行公司债券，由董事会制定方案，股东大会做出决议；国有独资公司发行国内债券，应由国家授权投资的机构或者国家授权的部门做出决定。而在国外，公司发行债券一般需经董事会通过，由三分之二以上董事出席，且有出席的董事中要过半数人表决同意才能通过。

（2）提出发行债券申请。在我国，申请公开发行公司债券，发行人向国务院证券监督管理机构或者国务院授权的部门报送的证券发行申请文件，必须真实、准确、完整，还应当向国务院授权的部门或者国务院证券监督管理机构报送以下文件：公司营业执照；公司章程；公司债券募集办法；资产评估报告和验资报告；国务院授权的部门或者国务院证券监督管理机构规定的其他文件。

（3）公告债券募集办法。发行公司债券的申请经国务院授权的部门核准后，企业公开向社会发行债券应当向社会公告债券募集办法。我国《公司法》规定，公司债券募集办法中应当载明以下内容：公司名称；债券募集资金的用途；债券总额和债券的票面金额；债券利率的确定方式；还本付息的期限和方式；债券担保情况；债券的发行价格、发行的起止日期；公司净资产额；已发行的尚未到期的公司债券总额；公司债券的承销机构等。

（4）进行债券发售。企业发行公司债券，一般有公募发行和私募发行两种发行方式。前者是指向不特定的投资者广泛募集资金的债券发行方式。公募发行常以企业有良好的经济效益和有较高的信用等级为必要条件，同时还要有严格的审批程序。由于公募发行经过严格的审批，信用度高并且可以上市买卖。后者是指以少数与发行单位关系密切的投资者为对象，主要有保险公司、投资公司、财务公司等金融机构。私募发行的程序很简单，一般由公司董事会讨论决定即可发行，不必向证券管理部门报批，也不必委托证券公司和其他金融机构办理推销。私募发行的数额一般较小，且时间较短。由于私募发行未经过严格的审批，因此不能上市公开交易，缺乏流动性。

（5）交付债券，收缴债券款，登记债券存根簿。发行公司公开发行公司债券并且有证券承销机构发售时，投资者直接向承销机构付款购买，承销机构代理收取债券款，交付债券。然后，发行公司向承销机构收缴债券款并结算预付的债券款。我国相关法律规定，公司发行公司债券应当置备公司债券存根簿。

发行记名公司债券的，应当在公司债券存根簿上载明下列事项：债券持有人的姓名或者名称及住所；债券持有人取得债券的日期及债券的编号；债券总额，债券的票面金额、利率、还本付息的期限和方式；债券的发行日期。发行无记名公司债券的，应当在公司债券存根簿上载明债券总额、利率、偿还期限和方式、发行日期及债券的编号。

3. 债券发行价格的确定

公司债券的发行价格是发行公司（或其承销机构）发行债券时所使用的价格，亦即投资者向发行公司认购其所发行债券时所支付的实际价格。公司在发行债券之前，必须综合考虑有关因素，运用一定的方法，确定债券的发行价格。

（1）决定债券发行价格的因素。公司债券发行价格的高低，主要取决于下述四个方面的因素。

①债券面额。债券的面额是确定债券发行价格的最基本因素。债券发行价格的高低，从根本上取决于债券面额的大小。一般而言，债券面额越大，发行价格越高。但是，如果不考虑利息因素，债券面额是债券到期价值，即债券的未来价值，而不是债券的现在价值，即发行价格。

②票面利率。债券的票面利率是债券的名义利率，通常在发行债券之前即已确定，并注明在债券票面上。一般而言，债券的票面利率越高，发行价格也越高；反之，就越低。

③市场利率。债券发行时的市场利率是衡量债券票面利率高低的参照系，两者通常不

一致，因此共同影响债券的发行价格。一般来说，债券的市场利率越高，债券的发行价格越低；反之，就越高。

④债券期限。同银行借款一样，债券的期限越长，债权人的风险越大，要求的利息报酬就越高，债券的发行价格就可能较低；反之，可能较高。

(2) 债券发行价格的确定。债券的发行价格取决于债券的内在价值。从投资者角度来说，债券价值大小取决于债券持有人未来收益的大小，即每年固定的利息收入与到期的本金。从筹资者角度，债券的发行价格实际上就是发行收入，它应当弥补日后筹资者支付义务带来的现金流出，即定期的利息支付与到期的本金偿还义务。总之，债券发行价格系由两部分构成：一部分是债券到期还本面额按市场利率折现的现值；另一部分是债券各期利息（年金形式）的现值，即债券发行价格 = 未来支付的利息现值 + 到期本金的现值。债券的发行价格具体可按下列公式计算确定：

$$债券发行价格 = \frac{债券面额}{(1+市场利率)^n} + \sum_{t=1}^{n} \frac{债券年息}{(1+市场利率)^t}$$

式中：n——债券期限；

t——付息期数；

市场利率——债券发售时的市场利率；

债券年息——债券面额与票面利率（通常为年利率）的乘积。

在实务中，公司债券的发行价格通常有三种情况，即等价、溢价、折价。等价是指以债券等于、高于或低于票面金额的价格发行债券。溢价或者折价发行主要是因为债券的票面利率与市场利率的不一致所造成的。债券的票面利率在债券发行前即已参照市场利率确定下来，并标明于债券票面，无法改变。但是，市场利率是由于各种原因而经常发生变动的。如果债券在发售时，发现市场利率与此前确定发行债券时的市场利率出现不一致，就需要调整发行价格（溢价或者折价），从而调节债券买卖双方的利益。债券发行价格与市场利率的关系，如表 8-3 所示。

表 8-3 债券发行价格与市场利率的关系

类　型	票面利率与市场利率的关系
溢价发行（发行价格＞面值）	票面利率＞市场利率
平价发行（发行价格＝面值）	票面利率＝市场利率
折价发行（发行价格＜面值）	票面利率＜市场利率

【例 8-3】某公司发行面额为 1 000 元，票面利率为 10%，期限 10 年的债券，每年末付利息一次。其发行价格可分为下述三种情况来分别计算。

(1) 市场利率为 10%，与票面利率一致，为等价发行。债券发行价格可计算为：

$$\frac{1\,000}{(1+10\%)^{10}} + \sum_{t=1}^{10} \frac{100}{(1+10\%)^t} = 1\,000（元）$$

(2) 市场利率为 12%，高于票面利率，为折价发行。债券发行价格可计算为：

$$\frac{1\,000}{(1+12\%)^{10}} + \sum_{t=1}^{10} \frac{100}{(1+12\%)^t} = 887\,(元)$$

（3）市场利率为 8%，低于票面利率，为溢价发行。债券发行价格可计算为：

$$\frac{1\,000}{(1+8\%)^{10}} + \sum_{t=1}^{10} \frac{100}{(1+8\%)^t} = 1\,134\,(元)$$

（三）债券的信用评级

债券评级最早于 20 世纪初产生于美国，现在各国都有相应的信用评级机构。在美国比较有名的债券评价机构有：标准普尔公司、穆迪投资服务公司、杜佛与菲尔普斯公司、威尔斯公司等。我国债券市场发展较晚，债券的信用评级制度也发展缓慢，20 世纪 90 年代初期，我国债券市场迅速发展，迫切需要对债券市场加强规模与管理。1993 年 4 月，国务院颁布了《国务院关于坚持制止乱集资和加强债券发行管理的通知》，明确规定要加强债券的信用评级工作，规定申请发行债券的公司、企业，必须经过有关部门确认的有资格的信用评级机构进行评级。发行债券数额超过 1 亿元的企业，要由全国性的信用评级机构予以评定。1993 年 8 月颁布的《企业债券管理条例》规定，发行公司在发行债券的公告中应公布债券的信用等级。1997 年 12 月中国人民银行发布了《关于中国诚信证券评估有限公司等机构从事企业债券信用评级业务资格的通知》，初步确定了中诚信、大公国际等九家评级机构企业债券的信用评级资格。1998 年颁布的《证券法》也规定，上市债券的发行公司应披露其信用等级。2006 年中国人民银行发布的《信用评级管理指导意见》，对信用评级要素、标识含义做了明确说明。2019 年 12 月中国人民银行会同发改委、证监会发布了《信用评级业管理暂行办法》，在评级质量、利益冲突防范、独立性、评级透明度等方面提出了管理要求，明确了评级机构评级程序和作业规则，建立了统一监管体系。至此我国债券的信用评级进入了高质量发展时期。

1. 债券评级程序

企业在发行债券时，必须对拟发行的债券进行信用评级。首先，由发行公司或其他代理机构向证券评级机构提出正式的信用评级申请，经双方协商后签订合同明确权责关系；其次，信用评级机构成立由产业研究专家、财务分析专家及经济专家组成的评价工作小组，通过调查、访谈等方式收集有关债券信用评级的信息，如公司经营情况、财务资料、管理水平、人员素质等；再次，评级小组经过调查分析后写出草案并提交评级委员会，通过评定债券的等级；最后，证券评级机构在发布信用级别公告之后，还要对发行公司债券发售至清偿的全过程进行跟踪调查，必要的时候修正原有等级。

2. 债券的具体信用等级

按照国际惯例，把债券的信用级别按照风险程度大小分为三等九级。其中包括两大类，分别是投资类（包括一等的 AAA、AA、A 级和二等的 BBB 级）和投机类（包括二等的 BB、B 和三等的 CCC、CC、C）。

A 级债券是最高级别的债券，其特点是：①本金和收益的安全性最大；②它们受经济形势影响的程度较小；③它们的收益水平较低，筹资成本也低。B级债券的特点是：①债券的安全性、稳定性以及利息收益会受到经济中不稳定因素的影响；②经济形势的变化对这类债券的价值影响很大；③投资者冒一定风险，但收益水平较高，筹资成本与费用也较高。C级是投机性或赌博性的债券，从正常投资角度来看，没有多大的经济意义但对于敢于承担风险，试图从差价变动中取得巨大收益的投资者，也是一种可供选择的投资对象。具体的信用等级设置详见表8-4。

表8-4 债券信用等级设置与说明

类别划分	级别划分	级位次序	计分标准 下限	计分标准 上线	说 明
投资级	一等	AAA	90	100	该债券具有极高的清偿能力，投资者没有风险
		AA	80	89	该债券具有很高的清偿能力，投资者基本没有风险
		A	70	79	该债券到期具有一定的清偿支付能力，经采取保护措施后，很可能会按期还本付息，投资者风险较低
	二等	BBB	60	69	企业资产、财务状况较差，各项经济指标处于中等水平，经营管理不佳，经济实力不强，清偿与支付能力差，投资者有一定风险
投机级		BB	50	59	该债券到期清偿支付能力低，投资者风险较大
		B	40	49	该债券到期清偿支付能力脆弱，投资者风险很大
	三等	CCC	30	39	该债券到期清偿支付能力很低，投资者风险极大
		CC	20	29	该债券到期清偿支付能力极低，投资者风险最大
		C	0	10	企业面临破产，该债券到期没有清偿支付能力，投资者绝对有风险

我国信用评级公司在不断借鉴国际信用评级机构的评级理论和方法的基础上，逐步探索适合我国国情的信用评级方法和技术，初步形成了覆盖基础评级理论、信用评级模型以及分行业、分产品、分主体评级方法的信用评级体系。根据中国人民银行的有关规定，凡是向社会公开发行的企业债券，需要由经中国人民银行认可的资信评级机构进行评信。这些机构对发行债券企业的企业素质、财务质量、项目状况、项目前景和偿债能力进行评分，以此评定信用级别。

3. 债券评级考虑的主要因素

等级的区分主要是靠判断力，但在判断分析时，要考虑大量的数量及非数量因素。这些因素概括起来可以分为三大类：产业分析、财务分析与信托契约。

（1）产业分析。主要对发行公司所处行业的市场结构和市场行为进行调查与分析，分析的内容主要包括：市场结构、行业的性质、行业的寿命周期、行业稳定性与产业内部竞争力等分析。

（2）财务分析。财务分析是指以债券发行公司的财务数据为基础，采用一系列专门的分析技术和方法，对企业过去和现在有关筹资活动、投资活动、经营活动、分配活动有关的盈利能力、营运能力、偿债能力和增长能力状况等进行分析。

（3）信托契约分析。信托契约是详细规定债券发行公司与债券持有人的权力与义务关系的文件，在以保护投资者为目的的债券评级中，它是主要的分析内容之一。在信托契约分析中，通常要对契约中限制性条款及债券的优先次序进行分析研究。

（四）债券的收回

债券的发行公司收回债券的方法可以有多种，比较常见的收回方式包括：在最终到期日清偿本息后收回债券；发行新债券来收回老债券；定期偿付本金来收回债券；等等。

1. 偿债基金

所谓偿债基金，就是在每年或每期按照债券的一定比例提取一定的资金，并将提取出的资金作为专项基金进行管理，以便公司在未来收回债券。提取的偿债基金数额需要考虑多个因素，包括债券金额、到期的时间、公司一般的机会投资收益率等。偿债基金的计算方法请参见本书第三章的相关内容。

2. 分期偿还

分期偿还与偿债基金的不同之处在于，企业在债券发行初期就明确规定该债券要分批进行收回。比如说，某公司发行 10 年期 2 000 万元的分期偿还债券，规定了 10 个到期日，所以该公司只要每次按规定偿付 200 万元。每期进行偿付的债券号码即可以在偿付前公布，也可在偿付前进行抽签来决定。目前，采用更多的是抽签决定。被抽到的债券，无论其持有人是否同意，其所持有的债券均应该按期被赎回。在该方法下，发行公司只需按照每期需偿还的数额来提取偿债资金就可以了，而不必将这笔资金进行专户管理，因此，该方法操作起来相对简单些。

3. 债券调换

债券的调换，是指企业在一定的时间发行新债券来调换即将到期的老债券。换句话说，就是发行一种债券来取代另一种债券。出于各种各样的动机，公司会选择采用这种方法来收回债券。企业一般出于以下两个动机进行债券调换。

（1）减少债券保护性条款的限制。如果公司在某个时候发现，某种老债券所附的契约性保护条款对企业的束缚过多，限制了企业的经营活动，同时也阻碍了公司的经营战略，公司就可以采用债券调换的方式，发行一种保护条款较少的新债券来替换老债券，从而增加公司经营上的机动灵活性。

（2）改变债券利息率。当企业的资本成本因为市场利率的变化而变大时，降低债券的资本成本就成为对债券进行调换的原因之一了。这种情况一般发生在债券发行后市场利率降低的条件下，此时进行债券的调换对公司是有利的。否则，不应进行债券的调换。

（五）债券筹资的优缺点

1. 债券筹资的优点

（1）债券成本较低。与股票筹资相比较而言，首先，债券筹资其发行费用较低；其次，债券的利息允许在所得税前支付，发行公司可享受税上利益。所以，公司发行债券筹资实际负担的成本一般低于股票成本。

（2）可利用财务杠杆。无论发行公司的盈利多少，债券持有人一般只收取固定的利息，而更多的收益可用于分配给股东或留用公司经营，从而增加股东和公司的财富。

（3）保障股东控制权。债券持有人无权参与发行公司的管理决策，因此，公司发行债券不会像增发新股票那样可能会分散股东对公司的控制权。

（4）便于调整资本结构。在公司发行可转换债券以及可提前赎回债券的情况下，则便于公司主动地合理调整资本结构。

2. 债券筹资的缺点

（1）财务风险较高。债券有固定的到期日并需定期支付利息，发行公司必须承担按期付息偿本的义务。所以说，在公司不景气时，向债券持有者还本付息无异于釜底抽薪，会给公司带来更大的困难，甚至可能会因其破产。

（2）限制条件较多。发行债券的契约书中常常会有一些限制条款。一般说来，这些限制要比其他一些筹资方式严得多，如优先股、短期债务等。这些限制，可能会影响公司的正常发展，甚至是以后的筹资能力。

（3）筹资数量有限。一般来说，公司利用债券筹资会受一定额度的限制。多数国家对此都有限定。我国《证券法》规定，发行公司流通在外的债券累计余额不得超过公司净资产的40%。此外，如果公司的负债比率超过了一定的程度，债券筹资的成本要迅速上升，有时新的债券甚至会发行不出去。

二、长期借款筹资

（一）长期借款的特点与种类

长期借款是指企业从银行或其他金融机构借入的、偿还期限在一年以上的借款。长期借款主要用于企业的固定资产购置和满足大额的永久性流动资产资金占用的需要，企业筹集长期借款资金的主要来源包括银行、保险公司和信托投资公司等各种金融机构。

1. 长期借款的特点

（1）计划性。银行会要求借款人事先编制借款计划，说明借款的用途，并提出申请。

（2）原则性。一方面银行给借款人规定了严格的限制条件，只有符合其规定的借款人，才可取得借款；另一方面，银行实行了"区别对待，择优扶持"的原则，对于一些关系到国计民生的部门和一些需要特殊照顾、加以扶持的企业，银行给予了适当的优惠条件，如低息贷款等。

（3）政策性。银行借出长期借款的数量和期限，都受贷款政策的约束，有时急需资金时，并不能保证及时取得。当金融政策比较宽松时，银行长期借款就容易取得；反之，银根抽紧时，取得借款就比较困难。

（4）资金成本低。一方面，银行借款的手续费用较少，不像利用股票、债券筹资时要支付注册费、印刷费和发行费等；另一方面，银行长期借款的利息率比较低，而且借款利息可以在成本费用中列支，从而使企业少交部分所得税。

2. 长期借款的种类

（1）按提供贷款的机构分类可分为政策性银行贷款、商业性银行贷款和其他金融机构贷款。

政策性银行贷款是指执行国家政策性贷款业务的银行提供的贷款。例如，国家开发银行向承建国家重点建设项目企业提供的长期贷款。政策性银行的经营具有政策倾向性，因而其贷款的面较窄。商业性银行贷款即商业银行提供的贷款，包括短期贷款和长期贷款，其中长期贷款一般具有以下特点：①银行与企业之间要签订借款合同，其中含有对借款企业的具体限制条件；②有规定的借款利率，可固定，亦可随基本利率的变动而变动；③主要采用分批偿还方式。其他金融机构贷款，即保险公司、信托公司、财务公司等非银行机构向企业提供的贷款，一般来说，这类贷款期限比商业银行贷款的期限要长，要求的利率也较高，对借款企业的信用和担保品的选择也比较严格。

（2）按有无抵押品作担保分为抵押贷款和信用贷款。抵押贷款是指以特定的抵押品作为担保的贷款。作为贷款担保的抵押品可以是不动产、机器设备等实物资产，也可以是股票、债券等有价证券。信用贷款是指无抵押品作担保的贷款，即仅凭借企业自身或其保证人的信用而发放的贷款。信用贷款通常仅由借款企业出具签字的文书，一般是贷给那些资信良好的企业。

此外，我国银行长期贷款通常分为基本建设贷款、更新改造贷款、科研开发和新产品试制贷款等。

（二）长期借款的程序

向银行借入长期借款，一般要比短期借款复杂得多，因为长期借款可能会给银行带来较大的风险。长期借款时间长、数额较大，而在借款期限内，借款人的财务状况可能会发生较大变化，所以银行在从事长期贷款时，一般都比较谨慎，要求按一定的程序来进行。

1. 提出借款申请

企业申请借款必须符合借款原则和贷款条件，应当具备产品有市场、生产经营有效益、不挤占挪用信贷资金、恪守信用等基本条件，并且应当符合以下要求：

（1）有按期还本付息的能力，原应付贷款利息和到期贷款已清偿；没有清偿的，已经做了贷款人认可的偿还计划；

（2）应当经过工商部门办理年检手续；

（3）已开立基本账户或一般存款账户；

（4）除国务院规定外，有限责任公司和股份有限公司对外股本权益性投资累计额未超过其净资产总额的50%；

（5）借款人的资产负债率符合贷款人的要求；

（6）借款企业财务管理与经济核算制度健全，资金使用效益高、经济效益良好。金融部门对贷款规定的原则是：按计划发放、择优扶植、有物资保证、按期归还。企业提出借款申请，应陈述借款原因、借款金额、用款时间与计划、还款时间与计划。

2. 银行审核申请

银行针对企业的申请，按照贷款条件，对借款企业进行调查，依据审批权限，核定企业申请的贷款金额和用款计划。审核的内容包括：①企业的财务状况；②企业的信用情况；

③企业的盈利稳定性；④企业的发展前景；⑤借款用途和期限；⑥借款的担保品等。

3. 签订借款合同

经银行审核，借款申请获批准后，银行与借款企业双方可进一步协商贷款的具体条件，签订正式的借款合同，规定贷款的数额、利率、期限和一些限制性条款。

4. 企业取得借款

借款合同签订后，企业可在核定的贷款指标范围内，根据用款计划和实际需要，一次或分次将贷款转入企业的存款结算户。

5. 企业归还借款

贷款到期时，借款企业应依照贷款合同的规定按期清偿贷款本金与利息或续签合同。一般而言，归还贷款的方式主要有三种：

（1）到期日一次性归还，在这种方式下，还贷集中，借款企业需于贷款到期日前做好准备，以保证全部清偿到期贷款；

（2）定期偿还相等份额的本金，即在到期之前定期（如一年或两年）偿还相同的金额，至贷款到期日还清全部本金；

（3）分批偿还，每次金额不一定相等，便于企业灵活安排。

贷款到期经银行催收，借款企业如不归还贷款，银行可根据合同规定，从借款企业的存款账户中扣还贷款本息及罚息。借款企业如因暂时财务困难，需延期归还贷款时，应向银行提交延期还贷计划，经审查核实，续签合同，按计划归还贷款。逾期期间银行一般按逾期贷款计收利息。

（三）长期借款的信用条件

1. 信贷额度

指借款人与银行签订协议，规定的借入款项最高限额。通常在信用额度内，企业可随时按需要向银行申请借款，如借款人超过限额继续借款，银行将停止办理。例如，在正式协议下，约定一企业的信贷额度为 50 万元，该企业已借用 30 万元且尚未偿还，则该企业仍然可以申请 20 万元的借款，银行将予以保证。此外，如果企业信誉恶化，银行也有权停止借款。对信贷额度，银行不承担法律责任，没有强制义务。

2. 周转信贷协定

与信贷额度不同，该协定是指银行具有法律义务地承诺提供不超过某一最高限额外的贷款。在协定的有效期内，银行必须满足企业在任何时候提出的借款要求。企业享用周转信贷协定必须对贷款限额的未使用部分向银行付一笔承诺费，一般来说数额为该企业未使用信用额度的一定比率（2‰左右）。银行对周转信贷协议负有法律义务。

3. 补偿性余额

补偿性余额是指银行要求借款人在银行中保留按借款限额或实际借用额的一定百分比（通常为 10%～20%）的最低存款余额。企业在使用资金的过程中，通过资金在存款账户的进出，始终保持一定的补偿性余额在银行存款的账户上。银行的目的在于降低银行的贷款风险，这实际上增加了借款企业的实际利率，加重了企业的财务负担。例如，如果某企业需要 80 000 元资金以清偿到期债券，而需要维持 20% 的补偿性余额，那么为了获取这 80 000 元就必须借款 100 000 元。如果名义利率为 8%，则实际利率为

$$\frac{100\,000\times 8\%}{100\,000\times(1-20\%)}=10\%$$

4. 借款抵押

除信用借款以外，银行向财务风险大、信誉不好的企业发放贷款，往往需要抵押贷款，即企业以抵押品作为贷款的担保，以减少自己蒙受损失的风险。借款的抵押品通常是借款企业的应收账款、存货、股票、债券及房屋等。银行接受抵押品后，将根据抵押品的账面价值决定贷款金额，一般为抵押品账面价值的 30% 至 50%。企业接受抵押贷款后，其抵押财产的使用及将来的借款能力会受到限制。

5. 偿还条件

无论何种贷款，一般都会规定还款的期限。根据我国央行的相关规定，贷款到期后仍无力偿还的，视为逾期贷款，银行要照章加收逾期罚息。贷款的偿还有到期一次还清和在贷款期内定期等额偿还两种方式，企业一般不希望采取后一种方式，因为这样会提高贷款的实际利率。

除上述所说的信用条件外，银行有时还要求企业为取得借款而做出其他承诺，如及时提供财务报表、保持适当的资产流动性等。如企业违背做出的承诺，银行可要求企业立即偿还全部贷款。

（四）长期借款合同

借款合同是规定借贷当事人各方权利和义务的契约。借款合同必须采用书面形式。借款申请书、有关借款的凭证、协议书和当事人双方同意修改借款合同的有关书面材料，也是借款合同的组成部分。

1. 借款合同的基本条款

根据我国有关法规，借款合同应具备下列基本条款：借款种类、借款用途、借款金额、借款利率、借款期限、还款资金来源及还款方式、保证条款、违约责任等。

在所有条款中，借款利率是最重要的一部分。而影响长期借款利率的主要因素是借款期限与借款企业的信用。一般认为，借款期限越长，银行承担的风险就越大，利率也就越高，反之亦然。而在一定期限条件下，借款利率的高低就将取决于借款企业的信用状况。一般认为，信用好或抵押品流动性强的借款企业，其借款利率相对比较低。反之较高。我国有固定利率与浮动利率两种利率制度。浮动利率通常有高、低限额，并在借款合同中明确其浮动幅度。为节约借款成本，企业如果预期市场利率上升，则应采用固定利率制度；如果预期利率下降，则相应地应选择浮动利率制度。

另外，保证条款规定借款方申请借款应具有银行规定比例的自有资金，并有适销适用的财产物资作为贷款的保证，借款方无力偿还贷款时，贷款方有权处理作为贷款保证的财产物资；必要时还可规定保证人，保证人必须具有足够代偿的财产，借款方不履行合同时，由保证人连带承担偿还本息的责任。

2. 借款合同的限制条款

由于长期贷款的期限长、风险较高，因此，除了合同的基本条款以外，按照国际惯例，银行对借款企业通常都约定一些限制性条款，归纳起来有如下三类。

（1）例行性限制条款。例行性限制条款又称非限制性条款，是指所有的借贷合同中均有规定、所有借款都应遵守的条款。主要有以下几个方面：①定期向银行报送财务报表；②不得出售太多的资产，禁止应收账款的出售或贴现；③及时支付到期债务和税金；④不得以资产作为其他承诺的担保或抵押；⑤补偿性余额的要求；⑥违约的处罚方法。

（2）一般性限制条款。一般性限制条款是指对借款企业资产流动性、现金支付能力和偿债能力等方面的要求条款，它是维护银行利益的最重要的条款。主要包括：①最低流动比率、最高资产负债率的限制；②固定资产处置限制；③限制资本支出的规模；④限制借入其他长期债务；⑤现金流出限制，限制现金股利的支出。

（3）特殊性限制条款。特殊性限制条款是指在个别借贷合同中特别规定的条款，目的在于避免在特殊情况下可能出现的意外，以确保该公司的经营当局是在提供贷款当时企业所信赖的人的控制之下。主要包括：①规定贷款专款专用；②公司主要领导人购买人身保险；③主要管理人员的改变或改组须经贷款人核准。

（五）长期借款筹资的优缺点

1. 长期借款的优点

（1）借款筹资速度快。企业利用长期借款筹资，一般所需时间较短，程序较为简单，可以快速获得现金。由于企业与银行直接打交道，可根据企业资金的需求状况提出要求，而且因为企业经常性地与银行交往，彼此相互了解，对借款合同的有关条款内容和要求也相对熟悉，从而能避免许多不必要的麻烦。

（2）借款成本较低。利用长期借款筹资，其利息可在所得税前列支，故可减少企业实际负担的成本，因此比股票筹资的成本要低得多；与债券相比，借款利率一般低于债券利率，此外，筹资费用也极少。

（3）借款弹性较大。在借款时，企业与银行直接商定贷款的时间、数额和利率等；在用款期间，企业如因财务状况发生某些变化，亦可与银行再行协商，变更借款数量及还款期限等。

（4）企业利用借款筹资可以发挥财务杠杆的作用。

（5）易于企业保守商业秘密。向银行办理借款，可以避免向公众提供公开的商业信息，因而也有利于减少财务秘密的披露，对保守商业秘密有好处。

2. 长期借款的缺点

（1）筹资风险较高。借款通常有固定的利息负担和固定的偿付期限，企业的偿付压力较大，故借款企业的筹资风险较高。

（2）限制条件较多。银行为了保证贷款的安全性，对借款的使用附加了许多约束条件，这可能会影响到企业以后的筹资和投资活动。

（3）筹资数量有限。一般不会像股票、债券那样可以一次筹集到大笔资金。

三、融资租赁筹资

租赁是指在一定期间内,出租人将资产使用权让与承租人以获取对价的合同。

(一)融资租赁的概念

租赁的种类很多,按性质和目的不同可分为经营性租赁和融资性租赁。经营性租赁主要是指采用简化处理的短期租赁和低价值资产租赁。融资租赁又称资本租赁、财务租赁,是由租赁公司按照承租企业的要求,融资购买设备,并在契约或合同规定的较长期限内提供的给承租企业使用的信用性业务,是现代租赁的主要类型。从承租人的角度,其会计处理不再区分经营租赁和融资租赁,而是均采用融资租赁的处理方式。

融资租赁通常为长期租赁,可满足承租企业对设备的长期需求,故有时也称为资本租赁。承租企业采用融资租赁的主要目的是融通资本,一般融资的对象是资本,而融资租赁集融资与融物与一体,具有借贷的性质,是承租企业筹集长期介入资本的一种特殊方式。主要特点有:①一般由承租企业向租赁公司提出正式申请,由租赁公司融资购进设备给承租企业使用;②租赁期限较长,大多为设备使用年限的一半以上;③租赁合同比较稳定,在规定的租期内,非经双方同意,任何一方不得中途解约,有利于维护双方的权益;④由承租企业负责设备的维修保养和投保事宜,但无权自行拆卸改装;⑤租赁期满时,按事先约定的办法处置设备,一般有续租、留购或退还三种选择,通常由承租企业留购。

(二)融资租赁的种类

融资租赁按其业务的不同特点,可细分为三种具体方式。

1. 直接租赁

直接租赁是融资租赁的典型形式,通常所说的融资租赁是指直接租赁形式。

2. 售后租回

在这种形式下,制造企业按照协议先将其资产卖给租赁公司,再作为承租企业将所售资产租回使用,并按期向租赁公司支付租金。采用这种融资租赁形式,承租企业因出售资产而获得了一笔现金,同时因将其租回而保留了资产的使用权。这与抵押贷款有些相似。这种融资租赁方式可以用来解决企业在筹资上遇到的困难,改善其财务状况。

3. 杠杆租赁

杠杆租赁是国际上比较流行的一种融资租赁形式。它一般涉及承租人、出租人和贷款人三方当事人。从承租人的角度来看,它与其他融资租赁形式并无区别,同样是按合同的规定,在租期内获得资产的使用权,按期支付租金。对出租人却不同,出租人只垫支购买资产所需现金的一部分(一般为20%~40%),其余部分(60%~80%)则以该资产为担保向贷款人借款支付。因此,在这种情况下,租赁公司既是出租人又是借款人,因此既要收取租金,又要偿还债务。这种融资租赁形式,由于租赁收益一般大于借款成本支出,出租人借款购物出租可获得财务杠杆利益,故被称为杠杆租赁。杠杆租赁是融资性租赁的最高级形式,通常适用于投资数额大、使用期限长的设备租赁。

（三）融资租赁的程序

1. 选择租赁公司

企业决定采用租赁方式筹集某项设备时，首先需了解各个租赁公司的经营范围、业务能力以及与其他金融机构的关系和资信情况，取得租赁公司的融资条件和租赁率等资料，并加以比较，从而择优选定。

2. 办理租赁委托

企业选定租赁公司后，便可向其提出申请，办理委托。这时，筹资企业需填写"租赁申请书"，说明所需设备的具体要求，同时还要提供企业的财务状况文件，包括资产负债表、损益表和财务状况变动表。

3. 签订购货协议

由承租企业与租赁公司的一方或双方合作组织选定设备制造厂商，并与其进行技术与商务谈判，签订购货协议。

4. 签订租赁合同

租赁合同是由承租企业与租赁公司签订，它是租赁业务的重要法律文件。融资租赁合同的内容可分为一般条款和特殊条款两部分。

一般条款的主要内容包括：①合同说明，主要明确合同的性质、当事人身份、合同签订的日期等；②名词释义，解释合同中所使用的重要名词，以避免歧义；③租赁设备条款，详细列明设备的名称、规格型号、数量、技术性能、交货地点及使用地点等，这些内容亦应附表详列；④租赁设备交货、验收、使用条款；⑤租赁期限及起租日期条款；⑥租金支付条款，规定租金的构成、支付方式和货币名称，这些内容通常以附表的形式列为合同附件。

特殊条款的主要规定：①购货协议与租赁合同的关系；②租赁设备的产权归属；③租期中不得退租；④对出租人和对承租人的保障；⑤承租人违约及对出租人的补偿；⑥设备的使用和保管、维修、保障责任；⑦保险条款；⑧租赁保证金和担保条款；⑨租赁期满时对设备的处理条款等。

5. 办理验货、付款与保险

承租企业收到租赁设备，要进行验收。验收合格后签发收货及验收证书，并提交给租赁公司，租赁公司据此向供应厂商支付设备价款。同时，承租公司向保险公司办理投保事宜。

6. 支付租金

承租企业按合同规定的租金数额、支付方式等，向租赁公司支付租金。

7. 合同期满处理设备

融资租赁合同期满，承租企业可根据设备是否对企业有利或有用，来决定退租、续租，或者是留购。

（四）融资租赁的租金计划

在融资租赁筹资方式下，承租企业需按合同规定支付租金，租金的数额和支付方式对承租企业的未来财务状况具有直接的影响，因此是租赁筹资决策的重要依据。

1. 决定租金的因素

融资租赁每期支付租金的多少，主要取决于以下几个因素。

（1）租赁设备的购置成本。租赁设备的购置成本包括设备的买价、运杂费和途中保险费等。

（2）预计租赁设备的残值。预计租赁设备的残值是指设备租赁期满时的预计可变现净值（作为租金构成的减项）。

（3）利息。利息是指租赁公司为承租企业购置设备融资而应计的利息。

（4）租赁手续费。租赁手续费包括租赁公司承办租赁设备的营业费用以及通过租赁业务取得的正常利润。租赁手续费的高低一般无固定标准，通常由承租企业与租赁公司协商确定，按设备成本的一定比率计算。

（5）租赁期限。一般而言，租赁期限的长短影响租金总额，进而也影响到每期租金的数额。

（6）租金的支付方式。租金的支付方式也影响每期租金的多少，一般而言，租金支付次数越多，每次的支付额越小。租金的支付时点也将影响到租金的金额，一般来讲，具体方式包括：①按支付间隔期，分为年付、半年付、季付和月付；②按在期初和期末支付，分为先付和后付；③按每次是否等额支付，分为等额支付和不等额支付。实物中承租企业与租赁公司商定的租金支付方式大多为后付等额年金。

2. 租金的计算方法

（1）平均分摊法。平均分摊法是指按事先确定的利息率和手续费率计算出租赁期间的利息和手续费总额，然后连同设备成本按支付次数进行平均。这种方法不考虑时间价值因素，计算较为简单。其计算公式为

$$A = \frac{(C-S)+I+F}{N}$$

式中：A——每次支付租金；

　　　C——租赁设备购置成本；

　　　S——租赁设备预计残值；

　　　I——租赁期间利息；

　　　F——租赁期间手续费；

　　　N——租期。

【**例 8-4**】某公司 2020 年 1 月向租赁公司租入设备一套，价值为 50 000 元，租期为 5 年（无残值），租期年利率为 10%，租赁手续费率为设备价值的 4%。租金为每年末支付一次，则该设备每年支付的租金为

租期内的利息 =50 000×(1+10%)^5−50 000=30 550（元）

租期内的手续费 =50 000×4%=2 000（元）

每年支付的租金 =(50 000+30 550+2 000)÷16 510（元）

（2）等额年金法。等额年金法是指将利息率与手续费率综合成贴现率，运用年金现

值的方法确定的每年应付租金。其计算公式为

$$每年支付租金 = \frac{等额租金现值总额}{等额租金的现值系数}$$

等额年金法具体又分为三种情况。

①后付租金。在我国，承租企业与出租公司商定的租金支付方式，大多为租金于每年年末支付一次，而且每期数额相等，即后付等额租金。其计算公式为：

$$A = \frac{P}{(P/A, i, n)}$$

式中：A——年租金数额；

P——设备价值；

$(P/A, i, n)$——年金现值系数；

i——年利率；

n——租期。

【例8-5】某公司采用融资性租赁方式于2020年1月1日从一家租赁公司租入一台设备，设备价款50 000元，租期5年，到期后设备归企业所有，租赁期间年利率为9%，年手续费为1%，租金于每年年末等额支付。则公司每年年末应支付的租金金额为：

$$A = \frac{50\ 000}{(P/A, 10\%, 5)} = \frac{50\ 000}{3.791} = 13\ 189.13（元）$$

②先付租金。承租企业有时可能会与出租公司商定，采取预付方式支付等额租金，即每年租金在年初而不是在年末支付。其计算公式为

$$A = \frac{P}{(P/A, i, n-1) + 1}$$

沿用上例资料，若采用即付等额租金方式，则每年年初支付的租金金额为：

$$A = \frac{50\ 000}{(P/A, 10\%, 5-1) + 1} = \frac{50\ 000}{3.170 + 1} = 11\ 990.41（元）$$

③递延租金。在融资性租赁的设备中，有许多需要安装调试，而并非一经租入即可投入使用。为此，筹资企业和租赁公司往往商定，在租期内的前m年不付租金，而在以后各年年末等额支付全部租金。其计算公式为：

$$A = \frac{P}{(P/A, i, m+n) - (P/A, i, m)}$$

式中：A——递延租金；

m——递延期数。

仍然以上例资料为例，并假设租赁双方商定第1年不付租金，从第2年到第5年年末分4次等额支付，则每年末应付租金金额为：

$$A = \frac{50\,000}{(P/A,10\%,1+4)-(p/A,10\%,1)} = \frac{50\,000}{3.791-0.909} = 17\,349.06 \text{（元）}$$

（五）租金的决策分析

租赁的经济、法律关系十分复杂，世界各国对租赁的理解不尽相同，同一国家的合同法、税法和会计准则等对于租赁的规定也存在某些差别。实务中租赁合同种类繁多，分析模型专业且复杂。从财务管理的角度，主要从承租人的融资租赁角度研究租赁（出租人是从投资角度研究租赁），将租赁视为一种融资方式。如果租赁融资比其他融资方式更有利，则优先考虑其租赁融资。融资租赁的分析程序如下：

1. 分析是否应该取得一项资产

这是租赁分析的前置程序。承租人在决定是否租赁一项资产之前，先要判断该项资产是否值得投资，这一决策通过常规的资本预算程序完成。通常，确信投资于该资产有正的净现值之后，才会考虑如何筹资的问题。

2. 分析公司是否有足够的现金用于该项资产投资

通常，运行良好的公司没有足够的多余现金用于固定资产投资，需要为新的项目筹资。

3. 分析可供选择的筹资途径

筹资的途径包括借款和发行新股等。租赁是可供选择的筹资途径之一。租赁和借款对于资本结构的影响类似，一元的租赁等于一元的借款。如果公司拟通过借款筹资，就应分析借款和租赁哪个更有利。

4. 利用租赁分析模型计算租赁净现值

根据财务的基本原理，为获得同一资产的两个方案，现金流出的现值较小的方案是好方案。如果租赁方式取得资金的现金流出的总现值小于借款筹资，则租赁更有利于增加股东财富。因此租赁分析的基本模型如下：

租赁净现值 = 租赁的现金流量总现值 - 借款购买的现金流量总现值。

应用该模型的主要问题是预计现金流量和估计折现率，预计现金流量包括：①预计借款筹资购置资产的现金流；②与可供选择的出租人讨论租赁方案；③判断租赁的税务性质；④预计租赁方案的现金流。估计折现率实务中大多采用简单的解决办法，即采用有担保债券的税后利率作为折现率，它比无风险利率稍高一点。

5. 根据租赁净现值以及其他非计量因素，决定是否选择租赁

【例 8-6】某公司是一个制造企业，为增加产品产量决定添置一台设备，预计该设备将使用 4 年。公司正在研究应通过自行购置还是租赁取得该设备。有关资料如下：

（1）如果自行购置，预计设备购置成本 100 万元。税法折旧年限为 5 年，折旧期满时预计净残值率 5%。4 年后该设备的变现价值预计为 30 万元。设备维护费用（保险、保养、修理等）预计每年 1 万元，假设每年末发生。

（2）某租赁公司可提供该设备的租赁服务，租赁期 4 年，年租赁费 20 万元，在年初支付。租赁公司负责设备的维护，不再另外收取费用。租赁期内不得撤租。租赁期满时租赁资产所有权不转让。

在该公司的所得税税率为25%，税后借款（有担保）利率为8%的情况下是判断该公司是否应该选择租赁。

解析：

（1）该合同不属于选择简化处理的短期租赁和低价值资产租赁，符合融资租赁的认定标准，租赁费用不可在税前扣除。

（2）①确定计税基础和折旧抵税。

由于合同约定了承租人的付款总额，租赁费是取得租赁资产的成本，全部构成其计税基础，即：

$$20 \times 4 = 80（万元）$$

$$每年折旧 = 80 \times (1-5\%) \div 5 = 15.2（万元）$$

$$租赁期4年内每年折旧抵税 = 15.2 \times 25\% = 3.8（万元）$$

②计算期满资产余值的现金流量。

因为该设备租赁期届满时租赁资产所有权不转让，变现收入为0，变现损失等于租赁期满账面价值，即：

$$80 - 15.2 \times 4 = 19.2（万元）$$

$$变现损失抵税 = 19.2 \times 25\% = 4.8（万元）$$

③计算租赁期内各年的现金流量（租金在每年年初支付）。

第0年年末：NCF = - 租金 = -20（万元）

第1～3年年末：NCF = - 租金 + 折旧抵税

$$= -20 + 3.8 = -16.2（万元）$$

第4年年末：NCF = 折旧抵税 + 余值现金流量

$$= 3.8 + 4.8 = 8.6（万元）$$

④租赁方案现金流量总现值。

$$PV = -20 - 16.2 \times (P/A, 8\%, 3) + 8.6 \times (P/F, 8\%, 4) = -55.43（万元）$$

（3）①第1年年初：NCF = - 购置成本 = -100（万元）。

②第1-3年年末：NCF = - 税后维修费 + 折旧抵税。

$$年折旧 = 100 \times (1-5\%) \div 5 = 19（万元）$$

折旧抵税 = 19×25% = 4.75（万元），则：

$$NCF = -1 \times (1-25\%) + 4.75 = 4（万元）$$

③第4年年末：NCF = - 税后维修费 + 折旧抵税 + 余值现金流量。

$$变现收入 = 30（万元）$$

$$4年后账面价值 = 100 - 19 \times 4 = 24（万元）$$

变现收益缴税 = （30-24）×25% = 1.5（万元），则：

$$NCF = -1 \times (1-25\%) + 4.75 + (30-1.5) = 32.5（万元）$$

④购买方案现金流量总现值。

$$PV = -100 + 4 \times (P/A, 8\%, 3) + 32.5 \times (P/F, 8\%, 4) = -65.8（万元）$$

(4)因为租赁的现金流出总现值（55.43万元）小于购买现金流出总现值（65.8万元），所以租赁更合适。

（六）租赁筹资的优缺点

1. 租赁筹资的优点

（1）迅速获得所需资产。融资租赁集"融资"与"融物"于一体，企业不必先筹集到足够的资金后才能购置长期资产，而是直接通过租赁获得设备使用权，有效地缩短设备的购置、安装时间，尽快地形成生产能力。

（2）租赁筹资限制较少。企业运用股票、债券、长期借款等筹资方式，都受到相当多的资格条件的限制，相比之下，租赁筹资的限制条件很少。一般不规定企业流动资产的数量，也不限制企业资产的变更、股利的支付方式等，这样就有利于企业根据经营和财务环境的变化灵活自主地确定其经营策略。

（3）免遭设备陈旧过时的风险。如果企业要拥有某项资产的所有权，必然要相应承担该项资产可能变得陈旧过时的风险。尤其是那些技术发展迅速的资产，如电脑等高科技产品。除经营租赁可以在一定程度上回避被淘汰的风险之外，融资租赁也可以避免设备陈旧的风险。通常融资租赁合同都规定，如果承租人在租赁期内发现承租的设备已经陈旧过时，有被淘汰的危险，那么承租人可以拒付租金，让出租人收回设备。出租人所能做的只是收回其出租的资产，而无权要求承租人用其他资产偿付。对于出租人来说，他们的租赁契约不止一个，涉及的租赁资产类型也不止一个，完全可以通过资产组合将设备陈旧的风险分散出去。这样就可以在一定程度上减少损失。对于承租人来说，通过举债融资来购买设备，当发生困难不能及时支付利息与到期本金时，债权人有权向法院申请让企业破产。

（4）降低企业财务风险。融资性租赁的全部租金通常在整个租期内分期支付，而且不用到期归还大量本金，因而可适当降低不能偿付的危险，维护企业的财务信誉。

2. 租赁筹资的缺点

首先，租赁筹资的主要缺点是成本较高，租金总额通常要高于设备价值。承租企业在财务困难时期，支付固定的租金也将构成一项沉重的负担；其次，承租人在租期内没有设备的所有权，难以根据自身的需要对租入资产进行改良，即使征得出租人同意，承租人也会因为没有所有权而不愿意对其进行改良；最后，采用租赁筹资方式如不能享有设备残值，也可视为承租企业的一种机会损失。

第四节 混合性筹资

本章已讲述了吸收直接投资、股票筹资、债券筹资、长期借款筹资和融资租赁筹资等长期筹资，分别为股权筹资或者债权筹资的单一属性。本节所谓混合性筹资是指兼具债权和股权筹资双重属性的长期筹资，通常包括认股权证筹资和可转换证券。

一、优先股筹资

（一）优先股筹资的特征

优先股是相对普通股而言的，是较普通股具有某些优先权利，同时也受到一定限制的股票。优先股的含义主要体现在"优先权利"上，包括优先分配股利和优先分配公司剩余财产。具体的优先条件需由公司章程予以明确规定。

优先股与普通股具有某些共性，如优先股亦无到期日，公司运用优先股所筹资本，亦属自有资本。但是，它又具有公司债券的某些特征。优先股与普通股比较一般具有如下特征。

（1）优先分配固定的股利。优先股股东通常优先于普通股股东分配股利，且其股利一般是固定的，按面值的一定百分比计算。因此，受公司经营状况和盈利水平的影响较少。所以，优先股类似固定利息的债券。

（2）优先分配公司剩余财产。当公司解散、破产等进行清算时，优先股股东优先于普通股股东分配公司的剩余财产。其金额只限于优先股的票面价值，加上累积未支付的股利。

（3）优先股股东一般无表决权。在公司股东大会上，优先股股东一般没有表决权，通常也无权过问公司的经营管理，仅在涉及优先股股东权益问题时享有表决权。因此，优先股股东不大可能控制整个公司。

（4）优先股可由公司赎回。发行优先股的公司，按照公司章程的有关规定，根据公司的需要，可以以一定的方式将所发行的优先股收回，以调整公司的资本结构。

（二）优先股的种类

优先股按其具体的权利不同，还可做如下进一步的分类。

（1）累积优先股和非累积优先股。累积优先股是指公司过去年度未支付股利可以累积计算由以后年度的利润补足付清。一般而言，一个公司只有把所欠的优先股股利全部支付以后，才能支付普通股股利。非累积优先股则没有这种要求补付的权利。累积优先股比非累积优先股具有更大的吸引力，其发行也较为广泛。

（2）参与优先股和非参与优先股。当公司盈余在按规定分配给优先股和普通股后，仍有盈余可供分配股利时，能够与普通股一道参与分配额外股利的优先股，即为参与优先股。据参与利润分配的方式不同，又可分为全部参与分配的优先股和部分参与分配的优先股。前者表现为优先股股东有权与普通股股东共同等额分享本期剩余利润，后者则表现为优先股股东有权按规定额度与普通股股东共同参与利润分配，超过规定额度部分的利润，归普通股股东所有。非参与优先股是指不能参与剩余利润分配，只能取得固定股利的优先股。

（3）可转换优先股与不可转换优先股。可转换优先股是指其持有人可按规定的条件和比例将其转换为公司的普通股或公司债券。转换的比例是事先确定的，其数值大小取决于优先股与普通股的现行价格。不具有这种转换权利的优先股，则属不可转换优先股。

（4）可赎回优先股和不可赎回优先股。可赎回优先股是指股份有限公司出于减轻股利负担的目的，可按规定以原价购回的优先股。在发行这种股票时，一般都附有赎回条款，并规定了赎回该股票的价格。此价格一般略高于股票的面值。至于是否收回，在什么时候收回，则由发行股票的公司来决定。公司不能赎回的优先股，则属于不可赎回优先股。因为优先股都有固定股利，所以，不可赎回优先股一经发行，便会成为一项永久性的财务负担。因此，在实际工作中，大多数优先股均是可赎回优先股。

（三）发行优先股的动机

（1）防止公司股权分散化。由于优先股股东一般无表决权，所以如果股份公司既想利用风险较低的筹资方式，又不愿分散原有股东的有关权利，就可采用发行优先股的方式进行筹资。

（2）调剂现金余缺。由于优先股可分为可赎回优先股和不可赎回优先股，如果是可赎回优先股，那么公司可在需要时以一定的价格赎回，这就使得这部分资金的利用更有弹性，有利于结合资金需求加以调剂。

（3）改善公司资本结构。由于优先股可分为可转换优先股和不可转换优先股，如果是可转换优先股，那么企业可以根据需要，进行一定的操作，将股份公司的全部资本在自有资金和借入资金之间进行调整，从而在一定程度上改善企业的资本结构。

（四）优先股筹资的优缺点

股份公司运用优先股进行筹资，与普通股和其他筹资方式相比有其优点，也有一定的缺点。

1. 优先股筹资的优点

（1）优先股一般没有固定的到期日，不用偿付本金。发行优先股筹集资金，实际上近乎得到一笔无限期的长期贷款，公司不承担还本义务。但是如果公司发行的是可赎回优先股，则不具备此优点。

（2）股利的支付既固定又有一定的灵活性。一般而言，优先股的都采用固定股利，但对固定股利的支付并不构成公司的法定义务。如果公司财务状况不佳，可以暂时不支付优先股股利，即使如此，优先股股东也不能像公司的债权人那样迫使公司破产。

（3）保持普通股股东对公司的控制权。当公司既想向外界筹集自有资金，又想保持原有股东的控制权时，利用优先股筹资就较为恰当。

（4）从法律上讲，优先股股本属于自有资金，发行优先股能加强公司的自有资本基础，可适当增强公司的信誉，提高公司的借款举债能力。

2. 优先股筹资的缺点

（1）优先股的成本虽低于普通股，但一般高于债券。这是由于优先股所支付的股利要从税后净利中支出，而债务利息可在税前扣除，能起到一定的抵税作用。

（2）对优先股的筹资制约因素较多。例如，对普通股股利支付的限制，对公司的举债限制等。

（3）可能形成较重的财务负担。优先股要求支付固定股利，但又不能在税前扣除，当盈利下降时，优先股的股利可能会成为公司一项较重的财务负担，有时不得不延期支付，从而影响公司的形象与声誉。

二、可转换债券筹资

（一）可转换债券的概念及特性

可转换债券简称可转债，是指由公司发行并规定债券持有人在一定期限内按约定的条件可将其转换为发行公司普通股的债券。

从筹资公司的角度看，发行可转换债券具有债务与股权筹资的双重属性，属于一种混合性筹资。利用可转换债券筹资，发行公司赋予可转换债券的持有人可将其转换为该公司股票的权利。因而对发行公司而言，在可转换债券转换之前，需要定期向持有人支付利息，如果在规定的转换期限内，持有人未将可转换债券转换为股票，发行公司还需要到期偿付债券本金，这种情况下，可转换债券筹资与普通债券筹资相似，具有债务筹资的属性。如果在规定的转换期限内，持有人将可转换债券转换为股票，则发行公司将债券负债转化为股东权益，从而具有股权筹资的属性。

（二）可转换债券的发行资格与条件

根据国家有关规定，上市公司和重点国有企业具有发行可转换债券的资格，但应经省级政府或者国务院有关企业主管部门推荐，除了满足发行债券的一般条件外，还应符合下列条件。

（1）最近三个会计年度加权平均净资产收益率平均不低于6%，扣除非经常性损益后的净利润与扣除前的净利润相比，以低者作为加权平均净资产收益率的计算依据。

（2）本次发行后累计公司债券总额不超过最近一期期末净资产额的40%。

（3）最近三个会计年度实现的年均可分配利润，不少于公司债券1年的利息。

此外，上市公司可以公开发行认购股权和债券分离交易的可转换公司债券。分离交易的可转换公司债券是指发行人一次捆绑发行公司债券和认股权证两种交易品种，并可同时上市、分别交易的公司债券形式，发行可分离交易的可转换公司债券，除了满足发行债券的一般条件外，还应符合下列条件。

（1）最近一期期末经审计的净资产不低于人民币15亿元。

（2）最近三个会计年度实现的年均可分配利润不少于公司债券一年的利息。

（3）最近三个会计年度经营活动产生的现金流净额平均不少于公司债券一年的利息，但符合"最近三个会计年度加权平均净资产收益率平均不低于6%"条件的公司除外。本次发行后累计公司债券总额不超过最近一期期末净资产额的40%，预计所附认股权全部行权后募集的资产总量不超过拟发行公司债券金额。

（三）可转换债券的转换

可转换债券的转换涉及转换期限、转换价格、转换比率、赎回条款和回售条款。

（1）可转换债券的转换期限。可转换债券的转换期限是指按发行公司的约定，持有人可将其转换为股票的期限，一般而言，可转换债券转换期限的长短与可转换债券的期限相关。在我国可转换债券的期限按规定最短为1年，最长为6年，分离交易的可转换公司债券的期限最短为1年。

按照规定，上市公司发行可转换债券，在发行结束6个月后，持有人可以依据约定的条件随时将其转换为股票。重点国有企业发行的可转换债券，在该企业改制为股份有限公司且股票上市后，持有人可以依据约定的条件，随时将债券转换为股票，可转换债券转换为股票后，发行公司股票上市的证券交易所应当安排股票上市流通。

（2）可转换债券的转换价格。可转换债券的转换价格是指以可转换债券转换为股票的每股价格。这种转换价格通常由发行公司在发行可转换债券时约定。

按照我国的有关规定，上市公司发行可转换债券的，以发行可转换债券前一个月股票的平均价格为基准，上浮一定幅度作为转换价格（转换价格通常比发行时的股价高出20%～30%）。重点国有企业发行可转换债券的，以拟发行股票的价格为基准，折扣一定比例作为转换价格。

【例8-7】某公司拟发行可转换债券，发行前一个月该公司股票的平均价格经测算为每股20元。预计本股票的未来价格有明显的上升趋势，因此确定上浮的幅度为25%，则该公司可转换债券的转换价格为多少？

解析： $20 \times (1+25\%) = 25$（元）

可转换债券的转换价格并非固定不变，公司发行可转换债券并约定转换价格后，由于又增发新股、配股以及其他原因引起公司股份发生变动的，应当及时调整转换价格，并向社会公布。

（3）可转换债券的转换比率。转换比率是债权人将一份债券转换成普通股可获得的普通股股数。可转换债券的面值、转换价格、转换比率之间存在下列关系：

$$转换比率 = 债券面值 \div 转换价格$$

【例8-8】某公司发行的可转换债券每份价值1 000元，转换价格是每股25元，转换比率为多少？

解析： $1\ 000 \div 25 = 40$（股）

即每份可转换债券可以转换40股。

可转换债券持有人请求转换时，其所持有债券面额有时发生不足以转换为1股股票的余额，发行公司应当以现金偿付。例如，前例每份可转换债券的面额1 000元，转换价格在发行时为25元，发行后根据有关情况变化决定调整为每股27元。某持有人持有10份可转换债券，面额10 000元，决定转换为股票，则其转换股票股数为370（即10 000/27）股，同时可转换债券总面额尚有不足以转换为1股股票的余额10元，在这种情况下，发行公司应对该持有人交付股票370股，另付现金10元。

（4）可转换债券的赎回条款。赎回条款是可转换债券的发行企业可以在债券到期日之前提前赎回债券的规定。可转债设置赎回条款，可以促使债券持有人转换股份，因此又被称为加速条款，也可以使发行公司避免市场利率下降后，继续向债券持有人按较高的债券票面利率支付利息所蒙受的损失。

【例8-9】2020年8月24日，中航电子发布公告，公司的股票自2020年7月14日至2020年8月24日期间，满足连续三十个交易日内至少有十五个交易日的收盘价格不低于公司"航电转债"当期转股价格（转股价14.12元/股）的130%，已触发"航电转债"的赎回条件，公司决定行使"航电转债"的提前赎回权利，赎回已发行的全部可转债。

（5）可转换债券的回售条款。回售条款是在可转换债券发行公司的股票价格达到某种恶劣程度时，债券持有人有权按照约定的价格将可转换债券卖给发行公司的有关规定。回售条款具体包括回售时间、回售价格等内容。设置回售条款是为了保护债权投资人的利益，使他们能够避免遭受过大的投资损失，从而降低投资风险。合理的回售条款，可以使投资者具有安全感，因为有利于吸引投资者。

（四）可转换债券的价值

可转换债券是一种多功能混合证券，因此，它的价值构成也较为复杂，主要有如下几个相关的价值概念。

1. 纯债券价值

纯债券价值是指可转换债券不具备转换条件失去转换可能时该证券所具有的价值：

$$纯债券的价值 = 利息的现值 + 本金的现值$$

2. 转换价值

转换价值是指可转换债券持有者在行使转换权后，将可转换债券转换为发行公司普通股股票所得到的股票市场价值：

$$转换价值 = 股价 \times 转换比例$$

3. 可转换债券的底线价值

可转换债券的最低价值，应当是纯债券价值和转换价值两者中较高者：

$$底线价值 = \max\{纯债券价值，转换价值\}$$

（五）可转换债券筹资的优点

1. 可转换债券筹资的优点

（1）有利于降低资本成本。可转换债券的利率通常低于普通债券，故在转换前可转换债券的资本成本低于普通债券，转换为股票后，又可节省股票的发行成本，从而降低了股票的资本成本。

（2）有利于筹集更多资本。可转换债券的转换价格通常高于发行时的股票价格，因此，可转换债券转换后，其筹资额大于当时发行股票的筹资额，另外也有利于稳定公司的股价。

（3）有利于调整资本结构。可转换债券是一种兼具债务筹资和股权筹资双重性质的筹资方式，可转换债券在转换前属于发行公司的一种债务，若发行公司希望可转换债券持有人转股，还可以借助诱导促其转换，借以调整资本结构。

（4）有利于避免投资损失。当公司的股票价格在一段时间内连续高于转换价格超过某一幅度时，发行公司可按赎回条款中事先约定的价格，赎回未转换的可转换债券，从而避免筹资损失。

2. 可转换债券的缺点

（1）转股后可转换债券筹资将失去利率较低的好处。

（2）若确需股票筹资，但股价并未上升，可转换债券持有人不愿意转股市，发行公司将承受偿债压力。

（3）若可转换债券转股时，股价高于转换价格，则发行公司将遭受筹资损失。

（4）回售条款的规定可能使发行公司遭受损失。当公司的股票价格在一段时期内连续低于转换价格并达到一定幅度时，可转换债券持有人可按事先约定的价格将所持有的债券回售公司，从而使发行公司受损。

三、发行永续债券筹资

（一）永续债的特点

永续债券（perpetual bond），又称无期债券，是不规定到期期限，只需付息而不需还本的债券。永续债券被视为"债券中的股票"，是一种兼具债权和股权属性的混合性筹资方式，永续债券的期限为永续或极长，不规定到期期限，持有人也不能要求清偿本金，但可以按期取得利息。永续债券的特点如下。

（1）永续债券的发行人有赎回的选择权，即续期选择权。

（2）永续债券的利率通常具有调整机制，也就是说如果在一定时间内公司选择不赎回永续债券，其利率就会相应上升，以补偿投资者的潜在风险和损失。

（3）永续债券的发行人有权决定是否付息，即原则上永续债券的利息可以无限次递延，前提是公司在支付利息之前不可分配股利。

（二）永续债券的发行动机

发行永续债筹资的动机主要有以下三点。

（1）银行等金融机构为了满足新《资本管理办法》的规定，发行永续债券以补充资本金。

（2）企业发行永续债券用于投资项目的资本金。

（3）财务杠杆率高的企业发行永续债券，以突破借款举债的空间限制。

（三）永续债券的发行情况

在国际资本市场上，永续债券是比较成熟的筹资工具，在海外资本市场上，主要是金融机构发行永续债券，发行动机多以债代股。据统计，全球已有2 000多支永续债券，筹资规模超过 6 000 亿美元。在公告的综合信用评级中，永续债券评级基本处于 BB+ 和 BBB+ 区间内，在我国永续债券处于探索中，目前资本市场上所称的永续债，主要包括国家发改委审批的"可续期债券"和中国交易商协会注册的"长期限含权中期票据"两种。

　　武汉地铁 2003 年在国内首单发行"13 武汉地铁可续期债"，发行总额 23 亿元，采用浮动利率计息，规定本期债券在每 5 个计息年度末发行人有权选择本期债券期限延续 5 年，或选择在该计息年度末到期全额兑付本期债券。这种债券被认为是一种变相的永续债券。国电电力 2013 年在国内首单发行的"永续中票"，筹集资本 10 亿元，前 5 个计息年度的票面利率为 6.6%，创新性设置了不设定到期时间、发行人赎回权利、利息递延支付等条款，被认为是继企业债、公司债之后的第 3 个中长期信用债品种，是银行间债券市场的一项创新性债务融资工具。2014 年国电电力发行"二期永续中票"，筹集资本 17 亿元，以簿记建档方式确定前 5 个计息年度的票面利率为 5.45%。

四、认股权证筹资

（一）认股权证的概念与特征

　　认股权证是期权的一种，期权是指在期权交易市场中的买卖双方按照交易规则而达成的一种金融合约，这种合约赋予期权持有人（买方）在合约规定的时间按特定的认购价格买入或卖出本公司一定数量的标的物权利证书。而期权的立约人（卖方）负有按照期权持有人的买卖要求，卖出或买进一定数量的标的物的义务。认股权证具有如下几个特征。

　　（1）认股权证只是允许持有者可以优先购买公司发行的普通股票的权利证明，未行使认购权前持有者不是企业的股东，因此，持有者也不能享有股东的各种权利。

　　（2）每份认股权证都规定有所能认购普通股票的固定股数。它可以用两种方式约定：一是确定每一单位认股权证可以认购多少公司发行的普通股；二是确定每一单位认股权证可以认购多少金额的普通股。

　　（3）认股权证上都规定有认购普通股票的价格，认股价格的确定一般以认股权证发行时，发行公司的股票价格为基础，或者以公司股价的轻微溢价发行。如果出现公司股份增加或减少等情况，就要对认股权证的认股价格进行调整。有的公司甚至这样约定：当公司股票市价过度明显上扬时，其发行的认股权证的认股价格可以按预定公式自动上调。这样做的目的在于保护认股权证持有人的利益，进而保护公司的权益。

　　（4）认股权证是一种期权，期权对行使权利规定有时间限制，它可以是某一特定的日期或时刻，也可以是特定的期间。

　　（5）认股权证是一种单方面的选择权利。其权利方是认股权证的买主或持有者。所谓选择权就是在行使权利的有效期内，权利方可以行使该权利，也可以不行使该权利。

　　（6）认股权证是一种独立存在的证券，它一般伴随公司长期债券或优先股的发行而发行，一旦发行完毕，它即可与所依附的证券相分离，并可单独在市场上流通。

(二)认股权证的要素

1. 各相关主体
各相关主体主要包括权证发行人、权证认购人、权证持有人、权证行使人等。

2. 标的资产
标的资产是指权证发行所依附的基础资产,即权证持有人行使权利时所指向的可交易的资产。权证作为期权的一种,其标的资产的种类是极为广泛的。而最常见的标的资产则是股票,即所谓"正股"。

3. 权证价格
权证价格即权证在一级市场上发行或在二级市场上交易时的单位价格。权证价格由内在价值和时间价值两部分组成,即权证价格=(内在价值+时间价值)。

4. 执行方式
在美式执行方式下,持有人在到期日以前的任何时间内均可行使认购权;而在欧式执行方式下,持有人只有在到期日当天才可行使认购权。

5. 交割方式
交割方式包括实物交割和现金交割两种形式,其中,实物交割指投资者行使认股权利时从发行人处购入标的证券,而现金交割指投资者在行使权利时,由发行人向投资者支付市价高于执行价的差额。

6. 权证的特别条款
一是收购权益,在对认股权证的发行和认购条件中可以有这样的条款,即如果有投资者对发行认股权证的上市公司提出了收购要约,那么收购方还要对这家上市公司已经发行在外并且仍然在有效期内的认股权证一同提出收购要约,此时,不论认股权证的有效期是否届满,认股权证的持有人可以要求行使认股权;二是赎回权,权证的发行人大多制定了赎回权条款,即规定在特定情况下发行人有权赎回其发行在外的认股权证。

(三)认股权证的价值

认股权证是一种有价证券,它是某种权利的象征,认股权证持有人有权在未来指定时间以低于普通股市价的固定价格购买发行公司的普通股票。在行使权利后,将股票出售便可获取收益,于是,认股权证便有了价值问题。与认股权证密切相关的价值概念主要有三个。

1. 内在价值
影响认股权证内在价值的因素主要有三个,即认股权证规定的固定认购价格、行使权利时的股票市场价格,以及每份认股权证所能认购股票的数量。它们与内在价值的关系用公式表述如下:

$$认股权证内在价值=(行使权利时的股票市价-规定的固定价格)\times 每一认股权证可购股票数量$$

例如,某公司所发行的认股权证规定,每张认股权证可以每股 10 元的固定价格在规定时间内购买 4 股该公司普通股票。该认股权证持有人在行使权利时的股票市场价格为 15 元。

该认股权证的内在价值计算如下:

$$认股权证内在价值 = (15-10) \times 4 = 20(元)$$

由上述公式可知,认股权证内在价值的存在是有条件的,这个条件就是行使权利时的股票市价必须大于规定的固定价格。如果股票的市价低于或等于规定的固定价格,其计算的认股权证的内在价值便为负值或零,我们称这种现象为认股权证没有内在价值。在认股权证没有内在价值的情况下,认股权证持有人一般是不会行使认购权的。

2. 市场价格

认股权证的市场价格是在认股权证交易市场中买卖双方达成交易时所采用的价格。从理论上说,认股权证的市场价格应是其内在价值的货币表现,但影响认股权证市场价格的因素除了其内在价值外,还有很多,如认股权证的供求关系,从持有日到履约规定日所剩的时间都会影响它的市场价格,因此,认股权证的市场价格往往背离其内在价值。无论如何,内在价值也是确定其市场价格的主要根据,它框定了认股权证市场价格的最低底线,也就是说,认股权证的市场价格一般不会低于其内在价值。否则精明的投资者便会在市场上大量购进认股权证,马上行使权利,然后再将股票卖出从中套利,这种套利行为一直延续到认股权证的市场价格等于其内在价值为止。

3. 溢价

认股权证溢价是认股权证市场价格减去其内在价值的差额。公式表示如下:

$$认股权证溢价 = 认股权证市价 - 认股权证内在价值$$

仍以上例资料为基础,如果该认股权证的市场价格为25元,则该认股权证溢价=25-20=5(元)。

(四)认股权证的行使

1. 认股权证的行使对公司资本结构的影响

认股权证的认股权被行使后,投资者在一定期限内以约定的认购价格购入了规定比例的股票。对上市公司而言,股东权益资本随之增加。在认股权行使前后,一定时期内,公司债权资本保持不变,随着股东权益资本的增加,公司资本结构中股权资本与债权资本之比增大,资产负债率降低。在公司资本结构中债权资本比例过高时,可以通过认股权证的行使优化企业的资本结构。

2. 认股权证的行使对公司每股收益的稀释效应

每股收益是投资者评价上市公司经营业绩、公司价值的重要财务指标。公司扩大股权投资的直接影响是发行公司在扩股瞬间每股收益被稀释。稀释到一定程度,股价会调整并引发下跌,影响公司的业绩表现。

(五)认股权证筹资的优缺点

1. 认股权证筹资的优点

运用认股权证筹资是筹资实践的一种发明,该种筹资方式最初主要由一些中小型成长公司所使用,目前一些大公司也予以认可并采用。该种筹资方式之所以能被广泛采用,主要是因为它对筹资公司有如下好处。

（1）吸引投资者。这主要是因为附有认股权证的公司债券或优先股票给予投资者一个可以在未来规定时间以较低的价格购买本公司股票的权利，如果投资者能够及时行使该权力，行使权力后出售股票即可获取丰厚的交易收益，不出售股票，也可以与原有股东共享公司增长的收益，这无疑对投资者具有很大的吸引力。

（2）降低资本成本。从本质上看，公司利用认股权证发行债券或优先股的一个主要目的在于降低债券或优先股的利息率，公司发行附有认股权证的债券或优先股恰好寻找到了一个以优惠价购买普通股的权利来换取降低债券或优先股利率的理论根据。从实践看，发行附有认股权证的债券或优先股的利率确实都低于一般债券或优先股的利率。

（3）增强了公司未来利用普通股票筹资的潜在能力。利用认股权证筹资的公司多属于高成长公司，高成长公司一般具有公司增长快、股价呈上涨趋势，需要扩张自有资本的欲求等特点。在公司股价高于认股权证规定的固定认购价时，公司增发股票往往会刺激认股权证持有者行使认购权，从而使股票发行工作能够尽快完成。

2. 认股权证筹资的缺点

（1）是否能增强公司未来利用普通股票筹资的潜在能力具有不确定性。这主要是因为认股权是一种选择权，持有者可以行使或不行使该种权利。如果公司未来的股票价格低于或等于所规定的固定认购价，此时，认股权证的内在价值为零，行使该种权力的可能就不存在，这会使这种潜在筹资能力成为泡影。

（2）它虽然降低了现在所发行债券或优先股的资金使用成本，却提高了未来发行普通股股票的筹资成本，这是因为债券或优先股的发行使潜在的普通股投资者的风险在增大。

（3）如果未来公司情况看好，认股权行使后公司的股东总数将会增加，这不仅会分散原有股东对公司的控制权，往往还会稀释每股收益。

第五节 短 期 融 资

一、短期融资概述

短期融资是为了满足临时性流动资产的资金需求而进行的短期融资活动，主要是通过流动负债形式筹集资金，所以，短期融资又可以称为流动负债筹资。流动负债是指将在一年或超过一年的一个营业周期内偿还的债务。流动负债是小公司外部筹资的主要来源，同时也是大公司迅速增长阶段的主要资金来源。

（一）短期融资的特点

与长期负债筹资相比，短期负债筹资具有以下一些特点。

（1）筹资速度快。与长期负债相比，通过短期负债筹资的速度更为迅速。流动负债所筹资金的占用时间相对长期负债要短,债权人对其财务状况的调查时间也较短,有些基于彼此的商业信用,甚至不用调查,因此短期负债筹资速度快。

(2)弹性大。与长期负债相比,短期负债的限制性条款相对较少。短期负债由于资金占用时间较短,债权人的顾虑较少,因此借款合约中的相关条款就较为宽松,企业在融资和资金的使用上比长期借款具有更大的灵活性。

(3)成本低。一般情况下,流动负债筹资的成本要比长期负债低。首先就短期借款和长期借款而言,短期借款利率通常要低于长期借款,而短期负债中某些自然性筹资几乎是没有成本发生的,属于无成本筹资;另外,就筹资费用而言,短期负债也要比长期负债低很多。

(4)风险高。与长期负债相比,短期负债所筹资金使用时间较短,需要在短期内偿还,如果债务人在短期内拿不出足够的资金偿还债务,就会导致公司财务状况恶化,陷入财务危机,甚至因为无法偿还到期债务而破产。

(二)短期融资的分类

短期筹资的分类,按不同标准可将短期筹资分为不同类型,最常见的分类有以下几种。

1. 按应付金额是否确定,可以分为应付金额确定的短期负债和应付金额不确定的短期负债

应付金额确定的短期负债是指根据合同法或法律规定,到期必须偿还,并有确定金额的短期负债,如短期借款、应付票据、应付账款等。

应付金额不确定的短期负债是根据公司生产经营状况,到一定时期才能确定的短期负债或应付金额需要估计的短期负债,如应交税费、应付股利等。

2. 按短期负债的形成情况,可以分为自然性短期负债和临时性短期负债

自然性短期负债是指产生于公司正常的持续经营活动中,不需要正式安排。由于结算程序的原因自然形成的那部分短期负债。在公司生产经营过程中,由于法定结算程序的原因,一部分应付款项的支付时间晚于形成时间,这部分已经形成,但尚未支付的款项便成为公司的短期负债,如商业信用、应付工资、应交税费等。

临时性短期负债是因为临时的资金需求而发生的负债,由财务人员根据公司对短期资金的需求情况,通过人为安排形成,如短期银行借款。

(三)短期筹资政策的类型

公司的短期筹资政策一般是针对不同类型的资产来说的,按照资产周转时间的长短(即流动性)可以把公司的资产分为两大类:一类是短期资产,另一类是长期资产(在这里主要是指固定资产)。进一步地,按照短期资产的用途,又可以将短期资产划分为临时性短期资产和永久性短期资产。

公司的短期筹资政策,也就是对临时性短期资产、永久性短期资产和固定资产的来源进行管理。通常有以下三种可供公司选择的筹资政策。

1. 配合型筹资政策

配合型筹资政策是指公司的负债结构与公司资产的寿命周期相对应,其特点是临时性短期资产所需资金用临时性短期负债筹集,永久性短期资产和固定资产所需资金用自发性短期负债和长期负债、股权资本筹集(图8-1)。配合型筹资政策的基本思想是:公司将资产和资金来源在期限和数额上相匹配,以降低公司不能偿还到期债务的风险,同时,采用较多的短期负债筹资也可以使资本成本保持较低的水平。这一政策可以用以下两个公式来表示:

$$临时性短期资产 = 临时性短期负债$$

$$永久性短期资产 + 固定资产 = 自发性短期负债 + 长期负债 + 股权资本$$

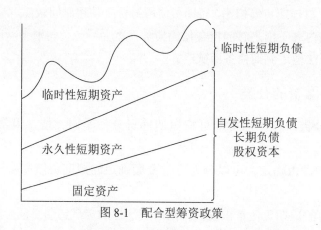

图 8-1　配合型筹资政策

在这种政策下,只要公司短期投资计划严密,实现现金流动与预期安排一致,则在经营低谷时,公司除自发性短期负债外,没有其他短期负债,只有在经营高峰期,公司才举借临时性短期负债。

但在公司的经济活动中,由于现金流动和各类资产使用寿命的不确定性,往往做不到资产与负债的完全配合。在公司的生产经营高峰期内,一旦公司的销售和经营不理想,未能取得预期的现金收入,便会发生难以偿还临时性负债的情况。因此,配合性筹资政策是一种理想的筹资模式,在实践中较难实现。

2. 激进型筹资政策

激进型筹资政策的特点是:临时性短期负债不但要满足临时性短期资产的需要,还需要满足一部分永久性短期资产的需要,有时甚至全部短期资产都要临时性短期负债支持(图8-2)。对此可以用以下两个公式来表示:

$$临时性短期资产 + 部分永久性短期资产 = 临时性短期负债$$

$$永久性短期资产 - 靠临时性短期负债筹得的部分 + 固定资产 =$$
$$自发性短期负债 + 长期负债 + 股权资本$$

由于临时性短期负债的资本成本相对于长期负债和股权资本来说一般较低,而激进型筹资政策下临时性短期负债所占比例较大,因此该政策下,公司的资本成本低于配合型筹资政策。但由于公司为了满足永久性短期资产的长期、稳定资金需要,必然要在临时性短期负债到期后重新举债或申请债务展期,将不断地举债和还债,加大了筹资和还债的风险。

因此,激进型筹资政策是一种报酬高、风险大的营运资本筹集政策。

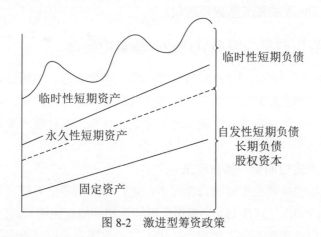

图 8-2　激进型筹资政策

3. 稳健型筹资政策

稳健型筹资政策的特点是:临时性短期负债只满足部分临时性短期资产的需要,其他短期资产和长期资产用自发性短期负债、长期负债和股权资本筹集满足(图 8-3)。对此可以用以下两个公式来表示:

$$部分临时性短期资产 = 临时性短期负债$$

$$永久性短期资产 + 靠临时性短期负债未筹足的临时性短期资产 + 固定资产 = 自发性短期负债 + 长期负债 + 股权资本$$

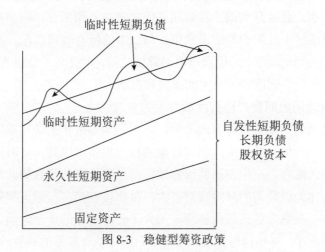

图 8-3　稳健型筹资政策

在这种政策下,临时性短期负债在公司的全部资金来源中所占比例较小,公司保留较多营运资本,可降低公司无法偿还到期债务的风险,同时,蒙受短期利率变动损失的风险也较小,但降低风险的同时也降低了公司的报酬,因为长期负债和股权资本在公司的资金来源中所占比例较大,两者的资本成本高于临时性短期负债的资本成本;在生产经营淡季,公司仍要负担长期债务的利息,即使将过剩的长期资金投资于短期有价证券,其投资收益一般也会低于长期负债的利息,所以稳健型筹资政策是一种风险低、报酬也低的筹资政策。

一般来说，如果公司对营运资本的使用能够达到游刃有余的程度，则最有利的筹资政策就是报酬和风险相匹配的配合型筹资政策。

（四）短期筹资政策与短期资产持有政策的配合

上一节我们介绍了三种短期资产持有政策，这三种政策与本节所谈到的三种短期筹资政策之间存在紧密的内在联系。当公司采用某种短期资产持有政策时，必然要求公司选择与之相应的短期筹资政策，形成一个完整的资金运转体系。这种配合关系一般有以下几种情况。

1. 公司采用宽松的短期资产持有政策

当公司采用宽松的短期资产持有政策时，一定销售额水平上有较多的短期资产支持，使公司资金短缺风险和偿债风险最小。但由于短期资产的投资比例大，公司盈利能力较低，此时使用不同的短期筹资政策与之对应会产生不同的效果。采用风险和报酬平衡的配合型短期筹资政策，对宽松的短期资产持有政策起不到中和作用，公司总体来说还是风险小、报酬低；采用风险大、报酬高的激进型筹资政策，用大量短期负债筹资，则可以在一定程度上平衡公司持有过多短期资产带来的低风险、低报酬，使公司总体的报酬和风险基本均衡；采用风险小、报酬低的稳健型筹资政策，与宽松的持有政策作用叠加，使公司总体的风险更小、报酬更低。

2. 公司采用适中的短期资产持有政策

当公司采用适中的短期资产持有政策时，一定销售额水平上的短期资产数量适当，公司的报酬和风险适中。此时分别以三种短期筹资政策与之相配合，也会产生不同的综合效果；采用风险和报酬居中的配合型筹资政策，与适中的持有政策匹配，则会使公司总体的风险和报酬处于一个平均水平；采用激进型的筹资政策，则提高了公司的风险和报酬水平；采用稳健型的筹资政策，则降低了公司的风险和报酬水平。

3. 公司采用紧缩的短期资产持有政策

当公司采用紧缩的短期资产持有政策时，一定销售额水平上的短期资产比例较小，使公司资金短缺风险和偿债风险最大，但同时盈利能力也相对较高。此时同样可以分别用三种短期筹资政策与之配合，产生不同的综合效应；与配合型筹资政策匹配，对风险和报酬没有太大影响，总体来说公司的风险依然很大，报酬也较高；与激进型筹资政策配合，则出现了两个风险高、报酬高的政策的结合，加大了公司总体的资金风险，也在一定程度上提高了公司的报酬水平；与稳健性筹资政策配合，则可以对紧缩的持有政策产生平衡效应。

（五）短期筹资政策对公司风险和报酬的影响

不同的短期筹资政策将会影响企业的报酬和风险。在资金总额不变的情况下，短期资金增加，可导致报酬增加。也就是说，由于较多地使用了成本较低的短期资金，企业的利润会增加。但此时如果短期资产所占比例保持不变，那么短期负债的增加会导致流动比率下降，短期偿债能力减弱，进而增加企业的财务风险。

【例8-10】某公司目前的资产组合与筹资组合如表8-5所示。

表 8-5 某公司资产组合与筹资组合 单位：元

资产组合		筹资组合	
长期资产	40 000	短期资金	20 000
短期资产	60 000	长期资金	80 000
合计	100 000	合计	100 000

公司当前的息税前利润为 20 000 元，短期资本成本率为 4%，长期资本成本率为 15%。假设息税前利润不变，资产组合不变，不同的筹资组合对企业风险和报酬的影响如表 8-6 所示。

表 8-6 筹资组合对该公司风险和报酬的影响 单位：元

项目	现在情况（保守组合）	未来计划（冒险组合）
筹资组合		
短期资金	20 000	50 000
长期资金	80 000	50 000
资金总额	100 000	100 000
息税前利润	20 000	20 000
减：资本成本		
短期资本成本	20 000×4%=800	50 000×4%=2 000
长期资本成本	80 000×15%=12 000	50 000×15%=7 500
净利润	7 200	10 500
几个主要指标		
投资报酬率	7 200/100 000=7.2%	10 500/100 000=10.5%
短期资金/总资金	20 000/100 000=20%	50 000/100 000=50%
流动比率	40 000/20 000=2	40 000/50 000=0.8

由表 8-6 可以看到，由于采用了比较激进的筹资计划，即采用了比较多的成本较低的流动负债，企业的净利润从 7 200 元增加到了 10 500 元，投资报酬率由 7.2% 上升到 10.5%，但是短期资金占总资金的比例从 20% 上升到 50%，流动比例也由 2% 下降到 0.8%。但这表明公司的财务风险相应地增大了。因此，企业在筹资时必须在风险和报酬之间进行认真的权衡，选取最优的筹资组合，以实现企业财务管理目标。

二、自然性筹资

自然性筹资是指公司正常生产经营过程中产生的、由于结算程序的原因自然形成的短期资金，主要包括商业信用和应付费用。

（一）商业信用的主要形式

商业信用是指商品交易中的延期付款或延期交货形成的借贷关系，是企业之间的一种直接信用关系。商业信用是由商品交易中钱与货在时间上的分离而产生的。它产生于银行信用之前，但银行信用出现之后，商业信用依然存在。

早在简单的商品生产条件下，就已出现了赊销赊购现象，到了商品经济发达的资本主义社会，商业信用得到了广泛的发展。西方一些国家的制造厂家和批发商的商品，90%是通过商业信用方式售出的。我国商业信用的推行日益广泛，形式多样、范围广阔，将逐渐成为企业筹集短期资金的重要方式。

商业信用是短期资金的重要来源，如果公司在折扣期内付款可以获得相应期限较短的信用，随着市场经济的发展，商业信用已成为企业间加强竞争的主要手段。商业信用是在商品交易中以延期付款或预收货款进行的购销活动而形成的借贷关系，其具体形式主要有应付账款、应付票据和预收账款。

1. 应付账款

应付账款是指企业在商品交易中由于赊购产品或劳务而产生的短期债务，它是典型的商业信用形式。对买方而言，企业在延期付款同时可以先行获得产品或劳务，相当于买方在短期内向卖方筹集购买该产品或劳务的资金，以满足短期资金的需要。

应付账款与应收账款一样，也有相应的商业信用条件，应付账款的信用条件包括：①信用期限，即卖方允许买方延期付款的最长期限；②现金折扣，即卖方为了鼓励买方提前还款而给予买方在价款总额上的优惠，即少付款的百分比；③折扣期限，即卖方允许买方享受现金折扣的期限，折扣期限小于信用期限。以信用条件（2/10，N/30）为例，信用期限为30天，折扣期限为10天，在折扣期限内付款，买方可以享受到货款总额2%的优惠。

（1）应付账款的筹资成本。按照买方是否享受折扣分，可以将应付账款筹资分为"免费"信用筹资和"有代价"信用筹资。

"免费"信用筹资通常包含两种情况：一种是在卖方不提供现金折扣时，买方在信用期限内任何时间支付货款都一样，均无须支付代价；另一种是在卖方提供现金折扣时，买方在折扣期限内支付货款，享受货款的折扣，此时只需按折扣后的金额支付货款，也没有发生额外的成本。这两种情况下买方都是利用应付账款进行"免费"筹资的。

"有代价"信用筹资是指在卖方提供现金折扣时，买方未能在折扣期限内支付货款，放弃享受现金折扣，即在折扣期限外支付货款所产生的机会成本。由于买方放弃卖方所提供的现金折扣，必须多支付折扣部分货款，此时多支付的货款就是买方延期付款的成本，即商业信用筹资成本，该成本一般用年资金成本率表示，商业信用折扣成本的计算公式为：

$$放弃现金折扣成本 = \frac{现金折扣百分比}{1-现金折扣百分比} \times \frac{360}{信用期限-折扣期限}$$

放弃现金折扣的成本与折扣百分比的大小、折扣期的长短成正比；与信用期限的长短成反比。因此，现金折扣比例越大，买方放弃现金折扣的成本越高。但是，在放弃现金折扣的情况下，买方推迟付款的时间越长，其成本越小，尤其是在信用期限外展期付款时其成本越小。但是如果买方选择在信用期限外付款，由于过度展期会导致企业信誉恶化，以至于供应商日后会提出更为苛刻的信用条件要求。

【例8-11】 某公司以"2/10，N/30"的条件购入材料10万元。计算其放弃现金折扣的成本。

解析：

$$K = \frac{\text{现金折扣百分比}}{1-\text{现金折扣百分比}} \times \frac{360}{\text{信用期限}-\text{折扣期限}} = \frac{10 \times 2\%}{10 \times (1-2\%)} \times \frac{360}{30-10} = 36.72\%$$

如果企业在第1到第10天内的任何一天付款，企业无须支付代价，即只需支付9.8万元货款，但对于买方来讲由于第1天和第10天付款结果一样，因此买方会选择在第10天付款；即在折扣期限内付款，买方享受了10天的免费信用期，免费信用额度为9.8万元。

如果买方放弃享受现金折扣，推迟在折扣期限外付款，即在第11天到第30天内付款，企业需要支付10万元货款，同样对于买方来讲由于第11天付款和第30天付款的结果一样，买方通常会选择在第30天付款。由于放弃享受现金折扣，使得买方在第30天付款要比第10天付款多支付0.2万元，即企业20天内多付0.2万元，而这可以看作买方借了一笔为期20天，利息为0.2万元，金额为9.8万元的贷款，将这笔贷款利率转换成年利率，则其实际年利率为36.72%。

在企业放弃折扣的情况下，推迟付款的时间越长，其成本便会越小，尤其是在信用期限外展期付款。如上述例题中的企业选择推迟在信用期限外付款，将付款时间延至第50天付款，其成本则：

$$K = \frac{10 \times 2\%}{10 \times (1-2\%)} \times \frac{360}{50-10} = 18.4\%$$

但同时由于过度展期可能会招致将来更严格的付款条件，过度展期尽管一方面降低了企业的筹资成本，但其信誉和信用的损失是不能以数字衡量的，因此一般情况下，企业即使放弃现金折扣，推迟付款，也会尽量在信用期限的最后一天付款。

（2）利用现金折扣的决策。在卖方提供商业信用折扣的条件下，买方是否享受现金折扣、在什么时候享受现金折扣，以及享受现金折扣时付款的最佳期限就成为企业在支付货款时必须认真考虑的问题，这就是企业如何利用商业信用折扣进行筹资的决策。企业在计算确定商业信用不同折扣条件下的折扣成本后，就应该利用该成本进行比较分析，进而做出是否享受折扣的筹资决策，而在对商业信用折扣成本进行比较分析时应该考虑以下几种情况。

首先，企业没有足够多的现金支付能力。在这种情况下进行商业信用筹资决策时，要将商业信用折扣成本（K）与目前的短期借款利率（i）相比较。如果企业能够以低于放弃折扣成本的利率借入一笔资金支付货款，此时应该享受现金折扣，享受该折扣能够给企业带来$K-i$的机会收益。以前面的例子为例，假如此时银行借款利率为10%，则买方企业应该借入一笔利率为10%的资金，在折扣期限内支付货款，此时付款可以获得26.72%（36.72%-10%）的机会收益。

在享受现金折扣时，如果卖方提供了多种折扣条件，买方此时应该比较各种折扣条件下的折扣成本，选择放弃现金折扣成本最大的信用，因为此时机会收益也相应最大。假如上例中此时卖方提供的信用折扣条件变为"2/10，1/20，N/30"，借款利率仍为10%，买方显然应该借款在折扣期限内付款，但到底是在第10天付款还是在第20天付款，此时应该比较两种折扣条件下的折扣成本，由于10天内的信用折扣成本为36.72%，而20天的信用折扣成本为36.4%，因此应该选择在第10天支付货款，即最佳付款日为第10日，此时买方所获得的机会收益最大。

其次，企业现金充足，有较强的现金支付能力，但此时企业又拥有较好的短期投资机会。在这种情况下进行商业信用筹资决策时，要将商业信用折扣成本（K）与企业的短期投资收益率（R）进行比较，如果此时企业的短期投资收益率大于折扣成本，应该放弃享受卖方提供的现金折扣，将该笔资金进行短期投资，而不是用来在折扣期内支付货款，此时投资可以给企业带来 $R-K$ 的机会收益。我们仍然以前面例子为例，假设此时买方账上有 10 万元资金，而此时买方又正好有一较好的短期投资机会，该短期投资的期望收益率为 40%，此时买方应该将短期投资收益率与放弃现金折扣成本进行比较，经过比较，企业应该选择放弃在折扣期内付款，转而将该笔资金进行短期投资，该投资能给企业带来 3.28%（40%-36.72%）的机会收益。

另外，当买方准备放弃享受现金折扣，但又同时面对两家或两家以上提供不同信用条件的卖方，此时应该选择现金折扣成本最小的一家，放弃折扣成本大的信用。由于买方推迟在折扣期限外付款，选择信用折扣成本最小的供应商时，买方的损失可降到最小。如果买方是因为进行短期投资而放弃享受现金折扣的话，放弃现金折扣的成本就是该短期投资项目的成本，所放弃方案的现金折扣成本越小，该短期投资的机会收益越大。仍以前面例子为例，某企业购入材料 10 万元，其中一家供应商的信用条件为"2/10, N/30"，另有一家供应商提出"1/20, N/30"的信用条件，如果买方估计不能在折扣期限内付款，即放弃享受现金折扣条件，此时买方应该衡量两家供应商放弃现金折扣的成本，其中第一家的商业信用折扣成本为 36.72%，第二家的商业信用折扣成本为 36.43%，由于第二家的现金折扣成本高于第一家，买方企业应该选择现金折扣成本较低的第二家供应商，当其放弃享受现金折扣时，其成本相应较小。

2. 应付票据

应付票据是企业在商品交易中，由于延期付款而开具的反映债权债务关系的一种商业票据，该票据由出票人出票，委托付款人在指定日期无条件支付确定的金额给收款人或者持票人。按照承兑人的不同，应付票据又分为商业承兑汇票和银行承兑汇票。按照票据是否带息，应付票据又可分为带息票据和不带息票据。带息票据要加计利息，即票据到期时买方除了支付票据金额外还要另外支付利息，不属于免费资金。而不带息票据不计利息，到期时买方只支付票据金额，属于免费筹资。即使是带息票据，其票面利率通常也低于同期银行贷款利率，所以一般来讲，应付票据的筹资成本要低于短期银行借款成本。但是应付票据一旦到期必须支付，如若延期，银行会要求企业支付罚金，因此其风险也较大。

应付票据都有一定的承兑期限，承兑期限由交易双方协商，一般为 1～6 个月，最长不超过 9 个月。当采用应付票据进行结算时，如果收款人急需资金，可以持未到期的承兑汇票到银行申请贴现，贴现期从其贴现之日起到汇票到期日为止。商业票据贴现实际是持票人将未到期的商业票据贴付一定的利息转让给银行，从银行那兑取现金的借贷行为，企业所贴付的利息就是企业向银行筹资的成本。由于应付票据是基于商业信用产生的，在票据行贴现后，演变成为一种银行信用。应付票据贴现利息及贴现所得额的计算方法如下：

贴现利息 = 汇票金额 × 贴现率 × 贴现期

贴现所得额 = 汇票金额 - 贴现利息 = 汇票金额（1- 贴现率 × 贴现期）

当票据为带息票据时，汇票金额应该为票面金额加上票面利息。

【例 8-12】 某公司 20×7 年 11 月 1 日因购进季节性商品的资金需要，将公司持有的付款单于 20×7 年 10 月 1 日签发的 6 个月期限的 500 万元商业汇票送银行办理贴现，贴现率为月息 0.9%。请计算：

（1）如果该票据为不带息票据，则该企业贴现时能获得多少现金？

（2）如果该票据为带息票据，票面年利率为 10%，则该企业贴现时能获得多少现金？

计算结果如下：

（1）贴现利息 = 汇票金额 × 贴现率 × 贴现期 =500×0.9%×5=22.5（万元）

贴现所得额 = 汇票金额 − 贴现利息 =500−22.5=477.5（万元）

（2）汇票金额 = 票面金额 + 票面利息 =500 万元 ×（1+10%/12×6）=525（万元）

贴现息 = 汇票金额 × 贴现率 × 贴现期 =525 万元 ×0.9%×5=23.625（万元）

贴现所得额 = 汇票金额 − 贴现利息 =525−23.625=501.375（万元）

作为一种灵活的短期筹资方式，西方的许多信用程度极高的大公司往往通过发行商业票据来筹集短期资金，一方面满足企业季节性或临时性资金的需要；另一方面通过票据持有者的票据贴现将商业信用转换为银行信用，不断获得资金来源。

3. 预收账款

预收账款是指卖方按照合同或协议规定，在交付商品或劳务之前向买方预先收取部分或全部货款的信用方式。预收账款相当于销售方先向购买方借入一笔资金，然后用商品或货物偿还。尤其对于生产周期长、资金需要量大的商品，生产者经常要向订货者分次预先收取货款，以缓解生产方经营收支不平衡的矛盾，因此预收账款通常产生于生产周期长、资金需要量大的货物销售中。

（二）商业信用筹资的优缺点

商业信用作为一种简便的短期资金筹资方式，其特点主要体现在以下两方面。

1. 商业信用筹资的优点

（1）筹资便利。商业信用筹资最大的优点就是容易取得，作为一种短期持续性的资金来源，商业信用的信用条件及信用的使用权由交易双方自行选择掌握，买方在什么时候享受现金折扣、需要筹集多少短期资金由其自行决定，而且多数企业的应付账款是一种连续性的信用筹资，无须办理筹资手续，随时可以随着企业购销行为的产生而得到该项资金。

（2）限制条件少。与其他筹资方式相比，商业信用筹资条件宽松，无须抵押品或担保物，只要双方有购销业务往来，买方就可以获得该项资金。

（3）筹资成本低。在没有现金折扣或使用不带息商业票据时，商业信用筹资几乎是没有成本的，而且大多数商业信用都是由卖方免费提供的，因此与其他筹资方式相比，商业信用的筹资成本较低。

2. 商业信用筹资的缺点

（1）期限短。商业信用筹资是一种常见的短期筹资方式，其信用期限较短，如果享受现金折扣，则期限更短。但如果放弃现金折扣，其放弃现金折扣的成本又很高。

（2）风险大。商业信用筹资由于其期限短，到期必须偿还，如若不及时付款可能会给企业的信用造成不必要的损失。而且各种应付款项经常发生，次数频繁，因此需要企业合理安排现金的调度。

（三）应付费用

1. 应付费用的概念

应付费用，是指企业在生产经营过程中发生的但未付的费用，如应付职工薪酬、应交税费等。这些应付费用一般是形成在先，支付在后，因此在支付之前可以为公司所利用。由于应付费用结算期往往比较固定，占用的数额也比较固定，因此通常又称为定额负债。

应付费用的资本成本通常为零，但这种特殊的筹资方式并不能为企业自由利用，企业如果无限期地拖欠应付费用，极有可能产生较高的显性成本或隐性成本。例如，企业如果拖欠职工工资费用，便会遭到职工反对，直接影响企业的整体生产经营。

2. 应付费用筹资额的计算

为了准确把握应付费用所能产生的筹资规模，从而顺利编制筹资计划、降低企业整体筹资成本，企业通常需要测算经营活动所产生的各种应付费用的总额。当前应付费用筹资额一般按照平均占用天数计算。

平均占用天数，是指从应付费用产生之日起到实际支付之日止，平均占用的天数。应付费用的筹资额可以利用平均每日发生额与平均占用天数相乘确定，即：

$$应付费用筹资额 = 平均每日发生额 \times 平均占用天数$$

【例 8-13】某公司某年预计支付增值税 180 000 元，每月缴纳一次，则按平均占用天数计算的应付税金筹资额为

$$应付税金筹资额 = \frac{180\ 000}{360} \times \frac{30}{2} = 7\ 500（元）$$

随着公司经营业务的扩展，这些费用也会自动增长。而且，通过应付费用所筹集的资金不用支付任何代价，因而是一项免费的短期资金来源。企业在使用应付费用作为短期筹资方式时，必须注意加强对支付期的控制，以免因拖欠给公司带来损失。

三、短期借款筹资

在我国，企业短期借款主要是银行短期借款，它也是多数企业短期资金来源中最重要的部分。银行短期借款的种类很多，按照不同的标准，可以分为不同的种类。按照目的和用途分，可以分为生产周转借款、临时借款、结算借款等。按照偿还方式分，可以分为一次性偿还借款和分期偿还借款；按照利息支付方式不同分为收款法借款、贴现法借款和加息法借款；按照有无担保分，可分为担保借款和信用借款；等等。

（一）短期借款的信用条件

短期借款的信用条件与长期借款的信用条件大同小异，本章第三节已有相关内容的阐述，此处不再赘述。

(二)短期借款利息的支付方法

短期借款成本的高低主要取决于短期借款的利率及利息的支付方法,支付方法不同,其借款成本也不同。通常,短期借款利息的支付方法主要有以下三种。

1. 收款法

收款法是指在借款到期时企业连本金带利息一并支付给银行的方法,这是最为常用的一种利息支付方式,也是银行向工商企业发放贷款时常用的一种方式。在单利计息且无其他信用条件下,短期借款的实际利率与名义利率一致。在复利计息且无其他信用条件下,由于借款期限短于1年,短期借款的实际利率要高于名义利率,其实际贷款利率为

$$i = \left(1 + \frac{r}{m}\right)^m - 1$$

式中:r——名义利率;
　　　m——每年复利次数;
　　　i——实际利率。

【例8-14】某公司向银行借入100 000元,期限为6个月,年利率为12%的一笔借款,在复利计息情况下,该笔借款的实际年利率为

$$i = \left(1 + \frac{r}{m}\right)^m - 1 = \left(1 + \frac{12\%}{2}\right)^2 - 1 = 12.36\%$$

2. 贴现法

贴现法是指银行在发放贷款时,先将利息部分从本金中扣除,而贷款到期时企业偿还全部本金的一种利息支付方法。在这种支付方式下,企业实际可利用的贷款金额只是本金扣减利息后的那部分差额,减少了企业实际可用资金数额,而且贴现利率贷款的贴现期越长,企业实际支付的利率比名义利率高的越多。因此,贴现法下贷款的实际利率高于名义利率,其实际利率的计算公式为

$$i = \frac{利息}{本金 - 利息} = \frac{r}{1-r}$$

式中:r——短期借款名义利率。

【例8-15】某公司从银行取得为期1年的借款100 000元,年利率为7%,贴现法支付利息,则该笔借款的实际年利率为

$$i = \frac{10 \times 7\%}{10(1-7\%)} = \frac{7\%}{1-7\%} = 7.5\%$$

当银行还有补偿性余额要求时,会进一步提高贴现贷款的实际利率,此时的实际利率为

$$i = \frac{利息}{本金 - 利息 - 补偿性余额} = \frac{r}{1-r-k}$$

式中:k——补偿性余额比例。

3. 加息法

加息法是银行在发放分期等额偿还贷款时采用的一种收取利息的方法。在分期等额偿还贷款的情况下,银行首先根据借款的名义利率计算出利息,然后加到贷款本金上,计算出贷款的本息和,最后要求企业在贷款期限内分期等额偿还本息之和。由于贷款本金分期等额偿还,借款企业实际可用的贷款金额只相当于贷款本金总额的一半,但要按本金全额支付利息。因此,在这种利息支付方式下,借款企业实际的借款利率大约为名义利率的2倍,即实际利率高于名义利率大约1倍。

【例8-16】某公司借入年利率为10%的贷款10万元,分12个月等额偿还本息,则该项借款的实际年利率为

$$i = \frac{10 \times 10\%}{10 \div 2} = 20\%$$

(三)短期借款筹资的特点

在企业短期负债筹资中,短期借款筹资的重要性仅次于商业信用筹资。与其他短期负债筹资方式相比,短期借款筹资具有以下特点。

短期借款筹资的优点有:短期借款大多为短期银行借款,而银行的资金充足,实力雄厚,能随时为企业提供较多资金的短期贷款。尤其是对于生产企业季节性和临时性的资金需求,利用银行短期借款更为方便。另外,银行短期借款具有很好的弹性,可以随企业的资金需要安排,偿还方式也比较灵活,并且手续相对简便。

短期借款筹资的缺点有:短期借款由于其到期时间短,所筹资金在短期内要及时偿还,如未及时偿还,企业很有可能陷入财务危机中,因此,其到期风险较大。而且有些短期借款要求提供抵押物或担保品,这些抵押物和担保品会提高企业实际的借款成本。

四、短期融资券

(一)短期融资券的概念

短期融资券又称商业票据、短期债券,是由企业发行的无担保的短期本票,在我国,短期融资券是指企业依照中国人民银行2008年4月9日发布的《银行间债券市场非金融企业债务融资工具管理办法》(以下简称《办法》)的规定,具有法人资格的非金融企业在银行间债券市场发行的,约定在一定期限内(一年以内)还本付息的有价证券。短期融资券是企业筹措短期资金的主要工具,也是企业直接融资方式的一种。

(二)短期融资券的种类

按照不同的分类标准,短期融资券可以分为不同的种类。

1. 按照发行的主体分,可以分为金融企业的融资券和非金融企业的融资券

金融企业融资券是指由各商业银行、财务公司和其他金融机构等金融企业发行的融资

券。这类融资券一般都采用直接发行的方式,即由金融企业自己直接发行销售。

非金融企业融资券是指除了金融企业以外的所有工商企业发行的融资券。根据《银行间债券市场非金融企业短期融资券业务指引》（以下简称《指引》），我国企业发行短期融资券应该由已在中国人民银行备案的金融机构进行承销，为间接发行方式。

2. 按发行方式分，可以分为间接销售的融资券和直接销售的融资券

间接销售的融资券是指由经纪人代销的融资券，先由发行方将融资券卖给经纪人，然后由经纪人再卖给投资者。经纪人主要是银行、信托投资公司、证券公司等。企业委托经纪人发行融资券，一般要按照承销额的一定比例支付相应的手续费。根据规定，我国企业发行短期融资券必须由金融机构进行承销。

直接销售的融资券是指发行方直接将融资券销售给最终投资者，直接发行融资券的公司通常是指经营金融业务的公司或有附属金融机构的公司。直接发行节省了间接发行时应付给经纪人的手续费。

3. 按发行和流通的范围分，可以分为国内融资券和国外融资券

国内融资券是指发行方在其所在国内金融市场上发行的融资券，这种融资券的发行只需遵循本国法律法规和金融市场的规定。

国外融资券是指发行方在其所在国以外的金融市场上发行的融资券，这种融资券的发行必须遵循有关国家和国际金融市场上的法律法规。

（三）短期融资券的发行

1. 发行主体

按照《办法》的规定，短期融资券的发行主体为具有法人资格的非金融企业。

2. 发行范围

短期融资券的发行范围仅限于银行间债券市场，也就是说短期融资券仅限于机构投资者投资。

3. 发行期限

短期融资券的发行期限为一年。

4. 发行程序及要求

《指引》中规定，企业发行短期融资券应遵守国家相关法律法规，其发行程序及要求如下。

（1）企业发行短期融资券首先应该委托中介机构在中国银行间市场交易商协会进行债务融资工具的发行注册。

企业通过主承销商将注册文件送达办公室，注册文件包括：债务融资工具注册报告（附企业《公司章程》规定的有权机构决议）；主承销商推荐函及相关中介机构承诺书；企业发行债务融资工具拟披露文件；证明企业及相关中介机构真实、准确、完整、及时地披露信息的其他文件。

（2）交易商协会向接受注册的企业出具《接受注册通知书》，注册有效期两年。

企业在注册有效期内可一次发行或分期发行债务融资工具。企业应在注册后两个月内完成首期发行。企业如分期发行，后续发行应提前两个工作日向交易商协会备案。企业在注册有效期内需更换主承销商或变更注册金额的，应重新注册。交易商协会不接受注册的，企业可于六个月后重新提交注册文件。

（3）短期融资券待偿还余额不得超过企业净资产的40%。

（4）企业发行短期融资券所募集的资金应该用于企业生产经营活动，并在发行文件中明确披露具体资金用途。企业在短期融资券存续期内变更募集资金用途应提前披露。

（5）企业发行短期融资券应披露企业主体信用评级和当期融资券的债项评级。

（6）企业发行短期融资券应由已在中国人民银行备案的金融机构承销。

（7）企业的主体信用级别低于发行注册时信用级别的，短期融资券发行注册自动失效，交易商协会将有关情况进行公告。

（四）短期融资券的优缺点

1. 短期融资券的优点

短期融资券筹资的优点主要有以下几项。

（1）筹资的成本较低。通常短期融资券的利率要低于同期银行借款利率1～2个百分点，并且由于短期融资券直接面向投资者，属于直接筹资方式，因此相对于短期银行借款这种间接筹资方式，其筹资成本较低。

（2）筹资数额比较大。短期融资券由于其发行对象是银行间债券市场，面向的都是各大投资机构，其筹资数额一般都远远高于短期借款。从2005年5月企业《短期融资券管理办法》的发布至2007年年末，在不到三年的时间内，我国已有316家企业累计发行短期融资券7 693亿元，余额为3 203亿元，从这个数目也可以看出短期融资券的筹资规模是短期银行借款所不能比的。

（3）发行短期融资券可以提高企业信誉和知名度。对于短期融资券的发行条件，《办法》都有相应的规定，并不是所有的企业都具有发行资格，只有达到相应要求的企业才允许发行短期融资券。因此，短期融资券的发行从另一角度说明了企业的实力和信誉非同一般。

2. 短期融资券的缺点

短期融资券筹资的缺点主要有以下几项。

（1）发行短期融资券的风险比较大。短期融资券的发行期限最长不超过1年，到期必须偿还，而且其筹资数额较大，企业如果在短期融资券到期前未能及时偿还债务，将会陷入财务危机，甚至被债权人接管或破产，因此其到期风险较大。

（2）发行短期融资券的弹性比较小。作为一种直接融资方式，短期融资券所筹资金数额一般较大，只有当企业的资金需求达到一定数量时才能使用短期融资券，如果数量较少，则不适合利用短期融资券进行融资。而且作为一种有价证券，短期融资券不能提前偿还，即使公司资金比较充裕，也只能等到期偿还，而短期借款通常可以提前还款。

（3）发行短期融资券的条件比较严格。对于短期融资券的发行主体，《办法》有着严格的规定，并不是任何企业都能发行短期融资券，只有符合相应条件的企业才能发行，一般都是信誉好、实力强、效益高的企业才有发行资格。

扩展阅读 8-1
超短期融资券

思 考 题

1. 试分析股票上市对公司的利弊。
2. 试分析债券发行价格的决定因素。
3. 试说明发行债券筹资的优缺点。
4. 试说明长期借款筹资的优缺点。
5. 试说明优先股筹资的优缺点。
6. 试说明可转换债券的转换期限、转换价格和转换比例。
7. 短期筹资政策的主要类型包括哪些?
8. 商业信用筹资和应付费用筹资应当考虑哪些成本?
9. 试对比分析银行短期借款、商业信用、短期融资券的特征和优缺点。

练 习 题

1. 某公司拟平价发行可转换债券,面值 1000 元,票面利率 6%,期限 10 年,每年末付息一次,到期还本。每份债券可转换 100 股普通股。不考虑发行成本等其他费用,要求计算:

(1) 该可转债的纯债券价值。

(2) 该可转债的转换价值。

(3) 持有到期后,判断投资者应该赎回还是转股。

2. 某公司按"2/10,N/40"的信用条件购入价值 100 000 元的货物,要求计算该公司放弃现金折扣的年成本(一年按 360 天计算)。

3. 某公司是一家生产包装材料的上市公司。公司目前发行在外的普通股为 10 000 万股,每股价格为 10 元,预计公司未来可持续增长率 6%,公司普通股资本成本 15%,公司所得税率 25%。目前等风险普通债券的市场利率为 10%。公司现在急需筹集资金 16 000 万元,用于投资材料切割生产线项目,有如下备选筹资方案:

方案一:以目前股本 10 000 万股为基数,每 10 股配 2 股,配股价格为 8 元/股。

方案二:按照目前市场价格公开增发股票 1 600 万股。

方案三:发行 10 年期的公司债券,债券面值为每份 1 000 元,票面利率为 9%,每年年末付息一次,到期还本,发行价格拟定为 950 元/份。

要求：

（1）如果要使方案一可行，企业应在拟配售股份数量方面满足什么条件？假设该方案可行并且所有股东均参与配股，计算配股除权参考价及每股股票配股权价值。

（2）如果要使方案二可行，企业应在盈利持续性、现金股利分配和净资产报酬率方面满足什么条件？应遵循的公开增发新股的定价原则是什么？如果符合增发条件，判断新老股东财富水平的变化。

（3）如果要使方案三可行，计算每份债券价值，判断拟定的债券发行价格是否合理并说明原因。

案例分析

南方航空的可转换证券筹资

第九章
资本结构决策

本章导读

"我只是不喜欢欠钱",当问及为什么公司资产负债表上几乎没有负债且现金余额不断增长时,美国家用产品公司的总裁威廉·F. 拉波特(William F. Laport)如是说。在拉波特担任总裁期间,美国家用产品债务一直很少,尽管销售收入和收益增长已经令人称道,同期现金余额增长有过之而无不及,现金余额占其净资产的40%,拉波特仍然不喜欢通过负债的方式进行融资。《商务周刊》上的一篇关于该公司的报道评论道:"公司的使命为股东赚钱,是资本成本最小,利润最大。这句话是管理中常见的陈词滥调,但在美国家庭用品公司,这已经成了一种执着的生活方式。"但是该公司的这种做法遭到了很多分析师的批评,认为该公司的资本结构过于保守。那么,究竟什么样的资本结构才是最优资本结构呢?

资料来源:https://wenku.baidu.com/view/bc8e5bfe7c192279168884868762caaedd33baec.html。

第一节 资本结构的理论

资本结构是指企业各种长期资本来源的构成和比例关系。合理的资本结构可以使企业充分发挥财务杠杆作用,获取更大的每股收益,使企业价值实现最大化,而不合理的资本结构将使企业背负沉重的债务负担,面临巨大的财务风险。大量因资本结构安排不当,无力偿还到期债务而破产的案例充分说明了资本结构对企业价值的重要影响。

一、资本结构的概念

在企业生产经营活动过程中,需要通过多种筹资渠道,采取多种筹资方式,从各方筹集资金,企业在一定时期内通过不同筹资方式筹集资金的结果就形成了企业一定时期的资本结构。因此,资本结构是指企业所筹的全部资本中,各种不同资本的价值构成及其相应的比例关系。

资本结构有广义和狭义之分,广义的资本结构是指企业全部资本的构成及其相应的比例关系。企业所筹集的全部资本按照其筹资方式不同,可以分为债务资本和权益资本;按照所筹资金的期限不同，可以分为长期资本与短期资本。因此，广义的资本结构既包括债务资本与权益资本的结构，也包括长期资本与短期资本的结构，还包括债务资本与权益资本的内部结构，长期资本与短期资本的内部结构等，其实质是企业资产负债表中右方所有项目之间的构成及其比例关系。因此，广义的资本结构也称为财务结构。

狭义的资本结构仅指企业所筹资本中各种长期资本的结构及其相应的比例关系，主要是长期债务资本与权益资本的结构与比例关系。在这种情况下，企业的短期资金作为营运资金的一部分进行管理，这是因为在公司理财活动中所使用的资金更多的是长期资金（使用期限在一年以上），本书所称的资本结构是指狭义的资本结构，是财务结构的重要组成部分。

企业的资本结构是由于企业采用不同的筹资方式而形成的。各种筹资方式及其不同组合类型决定着企业的资本结构及其变化。尽管企业的筹资方式很多，但从性质上只有股权资本和债务资金两大类。资本结构的实质是研究债务资金和股权资本之间的比例构成，或债务资金在全部资本中的比例构成问题。

二、资本结构的种类

资本结构可以从不同的角度来认识，于是形成各种资本结构种类，主要有资本的属性结构和资本的期限结构两种。

（一）资本的属性结构

资本的属性结构是指企业不同属性资金的价值构成及其比例关系。企业全部资金就属性而言，通常分为两大类：一类是股权资本，另一类是债务资金。这两类资本构成的资本结构就是该企业资本的属性结构。例如，某公司的资本总额为1 000万元，其中银行借款和应付债券属于债务资金，两者合计500万元，比例为50%；普通股和留存收益属于股权资本，两者合计500万元，比例为50%。债务资金和股权资本各为500万元或各占50%，或者债务资金与股权资本之比为1：1。这就是该公司资本属性结构的不同表达。企业同时有债务资金和股权资本构成的资本属性结构，有时又称"搭配资本结构"或"杠杆资本结构"，其搭配比例或杠杆比例通常用债务资金的比例来表示。

（二）资本的期限结构

资本的期限结构是指不同期限资金的价值构成及其比例关系。一个企业的全部资金就期限而言，一般可以分为两类：一类是长期资本，另一类是短期资金。这两类资金构成的资本结构就是资本的期限结构。在上例中，该公司的银行借款200万元中有100万元是短期借款，100万元是长期借款，应付债券、普通股和留存收益都是长期资本，因此该公司短期资金为100万元，长期资本为900万元，或长期资本占90%，短期资金占10%，或者长期资本与短期资金之比为9：1。这就是该公司资本期限结构的不同表达。

（三）资本结构的价值基础

对于上述资本结构，尚未具体指明资本的价值计量基础。资本价值的计量基础有账面价值、市场价值和目标价值。一个企业的资本分别按这三种价值计量基础来计量和表达资本结构，就形成三种不同价值计量基础反映的资本结构，即资本的账面价值结构、资本的市场价值结构和资本的目标价值结构。

（1）资本的账面价值结构是指企业资本按历史账面价值基础计量反映的资本结构。一个企业资产负债表右方"负债及所有者权益"或"负债及股东权益"所反映的资本结构就是按账面价值计量反映的，由此形成的资本结构是资本的账面价值结构。

（2）资本的市场价值结构是指企业资本按现时市场价值基础计量反映的资本结构。当一个企业的资本具有现时市场价格时，可以按其市场价格计量反映资本结构。通常上市公司发行的股票和债券具有现时的市场价格，因此，上市公司可以以市场价格计量反映其资本的现时市场价值结构。它比较适合于上市公司资本结构决策的要求。

（3）资本的目标价值结构是指企业按未来目标价值计量反映的资本结构。当一家公司能够比较准确地预计其资本的未来目标价值时，可以按其目标价值计量反映资本结构。从理想的角度讲，它更适合企业资本结构决策的要求，但资本的未来目标价值不易客观准确地估计。

三、资本结构与企业价值的关系

企业价值是指企业全部资产的市场价值。按照会计恒等式"资产＝负债＋所有者权益"，企业价值等于负债的市场价值与所有者权益的市场价值之和，即企业价值 V：

$$V=B+S$$

式中：B——负债的市场价值，

S——所有者权益的市场价值。

如图9-1所示，描绘了在负债和所有者权益之间划分的两种可能的方式——60%：40%和40%：60%。如果企业财务管理的目标是企业价值最大化，则财务决策者应选择使"蛋糕"——企业总价值最大的负债—权益比。

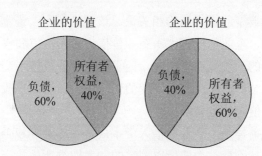

图9-1 资本结构的两个"蛋糕"模型

然而，关于负债与所有者权益的比例即资本结构是否会影响到企业价值这一问题，早期的理论研究未达成一致结论,有的认为资本结构不影响企业价值,有的认为资本结构会影响企业价值。即使认同资本结构影响企业价值这一观点的学者,在关于资本结构是如何影响企业价值方面,又有不同的观点,有的认为企业资本结构中负债比例越高,企业价值越大;也有的认为二者关系相反,即负债比例越高,企业价值越小;还有学者认为,资本结构中的负债比例与企业价值之间的关系既不是简单的正相关关系,也不是简单的负相关关系,而是非线性关系,即倒 U 型关系。如果资本结构与企业价值之间关系为倒 U 型关系,就意味着存在一个使企业价值最大化的最佳资本结构。但是如果你问最佳资本结构中负债比例是多少,没有人能给你确切的回答。这就是企业财务管理领域的一个著名的问题——资本结构之谜,世界各国的学者一直致力于解开这一谜团,取得了许多研究成果。

以 1958 年莫迪利安尼(Franco Modigliani)和米勒(Merton Miller)在其《资本成本、企业财务和投资理论》一文中提出的米勒-莫迪利安尼定理(Miller-Modigliani proposition,MM 理论)为界,可将有关资本结构理论分为早期的资本结构理论和现代资本结构理论两大类。在 MM 理论出现以前,西方资本结构理论还处于原始的、传统的研究阶段,被称为早期的资本结构理论。1958 年提出的 MM 理论既代表着现代资本结构理论的开端,也标志着现代财务理论的诞生。该理论以数学模型为基础,极大地丰富了财务管理理论,也开辟了新的财务问题研究方法。

四、资本结构的理论

(一)早期的资本结构理论

1952 年,美国的戴维·都兰德(David Durnad)把当时对资本结构的研究中具有代表性的观点归纳总结为三种:净收益理论、净营业收入理论和传统折中理论,分别表明资本结构对企业价值的不同影响。这三种理论共同的假设包括:①不存在企业所得税和个人所得税,不存在破产成本;②不存在交易成本,企业可以通过随时增加债务以回购股票,或发行股票以偿还债务来改变资本结构;③企业的股利支付率为 100%;④企业的规模保持不变,息税前利润也保持不变。

1. 净收益理论

净收益理论是一种典型的资本结构相关论。该理论认为,资本结构的变动会影响企业价值,而且是负债越多,企业价值越大。企业价值为负债价值和权益价值之和,权益价值是由企业的净收益决定的。当负债增加时,为了保持企业规模不变,企业将回购其股票,由于债务利息较低,在总的息税前利润不变的情况下,股东的每股收益将会增加,股东财富会相应增加,企业价值因此也会增加。

净收益理论的假设前提是,企业的借入资本成本(K_D)和权益资本成本(K_S)不受负债比率的影响,始终保持不变,企业能以固定的利率取得所需的全部负债,即当负债率提高时,投资者和债权人并不认为企业的风险会相应增加,在这样的前提条件下,股东的投资报酬率将会随着负债率的增加而增加,权益价值和企业价值也会因此而增加。

因此,净收益理论认为企业的最佳资本结构应当是完全负债,即 100% 的负债率。因为负债的成本比权益资本的成本低,负债越多,企业的加权平均资本成本就越低,企业的价值就越大,如图 9-2 所示。

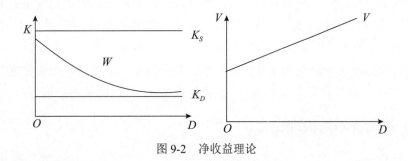

图 9-2　净收益理论

2. 净营业收入理论

净营业收入理论是一种典型的资本结构无关论。该理论认为,资本结构的变动不会影响企业价值,随着负债率的增加,企业价值保持不变。企业的价值只取决于其息税前利润和加权平均资本成本,只要企业的息税前利润和加权平均资本成本保持不变,企业价值就不会改变。当企业利用负债时,即使债务成本本身不变,但由于加大了权益的风险,会使权益成本上升,而加权平均资本成本维持不变,由于资本结构的改变并不影响企业的息税前利润,因此,企业的总价值也就固定不变,如图 9-3 所示。

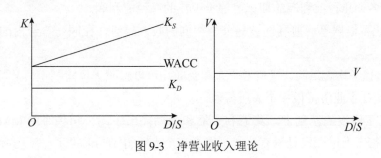

图 9-3　净营业收入理论

3. 传统折中理论

传统折中理论是一种介于净收益理论和净营业收入理论之间的折中理论。该理论认为,企业应该利用负债的低成本,适度的负债会增加企业价值,但过度负债又会导致企业价值下降,如图 9-4 所示。

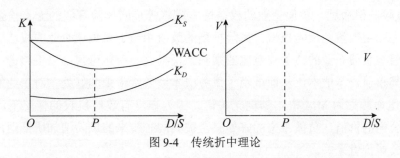

图 9-4　传统折中理论

当企业的资本结构由无负债转为少量负债时，由于负债的成本较低，因此会使企业的加权平均资本成本降低，企业价值上升。但是，随着负债率的增加，企业的财务风险逐渐增加，权益成本会随之上升，这会在一定程度上抵消利用成本较低的债务所获得的好处，因此虽然会使加权平均资本成本继续下降，但下降的速度减慢，企业价值还会上升，但上升的速度也会减慢。当负债率超过一定限度后，企业风险继续加大，在权益成本上升的同时，债务的成本也会上升，二者的共同作用使得加权平均资本成本上升，企业价值开始下降。在加权平均资本成本从下降变为上升的转折点，如图 9-4 中的 P 点，企业价值开始由上升转为下降，此时，加权平均资本成本最低，企业价值最大，这时的资本结构为最佳资本结构。

（二）现代资本结构理论

1. MM 理论

1958 年，美国财务学者 F. 莫迪利安尼和 M.H. 米勒在《美国经济评论》上合作发表了《资本成本、公司财务与投资理论》一文，提出了融资理论发展史上经典的 MM 定理，使资本结构研究成为一种严格的、科学的理论，也标志着现代资本结构理论的创立。

MM 理论是建立在一系列基本假设前提之上的，这些假设包括如下内容。

（1）资本市场是完美的，所有的信息都是公开的，任何投资者都可以方便地免费获得任何信息；不存在交易成本，任何证券都可以无限分割；投资者行为都是理性的。

（2）所有投资者对某一企业未来息税前利润的期望值及分布状况具有完全相同的估计，而且未来各期息税前利润的期望值等于现在的息税前利润。

（3）企业可根据息税前利润被划分为相同的收入等级，在同一等级内的企业具有相同的经营风险。

（4）所有债务均无风险，投资者个人和企业均可以按照无风险利率、无限量地借贷。

（5）不存在企业所得税和个人所得税。

在上述基本假设的基础上，莫迪利安尼和米勒提出了无公司税时的 MM 理论，MM 理论认为，在符合上述假设且没有公司所得税和个人所得税的前提下，下述命题成立。

（1）总价值命题。只要息税前利润相等，处于同一风险等级的任何企业，无论是负债还是无负债，它们的总价值相同，即企业的价值均由其预期息税前收益按照其风险等级所对应的贴现率贴现后决定。根据这一命题可得出以下结论：在没有税收的情况下，企业的价值与其资本结构无关，企业的加权平均资本成本只由其风险等级所决定，与资本结构也无关。

（2）风险补偿命题。负债企业的权益资本成本等于同风险等级的无负债企业的权益资本成本加上一定数量的风险报酬；风险报酬的数值相当于无负债企业的权益资本成本减去债务成本后与负债企业的债务权益比的乘积。根据这一命题可得出以下结论：企业使用债务会提高其权益资本成本，从而抵消了债务成本较低所带来的好处，对企业的价值不产生影响。上述命题称为 MM 资本结构无关论。因为在没有政府税收的情况下，增加债务并不能提高公司的价值，负债带来的好处完全被其同时带来的风险增加所抵消，因此公司资本结构与公司价值无关。

莫迪利安尼和米勒于 1963 年合作发表了另一篇论文——《公司所得税与资本成本：一项修正》。这篇文章取消了无公司所得税的假设，对原资本结构理论进行了修正，将企业的所得税因素纳入资本结构的分析之中。修正后的 MM 资本结构理论也提出了以下两个命题。

（1）赋税节余命题。有负债企业的价值等于具有同等风险程度的无负债企业的价值加上因负债而产生的节税利益（该节税利益是企业负债额与所得税税率的乘积）。根据该命题，当公司举债后，债务利息可以计入财务费用，形成节税利益，由此可增加公司的净收益，从而提高公司的价值。随着公司债务比例的上升即财务杠杆系数的提高，公司的价值也会提高。

（2）风险报酬命题。有负债企业的权益资本成本等于具有同等风险程度的无负债企业的权益资本成本加上一定的风险补偿，该风险补偿的高低取决于债务的比例和所得税税率。根据该命题，随着公司负债比率的提高，公司的综合资本成本会降低，公司的价值则会提高。按照修正的 MM 资本结构理论，公司的资本结构与公司的价值不再是无关，而是大大相关，并且公司负债比率与公司价值为正相关关系。

2. 权衡理论

20 世纪 70 年代，人们发现制约企业无限追求免税优惠或负债最大化的关键因素在于债务上升而形成的企业风险和费用。企业债务增加使企业陷入财务危机甚至破产的可能性也增加。随着企业债务增加而提高的风险和各种费用会增加企业的额外成本，从而其市场价值下降。因此，企业最佳资本结构应当是在负债价值最大化和债务上升带来的财务危机成本之间的平衡，这一理论被称为权衡理论。权衡理论可以说是对 MM 理论的再修正。该理论认为，当负债程度较低时，企业价值因税额庇护利益的存在会随负债水平的上升而增加；当负债达到一定界限时，负债税额庇护利益开始为财务危机成本所抵消。当边际负债税额庇护利益等于边际财务危机成本时，企业价值最大，资本结构最优；若企业继续追加负债，企业价值会因财务危机成本大于负债税额庇护利益而下降，负债越多，企业价值下降越快。

3. 代理理论

代理理论的创始人詹森（Jensen）和麦克林（Meckling）认为，企业资本结构会影响经理人员的工作水平和其他行为选择，从而影响企业未来现金收入和企业市场价值。比如说，当经理人不作为内部股东而作为代理人时，其努力的成本由自己负担，而努力的收益归于他人；其在职消费的好处由自己享有，而消费成本由他人负责。这时，他可能偷懒或采取有利于自身效用的满足而损害委托人利益的行动。该理论认为，债权筹资有更强的激励作用，并将债务视为一种担保机制。这种机制能够促使经理多努力工作，少个人享受，并且做出更好的投资决策，从而降低由于两权分离而产生的代理成本。但是，负债筹资可能导致另一种代理成本，即企业接受债权人监督而产生的成本。这种债权的代理成本也得由经营者来承担，从而举债比例上升导致举债成本上升。均衡的企业所有权结构是由股权代理成本和债权代理成本之间的平衡关系来决定的。

4. 优序筹资理论

由于传统的优序筹资理论与现实的差异，梅耶斯（Mayers）等学者提出了一种新的优序筹资理论。梅耶斯于1984年通过建立一个投资项目信息不对称的简单模型,提出了等级筹资假设。首先,外部筹资的成本不仅包括管理和证券承销成本,新发行证券被低估的成本,而且包括不对称信息所产生的"投资不足效应"而引起的成本。在信息不对称条件下,企业可能会选择不发行证券,即使有净现值为正的投资机会,也有可能放弃。为消除"投资不足效应"而引起的成本,企业可以选择用内部积累的资金去保障净现值为正的投资机会。所以,通过比较外部筹资和内部筹资的成本,当企业面临投资决策时,理论上首先考虑运用内部资金。其次,梅耶斯认为债务筹资优于股权筹资。他认为总的原则是先发行安全的证券,然后才是风险性证券,这样就能很好地从理论上诠释优序筹资理论的两个中心思想:①偏好内部筹资;②如果需要外部筹资,则偏好债务筹资。

第二节 资本成本的测算

人们对资本成本的理解往往仅是基于表面的观察。例如,许多人觉得借款利率是资本成本的典型代表。在我国为数不少的上市公司中,很多人会以为股权资本由于可以不分派现金股利是没有资本成本的,这些都是对资本成本理解的偏差。

一、资本成本的概念与意义

(一)资本成本的概念

在市场经济条件下,资本成本是由于资本所有权和资本使用权相分离而形成的一种财务概念。在不考虑筹资费和所得税的条件下,它既是筹资者为获得资本所必须支付的代价,如筹资企业向银行支付的借款利息和向股东支付的股利等,又是投资者提供资本所要求的必要报酬。在这里,资本成本、投资必要收益率的含义是一样的,可以相互替换。

假设公司正在考虑一个一年期的项目,该项目需要投资1 000万元,其中股权资本为600万元,债务资本为400万元。如果这个项目的风险与该公司的风险相同,那么股东要求最低获得与该公司股权资本成本相等的收益率,债权人要求获得与该公司负债成本相等的收益率。如果该公司的股权资本成本为12%,债务资本成本为6%,那么一年后归属于债权人的现金流量至少为424(400+400×6%)万元,归属于股东的现金流量为672(600+600×12%)万元。也就是说,这个项目必须至少创造1 096(424+672)万元的现金流量,才能满足债权人和股东的要求。这意味着这个项目的收益率应为9.6%。我们称9.6%为项目的资本成本,或项目为了满足资本提供者的要求而必须产生的最低收益率。

所以,人们可以从企业和投资者两个方面看待资本成本的问题。当企业使用资金的代价被看作是投资者的报酬率时,这种代价就被称为是企业的资本成本。在公司理财的活动中,在进行资本结构决策时,只有了解不同资金来源资本成本的大小,才能够使企业选择资本成本最小同时企业价值最大的筹资组合；在企业进行资本预算决策时，只有当项目的预期报酬率大于资本成本的时候，这个项目才是可行的。

（二）资本成本的内容

资本成本从绝对量的构成来看，包括用资费用和筹资费用两部分。

用资费用为资本成本的主要部分，是指企业在生产经营和投资活动中因使用成本而承付的费用，如向债权人支付利息，向股东支付股利等。长期资本的用资费用是经常性的，并随着使用资本数量的多少和时期长短而变动，因此属于变动性资本成本。

筹资费用是在企业筹集资本的活动中为获取资本而付出的费用，如发行股票、债券而支付的发行费用。筹资费用通常一次性全部支付，因而属于固定性资本成本，可视为对筹资额的一项扣除。

（三）资本成本的属性

资本成本作为企业的一种成本，具有一般商品成本的基本属性，又有不同于一般商品成本的某些特性。在企业正常的生产经营活动中，一般商品的生产成本是其生产所耗费的直接材料、直接人工和制造费用之和，对于这种商品的成本，企业需从其收入中予以补偿。资本成本也是企业的一种耗费，也需由企业的收益补偿，但它是为获得和使用资本而付出的代价，通常并不直接表现为生产成本。产品成本一般用绝对金额表示，而资本成本一般用相对数表示。此外，产品成本需要计算实际数，而资本成本只要求计算预测数或估计数。

资本成本与货币的时间价值既有联系，又有区别。货币的时间价值是资本成本的基础，而资本成本既包括货币时间价值，又包括投资的风险价值。因此，在有风险的条件下，资本成本也是投资者要求的必要报酬率。

（四）资本成本的种类

资本成本按用途可分为个别资本成本、综合资本成本和边际资本成本。

个别资本成本是单种筹资方式的资本成本，包括长期借款成本、长期债券成本、优先股成本、普通股成本和留存收益成本。其中，前二者称为债务资本成本，后三者称为权益资本成本或自有资本成本。个别资本成本一般用于比较和评价各种筹资方式。

综合资本成本是对各种个别资本成本进行加权平均而得的结果，其权数可以在账面价值、市场价值和目标价值之中选择。综合资本成本一般用于资本结构决策。

边际资本成本实质上是新筹集部分资本的成本，在计算时，也需要进行加权平均。边际资本成本一般用于追加筹资决策。

上述三种资本成本之间存在着密切的关系。个别资本成本是综合资本成本和边际资本成本的基础，综合资本成本和边际资本成本都是针对个别资本成本的加权平均。三者都与资本结构紧密相关，但具体关系有所不同。个别资本成本高低与资本性质关系很大，债务资本成本一般低于自有资本成本；综合资本成本主要用于评价和选择资本结构；边际资本成本主要用于在已经确定目标资本结构的情况下，考察资本成本随筹资规模变动而变动的情况。当然，三种资本成本在实务中往往同时运用，缺一不可。

（五）资本成本的意义

资本成本在财务管理中处于至关重要的地位。资本成本不仅是资本预算决策的依据，而且还是许多其他类型决策包括租赁决策、债券偿还决策及制定有关营运资本管理决策的直接依据。

1. 资本成本是选择筹资方式、进行资本结构决策的依据

首先，个别资本成本是比较各种筹资方式的依据。随着我国金融市场的逐步完善，企业的筹资方式日益多元化。评价各种筹资方式的标准是多种多样的，如对企业控制权的影响、对投资者的吸引力大小、取得资本的难易、财务风险的大小、资本成本的高低等。其中，资本成本是个极为重要的因素。在其他条件基本相同或对企业影响不大时，应选择资本成本最低的筹资方式。

其次，综合资本成本是衡量资本结构合理性的依据。衡量资本结构是否最佳的标准主要是资本成本最小化和企业价值最大化。西方财务理论认为，综合资本成本最低时的资本结构才是最佳资本结构，这时企业价值达到最大。

最后，边际资本成本是选择追加筹资方案的依据。企业有时为了扩大生产规模，需要增大资本投入量。这时，企业不论维持原有资本结构还是希望达到新的目标资本结构，都可以通过计算边际资本成本的大小来选择是否追加筹资。

2. 资本成本是评价投资方案、进行投资决策的重要标准

在对相容的多个投资项目进行评价时，只要预期投资报酬率大于资本成本，投资项目就具有经济上的可行性。在多个投资项目不相容时，可以将各自的投资报酬率与其资本成本相比较，其中差额最大的项目是效益最高的，应予首选。当然，投资评价还涉及技术的可行性、社会效益等方面的考虑，但资本成本毕竟是综合评价的一个重要方面。

3. 资本成本是评价企业经营业绩的重要依据

资本成本是企业使用资本应获得收益的最低界限。一定时期资本成本的高低不仅反映了财务经理的管理水平，还可用于衡量企业整体的经营业绩。更进一步，资本成本还可以促进企业增强和转变观念，充分挖掘资本的潜力，提高资本的使用效益。

此外，资本成本还是很多重要财务决策（如最佳现金持有量决策）的相关成本。读者可参阅本书有关内容。

二、个别资本成本的计算

企业资金来源从性质上可分为债务资本和股权资本两大类，它们的资本成本在计算上也存在一定区别。因此，个别资本成本的计算也可分为债务资本成本和股权资本成本两类。

（一）债务资本成本

债务资本成本包括长期借款资本成本和债券资本成本两种。根据企业所得税法的规定，

企业债务的利息允许从税前利润中扣除,从而可以抵免企业所得税。因此,企业实际负担的债务资本成本应该是扣除利息抵税后的,即:

$$K_d = R_d(1-T)$$

式中:K_d——债务资本成本,亦可称税后债务资本成本;

R_d——企业债务利息率,亦可称税前债务资本成本;

T——企业所得税率。

对于债务资本成本的计算有两种方法:一种是不考虑时间价值的较为简单的简化公式计算法;另一种是考虑时间价值的到期收益率法。

1. 简化公式计算法

企业在筹集债务资本时,因使用债务资本所支付的代价主要包含利息与筹集的手续费用两大部分内容,即用资费用与筹资费用,企业债务资本成本主要受这两大因素影响。此外,还要受到公司的融资规模、筹资期限、市场利率、企业的信用等级、抵押担保、筹资工作效率、通货膨胀率、政策因素、资本结构以及资本市场条件等其他因素的影响。对于一次还本、分期付息的债务资金,其资本成本的简化计算公式如下:

$$K_b = \frac{用资费用}{实际用资额} = \frac{I_b(1-T)}{B(1-f_b)}$$

式中:K_b——债务资本成本;

I_b——债务资金的年利息额;

B——实际筹集的债务资金数额;

f_b——债务资金的筹资费用率。

由于债务资金的利息是在所得税前列支,债务资金的利息可以抵税,因此公式分子中实际的用资费用应该是考虑利息抵税后的。也正是因为负债的利息可以抵税,所以公司的债务资本成本小于债权人要求的收益率,这是由于政府承担了部分债务成本。

对于债券资本成本在计算时,需要注意以下两点:①由于债券发行价格有等价、溢价和折价等情况,与债券面值可能存在差异,在计算分母实际用资额时,需要按照预计的发行价格确定其将来实际能够筹集到的筹资总额;②债券筹资时筹资费用一般较高,债券的筹资费用即发行费用,主要包括申请费、注册费、印刷费和上市费以及路演推介费等,在计算企业实际用资额时需要将筹资费用从其实际筹资额中扣除。

【例9-1】某公司等价发行总面额为500万元的10年期债券,票面利率为12%,发行费用率为5%,公司所得税率为25%。该债券的资本成本为:

$$K_b = \frac{500 \times 12\% \times (1-25\%)}{500 \times (1-5\%)} = 9.47\%$$

或:

$$K_b = \frac{12\% \times (1-25\%)}{(1-5\%)} = 9.47\%$$

假定债券按面值的110%溢价发行,其他均相同。则该债券的资本成本为:

$$K_b = \frac{500 \times 12\% \times (1-25\%)}{500 \times 110\% \times (1-5\%)} = 8.61\%$$

假定债券按面值的 90% 折价发行，其他均相同。则该债券的资本成本为：

$$K_b = \frac{500 \times 12\% \times (1-25\%)}{500 \times 90\% \times (1-5\%)} = 10.53\%$$

【例 9-2】 某公司计划从银行取得一笔 500 万元的长期借款，手续费率为 0.1%，年利率 5%，期限 3 年，每年结息一次，到期一次还本。企业所得税税率 25%。该项长期借款的资本成本为：

$$K_l = \frac{500 \times 5\% \times (1-25\%)}{500 \times (1-0.1\%)} = 3.75\%$$

如果该项长期借款的手续费忽略不计，则其资本成本的计算为：

$$K_l = 5\% \times (1-25\%) = 3.75\%$$

2. 到期收益率法

上述计算债务资金资本成本的方法比较简单，但缺点在于没有考虑货币的时间价值，因而这种方法的计算结果不是十分精确。如果对资本成本计算结果的精确度要求较高，可以利用证券估价中债券的估价模型，先计算债权人的到期收益率，然后在此基础上进行调整。在不考虑交易费用与所得税的情况下，债权人所获得的收益就是债务人的成本。所谓到期收益率，即是现金流入与流出相等的那个贴现率，对于投资者债权人而言，其现金流出就是其投资额，其现金流入就是投资期内每期所获得的利息，以及债务到期时所收回的本金。使下式成立的 K 即为投资者的到期收益率。

$$P_0 = \sum_{t=1}^{n} \frac{I_t}{(1+K)^t} + \frac{B_0}{(1+K)^n}$$

式中：P_0——债权人所借贷给企业的资金额；

I_t——每期的利息；

B_0——债务的到期数额。

对于筹资者债务人而言，使其现金流入与流出相等的贴现率就是其筹资成本。由于存在所得税与筹资费用，因此我们要对上述估价模型进行调整，以计算出其所筹资金的资本成本。由于存在筹资费用，筹资者所获得的现金流入应该是扣除筹资费用后的筹资净额，其现金流出包含两方面：一是筹资期内每期支付的利息 I_t；二是到期时偿还的本金数额 B_0。由于筹资者的利息费用可以在税前列支，具有抵税效应，筹资者每期所产生的实际现金流出应该是扣除所得税后的利息支出额，即 $I_t(1-T)$，使下式相等的 K 即为筹资者的债务资本成本。

$$P_0(1-f) = \sum_{t=1}^{n} \frac{I_t(1-T)}{(1+K)^t} + \frac{B_0}{(1+K)^n}$$

式中：f——筹资费率；

$P_0(1-f)$——企业的实际用资数额;

I_t——每年的利息支付额;

B_0——到期还本的数额;

T——所得税税率。

对于一次还本、分期付息的方式发行的债券,使下式成立的 K 即为债券的资本成本:

$$B(1-f_b) = I_b(1-T)(P/A,K,n) + B_0(P/F,K,n)$$

式中:$B(1-f_b)$——发行债券所筹集到的实际资金数额;

I_b——每年的利息支付额;

B_0——到期还本的数额;

T——所得税税率。

【**例 9-3**】某公司等价发行总面额为 100 万元的 3 年期债券,票面利率为 11%,发行费用率为 2%,公司所得税率为 25%。该债券的资本成本为:

$$100×(1-2\%)=100×11\%(1-25\%)×(P/A,K,3)+100×(P/F,K,3)$$

运用逐步测试法与内插法,计算出 $K=9.04\%$。

假设债券溢价发行,总价为 105 万元,则该债券的资本成本计算如下:

$$105×(1-2\%)=100×11\%(1-25\%)×(P/A,K,3)+100×(P/F,K,3)$$

则:

$$K=7.14\%$$

假设债券折价发行,总价为 95 万元,则该债券的资本成本计算如下:

$$95×(1-2\%)=100×11\%(1-25\%)×(P/A,K,3)+100×(P/F,K,3)$$

则:

$$K=11.08\%$$

对于长期借款而言,其资本成本的计算方法与债券资本成本的计算方法基本相同。

从理论上看,债务资本成本的计算并不困难,但由于债务的形式多样,有浮动利率债务、利随本清债务,还有利息和本金偿还时间不固定的债务等,这些都会加大债务资本成本的计算复杂程度。

在估计债务资本成本时,要注意区分以下几个问题。

一要注意区分债务的历史成本与未来成本。由于现有的历史成本属于与过去相关的沉没成本,对于未来的决策没有影响,而作为企业投资决策和企业价值评估依据的资本成本,只能是未来借入新债务的成本。

二要注意区分债务人的承诺收益与债权人的期望收益。通常情况下,债权人的期望收益就是债务人的筹资成本,但在债务人违约情形下,债务人的实际债务成本就要低于债权人的期望收益。实务中,通常把债务人的承诺收益率当作其债务成本,这主要是因为一是计算容易,二是在多数情况下,债务人违约情况很少发生,此时债务人的承诺收益与债权人的期望收益差别不大。一旦债务人筹资时处于财务困境或财务状况不佳的情形,为了筹集资金,可能会出现债务人的承诺收益率高于债权人的期望收益率,但此时债务人的违约风险也较高。

三要注意区分企业的长期债务与短期债务。按照债务期限的长短划分，债务可以划分为长期债务与短期债务。由于短期债务作为企业营运资金的一部分，其数额和筹资成本经常发生变动，导致企业在进行筹资决策时无法进行估算，加上企业在理财活动中所使用的资金大多是长期资金，因此企业在做融资决策时，通常只考虑长期债务，而忽略各种短期债务。但在企业无法取得长期债务资金来源时，只能通过举借短期债务获取资金，并且通过不断借新债还旧债的方式将短期债务演变成一种长期债务，此时，这种短期债务实质上已经成为企业的长期债务。企业在计算债务的资本成本时，不能忽视这种特殊的短期债务的资本成本。

（二）股权资本成本

股权资本成本包括普通股资本成本、优先股资本成本和留存收益资本成本，它是最难以测量的成本。根据所得税法的规定，企业需以税后利润向股东分派股利，故没有抵税利益，所以其成本计算有别于债务资本成本。

1. 普通股资本成本

按照筹资者的资本成本实质上就是投资者的必要报酬率的思路，普通股的资本成本就是普通股投资者的必要报酬率。其计算方法一般有三种：股利折现模型、资本资产定价模型和风险溢价法。

（1）股利折现模型法：股利折现模型的基本形式是

$$P_0 = \sum_{t=1}^{\infty} \frac{D_t}{(1+K_c)^t}$$

式中：P_0——普通股融资净额，即发行价格扣除发行费用；

D_t——普通股第 t 年的股利；

K_c——普通股投资必要报酬率，即普通股资本成本。

由于企业是否分配股利通常是不确定的，因此要运用上列模型计算普通股资本成本必须对各年股利分配额做出相应的假定。

如果企业各年股利分配额固定不变，即每年分派现金股利 D 元，由于普通股没有到期期限，所以普通股股价为永续年金的现值，即：

$$P_0 = \frac{D}{K_c}$$

则普通股的资本成本可按下式计算：

$$K_c = \frac{D}{P_0}$$

【例9-4】某公司拟发行一批普通股，发行价格为 10 元，发行费用率 20%，预计每年分派现金股利每股 1.1 元。其资本成本计算为：

$$K_c = \frac{1.1}{10 \times (1-20\%)} = 13.75\%$$

如果企业各年股利按照固定比例增长，即第 0 年股利为 D_0，第 1 年股利为 D_1，股利年增长率为 g，即 $D_1=D_0(1+g)$，则：

$$P_0 = \frac{D_0(1+g)}{(1+K_c)} + \frac{D_0(1+g)^2}{(1+K_c)^2} + \frac{D_0(1+g)^3}{(1+K_c)^3} + \cdots$$

上式可简化为：

$$P_0 = \frac{D_0(1+g)}{K_c - g} = \frac{D_1}{K_c - g}$$

则普通股资本成本可按下式计算：

$$K_c = \frac{D_1}{P_0} + g$$

【例 9-5】某公司最近一年向股东分配了每股 0.50 元的现金股利，预计公司股利将以每年 6% 的增长率持续增长，当前公司普通股每股市价为 10 元，则该公司普通股资本成本计算为：

$$K_c = \frac{D_0(1+g)}{P_0} + g = \frac{0.5 \times (1+6\%)}{10} + 6\% = 11.3\%$$

（2）资本资产定价模型法。普通股资本成本也可以不通过估计企业的未来股利进行计算，而直接通过估计公司普通股的预期报酬率来计算，即利用资本资产定价模型来估计。资本资产定价模型的含义可以简单地描述为，普通股投资的必要报酬率等于无风险报酬率加上风险报酬率，用公式表示如下：

$$K_c = R_f + \beta(R_m - R_f)$$

式中：R_f——无风险报酬率，通常以短期国库券的利息率为无风险报酬率；

β——某种股票的贝塔系数，用来衡量股票的风险程度大小；

R_m——市场报酬率。

在已知无风险报酬率、市场报酬率和某种股票的 β 值后，就可计算出该股票的必要报酬率，即其资本成本。

【例 9-6】假定市场无风险报酬率为 10%，市场报酬率为 14%，某公司普通股 β 值为 1.2。则该普通股资本成本为：

$$K_c = 10\% + 1.2 \times (14\% - 10\%) = 14.8\%$$

（3）风险溢价法。股利折现模型法和资本资产定价模型法在理论上具有较可靠的依据，但在实际应用中显得比较复杂，面临一些困难。尤其是对于一些长年不发放股利的企业，或者是未上市的企业，要利用前面两种方法来计算投资者的必要报酬率很难。因此，为了操作方便，可以考虑采用在理论上比较"粗糙"但在应用上比较简单明了、便于操作的风险溢价法。这种方法的基本思路是：从投资者的角度看，股票投资的风险高于债券，根据风险与收益相匹配的原理，股票投资的必要报酬率可以在债券利率的基础上再加上股票投资高于债券投资的风险报酬率。即普通股资本成本的计算公式为

$$K_c = K_d + \text{RP}$$

式中：K_d——税后的债务资本成本；

RP——股东对预期承担的比债券持有人风险更大而要求追加的报酬率。

这里，由于 K_d 比较容易估算，因此，计算普通股资本成本的关键是估计风险溢价 RP。但 RP 并无直接的计算方法，只能从经验中获得信息。资本市场经验表明，公司普通股的风险溢价对公司自己的债券来讲，绝大部分在 3%～5% 之间。

【例 9-7】某公司已发行的债券的投资报酬率为 11%，采用风险溢价法，我们发现该公司的股权资本成本大致将是

$$K_c = 11\% + 3\% = 14\%$$

这一方法的优点是不必使用 β 值和进行股利折现所包括的运算，但是不能随时间改变风险溢价，计算结果比较粗糙。

2. 优先股资本成本

优先股的股利通常是固定的，企业发行优先股需支付发行费用，根据优先股的估价模型，我们可以反推出优先股的资本成本。计算公式是：

$$P = \frac{D}{K_p} \Rightarrow K_p = \frac{D}{P}$$

考虑优先股发行时的筹资费用，优先股资本成本的计算公式为：

$$K_p = \frac{D}{P_0}$$

式中：K_p——优先股资本成本；

D——优先股每股年股利额；

P_0——扣除发行费用后的优先股的融资净额。

【例 9-8】某公司准备发行一批优先股，每股发行价格为 6 元，发行费用为 0.2 元，预计年股利为 0.5 元。其资本成本的计算如下：

$$K_p = \frac{0.5}{6 - 0.2} = 8.62\%$$

3. 留存收益资本成本

企业的留存收益是由企业税后利润形成的，属于股权资本。从表面上看，企业留存收益并不需要付出什么代价，只是把钱"从左边口袋转移到右边口袋"而已。实际上，股东愿意将其留用于企业而不作为股利取出投资于别处，总是要求获得与普通股等价的报酬。因此，留存收益也有资本成本，只不过是一种机会资本成本。留存收益资本成本的计算与普通股基本相同，只是无须考虑筹资费用。

总结以上各类资本成本，可以了解它们之间的异同点。各类资本成本相同之处在于各类资本成本均表示投资者提供资本所要求的最低收益率；各类资本成本都可表现为预期现金流量的折现率，不同之处在于各类资本的风险程度不同。通过比较个别资本成本，可以帮助企业选择出比较有利的融资方式。在不考虑其他因素的条件下，筹资成本低的融资方

式更乐于为企业所接受。

三、综合资本成本的计算

（一）加权平均资本成本

公司从不同来源取得的资本成本是不相同的，为了进行筹资和投资决策，需要计算全部资本来源的加权平均资本成本。加权平均资本成本是以各种不同资本来源的资本成本为基数，以各种不同资本来源占资本总额的比重为权数计算的加权平均数。其计算公式为：

$$K_w = \sum_{j=1}^{n}(K_j \times W_j)$$

式中：K_w——加权平均资本成本；

W_j——第 j 种资本来源所占比重；

K_j——第 j 种资本来源的资本成本。

在确定加权平均资本成本时，各种资本在全部资本中所占的比重（权数）起着重要作用。资本权数取决于各种资本价值按什么来确定，一般来说，有三种方案进行选择：账面价值加权、市场价值加权和目标资本结构加权。

1. 账面价值加权

账面价值加权是指根据企业资产负债表上显示的负债和权益的价值来衡量每种资本的比例。这种做法的优点是资料容易取得。但是账面结构显示的是历史的结构，当资本的账面价值与市场价值差别较大，尤其是股票债券的市场价格发生较大的变动时，计算结果会与实际有较大的背离，从而不利于企业做出正确的融资决策。

【例 9-9】某公司账面上反映的现有长期资本总额为 10 000 万元，其中长期借款 2 000 万元、债券 3 500 万元、优先股 1 000 万元、普通股 3 000 万元、留存收益 500 万元；个别资本成本分别为 4%、6%、10%、14%、13%。则该公司加权平均资本成本的计算如表 9-1 所示。

表 9-1 加权平均资本成本计算（账面价值加权）

资本种类	资本账面价值（万元）	比重（%）	个别资本成本（%）	加权资本成本（%）
长期借款	2 000	20	4	0.80
债券	3 500	35	6	2.10
优先股	1 000	10	10	1.00
普通股	3 000	30	14	4.20
留存收益	500	5	13	0.65
合计	10 000	100	—	8.75

2. 市场价值加权

市场价值加权是指根据当前负债和权益的市场价值比例衡量每种资本的比例。由于市场价值不断变动，负债和权益的比例也随之变动，这样计算的加权平均资本成本能反映企业目前资本的实际情况。假定【例 9-9】股票和债券发行半年后采用资本的市场价值权数，其加权平均资本成本的计算如表 9-2 所示。

表 9-2 加权平均资本成本计算（市场价值加权）

资本种类	资本市场价值（万元）	比重（%）	个别资本成本（%）	加权资本成本（%）
长期借款	2 000	13	4	0.52
债券	4 000	27	6	1.62
优先股	1 500	10	10	1.00
普通股	6 000	40	14	5.60
留存收益	1 500	10	13	1.30
合计	15 000	100	—	10.04

证券价格的市场变化并不影响其账面价值。为了弥补证券市场价格频繁变动带来的不便，也可采用一定时期证券的平均市场价格来代表资本价值。

3. 目标资本结构加权

目标资本结构加权是指根据按市场价值计量的目标资本结构衡量每种资本要素的比例。管理层决定的目标资本结构，代表未来将如何筹资的最佳估计。如果企业向目标结构发展，目标加权是最有意义的。这种加权方法可以选用平均市场价格，回避证券市场价格变动频繁的不便；可以适用于企业筹措新资金，而不像账面价值权数和市场价值权数那样只能反映过去和现在的资本结构。调查表明，目前大多数公司在计算资本成本时采用按平均市场价值计算的目标资本结构作为权重。假定例 9-9 采用资本的目标价值权数，其加权资本成本的计算如表 9-3 所示。

表 9-3 加权资本成本计算（目标价值加权） 单位：万元

资本种类	资本目标价值	比重（%）	个别资本成本（%）	加权资本成本（%）
长期借款	3 000	15	4	0.60
债券	6 000	30	6	1.80
优先股	2 000	10	10	1.00
普通股	7 000	35	14	4.90
留存收益	2 000	10	13	1.30
合计	20 000	100	—	9.60

（二）边际资本成本的计算

上述各种资本成本和加权平均资本成本是公司过去筹集资本或目前使用资本的成本。随着公司筹资规模的扩大和筹资条件的变化，新增资本的成本也会发生变化。也就是说，企业不可能以某一固定不变的资本成本来筹措无限的资本，当其筹措的资本超过一定限度时，原来的资本成本就会增加。在多方式筹资条件下即使企业的资本结构不变，随着追加筹资的不断增加，也会由于个别资本成本的变化而使企业加权平均资本成本发生变动。因此，企业在追加筹资时，需要知道筹资额在什么范围内加权平均资本成本不变，超出什么范围会使加权平均资本成本发生变化以及发生多大的变化，这就产生了边际资本成本的概念。

边际资本成本本意是指资本每增加一个单位而增加的成本。在这里,"一个单位"不是指一个特定的资本量,而是指一定范围的资本总额。由于多方式筹资的原因,不同范围的资本总额有其特定的加权平均资本成本,这些对应于不同资本总额范围的各个加权平均资本成本,就组成特定意义上的"边际资本成本"。边际资本成本也是按加权平均法(考虑个别资本成本和资本的权数)计算的,是企业追加筹资时所预期的资本成本变化,故也称随筹资总额增加而相应变化的加权平均资本成本。由于边际资本成本产生于企业追加筹资的情况下,因此资本的权数应当采用目标价值权数,不宜用账面价值或市场价值为权数。

影响加权平均边际资本成本的因素有两个:一是各种资本来源的资本成本;二是目标资本结构。在计算边际资本成本时,如果新增资本的结构与原资本结构相一致,且新增各类资本的成本保持不变,边际资本成本就等于加权平均资本成本;如果资本成本不变,为筹措新资本而改变了原有的资本结构,那么新增资本的边际成本也将发生变化;同样,如果资本结构不变,资本成本变化,新增资本的成本也会发生变化。事实上,在资本市场中,资本需要量越大,资本供应者要求的收益率就越高,公司筹措资本的成本就会越高。也就是说,边际资本成本将会随筹资规模的扩大而上升。如果资本成本在某一点发生变化,那么加权平均资本成本也必然在这一点上发生变化,这一点称为筹资总额分界点(或者突破点),即特定筹资方式成本变化的分界点(或突破点),在分界点之前筹资的成本水平不变,超过分界点筹资,其资本成本将发生变化。也就是说筹资分界点(突破点),是指保持其资本成本不变的条件下可以筹集到的资本总额。换言之,在筹资分界点(突破点)以内筹资,资本成本不会改变,一旦超过了筹资分界点(突破点),即使保持原有的资本结构,其资本成本也会增加。筹资分界点(突破点)的计算公式可表示如下:

$$\text{筹资总额分界点(突破点)} = \frac{\text{可用某一特定成本筹集到某种资本的最大额}}{\text{该种资本在总资本中所点的比重}}$$

下面举例说明边际资本成本的计算过程。

【例9-10】某公司目前拥有长期资本4 000万元,其中长期借款600万元,资本成本3%;债券1 000万元,资本成本10%;普通股2 400万元,资本成本13%。公司由于经营规模扩大,拟筹集新的长期资本,要求确定追加筹资的边际资本成本。

(1)确定目标资本结构。经分析研究认为,公司筹集新资本后仍应保持目前的资本结构,即长期借款占15%,债券占25%,普通股占60%。

(2)测算个别资本成本的变化。通过分析资本市场状况和公司融资能力,测算出随筹资的增加各种方式资本成本的变化如表9-4所示。

表9-4 公司增资额及个别资本成本变动

资本种类	目标资本结构(%)	新增筹资	资本成本(%)
长期借款	15	45万元以内	3
		45万~90万元	5
		90万元以上	7

续表

资本种类	目标资本结构（%）	新增筹资	资本成本（%）
债券	25	200万元以内 200万～400万元 400万元以上	10 11 12
普通股	60	300万元以内 300万～600万元 600万元以上	13 14 15

（3）计算追加筹资总额的分界点（突破点），并划分追加筹资总额各范围。

根据上述资料，可计算该公司各追加筹资总额分界点（突破点）如表9-5所示。

表9-5 筹资总额分界点及资本成本

资本种类	筹资总额分界点（万元）	总筹资规模	资本成本（%）
长期借款	45÷15%=300 90÷15%=600	300万元以内 300万～600万元 600万元以上	3 5 7
债券	200÷25%=800 400÷25%=1 600	800万元以内 800万～1 600万元 1 600万元以上	10 11 12
普通股	300÷60%=500 600÷60%=1 000	500万元以内 500万～1 000万元 1 000万元以上	13 14 15

表9-5表明了在目标资本结构的前提下，每一种资本成本变化的分界点及相应的筹资范围。针对不同的筹资总额范围分别计算加权平均资本成本，就可得出各种筹资范围的边际资本成本。

根据上表中计算的各筹资突破点，可以得到该公司追加筹资总额的各个范围如下：① 300万元及以内；② 300万元以上～500万元；③ 500万元以上～600万元；④ 600万元以上～800万元；⑤ 800万元以上～1 000万元；⑥ 1 000万元以上～1 600万元；⑦ 1 600万元以上。

（4）计算边际资本成本。对以上各筹资总额范围分别计算加权平均资本成本，即可得到该公司追加筹资的边际资本成本。计算过程及结果如表9-6所示。

表9-6 公司不同筹资总额的边际成本 单位：万元

筹资范围	资本种类	目标资本结构（%）	个别资本成本（%）	加权平均资本成本（%）
300及以内	长期借款 债券 普通股	15 25 60	3 10 13	10.75
300以上～500	长期借款 债券 普通股	15 25 60	5 10 13	11.05
500以上～600	长期借款 债券 普通股	15 25 60	5 10 14	11.65

续表

筹资范围	资本种类	目标资本结构（%）	个别资本成本（%）	加权平均资本成本（%）
600 以上～800	长期借款债券 普通股	15 25 60	7 10 14	11.95
800 以上～1 000	长期借款债券 普通股	15 25 60	7 11 14	12.20
1 000 以上～1 600	长期借款债券 普通股	15 25 60	7 11 15	12.80
1 600 以上	长期借款债券 普通股	15 25 60	7 12 15	13.05

由以上例子我们可以看出，在不同的筹资范围内，边际资本成本是不同的，并且边际资本成本具有随着筹资总额的增长而增加的特点。因此公司应根据自身的需要，考虑边际资本成本，做出追加筹资的决策。

第三节　杠杆利益与风险的衡量

财务管理中所说的杠杆效应是指由于固定费用的存在提高了公司期望收益，同时也增加了公司风险的现象。经营杠杆是由与产品生产或提供劳务有关的固定性经营成本引起的，而财务杠杆是由债务利息等固定性融资成本引起的。两种杠杆具有放大盈利波动性的作用，从而影响企业的风险与收益。杠杆利益与风险是企业资本结构决策的基本因素之一，企业的资本结构决策应当在杠杆利益与风险之间进行权衡。

一、与杠杆有关的几个财务概念

财务管理中的杠杆通常有三种形式，即经营杠杆、财务杠杆和复合杠杆。每一种杠杆效应都包含杠杆利益与杠杆风险两个方面。要说明这些杠杆的原理，有必要了解成本习性、边际贡献、息税前利润和普通股每股收益等几个相关概念。

（一）成本习性模型

所谓成本习性，是指成本总额与业务量之间在数量上的依存关系。按成本习性可把企业的全部成本划分为固定成本、变动成本和混合成本三类。

1. 固定成本

固定成本是指其总额在一定时期和一定业务量范围内不随业务量发生任何变动的那部分成本。属于固定成本的主要有管理人员工资、折旧费、办公费、利息费等，这些费用每年支出水平基本相同，即使产销业务量在一定范围内变动，它们也保持固定不变。正是由于这些成本是固定不变的，因而随着业务量的增加，意味着它将分配给更多数量的产品，即单位固定成本将随产量的增加而逐渐变小。应当指出的是，固定成本总额只是在一定时期和业务量的一定范围内保持不变。因此，固定成本必须和一定时期、一定业务量联系起来进行分析，没有绝对不变的固定成本。

2. 变动成本

变动成本是指其总额随着业务量成正比例变动的那部分成本。属于变动成本的主要有直接材料、直接人工等。但若就单位产品中的变动成本而言，则是不变的。必须指出，变动成本同业务量之间成正比例变动的关系是有一定范围的，超过一定范围，变动成本同业务量之间的比例关系可能会改变。例如，当一种新产品还是小批量生产时，由于生产还处于不熟练阶段，直接材料和直接人工的耗费可能较多，随着产量的增加，生产人员对生产过程的逐渐熟悉，可使单位产品的材料和人工费降低。在这一阶段，变动成本不一定与产量完全成同比例变化，而是表现为小于产量增长幅度。在这以后，生产过程比较稳定，变动成本与产量成同比例变动，这一阶段的产量便是变动成本的相关范围。然而，当产量达到一定程度以后，就有可能使变动成本的增长幅度大于产量的增长幅度。

3. 混合成本

混合成本是指其总额虽受业务量变动的影响，但其变动幅度并不同业务量的变动保持同比例关系的那部分成本。也就是说，混合成本兼有固定成本和变动成本两种特性，不能简单地归入固定成本或变动成本。

从理论上说，成本按习性可分成固定成本、变动成本和混合成本三类，但在管理实践中，可利用一定技术方法将混合成本归分到固定成本和变动成本两部分之中。所以，成本按习性分类，从根本上说应当只有固定成本和变动成本两部分。这样，总成本习性模型可用下式表示：

$$Y = a + bX$$

式中：Y——总成本；

a——固定成本；

b——单位变动成本；

X——产销业务量（额）。

（二）边际贡献

边际贡献是指销售收入减去变动成本之后的差额。其计算公式可表示如下：

$$\begin{aligned} M &= PX - bX \\ &= (P-b)X \\ &= S(1-b') \\ &= S - V \end{aligned}$$

式中：M——边际贡献；

P——销售单价；

X——产销量；
b——单位变动成本；
S——销售收入；
b'——变动成本率；
V——变动成本。

（三）息税前利润

息税前利润是指企业支付利息和缴纳所得税之前的利润。在成本习性模型的基础上，息税前利润可按下列公式计算：

$$\begin{aligned} \text{EBIT} &= S - V - a \\ &= M - a \\ &= S(1 - b') - a \\ &= (P - b)X - a \\ &= PX - bX - a \end{aligned}$$

式中：EBIT——息税前利润；
a——固定成本（生产经营性固定成本）；
其他符号含义同上。

（四）普通股每股收益

普通股每股收益（earnings per share，EPS）是指一定时期企业为普通股股东所创造的收益，计算公式可表示为：

$$\text{EPS} = \frac{(\text{EBIT} - I)(1 - T) - D}{N}$$

式中：EPS——普通股每股收益；
I——负债利息；
T——所得税税率；
D——优先股股利；
N——普通股股数。

二、经营杠杆和经营风险

（一）经营杠杆的概念

经营杠杆也称营业杠杆，是指由于企业经营成本中存在固定成本而对企业经营收益带来的影响。经营杠杆现象形成于企业的生产经营过程，这里所说的经营成本，是指与产品生产与销售有关的销售成本、销售税金、营业费用等（可分为变动成本与固定成本）；经营收益则是指息税前利润。在一定的经营规模条件下，固定成本需要由单位产品来分摊，若产品销售量发生变动时,单位产品分摊的固定成本会随之变动,从而导致息税前利润更大幅度的变动,这就形成了经营杠杆现象。

(二)经营杠杆利益

经营杠杆利益是指在销售收入增长的条件下,经营成本中固定成本的存在会使息税前利润增长率大于销售增长率。在销售价格、单位变动成本以及固定成本总额保持不变的情况下,企业增加产销数量时,销售收入和变动成本总额将等比例增加。但是,固定成本总额却保持不变的水平,与产销量变化无关,产销量越大,单位固定成本越小,单位产品的利润就越高,从而使息税前利润的变动率大于产销量的变动率。

【例 9-11】A 公司 2019—2021 年销售收入有关资料如表 9-7 所示。

表 9-7　经营杠杆利益测算表

项　　目	2019 年	2020 年	2021 年
(1) 销售增长率	—	10%	15%
(2) 销售收入	1 000 万元	1 100 万元	1 265 万元
(3) 变动成本率	60%	60%	60%
(4) 变动成本	600 万元	660 万元	759 万元
(5) 边际贡献	400 万元	440 万元	506 万元
(6) 固定成本	200 万元	200 万元	200 万元
(7) 息税前利润	200 万元	240 万元	306 万元
(8) 息税前利润增长率	—	20%	27.5%

由表 9-7 可以看出,在变动成本率不变的条件下,由于固定成本每年都是 200 万元,则一旦销售增长,必然会带来息税前利润更大程度的增长。在本例中,A 公司 2020 年与 2019 年相比,销售增长率为 10%,同期息税前利润的增长率为 20%;2021 年与 2020 年相比,销售增长率为 15%,同期息税前利润的增长率为 27.5%。这表明 A 公司有效地利用了经营杠杆,获得了较高的经营杠杆利益。

(三)经营杠杆损失

经营风险是指在销售收入下降的情况下,由于经营成本中固定成本的存在会使息税前利润下降的幅度更大。这是经营杠杆给企业带来的负面效应,我们称之为经营杠杆损失。经营杠杆本身并不是利润不稳定的根源,但经营杠杆放大了市场和生产成本等不确定因素对利润变动的影响。而且经营杠杆利益越高,经营杠杆损失就越大。企业要想获得经营杠杆利益,就需要承担由此带来的经营杠杆风险,必须在这种杠杆利益与杠杆风险之间做出权衡。

【例 9-12】B 公司 2019—2021 年销售收入有关资料如表 9-8 所示。

表 9-8　经营风险测算表

项　　目	2019 年	2020 年	2021 年
(1) 销售增长率	—	-10%	-15%
(2) 销售收入	1 000 万元	900 万元	765 万元

续表

项　目	2019 年	2020 年	2021 年
（3）变动成本率	60%	60%	60%
（4）变动成本	600 万元	540 万元	459 万元
（5）边际贡献	400 万元	360 万元	306 万元
（6）固定成本	200 万元	200 万元	200 万元
（7）息税前利润	200 万元	160 万元	106 万元
（8）息税前利润增长率	—	−20%	−33.75%

由表 9-8 可以看出，在变动成本率不变的条件下，由于固定成本每年都是 200 万元，则一旦销售收入下降，必然会带来息税前利润更大程度的下降。在本例中，B 公司 2020 年与 2019 年相比，销售增长率为 −10%，同期息税前利润的增长率为 −20%；2021 年与 2020 年相比，销售增长率为 −15%，同期息税前利润的增长率为 −33.75%，这表明该公司存在经营杠杆风险。

（四）经营杠杆的计量

一个企业只要存在固定成本，经营杠杆就会发挥作用。由于经营杠杆对经营风险的影响最为综合，因此常常用来衡量经营风险的大小。但对不同企业，经营杠杆作用的程度往往不等。因此，人们便通过经营杠杆系数来计量经营杠杆作用的程度。所谓经营杠杆系数（degree of operating leverage，DOL），是指企业息税前利润变动率相对于产销量变动率的倍数。用公式表示为：

$$DOL = \frac{\Delta EBIT / EBIT}{\Delta Q / Q}$$

式中：DOL——经营杠杆系数，反映公司息税前利润对销售量的敏感程度；

　　　$\Delta EBIT$——息税前利润变动额；

　　　EBIT——基期息税前利润；

　　　ΔQ——销售变动量；

　　　Q——基期销售量。

为便于计算，可将公式变换为：

$$DOL = \frac{Q \times (P-V)}{Q \times (P-V) - F}$$

或：

$$DOL = \frac{Q \times (P-V)}{EBIT}$$

或：

$$DOL = \frac{M}{EBIT}$$

式中：M——边际贡献。

公式的优点是可清晰地表明在某一销售水平上的经营杠杆系数。不同销售水平上的DOL是不相同的，这一点在计算DOL时应特别注意。

【例9-13】某公司甲产品年销售量20 000件，单位售价5元，产品单位变动成本3元，固定成本总额2 000元，息税前利润总额为20 000元。假定销售单价及成本水平不变，当销售量是20 000元时，经营杠杆系数可计算如下：

$$DOL = \frac{20\,000 \times (5-3)}{20\,000 \times (5-3) - 20\,000} = \frac{40\,000}{20\,000} = 2$$

上述计算结果表明，在销售量为20 000件的基础上，销售量每增加1个百分点，息税前收益就增加2个百分点。如果销售量增加10%，息税前收益将增长20%（销售量增长百分比×DOL=10%×2）；或者说，当销售量增长10%时，息税前收益就从20 000元上升到24 000[20 000×（1+10%×2）]元；反之销售量下降10%时，息税前利润也会随之下降20%。前一种情况表现为经营杠杆利益，后一种情况表现为经营杠杆损失。

（五）经营杠杆与经营风险的关系

经营风险是指企业因经营上的原因而导致息税前利润变动的风险。影响企业经营风险的因素很多，具体如下：

（1）产品需求。市场对企业产品的需求越稳定，经营风险就越小；反之，经营风险则越大。

（2）产品售价。产品售价变动不大，经营风险则小，否则经营风险便大。

（3）产品成本。产品成本是收入的抵减，成本不稳定，会导致利润不稳定，因此产品成本变动大的，经营风险就大；反之，经营风险就小。

（4）调整价格的能力。当产品成本变动时，若企业具有较强的价格调整能力，经营风险就小；反之，经营风险则大。

（5）固定成本的比重。一般来说，在其他因素不变的情况下，固定成本越高，经营风险越大。

根据这些影响因素可知，经营杠杆本身并不是利润不稳定的根源。但是，产销业务量增加时，息税前利润将以DOL倍数的幅度增加；而产销业务量减少时，息税前利润又将以DOL倍数的幅度减少。可见经营杠杆放大了市场和生产等不确定因素对利润变动的影响。而且经营杠杆系数越大，利润变动越激烈，企业的经营风险就越大。于是，企业经营风险的大小和经营杠杆有重要关系。经营杠杆系数越大，经营风险越大。

三、财务杠杆与财务风险

（一）财务杠杆的概念

财务杠杆也称筹资杠杆或资本杠杆，是指由于企业债务资本中固定费用的存在而导致普通股每股收益变动率大于息税前利润变动率的现象。现代企业的全部资本是由股权资本和债权资本构成的,在企业资本结构一定的条件下,企业从息税前利润中支付的债务利息等资本成本是相对固定的。当息税前利润增长时,每一元利润所负担的固定资本成本就会减少,从而使普通股的每股收益以更快的速度增长;当息税前利润减少时,每一元利润所负担的固定资本成本就会相应增加,从而导致普通股的每股收益以更快的速度下降。这种由于负债资本成本的固定而引起的普通股每股收益的波动幅度大于息税前利润的波动幅度现象称为财务杠杆。同样,财务杠杆既有利益的一面,也有风险的一面。

(二)财务杠杆利益

财务杠杆利益是指在企业息税前利润增长的条件下,债务利息这个杠杆会使股权资本收益(通常用普通股每股收益)增长的幅度更大。在企业资本规模和资本结构一定的前提下,企业从息税前利润中支付的债务利息是相对固定的,当息税前利润增多时,每一元息税前利润所负担的利息会相应降低,扣除所得税后可分配给企业股权资本所有者的利润就会增加。息税前利润越大,单位资本的利息负担越小,单位资本的税后盈余就越高,从而使普通股收益的变动率大于息税前利润的变动率。

财务杠杆主要反映息税前利润与普通股每股收益之间的关系,用于衡量息税前利润变动对普通股每股收益变动的影响程度。两者之间的关系如下:

$$EPS = \frac{(EBIT - I)(1 - T) - D}{N}$$

【例9-14】X公司2019—2021年有关资料如表9-9所示:

表9-9 财务杠杆利益测算 单位:万元

项 目	2019年	2020年	2021年
公司资本结构:			
(1)普通股(面值5元,股数10万股)	50	50	50
(2)留存收益	10	10	10
(3)债务资本	40	40	40
(4)债务利息率	10%	10%	10%
(5)所得税税率	33%	33%	33%
公司收益:			
(6)息税前利润	10	12	15.3
(7)债务利息	4	4	4
(8)所得税	1.98	2.64	3.73
(9)税后净利	4.02	5.36	7.57
(10)每股收益	0.402	0.536	0.757
(11)息税前利润增长率	—	20%	27.5%
(12)普通股每股收益增长率	—	33.33%	41.23%

由表9-9可以看出,在资本结构、债务利息率不变的条件下,由于债务利息每年都固定支出4万元,则一旦息税前利润增长,必然会带来普通股每股收益更大程度的增长。在本例中,该公司2020年与2019年相比,息税前利润增长率为20%,同期普通股每股收益

的增长率为33.33%；2021年与2020年相比，息税前利润增长率为27.5%，同期普通股每股收益的增长率为41.23%。这表明该公司有效地利用了负债手段，获得了较高的财务杠杆利益。

（三）财务杠杆损失

财务风险是指在息税前利润下降的情况下，由于固定性债务利息的原因会使普通股每股收益下降的幅度更大。这是财务杠杆给企业带来的负面效应，表现为财务风险。企业为获得财务杠杆利益，就要增加负债，一旦其息税前利润下降，不足以补偿固定利息支出，企业的普通股每股收益就会下降得更快。而且财务杠杆利益越高，财务风险就越大。运用负债可以获得财务杠杆利益，同时也承担相应的财务风险。

【例9-15】Y公司资本总额为500万元，其中：债务资本200万元，年利息率10%；普通股300万元，股数100万股，所得税率33%。该公司2019—2021年有关资料如表9-10所示：

表9-10 财务杠杆风险测算　　　　　　　　　　　　　　　　单位：万元

项　目	2019年	2020年	2021年
（1）息税前利润增长率	—	-10%	-20%
（2）息税前利润	60	54	43.2
（3）利息	20	20	20
（4）所得税	13.2	11.22	7.66
（5）净利润	26.8	22.78	15.54
（6）普通股每股收益	0.268	0.228	0.155
（7）普通股每股收益下降率	—	-14.93%	-32.02%

由表9-10可以看出，在资本结构、所得税率不变的条件下，由于利息每年都需固定支出20万元，则一旦息税前利润下降，必然会带来普通股每股收益更大程度的下降。在本例中，该公司2020年与2019年相比，息税前利润降低率为10%，同期普通股每股收益的降低率为14.93%；2021年与2020年相比，息税前利润降低率为20%，同期普通股每股收益的降低率为32.02%。这表明该公司存在财务杠杆风险。

（四）财务杠杆的计量

从上述分析可知，只要企业的融资方式中有债务融资，有数额固定的利息支出，就存在财务杠杆作用。财务杠杆作用的大小可通过财务杠杆系数来衡量。对财务杠杆进行计量的常用指标是财务杠杆系数（degree of financial leverage，DFL），即普通股每股收益的变动率与息税前利润变动率的比率。用公式表示为：

$$DFL=\frac{\Delta EPS/EPS}{\Delta EBIT/EBIT}$$

式中：ΔEPS——普通股每股收益的变动额或普通股全部收益的变动额；

EPS——基期普通股每股收益额或基期普通股全部收益额；

ΔEBIT——息税前利润变动额;
EBIT——基期息税前利润;
DFL——财务杠杆系数。

为了便于计算，可将上列公式变换如下：

因为：
$$EPS = \frac{(EBIT - I)(1-T)}{N}$$

$$\Delta EPS = \Delta EBIT \frac{(1-T)}{N}$$

所以：
$$DFL = \frac{EBIT}{EBIT - I}$$

【例9-16】某公司全部长期资本为75 000万元，债务资本比重为40%，债务年利率为8%，公司所得税率为25%。在息税前利润为8 000万元时，税后净利润为3 000万元。其财务杠杆系数测算如下：

$$DFL = \frac{EBIT}{EBIT - I}$$
$$= \frac{8\,000}{8\,000 - 75\,000 \times 0.4 \times 8\%}$$
$$= 1.43$$

上例中的财务杠杆系数 1.43 表示：当息税前利润增长 1 倍时，普通股每股收益将增长 1.43 倍；反之，当息税前利润下降 1 倍时，普通股每股收益将下降 1.43 倍。前一种情形表现为财务杠杆利益，后一种情形表现为财务风险。一般而言，财务杠杆系数越大，企业的财务杠杆利益和风险就越高；财务杠杆系数越小，企业财务杠杆利益和财务风险就越低。

需要指出的是，如果企业有优先股，由于优先股股息相对固定，也会产生财务杠杆效应，在此情况下，财务杠杆系数的计算公式可表示为：

$$DFL = \frac{EBIT}{EBIT - I - \dfrac{d}{1-T}}$$

式中：d——优先股年股息；
其他符号含义同上。

【例9-17】某公司有普通股500万股，优先股100万股（每股年股息为0.35元），债务资本300万元（年利息率10%）。年息税前利润200万元，所得税税率30%，则该公司财务杠杆系数为：

$$DFL = \frac{200}{200 - 300 \times 10\% - \dfrac{100 \times 0.35}{1 - 30\%}} = 1.67$$

计算结果表明，该公司在息税前利润200万元的基础上，EBIT每变动1个百分点，普通股每股收益（EPS）就变动 1.67 个百分点。如果 EBIT 增长 20%，每股收益就增长 33.4%（20%×1.67）；每股收益将由 8 元变为 10.67[8×（1+20%×1.67)] 元。从公式（4.6）中可知，财务风险主要取决于财务杠杆的大小，当公司在资本结构中增加负债或优先股筹资比例时，固定的现金流出量就会增加，从而加大了公司财务杠杆系数和财务风险。一般来说，财务杠杆系数越大，每股收益因息税前收益变动而变动的幅度就越大；反之则越小。较大的财务杠杆可以为公司带来较强的每股收益扩张能力，但固定筹资费用越多，按期支付的可能性就越小，由此引发的财务风险就越大。如果公司全部资产收益率低于固定筹资费率，那么普通股收益率就会低于公司投资收益率或出现资本亏损的情况。

（五）财务杠杆与财务风险的关系

财务风险亦称筹资风险，是指企业在经营活动中与筹资有关的风险，尤其是指在筹资活动中利用财务杠杆可能导致企业股权资本所有者收益波动（上升或下降）的风险。由于人们更害怕损失，所以财务风险更多情况下是指企业在筹资活动中利用财务杠杆可能导致企业股权资本所有者收益下降的风险，甚至可能导致企业破产的风险。除债务资金固定利息以外，财务风险还受许多其他因素的影响，主要有以下几点：

（1）资本规模的变动。在其他因素保持不变的情况下，企业资本规模发生变化，则财务杠杆系数也会随之变化。资本规模变大，则财务杠杆系数变大，财务风险就越大。

（2）资本结构的变动。在其他因素保持不变的情况下，企业结构发生变化（即债务资本比例发生变动），则财务杠杆系数也会随之变化。债务资本比例越高，则财务杠杆系数越大，财务风险越大。

（3）债务利率的变动。在其他因素保持不变的情况下，债务利率发生变化，则财务杠杆系数也会随之变化。债务利率越高，财务杠杆系数越大，财务风险越大。

（4）息税前利润的变动。在其他因素保持不变的情况下，息税前利润发生变化，则财务杠杆系数也会随之变化。息税前利润越高，财务杠杆系数越小，财务风险越小。

财务杠杆系数是资本结构决策的一个重要因素。一般而言，财务杠杆系数越大，企业财务风险就越高；财务杠杆系数越小，企业财务风险就越低。

四、总杠杆和企业风险

（一）总杠杆

总杠杆也称复合杠杆、联合杠杆。用来反映企业综合利用财务杠杆和经营杠杆给企业普通股收益带来的影响。前已述及，经营杠杆是通过扩大销售量影响息税前利润，而财务杠杆是通过息税前利润影响普通股每股收益，两者最终都影响到普通股股东的收益。而且，这两种杠杆作用是相互影响和有关联的。如果企业同时利用经营杠杆和财务杠杆，那么销售额变动对普通股收益的影响就会更大，总的风险也就更高。

对经营杠杆和财务杠杆的综合利用程度，可以用复合杠杆系数（degree of combined

leverage，DCL）或总杠杆系数（degree of total leverage，DTL）来衡量。DCL 或 DTL 是经营杠杆系数与财务杠杆系数之乘积。其计算公式如下：

$$DTL(\text{或}DCL) = DOL \times DFL$$

或：

$$DTL = \frac{\Delta EPS/EPS}{\Delta Q/Q}$$

或：

$$DTL = \frac{M}{EBIT - I}$$

式中符号含义同上。

如前所述，经营杠杆是由于固定经营成本的存在而产生的，财务杠杆则来自固定的筹资成本。如果一个公司的筹资成本包含固定的债务资本（如从银行借款、签订长期筹资租赁合同、发行公司债券）以及股权资本（优先股），从而使得息税前收益的某个变化引起普通股每股收益更大的变化时，就被认为在使用财务杠杆。也就是说，在公司资本结构一定的条件下，公司从息税前收益中支付的固定筹资成本是相对固定的。当息税前收益发生增减变动时，每 1 元息税前收益所负担的固定资本成本就会相应地减少或增加，从而给普通股股东带来一定的财务杠杆利益或损失。事实上，总杠杆是两步收益放大的过程：第一步是经营杠杆放大了销售量变动对息税前收益的影响；第二步是利用财务杠杆将前一步导致的息税前收益变动对每股收益变动的影响进一步放大。

【例 9-18】某公司资本总额为 20 000 万元，其中债务资本占 50%，年利息率为 10%，公司销售总额为 5 000 万元，变动成本率 60%，固定成本额为 500 万元。则该公司总杠杆系数可计算如下：

因为：

$$M = 5\,000 \times (1-60\%) = 2\,000 \text{（万元）}$$
$$EBIT = 5\,000 \times (1-60\%) - 500 = 1\,500 \text{（万元）}$$
$$I = 20\,000 \times 50\% \times 10\% = 1\,000 \text{（万元）}$$

则：

$$DTL = \frac{2\,000}{1\,500 - 1\,000} = 4$$

或：

$$DOL = \frac{2\,000}{1\,500} = 1.333\,3$$
$$DFL = \frac{1\,500}{1\,500 - 1\,000} = 3$$

故：

$$DTL = 1.333\,3 \times 3 \approx 4$$

显然，总杠杆的作用大于经营杠杆与财务杠杆的单独影响作用，而两种杠杆又可以有多种组合。一般情况下，企业将总杠杆系数即总风险控制在一定范围内，这样经营杠杆系数较高（低）的企业只能在较低（高）的程度上使用财务杠杆。

（二）总杠杆和企业风险

企业经营风险和财务风险的总和构成了企业的总风险。一般来说，企业总杠杆系数越大，每股收益随销售量增长而扩张的能力就越强，但风险也随之越大。企业的风险越大，债权人和投资者要求的贷款利率和预期的投资收益率就越高。或者说，过多使用总杠杆的企业将不得不为此付出较高的固定成本；而较高的固定成本支出反过来又在一定程度上抵销了普通股股东因企业发挥财务杠杆和经营杠杆的作用而获得的收益。除此之外，企业总风险的增大还会引起企业股票市价下跌。

在企业总风险中，经营风险是由其资产组合中各资产的特性决定的，组合中各资产的风险系数共同决定了企业整体的经营风险。与此不同的是，财务风险不是由单项资产而是由企业整体决定的。如果企业完全通过股权资本筹资，则它只存在经营风险，没有财务风险。由于财务杠杆决定了财务风险，所以对财务风险的影响进行调整的行为一定发生在那些有债务的企业中。

一般来说，企业对财务风险的控制程度相对大于对经营风险的控制。企业可以通过财务政策的选择（资本结构的选择及债务到期日的选择）在合理的范围内（通常以合理的成本）来控制其财务风险。相对而言，企业经营风险的控制难度较大。尽管企业可以在对投资项目或资产的选择中通过经营杠杆来影响它的经营风险，但对项目或资产的选择通常会受到一些限制，技术上的某些问题会迫使企业使用一些固定费用或变动费用占较大比例的生产工艺（有些产品只有一种生产方法，别无选择）。

在实际工作中，企业对经营杠杆和财务杠杆的运用可以有各种不同的组合。例如，某企业较多地使用了财务杠杆，为了达到或维持某种适度的总杠杆系数，就可用较低的经营杠杆系数来抵消较高的财务杠杆系数的影响；反之，假如企业过多地发挥了经营杠杆的作用，就可通过减少使用财务杠杆来加以平衡。假设某企业正在考虑一项资本支出，为了抵消较高经营杠杆的影响，企业可在其资本结构中减少债务或优先股的比重。即通过采取降低财务杠杆系数的做法来实现一个适宜的总杠杆系数。

第四节 资本结构决策分析

资本结构决策是企业财务决策的核心内容之一。企业资本结构决策时结合企业相关情况，分析有关因素的影响，运用一定方法，确定最佳资本结构。从理论上讲，最佳资本结构是指企业在适度的财务风险条件下，使其预期的综合资本成本率最低、同时使企业价值最大的资本结构，它应作为企业的目标资本结构。

一、最优资本结构及其影响因素

（一）最优资本结构的判断标准

从理财人员的角度来讲，寻找最优的资本结构一直是其一大期待，因为这样就可以对资本结构实施有效的控制。最优资本结构，应当与企业的理财目标紧密结合，同时还要充分考虑理财环境各种可能的变化。按照现代财务理论，最广为接受的理财目标是企业价值最大化，要达到这一目标，企业必须合理确定并不断优化其资本结构，使企业的资金得到充分而有效的使用。因此，从这一角度出发，企业的最优资本结构应是在实现企业价值最大化，并且同时实现资本成本最小化的统一的点上。

（二）企业确定最优资本结构应考虑的因素

从理论上讲，每个企业均应有其最佳资本结构，但是，实际上企业难以准确地确定这个最佳资本结构。其原因在于：一是理论上的最佳资本结构取决于各种假定条件的正确性和可靠性；二是企业生产经营过程中的情况比较复杂，很难完全符合理论上的假定条件。尽管如此，作为一个现代企业，为逐步提高筹资效益，降低筹资成本，优化筹资结构，仍然有必要确定一个适合于企业发展的相对最佳的资本结构。

企业在确定其最佳资本结构时应考虑以下一些重要因素：

1. 企业经营者与所有者的态度

股权比较集中的企业所有者往往不愿分散其控制权，故不愿增发新股而要求经营者去举债。从经营者的角度看，一旦发生财务危机，其职务和利益将受到重大影响，故经营者可能较少地使用财务杠杆尽量降低债务资金的比例。因此，经营者与所有者在资本结构这个重大问题上是有矛盾的，企业财务人员对此往往无能为力，被大股东控制的企业资本结构最终决定权在所有者或其代表（如董事会）手中。

股权比较分散的企业，由于其投资者众多，很难就企业资本结构达成一致意见，因此这类企业的资本结构决定权就在经营者手中。经营者的风险态度就决定着其资本结构中债务资金所占比重的大小。工作方式稳健和风险意识不强的经营者，一般比较注重企业的资本结构，尽量保持现有的资本结构，不会为追求较高的财务杠杆作用而使企业的负债比例过高，他们不会去冒很大风险来追求理想中的资本结构，但可能过于谨慎而不能充分利用财务杠杆为企业增加净利润。那些承受风险能力强，比较乐于显示经营业绩和才能的经营者则会敢冒风险过分追求财务杠杆作用，从而选择负债占比重比较大的资本结构，使企业的潜在风险增加。

2. 企业信用等级与债权人的态度

企业能否以借债的方式筹资和能筹集到多少资金，不仅取决于企业经营者和所有者的态度，而且取决于企业的信用等级和债权人的态度。如果企业的信用等级不高，而且负债率已经较高，即使企业的管理当局对本企业的前途充满信心，试图在超出企业偿债能力的条件下运用财务杠杆，债权人也不愿意向企业提供信用，从而使企业无法达到它所希望的负债水平。

3. 政府税收

因为利息费用可以在应税所得额中合法抵扣，所得税税率越高，利息的抵税效果就越明显，因而，企业举债的愿望就越强。所以，如果企业所在国的所得税税率较高，其资本结构中债务资金的比重就会大一些。当然，企业还要分析其折旧抵税效果的好坏，如果折旧抵税效果明显，企业就没有必要过多负债，以避免承受较大的财务风险。企业必须详细了解、分析国家税收政策及有关规定，以保证真正从中受益。

4. 企业的盈利能力

盈利能力强的企业可以产生大量的税后利润，其内部积累可以在很大程度上满足企业扩大再生产的资本需求，对债务资金的依赖程度较低。

5. 企业的资产结构

资产结构是指企业全部资产的构成及其比例关系，即资产负债表中各类资产项目占总资产的比重及其之间的比例关系。资产结构状况在一定程度上反映了企业的经营性质、经营方向和经营规模。不同的资产结构必然要有相应的资本结构与之相适应，只有这样，才能保证企业正常生产经营活动的开展。一般说来，固定资产等长期资产占较大比重的企业，其资本结构中应有较大份额的股权资本，而流动资产占较大比重的企业，应有较多的债务资金来支撑。具体地说，技术密集型企业的资产中固定资产所占比重较高，总资产周转速度较慢，这些企业中必须有相当数量的股权资本作为后盾。劳动密集型企业的流动资产所占比重很大，资本周转速度快，这些企业对负债特别是短期负债很青睐。可以说，资产结构是由企业的经营性质决定的，是一种客观存在。资本结构是企业理财的结果，是由主观因素决定的。根据客观决定主观之基本原理，企业已经存在或预计将要达到的资产结构是决定其资本结构的重要因素之一。

6. 企业的成长性

企业成长性一般可用销售增长率来度量。成长性好的企业，在固定成本既定的情况下，息税前利润会随销售的增长而更为快速地增长。因此，一般来说，企业成长性越强，预期利润增长越快，就可以有更多的负债。不过，企业成长过程的稳定性或波动性，也是影响企业资本结构形成的一个重要方面。企业成长过程的波动性越大，说明企业经营风险越大，预期利润就越不稳定。这样的企业就应对负债持更为慎重的态度。

7. 理财水平

一个善于理财的企业，可使投入生产经营的资本顺利实现正常的循环和周转，使资产配置合理，并保持良好的"流动性"，从而促进资本利用效果不断提高，这样的企业，对负债的按期还本付息将不会发生财务上的困难，即不会出现"财务上无力清偿"的状况。因而，可以较多地通过负债筹资，提高资本结构中债务资金的份额；反之，如果企业的理财水平较低，在生产经营的一些环节形成了积压、浪费，就会降低其支付能力。这样的企业资本结构中债务资金比重越大，其财务上困难就越多，因而不宜过多地负债筹资。

8. 法律限制

法律对于企业的筹资行为是有限制的。如我国《公司法》第一百六十一条规定：累计债券总额不超过公司净资产的 40%。这就使得企业资本结构中债券的比重受到限制。

9. 利率水平的变动趋势

利率水平的变动趋势也会影响到企业的资本结构。如果公司的财务管理人员认为目前利率暂时较低，但不久的将来有可能上升，便会增加发行长期债券，从而在若干年内把利率固定在较低水平上。在这种情况下，企业资本结构中债务资金所占比重会上升。

10. 行业因素和企业规模

不同行业的资本结构差别很大。一般而言，从事公用事业的企业有责任提供持续不断的服务，因而其在运用财务杠杆时就谨慎得多，举债较少。以日本和美国的制造业和非制造业的情况来看，制造业的负债率较低，非制造业的负债率较高。此外，企业规模不同，其资本结构也有区别：企业规模越大，筹资的方式越多，因而负债比率一般较低；而一些中小企业筹资方式比较单一，主要靠银行借款来解决资金需求，所以负债比率一般较高。

二、资本结构决策

资本结构决策是企业财务决策的重要组成部分。企业应综合考虑有关影响因素，运用适当的方法确定最佳资本结构，并在以后追加筹资时继续保持。若发现目前的资本结构不合理，则应通过有效的手段进行调整，使其趋于合理，以至达到最优化。

（一）企业资本结构的决策方法

企业资本结构决策就是要确定最佳资本结构。毫无疑问，最佳资本结构是一个理性的理财者所追求的目标，因此又称为目标资本结构。确定企业的最佳资本结构，可以采用每股收益分析法、资本成本比较法和公司价值比较法等定量评价方法。

1. 每股收益分析法

资本结构是否合理，可以通过每股收益的变化进行分析。一般而言，凡是能够提高每股收益的资本结构是合理的（实际上未考虑由于每股收益提高而相应增加的风险）；反之，则认为不合理。每股收益分析法就是在息税前利润的基础上，通过比较不同资本结构方案的普通股每股收益大小来选择最佳资本结构或评价债务资本与权益资本如何安排更为合理，也叫 EBIT-EPS 分析法。

这种方法侧重于从资本的产出角度来分析资本结构。具体应用时，需要引入不同筹资方案之间的临界点（无差别点）概念。所谓不同筹资方案之间的临界点（无差别点）是指每股收益（EPS）不受融资方式影响的企业息税前利润（EBIT）水平。EBIT 与 EPS 之间的关系，可以用下式来表示：

$$EPS = \frac{(EBIT - I)(1 - T)}{N}$$

式中：I——负债的利息支出；

T——公司所得税率；

N——普通股股数。

对于一套拥有债务和权益两种融资方式的备选方案,若以 EPS_1 代表负债融资,以 EPS_2 代表权益融资,则有:

$$EPS_1 = EPS_2$$

假设临界点(无差别点)的息税前利润为 $\overline{EBIT}$,则有以下等式:

$$\frac{(\overline{EBIT}-I_1)(1-T)}{N_1} = \frac{(\overline{EBIT}-I_2)(1-T)}{N_2}$$

企业管理人员可以根据上式计算出不同筹资方案间的临界点(无差别点),如果企业预计息税前利润大于无差别点息税前利润,那么企业应该选择债务比例较高的筹资方案;反之则应选择债务比例较低的筹资方案。

【例 9-19】某公司现有资本总额 8 500 万元,其中债务资本 1 000 万元,债务利息率为 10%;普通股 7 500 万元,普通股股数目前为 1 000 万股。为扩大经营规模,公司准备追加筹资 1 500 万元,有 A、B 两种筹资方案:A 方案为增发普通股票 200 万股,B 方案为增加 1 500 万元负债。假定无论哪种方案,增资后均可使公司年息税前利润达到 800 万元,所得税率为 25%,有关数据如表 9-11 所示:

表 9-11 该公司追加筹资前后资本结构　　　　　　　　　　　　单位:万元

项　目	公司目前资本结构	公司追加筹资后的资本结构	
		A 方案	B 方案
债务	1 000	1 000	2 500
普通股	7 500	9 000	7 500
资本总额	8 500	10 000	10 000

根据上述资料,可计算不同追加筹资方案实施后对该公司普通股每股收益的影响如表 9-12 所示:

表 9-12 不同方案增资后每股收益计算

项　目	A 方案	B 方案
息税前利润 / 万元	800	800
减:债务利息 / 万元	100	250
减:所得税 / 万元	175	137.5
税后净利 / 万元	525	412.5
普通股股数 / 万股	1 200	1 000
普通股每股收益 / 元	0.44	0.41

由表 9-12 可以看出,采用不同方式追加筹资后,引起了公司资本结构的变化,同时会导致普通股每股收益大小不同。本例中,在息税前利润为 800 万元的条件下,若增发普通股股票,会使普通股每股收益预期为 0.44 元;若增加负债,普通股每股收益预期为 0.41 元。这表明,从每股收益立场来看,该公司应当采用 A 方案增资,即资本结构中债务资本与权益资本为 1:9 较为理想。

需要指出的是，上述选择是在息税前利润限定为 800 万元的前提下做出的。那么，息税前利润为多少时，会对筹资方案的选择产生"转折性"变化呢？这就需要利用每股收益无差别点（$\overline{\text{EBIT}}$）来判断，可计算如下：

$$\frac{(\overline{\text{EBIT}} - 1\,000 \times 10\%) \times (1-25\%)}{1\,200} = \frac{(\overline{\text{EBIT}} - 2\,500 \times 10\%) \times (1-25\%)}{1\,200}$$

解之：

$$\overline{\text{EBIT}} = 1\,000 \text{（万元）}$$

计算表明，当预期息税前利润为 1 000 万元时，增发普通股和增加负债两种方案的每股收益相等。在本例中，由于息税前利润预计为 800 万元（<$\overline{\text{EBIT}}$），故应选择 A 方案即应增发普通股筹资。

【例 9-20】某公司现有资本总额 1 000 万元，其结构为：10% 的长期债券 400 万元，普通股 600 万元（60 万股）。现拟追加筹资 500 万元，有以下三种方案可供选择。

甲方案：发行长期债券 500 万元，年利率为 12%。

乙方案：发行长期债券 300 万元，年利率 12%，发行普通股 200 万元（20 万股）。

丙方案：发行长期债券 100 万元，年利率 10%，发行优先股 100 万元，年股息率 5%，发行普通股 300 万元（30 万股）。

假定该企业预计的息税前利润为 180 万元，所得税率为 30%，试问何种资本结构最佳？

首先，将甲方案与乙方案比较求出第一个无差别点：

$$\frac{(\overline{\text{EBIT}_1} - 100)(1-30\%)}{60} = \frac{(\overline{\text{EBIT}_1} - 76)(1-30\%)}{80}$$

得：

$$\overline{\text{EBIT}_1} = 172 \text{（万元）}$$

如果该企业只有甲、乙两个资本结构方案，则当预计息税前利润为 180 万元时（大于无差别点），负债比例较大的方案即甲方案最佳。

其次，将甲方案与丙方案比较求出第二个无差别点：

$$\frac{(\overline{\text{EBIT}_2} - 100)(1-30\%)}{60} = \frac{(\overline{\text{EBIT}_2} - 50)(1-30\%) - 5}{90}$$

得：

$$\overline{\text{EBIT}_2} = 185.71 \text{（万元）}$$

如果该企业只有甲、丙两个资本结构方案，则当预计息税前利润为 180 万元时（小于无差别点），负债比例比较小的方案即丙方案最佳。

再次，将乙方案与丙方案比较求出第三个无差别点：

$$\frac{(\overline{\text{EBIT}_3} - 76)(1-30\%)}{80} = \frac{(\overline{\text{EBIT}_3} - 50)(1-30\%) - 5}{90}$$

得：

$$\overline{EBIT1_3} = 226.86（万元）$$

如果该企业只有乙、丙两个资本结构方案，则当预计息税前利润为 180 万元时（小于无差别点），负债比例较小的方案即丙方案最佳。

最后，综合以上计算分析结果，当预计息税前利润为 180 万元时，在三种资本结构方案中，丙方案最佳，甲方案次之，乙方案最差。这一点可以从图 9-5 中明显看出。

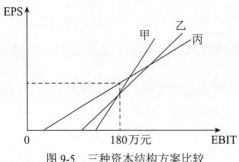

图 9-5　三种资本结构方案比较

2. 资本成本比较法

资本成本比较法是在资本成本计量原理的基础上，通过计算和比较各种预设资本结构方案的加权平均资本成本，选择加权平均资本成本最低的那个方案所设定的资本结构为企业最佳资本结构。这种方法侧重于从资本投入的角度对资本结构进行优选分析评价。

企业的资本结构决策，可分为初始资本结构决策和追加资本结构决策两种情况。

（1）初始资本结构决策。企业对拟定的筹资总额，可以采取多种筹资方式筹集，同时每种筹资方式数额亦可有不同的安排，由此形成不同的资本结构可供选择，现举例说明。

【例 9-21】某公司需筹集 10 000 万元的长期资本，可以通过银行借款、发行债券、发行普通股票三种方式筹措，其个别资本成本已分别测定，并且在该融资规模内保持不变，有关资料如表 9-13 所示：

表 9-13　公司资本结构与资本成本数据　　　　　　　　　　　单位：%

融资方式	资本结构			个别资本成本
	A 方案	B 方案	C 方案	
长期借款	40	30	20	6
债券	10	15	20	8
普通股	50	55	60	9
合计	100	100	100	—

根据资料分别计算三种方案的加权平均资本成本（Kw）如下：

A 方案：$Kw = 40\% \times 6\% + 10\% \times 8\% + 50\% \times 9\% = 7.7\%$

B 方案：$Kw = 30\% \times 6\% + 15\% \times 8\% + 55\% \times 9\% = 7.95\%$

C 方案：$Kw = 20\% \times 6\% + 20\% \times 8\% + 60\% \times 9\% = 8.2\%$

由以上计算可以看出，A 方案的加权平均资本成本最低，这就表明在其他有关因素大体相同的情况下，该公司最佳资本结构应为：长期借款 400 万元、债券 100 万元、普通股 500 万元。

（2）追加资本结构决策。企业在持续的生产经营过程中，由于扩大业务或对外投资的需要，有时需要追加筹资。因追加筹资以及筹资环境的变化，企业原有的资本结构就会发生变化，从而原定的最佳资本结构也未必仍是最优的。因此，企业应在资本结构不断变化中寻求其最佳值，保持资本结构的最优化。一般而言，按照最佳资本结构的要求，选择追加筹资方案可有两种方法：一种方法是直接测算比较各备选追加筹资方案的边际资本成本，从中选择最优筹资方案；另一种方法是将备选追加筹资方案与原有最优资本结构汇总，测算各追加筹资条件下汇总资本结构的综合资本成本，比较确定最优追加筹资方案。

【例 9-22】某公司现有两个追加筹资方案可供选择，有关资料整理后如表 9-14 所示：

表 9-14 两个追加筹资方案的有关数据

筹资方式	追加筹资方案 A		追加筹资方案 B	
	追加筹资额（万元）	资本成本（%）	追加筹资额（万元）	资本成本（%）
长期借款	2 500	7.0	3 000	7.5
优先股	1 000	13.0	1 000	13.0
普通股	1 500	16.0	1 000	16.0
合计	5 000	—	5 000	—

追加筹资方案的边际资本成本也要按加权平均法计算，根据表 9-14 所列资料，两个追加筹资方案的边际资本成本计算如下：

方案 A：

$$2\ 500 \div 5\ 000 \times 7\% + 1\ 000 \div 5\ 000 \times 13\% + 1\ 500 \div 5\ 000 \times 16\% = 10.9\%$$

方案 B：

$$3\ 000 \div 5\ 000 \times 7.5\% + 1\ 000 \div 5\ 000 \times 13\% + 1\ 000 \div 5\ 000 \times 16\% = 10.3\%$$

两个追加筹资方案相比，方案 B 的边际资本成本低于方案 A，因此，追加筹资方案 B 优于方案 A。

该企业原有的资本结构为：长期借款 7 000 万元，债券 1 500 万元，优先股 1 500 万元，普通股（含留用利润）10 000 万元，资本总额 20 000 万元。现将其与追加筹资方案 A、B 汇总如表 9-15 所示：

表 9-15 初始筹资和追加筹资方案的资本成本和资本结构

筹资方式	原资本结构		追加筹资方案 A		追加筹资方案 B		追加筹资后的资本结构	
	资本额（万元）	资本成本（%）	追加筹资额（万元）	资本成本（%）	追加筹资额（万元）	资本成本（%）	方案 A	方案 B
长期借款	5 000	6.5	2 500	7.0	3 000	7.5	7 500	8 000
债券	2 500	8	—	—	—	—	2 500	2 500
优先股	2 500	12	1 000	13.0	1 000	13	3 500	3 500
普通股	10 000	16	1 500	16.0	1 000	16	11 500	11 000
合计	20 000		5 000	10.9	5 000	10.3	25 000	25 000

下面我们采用最优追加筹资方案的第二种方法,对第一种方法的选择结果做一个验证。

(1) 若采用方案 A,追加筹资后的综合资本成本计算为:

$$\frac{5\,000}{25\,000} \times 6.5\% + \frac{2\,500}{25\,000} \times 7\% + \frac{2\,500}{25\,000} \times 8\% + \frac{2\,500}{25\,000} \times 12\%$$
$$+ \frac{1\,000}{25\,000} \times 13\% + \frac{10\,000 + 1\,500}{25\,000} \times 16\% = 11.88\%$$

(2) 若采用方案 B,追加筹资后的综合资本成本计算为:

$$\frac{5\,000}{25\,000} \times 6.5\% + \frac{3\,000}{25\,000} \times 7.5\% + \frac{2\,500}{25\,000} \times 8\% + \frac{2\,500}{25\,000} \times 12\%$$
$$+ \frac{1\,000}{25\,000} \times 13\% + \frac{10\,000 + 1\,000}{25\,000} \times 16\% = 11.76\%$$

以上计算中,根据同股同利原则,原有普通股应按新普通股的资本成本计算其加权平均数。这里假定股票的成本与报酬等价。

(3) 比较两个方案追加筹资后两个新资本结构下的综合资本成本,结果是方案 B 追加筹资后的综合资本成本低于方案 A 追加筹资后的综合资本成本。因此,追加筹资方案 B 优于方案 A。

由此可见,该企业追加筹资后,虽然改变了资本结构,但经过科学的测算,做出正确的筹资决策,企业仍可保持其资本结构的最优化。

3. 公司价值比较法

这种方法是在充分反映公司财务风险的前提下,以公司价值的大小为标准,经过测算,确定公司最佳资本结构的方法。与资本成本比较法和 EBIT-EPS 分析法相比,公司价值比较法充分考虑了公司的财务风险和资本成本等因素的影响,进行资本结构的决策以公司价值最大为标准,更符合公司价值最大化的财务目标;但其测算原理及测算过程较为复杂。通常用于资本规模较大的上市公司。

(1) 公司价值的测算。在公司价值的内涵及其确定问题上,目前主要存在以下三种认识。

① 公司价值等于其未来净收益(或现金流量,下同)按照一定折现率折现的价值,即公司未来净收益的折现值。用公式简要表示如下:

$$V = \frac{\text{EAT}}{K}$$

式中:V——公司的价值,即公司未来净收益的折现值;

EAT——公司未来的年净收益;

K——公司未来净收益的折现率。

这种测算方法的原理有其合理性,但不易确定的因素很多,主要有两种:一是公司未来的净收益不易确定,在上列公式中还有一个假定即公司未来每年的净收益为年金,事实上未必都是如此;二是公司未来净收益的折现率不易确定。因此,这种测算方法尚难以在实践中加以应用。

②公司价值是其股票现行市场价值。根据这种认识,公司股票的现行市场价值可按其现行价格来计算,故有其客观合理性,但还存在两个问题: 是公司股票受各种因素的影响,其市场价格处于经常的波动之中,每个交易日都有不同的价格,在这种现实条件下,公司的股票究竟按哪个交易日的市场价格来计算,这个问题尚未得到解决;二是公司价值的内容是否只包括股票的价值,是否还应包括长期债务的价值,而这两者之间是相互影响的。如果公司的价值只包括股票的价值,那么就无须进行资本结构的决策,这种测算方法也就不能用于资本结构选择。

③公司价值等于其长期债务和股票的折现价值之和。与上述两种测算方法相比,这种测算方法比较合理,也比较现实。它至少有两个优点:一是从公司价值的内容来看,它不仅包括了公司股票的价值,而且还包括公司长期债务的价值;二是从公司净收益的归属来看,它属于公司的所有者即属于股东。因此,在测算公司价值时,这种测算方法用公式表示为:

$$V=B+S$$

式中:V——公司的总价值;

B——公司长期债务的折现价值;

S——公司股票的折现价值。

为简化测算起见,设长期债务(含长期借款和长期债券)的现值等于其面值(或本金);股票的现值按公司未来净收益的折现现值测算,测算公式是:

$$S=\frac{(EBIT-I)(1-T)}{K_s}$$

式中:S——公司股票的折现价值;

EBIT——公司未来的年息税前利润;

I——公司长期债务年利息;

T——公司所得税率;

K_s——公司股票资本成本。

(2)公司资本成本的测算。在公司价值测算的基础上,如果公司的全部长期资本由长期债务和普通股组成,则公司的全部资本成本,即综合资本成本按下列公式测算:

$$K_w=K_B\left(\frac{B}{V}\right)(1-T)+K_s\left(\frac{S}{V}\right)$$

式中:K_w——公司综合资本成本;

K_B——公司长期债务税前资本成本,可按公司长期债务年利息率计算;

K_s——公司普通股资本成本。

运用上述原理测算公司的总价值和综合资本成本,就可以以公司价值最大化为标准比较确定公司的最佳资本结构。

【例9-23】某公司目前资本总额全部由普通股资本组成,普通股账面价值1 000万元,所得税率40%,预计年息税前利润为300万元。该公司认为目前的资本结构不合理,拟改变目前资本结构,准备用发行债券的办法回购部分股票以调整资本结构,有关债务利率和权益资本情况见表9-16。根据表9-16所列资料计算公司价值及加权平均资本成本。

表9-16 公司不同长期债务水平下的债务年利率和普通股资本成本率

债务资金规模 B（万元）	税前债务资本成本 K_B（%）	β系数	无风险报酬率 RF（%）	股票市场平均报酬率 RM（%）	权益资本成本 K_S（%）
0		1.2	10	15	16
100	8	1.4	10	15	17
200	10	1.6	10	15	18
300	12	1.9	10	15	19.5
400	14	2.2	10	15	21
500	16	2.5	10	15	22.5

1. 计算公司价值

当 $B=100$ 万元时，$S = \dfrac{(300-100\times 8\%)(1-40\%)}{17\%} = 1\,031$（万元）

$V=B+S=100+1\,031=1\,131$（万元）

2. 计算加权平均资本

$$WACC = 8\% \times \frac{100}{1\,131} \times (1-40\%) + 17\% \times \frac{1\,031}{1\,131} = 15.92\%$$

按照同样的方法可以计算出不同债务水平下公司的股票价值和总价值，以及对应的公司加权平均资本成本，计算结果如表9-17所示。根据结果可以对公司的总价值与加权平均资本成本进行比较，以确定公司的最佳资本结构。

表9-17 不同债务规模下的公司价值和公司加权平均资本成本

债务资金规模 B（万元）	股票市场价值 S（万元）	公司价值 V（万元）	税前 K_B（%）	K_S（%）	WACC（%）
0	1 125	1 125		16	16
100	1 031	1 131	8	17	15.92
200	933	1 133	10	18	15.88
300	812	1 112	12	19.5	16.18
400	697	1 097	14	21	16.41
500	587	1 087	16	22.5	16.57

从表9-17中我们可以看出，在负债为0时，公司总价值就是其股票的市场价值。随着负债额的增加，公司价值也在上升，当负债额为200万元时，公司价值达到最高，加权平均资本成本最低，当负债额超过200万元后，公司价值开始下降，加权平均资本成本开始上升。因此，负债额为200万元时的资本结构为公司最佳资本结构。

需要指出的是，在现实生活中财务人员常常使用每股收益分析法来衡量筹资方式的优劣并对资本结构进行决策。但这种方法的缺陷在于没有考虑风险因素。从根本上讲，财务管理的目标在于追求公司价值最大化或股价最大化。然而只有在风险不变的情况下，每股收益的增长才会直接导致股价的上升，实际上经常是随着每股收益的增长，风险也随之加大。如果每股收益的增长不足以补偿风险增加所需的报酬，尽管每股收益增加，股价仍然会下降。所以，从理论上讲，公司的最佳资本结构应当是可使公司总价值最高，而不一定是每股收益最大的资本结构。同时，有关实证研究也表明，在公司总价值最大的资本结构下，公司的加权平均资本成本也是最低的。

（二）资本结构调整的方法

在企业财务管理实践中，当发现现有的资本结构不合理，可采用以下方法进行调整。

（1）债转股。当企业资产负债率过高时，通过与现有的债权人协商的办法来改善资本结构。对于可转换债券可以设计赎回条款敦促债权人尽快行使转换权。

（2）从外部取得增量资本，如发行新债券、举借新贷款、进行融资租赁、发行新的股票等。

（3）调整现有负债结构。与债权人协商，将短期负债转为长期负债，或将长期负债列入短期负债，收回发行在外的可提前收回债券。还可采用债务托管、债务转移负担等方法降低公司负债水平。

（4）调整权益资本结构，如优先股转换为普通股、股票回购减少公司股本等。

（5）兼并其他企业、控股其他企业或进行企业分立，改善企业的资本结构。

思 考 题

1. 早期的资本结构理论的主要观点是什么？缺陷是什么？
2. 如何理解资本成本对企业财务管理的作用？
3. 为什么说"经营风险是不可避免的，而财务风险是可选择的"？
4. 比较分析每股收益分析法、资本成本比较法和公司价值比较法在基本原理和决策标准上的异同之处。

练 习 题

1. 某公司发行面值为 1 000 元、期限为 8 年、票面利率为 15% 的每年付息，到期还本的长期债券，发行价格为 1 100 元，所得税率为 25%。计算该债券的资本成本。

2. 银行由于业务经营的需要，需借入 3 年期资金为 150 万元。银行要求其维持 15% 的补偿性余额，借款年利率 12%。假定所得税率为 25%。

（1）公司需向银行申请的借款金额为多少才能满足业务需要？

（2）计算该笔借款的实际资本成本。

3. 某公司拟筹集资本总额 5 000 万元，其中：发行普通股 1 000 万股，每股面值 1 元，发行价格 2.5 元，筹资费用 100 万元，预计下一年每股股利 0.4 元，以后每年增长 5%；向银行长期借款 1 000 万元，年利率 10%，期限 3 年，手续费率 0.2%；按面值发行 3 年期债券 1 500 万元，年利率 12%，发行费用 50 万元，所得税率为 25%。计算该公司的加权平均资本成本。

4. 某公司拥有长期资金500万元，其中长期借款200万元，普通股300万元。该资本结构为公司理想的目标结构。公司拟筹集新的资金，并维持目前的资本结构。预计随筹资额增加，各种资本成本的变化如表9-18所示。

表9-18 资本成本变化情况表

资金种类	新筹资额	资本成本
长期借款	50万元及以下	6%
	50万元以上	8%
普通股	80万元及以下	12%
	80万元以上	14%

计算各筹资总额突破点及相应各筹资范围的边际资本成本。

5. 某企业资本总额为250万元，负债比率为40%，负债利率为10%，该企业年度销售额为320万元，固定成本为48万元，变动成本率为60%，所得税率为25%。

（1）计算保本点的销售额。

（2）计算经营杠杆系数、财务杠杆系数、复合杠杆系数。

6. 某公司目前发行在外普通股100万股（每股1元），已发行10%利率的债券400万元。该公司打算为一个新的投资项目融资500万元，新项目投产后公司每年息税前利润增加到200万元。现有两个方案可供选择：按12%的利率发行债券（方案1）；按每股20元发行新股（方案2），公司适用所得税率25%。

（1）计算两个方案的每股收益。

（2）计算两个方案的每股收益无差别点的息税前利润。

（3）计算两个方案的财务杠杆系数。

（4）根据计算结果判断哪个方案最优。

中国国际航空股份有限公司资本结构分析

第十章 股利理论与政策

本章导读

某电器公司成立至今已有30多年，发展迅速，高速增长，在所处行业位居前列。2019年4月25日，该公司披露2018年年报，该年度营业收入148 286亿元，同比增长37%，净利润22 402亿元，同比增长45%，创出历史新高，基本每股收益372元，现金充足。然而，2018年该公司宣布本年度没有分红计划。自从1997年上市以来，这是公司20年内第二次没有分红，距2008年首次未分红以来已有11年之久。受此消息冲击，2019年4月26日该公司股票跌停，2019年4月27日股票收跌329%。两日之内市值蒸发近200亿元。

这一案例说明：股利分配及政策是股份公司非常重要的决策，稍有考虑不周，便会影响公司形象和公司价值。因此，该公司需要根据现行的财务状况和未来企业发展的需要，对股利政策进行合理的选择，以决定股利分配方案。

资料来源：https://kns.cnki.net/kcms2/article/abstract?v=3uoqIhG8C44YLTlOAiTRKibYlV5Vjs7iLik5jEcCI09uHa3oBxtWoG-vnYJC3nanrjyzJ1v70lQxEQX_DK_dLwAZxJn6n-yg&uniplatform=NZKPT

第一节 股利及其分配

一、利润分配程序

利润是企业在一定时期内生产经营活动所取得的最终财务成果，是企业生产经营活动的效率和效益的最终体现。在我国，利润的概念多指企业利润总额，即企业的税前利润，税前利润减去公司所得税后的净额即为税后利润（净利润），税后利润的高低反映了企业创造收益能力的大小，税后利润的最终流向及比例多少也是企业内部和外部关注的问题。因此企业盈利分配的对象是税后净利润。

根据《公司法》《企业财务通则》等法律法规的规定，企业税后利润应当按照以下顺序分配[①]。

---

① 根据2021年财政部发布的《企业财务通则（公开征求意见稿）》编写。

（一）弥补亏损和提取法定公积金

1) 弥补亏损。企业发生的年度亏损，持续经营情形下，可以用盈余公积弥补，或者在税法规定的结转年限内，用以后年度税前利润弥补；税法规定的结转年限届满后，仍未得到弥补的亏损用以后年度税后利润弥补，或者用盈余公积等弥补。

2) 提取法定公积金。有待弥补以前年度亏损的，如果税后利润足以弥补以前年度亏损，按照弥亏后余额的 10% 提取法定公积金；如果不足以弥补，当年利润分配终止。无待弥补以前年度亏损的，直接按照税后利润的 10% 提取法定公积金。法定公积金累计额已达到注册资本 50% 以上的，当年可以不提取法定公积金。

（二）支付优先股股息

企业应当在章程中明确支付情形、计算方法、足额支付后优先股股东是否与普通股股东一起参加后续分配、当期未分配或未足额支付的股息是否累计到下一年度等，并按照约定计算和支付股息。

（三）提取任意公积金

经过前两项分配后税后利润仍有余额的，企业可以根据股东（大）会决议，按照税后利润的一定比例提取任意公积金。

（四）向普通股股东分配利润

经过前三项分配后的税后利润余额，并入以前年度未分配利润，作为当年可供分配利润，全额或部分向普通股股东分配。其中：除全体股东另有约定外，有限责任公司和股份有限公司股东分别按照实缴出资比例和所持股份比例分配利润；章程明确约定取得优先股股利的优先股股东可以继续与普通股股东参加利润分配的，应当按约定向优先股股东分配利润；股份有限公司依法回购后暂未转让或者注销的股份，不得参与利润分配。

二、股利的种类

股份有限公司支付的股利形式一般有现金股利、股票股利、财产股利和负债股利等。财产股利和负债股利实际上是现金股利的替代，这两种股利目前在我国实务中很少使用。

（一）现金股利

现金股利是指公司以现金方式向股东支付的股利。现金股利是公司最常见、最易被投资者接受的股利支付方式。公司支付现金股利，除了要有累积的未分配利润以外，还要有足够的现金。因此，公司在支付现金股利以前，必须规划好财务安排，以便拥有充足的现金用于支付现金股利。

（二）股票股利

股票股利是指公司以增发股票的方式向股东支付的股利。股票股利一般按照在册股东持有股份的一定比例来发放，对于不满一股的股利仍然采用现金发放的方式。股票股利最大的优点是节约现金支出，因而常被现金短缺的企业所采用。

（三）财产股利

财产股利是指公司采用现金以外的资产向股东支付的股利，包括两大类：一种是有价证券股利，即公司以拥有的其他企业的有价证券（如债券、股票等）作为股利支付给股东；另一种是实物股利，即以公司的实物财产充抵股利派发给股东，一般用公司自己的产品作为实物股利或者与有往来的公司互换产品作为实物股利。实物股利的派发一是为了扩大公司产品的销路；二是为了将现金盈余保留在公司用于生产经营。有时在公司当年盈余少的情况下也可采用。以实物派发股利时，公司往往在价格上给股东适当优惠，一般均按成本价计算。在我国资本市场上曾有多家上市公司发放过实物股利，如"南方公司"发放的黑芝麻乳，"量子高科"发放的龟苓膏，"人福医药"发放的感冒药，"广州浪奇"发放的香皂，等等。

（四）负债股利

负债股利是指公司以负债形式向股东支付的股利。这些负债通常包括公司的应付票据，也包括在不得已情况下发行的公司债券等，可以作为股利支付给股东。使用负债股利的形式，对于股东而言，虽然收到现金的时间推迟了，但可以得到相应的利息补偿；对于公司来说，则解决了暂时的现金短缺问题。不过，需要注意的是，负债股利同时带来了负债的增加以及留存收益的减少，会相应增加公司的财务风险。

三、股利的发放程序

股利发放程序的确定是股利政策的具体实施阶段。由于股份公司的股东人数一般较多，而且由于股权可以自由转让，股东人数经常变动，所以，股利发放前后有一定的过程。股份公司的股利分配预案由公司董事会通过并宣布，经股东大会表决通过后实施。公司每年发放股利的次数，不同的公司、不同的国家可以各不相同。比如，我国的股份公司多为一年发放一次股利，美国公司则多为一季度发放一次股利。股利发放有几个非常重要的日期。

1. 宣告日

股份公司董事会根据定期发放股利的周期举行董事会会议，讨论并提出股利分配方案，由公司股东大会讨论通过后，正式宣布股利分配实施方案。在宣布股利分配方案时，应明确股利分配的年度、范围、形式、分配的现金股利金额或股票股利的数量，并公布股权登记日、除息日和股利发放日。宣布股利分配实施方案的那一天即为宣告日，在这一天，股份公司应登记有关股利负债（应付股利）。

2. 股权登记日

由于工作和实施方面的原因，自公司宣布发放股利至公司实际将股利发出要有一定的时间间隔。由于上市公司的股票在此时间间隔内处在不停的交易之中，公司股东会随股票交易而不断易人。为了明确股利的归属，公司确定有股权登记日，凡在股权登记日之前（含登记日当天）列于公司股东名单上的股东，都将获得此次发放的股利，而在这一天之后才列于公司股东名单上的股东，将得不到此次发放的股利，股利仍归原股东所有。

3. 除息日

除息日，也称除权日，是指从股价中除去股利的日期。股权登记日后的下一个交易日就是除权日或除息日，这一天或以后购入该公司股票的股东，不再享有该公司此次分红配股。除息日对股票的价格有明显的影响。在除息日之前进行的股票交易，股票价格中含有将要发放的股利价值，在除息日之后进行的股票交易，股票价格中不再包含股利收入，因此其价格应低于除息日之前的交易价格。

4. 发放日

在这一天，公司用各种方式按规定支付股利，并冲销股利负债。

【例 10-1】2021 年 6 月 17 日，酒鬼酒股份有限公司（股票简称：酒鬼酒）董事会发布了 2020 年度利润分配方案实施公告。根据该公告，酒鬼酒公司 2020 年度利润分配方案已获 2021 年 6 月 17 日召开的 2020 年度股东大会审议通过，2020 年度利润分配方案为：以公司现有股份总额 324 928 980 股为基数，每 10 股派发现金红利人民币 7.00 元（含税），共分配利润 227 450 286.00 元。股权登记日为：2021 年 7 月 8 日，除权除息日为：2021 年 7 月 9 日。公司委托中国结算深圳分公司代为派发的现金红利将于 2021 年 7 月 9 日通过股东托管证券公司直接划入其资金账户。

根据上述内容，酒鬼酒公司此次股利分配的几处关键日期如图 10-1 所示。

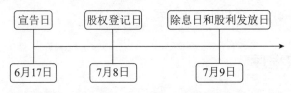

图 10-1 酒鬼酒股份有限公司股利分配日期

第二节 股利理论

股利理论是研究股利分配及政策与公司价值（含股票价格）之间关系的理论。具体可以分为两大理论：股利无关论和股利相关论。

一、股利无关论

股利无关论认为公司的股利分配及政策不会影响公司价值。该理论是由美国经济学家米勒和莫迪利安尼于 1961 年首先提出的，也被称为 MM 股利无关论。MM 理论认为，在满足一定假设的前提下，企业的股利分配及政策与企业价值无关。这些假设包括：①公司的投资政策确定并且为投资者所理解；②股票的发行和交易费用不存在；③公司所得税或个人所得税不存在；④信息不对称的情形不存在；⑤经理与外部投资者之间不存在代理成本。

具体来说，股利无关论的观点如下。

（1）投资者不关心公司股利的分配。如果公司留存较多的利润用于再投资，会导致公司股票价格上升；此时尽管股利较低，但是投资者可以通过出售股票换取现金，以满足对于现金的需要。

（2）股利的支付比率不影响公司的价值。既然投资者不关心股利的分配，公司的价值就完全由其投资政策及获利能力所决定，所以公司盈余在股利和保留盈余之间的分配比例并不影响公司的价值，既不会使公司价值增加，也不会使公司价值降低。股利无关论是在完美资本市场的假设下提出的，如果放宽这些假设条件，股利政策就会显现出对公司价值（或股票价格）的影响。

二、股利相关论

股利相关论认为，在现实市场环境下，公司的利润分配及政策会影响公司价值（含股票价格），因此公司价值与股利政策是相关的。代表性观点主要有"在手之鸟"理论、税差理论、信号传递理论、代理理论等。

（一）"在手之鸟"理论

"在手之鸟"理论的主要代表人物是迈伦·戈登（Myron J.Gordon）和约翰·林特纳（John Lintner）。该理论认为，由于公司未来的经营活动存在诸多不确定性，投资者会认为现在获得股利的风险低于将来获得资本利得的风险，因此，出于对风险的回避，股东更喜欢确定的现金股利，这样公司如何分配股利就会影响股票价格和公司价值，即公司价值与股利政策是相关的。当公司支付较少的现金股利而留用较多的利润时，就会增加投资者的风险，股东要求的必要投资报酬率就会提高，从而导致股票价格和公司价值下降；当公司支付较多的现金股利而留用较少的利润时，就会降低投资者风险，股东要求的必要报酬率就会降低，从而促使股票价格和公司价值上升。

"在手之鸟"理论广为流行，但是，也有学者对这种理论提出了批评，他们指出："在手之鸟"理论一方面混淆了投资决策和股利政策对公司风险的不同影响，另一方面认为资本利得的风险高于股利的风险是不符合实际情况的，并将"在手之鸟"理论称为"在手之鸟谬论"。批评者们认为，用留用利润再投资形成的资本利得风险取决于公司的投资决策，与股利支付率高低无关。在投资决策一定的情况下，公司如何分配利润并不会改变公司的投资风险。股东在收到现金股利后，仍然可以根据自己的风险偏好进行再投资。例如，他们可以用现金股利重新购买公司发行的新股来进行再投资。因此，投资者所承担的风险最终是由公司的投资决策决定的，而不会受股利政策影响。当然也不能想当然地认为资本利得的风险一定高于股利的风险。

（二）税差理论

股利无关论假设不存在所得税，在这种情况下，公司的股利支付比例并不重要。但是，如果对现金红利和资本利得课以不同的税赋，比如现金股利的税赋高于资本利得的税赋，那么，在公司及投资者看来，支付现金股利就不再是最优的股利分配政策。

税差理论强调税收在股利分配中对于股东财富的重要作用，当股利收益税率与资本利得税率存在差异时，将促使股东在继续持有股票以取得预期资本利得与立即实现股利收益这两者之间进行权衡。税差理论认为，如果不考虑股票交易成本，同时股利所得税率高于资本利得税率时，分配现金股利的比率越高，股东的纳税负担会越重，这时企业应采取低现金股利支付率政策，以提高留存收益再投资的比率，使股东在实现未来的资本利得中享有税收节省的好处。如果存在股票交易成本，当资本利得税与交易成本之和大于股利收益税时，股东也会倾向于企业采用高现金股利支付率政策。

（三）信号传递理论

股利无关论假设投资者可以自由地、免费地获取各种信息，并且投资者和公司管理层之间是信息对称的。但在现实生活中，投资者与公司管理层之间存在信息不对称，公司管理层拥有更多公司发展前景的内部信息，而投资者处于信息劣势，对于公司未来的发展前景、经营状况和风险情况等信息他们知道得较少。

信号传递理论认为，在投资者与管理层信息不对称的情况下，股利政策包含有公司经营状况和未来发展前景的信息，投资者在这些信息中可以捕捉公司未来盈利能力的变化趋势，以决定是否投资其股票，从而引起股票价格的变化。因此，股利政策的改变会影响股票价格变化，二者存在相关性，实证研究的结果也证实了这一结论。如果公司提高股利支付水平，等于向市场传递了利好信息，投资者会据此认为公司未来的盈利水平将提高，管理层对公司的未来发展前景有信心，从而投资购买公司股票，引起股票价格上涨；如果公司以往的股利支付水平一直比较稳定，现在突然降低股利支付水平，等于向市场传递了利空信息，投资者会据此对公司做出悲观的判断，从而出售股票，导致股票价格下跌。因此，信号传递理论认为，稳定的股利政策向外界传递了公司经营状况稳定的信息，有利于公司股票价格的稳定，所以公司在制定股利政策时，应当考虑市场反应，避免传递的信息被投资者误解。

（四）代理理论

股东、债权人、经理人员等企业利益相关者的目标并不完全一致，他们在追求自身利益最大化的同时有可能会牺牲另一方的利益，这种利益冲突关系反映在公司股利分配的决策过程中就表现为不同形式的代理成本：反映两类投资者之间利益冲突的是股东与债权人之间的代理关系；反映股权分散情形下内部经理人员与外部分散投资者之间利益冲突的是经理人员与股东之间的代理关系；反映股权集中情形下控制性大股东与外部中小股东之间利益冲突的是控股股东与中小股东之间的代理关系。

1. 股东与债权人之间的代理冲突

股东在进行投资与融资决策时，可能会为了增加自身的财富而选择加大债权人风险的政策，比如通过发行债务来支付股利，或者为了发放股利而拒绝净现值为正的投资项目。在股东与债权人之间存在代理冲突时，债权人为了保护自身利益，会希望企业采取低股利支付率政策，即采取多留存少分配的股利政策，以保证企业拥有较为充裕的现金，避免发生债务支付困难的情形。因此，债权人在与企业签订借款合同时，通常会制定约束性条款，以制约企业发放股利的水平。

2. 经理人员与股东之间的代理冲突

当企业拥有较多的自由现金流时，企业经理人员可能会把资金投资于低回报项目，或者为了取得个人私利而追求额外的津贴以及在职消费等。因此，当经理人员与股东之间存在代理冲突时，高股利支付率的股利政策有利于降低上述自由现金流过多而导致的代理成本。实施多分配少留存的股利政策，既有利于抑制经理人随意支配自由现金流的代理成本，也有利于满足股东取得股利收益的愿望。

3. 控股股东与中小股东之间的代理冲突

现代企业股权结构的一个显著特征是所有权与控制权集中于一个或者少数几个大股东手中，企业管理层通常由大股东直接出任或者直接指派，因此管理层与控股股东在利益上趋于一致。在这种情况下，企业就会发生控股股东与中小股东之间的代理冲突。凭借过度集中的控制权，控股股东有可能也有能力通过各种手段侵害小股东的利益，股利分配就是其中很重要的一种手段。当法律制度较为完善，对于外部投资者的利益保护很受重视时，可以促使企业实施较为合理的股利分配政策，这时大股东的代理成本会被有效降低；反之，如果法律制度建设滞后，对于外部投资者的利益保护受重视程度较低时，控股股东会忽视基于所有权的正常股利分配，转而通过控制权对于中小股东的利益进行侵占，甚至会因为过多的利益侵占导致企业缺乏可供分配的现金。因此，在外部投资者利益保护程度较低的情况下，为了减少控股股东的利益侵害，中小股东一般希望企业采用少留存多分配的股利政策。为了向外部中小投资者传递自身盈利前景与企业治理状况良好的声誉信息，企业也乐于采用少留存多分配的股利政策。

第三节 股利政策选择

一、股利政策类型

股利政策是在支付给股东的盈余与留在企业的保留盈余之间进行决策的政策。因此，股利政策既决定给股东分配多少红利，也决定有多少净利润留在企业。减少股利分配，会增加保留盈余，从而减少外部筹资。因此企业应该针对自身的实际情况，考虑影响股利政策的多种因素，权衡利弊得失，选择最佳的股利政策。常用的股利政策主要有以下几种类型。

（一）剩余型股利政策

1. 剩余型股利政策的内容

剩余型股利政策是指企业在分配税后利润，确定股利支付率时，首先考虑盈利性投资项目的资金需要，将可供分配的税后利润先用于满足投资项目所需的权益性资金；如果有剩余，则将剩余的税后利润用于发放股利；如果没有剩余，就不发放股利。这种政策主要是考虑未来投资机会的影响，即当企业面临良好的投资机会时，在目标资金结构既定的约束下，最大限度地使用留存收益来满足投资方案所需的自有资金数额。

2. 剩余型股利政策的主要步骤

第一步：确定最佳资本结构，即确定权益资本和债务资本之间的最佳比率，此时综合资本成本最低。

第二步：在最佳目标资本结构约束下确定投资项目所需增加的权益资本数额。

第三步：最大限度地使用公司盈余，满足最佳资本结构下投资方案所需要的权益资本数额。

第四步：在投资方案所需权益资本满足以后，如果还有剩余盈余，再作为股利发放给股东。

【例10-2】某公司上年税后利润600万元，今年年初公司讨论决定股利分配的数额。预计今年需要增加投资资本800万元。公司目前权益资本占60%，债务资本占40%，该比例符合公司的目标资本结构，今年将继续保持。要求：计算在公司采用剩余型股利政策时公司应该分配多少现金股利？

解析：

$$应分配的现金股利 = 600 - 800 \times 60\% = 120（万元）$$

3. 采用剩余型股利政策的理由

一般来说，目标资本结构是企业的最优资本结构，即资本成本最低，企业价值最高。因此采用剩余型股利政策的最根本理由就是为了保持理想的资本结构，使加权平均资本成本最低，从而实现最大化的公司价值。

4. 剩余型股利政策的优缺点

这种政策的主要优点是，在公司有着良好的投资机会时，可以节省筹资成本，因为与外部筹资相比，将公司的留存收益直接进行再投资，可以节约时间，减少各种外部环节和手续，节省各类费用，包括利息开支。这种政策的主要缺点是，股利支付的多少取决于公司的盈利情况以及公司再投资的情况，这在某种程度上造成了股利支付的不确定性。股利支付不确定一方面不利于投资者的收支安排，另一方面也不利于企业树立经营稳定的良好形象。

（二）固定型股利政策

1. 固定型股利政策的内容

固定型股利政策是指在一个较长的时期内，不论经济情况如何，也不论公司经营状况好坏，每期都按固定的股利支付给股东。采用固定型股利政策的企业，大多属于收益比较稳定或者正处于成长期、信誉较好的企业。

2. 固定型股利政策的优缺点

这种政策的主要优点是：固定的股利支付可以给投资者传递公司稳定发展的信息，从而有利于公司股票价格的稳定；固定的股利支付有利于投资者安排收入与支出，对固定股利有较强依赖性的股东更青睐固定股利政策。这种政策的主要缺点是：股利支付与企业盈利能力脱节，在盈利不佳的情况下采用这一政策，会减少公司的留存盈余，削弱公司的财务实力，可能会给公司的股票价格带来负面影响。

（三）增长型股利政策

1. 增长型股利政策的内容

增长型股利政策是指在发放固定股利的基础上，公司根据经营情况使股利逐期增长，并努力做到多收益多分配、少收益照样分配。因此，采用增长型股利政策，对于公司的盈余和现金要求比较高。

2. 增长型股利政策的优缺点

这种政策的主要优点是：有利于树立公司的良好形象，增强投资者对于公司的信心，以及稳定或者提高公司的股票价格。这种政策的主要缺点是：股利支付与公司的盈余脱节，当公司盈余较低时采用这一政策，可能会导致企业资金短缺、财务状况恶化。同时为了保持股利支付的不断增长，可能需要推迟某些投资方案或者暂时偏离目标资本结构，所以难以像剩余股利政策那样保持较低的资金成本。

（四）固定股利支付率政策

1. 固定股利支付率政策的内容

固定股利支付率政策是公司确定一个股利占盈余的比率，在较长时期内按照这一比率从税后利润中支付股利。采用固定股利支付率政策，股利支付与盈利状况保持稳定的比例，而每年的股利额随公司盈余的波动而变化。当然，固定股利支付率不是随意确定的，需要根据公司未来的盈利状况和投资情况来确定。

2. 固定股利支付率政策的优缺点

这种政策的主要优点是：股利支付与公司盈余密切联系，体现了多盈多分、少盈少分、不盈不分的原则，对于公司的财务压力较小。这种政策的主要缺点是：股利支付波动会给投资者传递公司发展不稳定的信息，从而影响投资者对于公司成长的信心，一方面不利于股票价格稳定，另一方面不利于股东财富实现最大化。

（五）低正常股利加额外股利政策

1. 低正常股利加额外股利政策的内容

低正常股利加额外股利政策是指在一般情况下，公司每年只支付固定的、数额较低的股利，当公司盈余较多时，再根据实际盈余情况，向股东临时发放一部分额外股利。

2. 低正常股利加额外股利政策的优缺点

这种政策的主要优点是：第一，公司在支付股利方面具有充分的灵活性。当公司盈利状况较好且资金又比较充裕时，可以向股东支付额外股利。一方面使股东感受到公司经济的繁荣，从而增强对公司未来发展的信心；另一方面有利于稳定和提高公司股票价格。当公司盈利状况不佳时，可以少支付或者不支付额外股利。一方面能够减轻公司财务负担；另一方面股东也不会产生股利下跌的感觉。第二，平常情况下的低正常股利，再配以经济繁荣情况下的额外股利，有利于吸引对于固定收入有较强依赖性的投资者，因为低正常股利加额外股利政策给这部分投资者提供了较低但较稳定的股利保证。这种政策的主要缺点是：因为有平常情况下的低正常股利支付，因此这种政策不够灵活，同时经济繁荣情况下的额外股利支付又容易提高投资者对于额外股利发放的期望值。

【例10-3】某公司发行在外的普通股为30万股，该公司2019年的税后利润为300万元。2020年的税后利润为500万元。该公司准备在2021年再投资250万元，目前的资本结构为最佳资本结构，资本总额为10 000万元，其中，权益资本为6 000万元，负债资本为4 000万元。另外已知该企业2019年的每股股利为4.8元。

要求：
（1）如果该公司采用剩余政策，则其在2020年每股股利为多少？
（2）如果该公司采用固定股利政策，则其在2020年每股股利为多少？
（3）如果该公司采用固定股利支付率政策，则其在2020年每股股利为多少？

解析：
（1）采用剩余股利政策：

$$权益资本占总资本的比率 = 6\ 000 \div 10\ 000 = 60\%$$
$$负债资本占总资本的比率 = 4\ 000 \div 10\ 000 = 40\%$$
$$目标资本结构下投资所需的股东权益数额 = 250 \times 60\% = 150（万元）$$
$$用于股利发放的剩余盈余 = 500 - 150 = 350（万元）$$
$$所以发放的每股股利为 = 350 \div 30 = 11.67（元/股）$$

（2）采用固定股利政策：

固定股利政策是将每年发放的现金股利固定在某一水平上，并在较长时期内保持不变，只有当公司认为未来盈余将会显著地、不可逆转地增长时，才会提高年度的现金股利发放额。所以2020年每股发放的现金股利应该和2019年每股发放的现金股利相等，为4.8元。

（3）采用固定股利支付率政策，公司确定一个现金股利占盈余的比例，长期按此比例支付现金股利，有关计算如下：

$$2019年每股收益 = 300 \div 30 = 10（元/股）$$
$$2019年每股现金股利占每股收益的比例 = 4.8 \div 10 = 48\%$$
$$2020年发放的现金股利 = 500 \times 48\% = 240（万元）$$
$$2020年发放的每股股利 = 240 \div 30 = 8（元/股）$$

二、影响股利政策的因素

在制定股利政策时必然会受到各种因素影响和制约，因此公司必须认真审查这些影响因素，以便制定出适合本公司的股利政策。一般来说，影响股利政策的主要因素有法律因素、公司因素、股东因素、其他因素等。

（一）法律因素

为了保护投资者的利益，公司法、证券法等法律都对公司的股利分配进行了一定程度的限制。影响公司股利政策的法律因素主要有以下几项。

（1）资本保全的约束。股份公司在分配股利时，应当保证资本的完整。公司只能采用当期利润或者留用利润来分配股利，不能采用公司募集的资本发放股利，股利支付也不能侵蚀公司的资本等，这样的法律限制不仅是为了保全公司的股权资本，也是为了维护债权人的利益。

（2）企业积累的约束。股份公司在分配股利之前，应当按照法定的程序先提取各种公积金。根据我国有关法律法规，股份公司应该按照税后利润的10%提取法定公积金，并且鼓励企业在分配普通股股利之前提取任意盈余公积金，只有当公积金累计数额达到注册资本的50%时，才可以不再提取。企业积累的约束有利于提高企业的生产经营能力，增强企业抵御风险的能力，也可以维护债权人的利益。

（3）企业利润的约束。利润是发放股利的基础，公司可以采用当年利润或者以前年度利润发放股利。但是，在公司以前年度亏损没有全部弥补时，不能发放股利。根据我国有关法律法规，只有在以前年度亏损得到足额弥补，如果还有剩余利润的情况下，才能用于分配股利。

（4）偿债能力的约束。公司在分配股利时，必须保持充分的偿债能力。公司分配股利不能只考虑利润表上净利润的数额，还必须考虑公司的现金是否充足。如果因为分配现金股利而影响了公司的偿债能力或者正常的生产经营活动，股利分配就要受到限制。

（二）公司因素

公司自身因素的影响是指公司内部各种因素及其面临的各种环境、机会对其股利政策产生的影响，主要包括现金流量、筹资能力、投资机会、资本成本、盈利状况、公司所处的生命周期等。

1. 现金流量

公司在分配现金股利时，必须有充足的现金流量，否则就会发生支付困难。如果公司的现金流量充足，特别是在满足投资所需资本以后，仍然有剩余的自由现金流量，就可以适当提高股利水平。反之，如果公司的现金流量不充足，即使当期利润较多，也应当限制现金股利的支付。因为过多地分配现金股利会减少公司的现金持有量，如果现金流量不够充足的话，就会影响公司未来的支付能力，甚至可能导致财务困难。

2. 筹资能力

在资本市场上不同企业的筹资能力肯定会有一定的差异，因此公司在分配现金股利时，应当根据自身的筹资能力来确定股利支付水平。如果公司的筹资能力比较强，能够比较容易地在资本市场上筹集到资本，就可以采取比较宽松的股利政策，适当提高股利支付水平；反之，如果筹资能力比较弱，就应当采取比较紧缩的股利政策，发放较少的现金股利，以便增加留用利润。

3. 投资机会

未来投资对资本的需求会影响公司的股利政策选择以及股利水平高低。如果公司拥有较好的投资机会，就应该适当降低现金股利的发放水平，以便增加留用利润。将存留下来的资本用于再投资，就可以加速企业的发展，增加未来的收益，这种低股利政策也往往易于被股东所接受。如果公司没有良好的投资机会，就往往倾向于发放较多的现金股利。许多研究表明，成长快的公司经常采用低股利支付政策，原因在于这样的公司一般都具有较多的投资机会，增加留用利润可以保证拥有更多的资本用于再投资。

4. 资本成本

资本成本是企业选择筹资方式的基本依据，留用利润是企业内部筹资的一种重要方式，与发行新股或者举借债务相比，具有资本成本低的优点。如果公司在大量发放现金股利的同时，需要通过资本市场发行新股来筹集资本，一方面由于发行新股存在交易费用，这样会增加公司的综合资本成本；另一方面由于发放现金股利，股东需要缴纳所得税，这样会减少股东财富。因此，公司在制定股利政策时，应当充分考虑资本需求以及资本成本等问题。

5. 盈利状况

公司的股利政策在很大程度上受其盈利能力的影响。如果公司未来的盈利能力较强，并且盈利稳定性较好，就倾向于采用高股利支付率政策；反之，如果公司盈利能力较弱，盈利稳定性较差，则会为了应对未来经营和财务风险的需要而采用低股利支付率政策。

6. 公司所处的生命周期

公司的生命周期主要包括初创阶段、成长阶段、成熟阶段和衰退阶段四个时期。在不同发展阶段，公司的经营状况和经营风险会表现出不同的特点，对资本的需求情况也会有很大差异，这必然会影响公司股利政策的选择，因此公司应该根据所处的发展阶段采取相应的股利政策。

（三）股东因素

公司的股利分配方案必须经股东大会决议并通过才能实施，因此股东对于公司股利政策具有举足轻重的影响。一般来说，影响股利政策的股东因素主要有以下几个方面。

（1）追求稳定收入，规避未来风险。有的股东依靠公司发放的现金股利维持生活，比如退休人群，他们往往要求公司定期支付稳定的现金股利，反对公司留用过多的利润。还有一些股东是"在手之鸟"理论的支持者，他们认为留用过多利润进行再投资，尽管可能会使股票价格在未来上升，但是所带来的收益具有较大的不确定性，相比而言，还是取得现实的现金股利比较稳妥，这样可以规避较大的风险，因此这些股东也倾向于多分配现金股利。

（2）担心控制权被稀释。有的大股东持股比例较高，对公司拥有一定的控制权，他们出于对公司控制权可能被稀释的担心，往往倾向于少分配现金股利，多留用利润。因为如果公司发放大量的现金股利，就可能会造成未来经营所需的现金流短缺，公司不得不通过发行新股来筹集资本。虽然公司老股东拥有优先认股权，但必须拿出一笔数额可观的现金来购买股票，否则其持股比例就会被降低，他们对公司的控制权就有被稀释的危险。因此，他们宁愿少分现金股利，也不愿意看到自己的控制权被稀释。一旦他们拿不出足够的现金认购新股时，就会对分配现金股利的方案投反对票。

（3）规避所得税。首先，如果发放现金股利会影响股东的所得税税率，股东就愿意采取可避税的股利政策。如果股东的收入很高，为了避免更高的税率他们往往反对公司发放过多的现金股利；反过来，如果股东的收入很低，他们会因为个人税负较轻甚至免税，支持公司多分配现金股利。其次，一般而言，多数国家的红利所得税税率都高于资本利得所得税税率，有的国家红利所得税采用累进税率，边际税率很高。这种税率的差异会使股东更愿意采取可避税的股利政策。对股东来说，股票价格上涨获得的收益比分得现金股利更具有避税功能，因此股东往往支持较低的现金股利水平。

（四）其他因素

影响现金股利政策的其他因素主要包括债务合同约束以及通货膨胀对企业重置资金的影响等。

1. 债务合同约束

一般来说，现金股利支付水平越高，留存收益越少，公司的破产风险加大，就越有可能损害债权人的利益。因此，为了保证自己的利益不受损害，债权人通常都会在公司的借款合同、债券契约及租赁合约中加入关于借款公司股利政策的条款，以限制公司现金股利的发放水平。

这些限制条款经常包括以下几个方面：①未来的股利只能以签订合同之后的收益来发放，即不能以过去的留存收益来发放现金股利；②营运资金低于某一特定金额时不得发放现金股利；③将利润的一部分以偿债基金的形式留存下来；④已获利息倍数低于一定水平时不得发放现金股利。

2. 通货膨胀的影响

通货膨胀会带来货币购买力水平下降、固定资产重置资金不足，此时，企业往往不得不考虑留用一定的利润，以弥补由于货币购买力水平下降而造成的固定资产重置资金缺口。因此，在通货膨胀时期，企业一般会采取偏紧的现金股利分配政策。

第四节 股票分割与股票回购

一、股票分割

（一）股票分割的内容

股票分割是指企业管理当局将某一特定数额的新股按照一定比例交换成一定数量的流通在外的普通股的行为。例如，2股换1股的股票分割是指用2股新股换取1股旧股。

为了更准确地理解股票分割，需要注意两个问题。第一，尽管股票分割与发放股票股利都能达到降低企业股价的目的，但一般来讲，只有在企业股价剧涨且预期难以下降时，才采用股票分割的办法降低股价,而在企业股价上涨幅度不大时,往往通过发放股票股利将股价维持在理想的范围之内。第二,与股票分割相反,企业有时也进行反分割或者股票合并操作,即将数股面额较低的股票合并为一股面额较高的股票。显然,反分割将减少流通在外的股票数量,提高每股股票的面值和每股股票代表的净资产数额,进而提高股票的市场价格。反分割通常为一些业绩不佳,股价过低的公司所选择,他们希望通过这种操作来提高股票价格,使之达到一个合理的交易价格。

股票分割对企业的财务结构和股东权益不会产生任何影响,它只是增加发行在外的普通股数量,使得每股面值、每股盈余、每股净资产和每股市价降低。

【例10-4】假定某公司在股票分割以前的股东权益情况如表10-1所示,现在该公司按照1股换成2股的比例进行股票分割,分割以后的股东权益情况如表10-2所示。

表10-1 股票分割前某公司的股东权益情况　　　　　　　　　　单位:万元

项　目	发放股票股利前
股本(普通股200 000万股,面额1元)	200 000
资本公积	400 000
未分配利润	2 000 000
股东权益合计	2 600 000

表10-2 股票分割后某公司的股东权益情况　　　　　　　　　　单位:万元

项　目	发放股票股利前
股本(普通股400 000万股,面额0.5元)	200 000
资本公积	400 000
未分配利润	2 000 000
股东权益合计	2 600 000

值得注意的是,股票分割前后普通股的股数和面额均发生了变动,普通股股数由原来的200 000万股增加到400 000万股,股票面值则由原来的每股1元降低为每股0.5元。至于股东权益总额以及股东权益内部各项目的金额均未发生变动。

(二)股票分割的意义

1. 降低公司股票价格

由于股票分割是在不增加股东权益的情况下增加流通在外的股票数量,所以分割后每股股票所代表的股东权益价值将会降低,每股股票的市场价格也将会相应降低。一般来说,股票分割适用于股票价格居高不下的情况。因为当股票的市场价格过高时,股票交易会因每手交易所需要的资金量过大而受到影响,特别是许多小户、散户,因为资金实力有限而难以进行交易,股票的流通性会因此降低。因此许多公司在其股价过高时,一般采用股票分割的方法来降低股票的交易价格,以便增加公司的股东规模,提高公司股票的流通性。

2. 传递远期良好的信号

一般而言,股票分割往往为成长中的公司所选择,因此企业进行股票分割,往往被视为一种利好消息。公司远期经营良好的消息肯定会影响其股票价格，同时股东也能够从股份数量和股票价格的变动中获得相对收益。

3. 增加股东的现金股利

在某些情况下，股票分割会增加股东的现金股利。股票分割会增加各股东持有的股数，相应地，公司可能会降低每股现金股利。但只要股票分割后每股现金股利的下降幅度小于股票分割的幅度，股东就能获得比较多的现金股利。例如，某企业股票分割前每股现金股利 3 元，某股东持有 100 股，可以分得现金股利 300 元。企业按照 1:2 的比例进行股票分割后，该股东持股股数增为 200 股，若现金股利降为每股 1.8 元，该股东可得现金股利 360 元，将大于其股票分割前所得的现金股利。

4. 为新股发行做准备

在新股发行之前利用股票分割降低股价，可以增加投资者对股票的兴趣，有利于提高股票的可转让性，促进新发行股票的畅销。

二、股票回购

（一）股票回购的内容

股票回购是指上市公司从股票市场上购回本公司一定数额发行在外股票的行为。公司在股票回购完成以后可以将所回购的股票注销，也可以将回购的股票作为"库藏股"保留，仍属于发行在外的股票，但不参与每股收益的计算和收益分配。库藏股日后可以移作他用，如用作雇员福利计划、发行可转换债券等，也可以在需要资金时将其出售。

股票回购既是一项重要的股利政策，也是完善公司治理结构、优化企业资本结构的重要方法。股票回购作为较成熟证券市场上一项常见的公司理财行为，不仅对市场参与各方产生一定的影响，而且会为上市公司本身带来显著的财务效应。

【例 10-5】某公司流通在外普通股的每股收益和每股价格如表 10-3 所示，分析股票回购对公司每股收益和每股价格的影响。

表 10-3 某公司流通在外普通股的每股收益和每股价格

税后净利润 / 万元	100
流通在外普通股股数 / 万股	50
每股收益 / 元	100 ÷ 50 = 2
每股市价 / 元	30
市盈率	30 ÷ 2 = 15

假定公司准备从税后净利润（盈余）中拿出 75 万元发放现金股利，那么每股可得现金股利 1.5（75÷50）元，支付现金股利前的每股价格将定为 31.5 元，其中 1.5 元是预期股利。如果公司将这 75 万元改为以每股 31.5 元的价格回购股票，那么可以购回 2.381（75÷31.5）万股，市场上的流通股股数就变为 47.619 万股，每股收益为 2.1（100÷47.619）元，显然，每股收益比股票回购前有所上升。由此可见，股票回购会影响每股收益，进而影响每股价格。

（二）股票回购的意义

1. 股票回购对股东的意义

与现金股利相比，它通常能够帮助股东获得纳税方面的好处。因为股票回购以后股东得到的资本利得，在所得税税率上与现金股利有差异，资本利得的税率通常较低，所以在股票回购时股东的资本利得税较低，而如果采用现金股利的方式，股东必须缴纳较高的个人所得税。因此，股票回购通常被看作公司向股东分配利润的一种重要形式，可以用来替代现金股利，尤其在避税效果显著时更是如此。

2. 股票回购对公司的意义

（1）可以用作反收购措施。股票回购经常被看作一种重要的反收购措施，此举有助于公司管理者避开竞争对手收购的企图和威胁。原因如下：①股票回购一方面会导致股价上升，另一方面会导致公司流通在外的股票数量减少，在这种情况下收购方想要获得控制公司的法定股份比例就变得相对困难。②股票回购以后，公司流通在外的股份减少了，可以防止更多股票落入进攻企业手中。不过，需要注意的是，由于回购的股票没有表决权，回购以后进攻企业的持股比例也会有所上升，因此公司需要将回购股票再出售给能够稳定本公司地位的股东，才能够起到反收购的作用。③在反收购战中，目标公司通常是在股价已经上升的情况下实施股票回购，此举会使得目标公司的流动资金减少，财务状况恶化，减弱了公司被作为收购目标的吸引力。

（2）改善资本结构，追求财务杠杆利益。当企业管理当局认为，权益资本在整个企业资本结构中所占的比例过大，资产负债率过小时，就有可能利用留存收益或者通过对外举债来回购企业发行在外的普通股，这是一种迅速提高资产负债率的方法。

无论是采用现金还是通过负债来回购公司发行在外的股票，都会改变公司的资本结构，提高资产负债率。在现金回购方式下，假定公司的长期负债规模不变，伴随股票回购而来的是股权资本在公司资本结构中比重下降，公司财务杠杆比率提高；在用增加债务回购股票的情况下，一方面是公司的长期负债增加，另一方面是股权资本比重下降，两方面共同作用使得公司财务杠杆比率提高。公司资本结构中权益资本比重下降和公司财务杠杆比率提高，一般来说会导致两个相互联系的结果：一是公司的加权平均资本成本会发生变化；二是公司的财务风险可能会在债务比重增大到一定点之后而大幅增大。所以，公司在股票回购时必须以最优资本结构作为标杆，以便一方面合理发挥财务杠杆效应，另一方面实现最低的资本成本和最大的企业价值。

（3）稳定公司股价。股价过低，无疑将对公司经营造成严重影响，降低人们对公司经营的信心，引起消费者对公司产品的怀疑，最终会削弱公司出售产品、开拓市场的能力。在这种情况下，公司实施股票回购以支撑本公司股价，有利于改善公司形象。在股价上升过程中，投资者会增强对公司经营情况的信心，消费者会增加对公司产品的信任，公司因此也有了进一步配股融资的可能。因此，在股价过低时，股票回购是维护公司形象的有力途径。

（4）分配公司超额现金。如果公司拥有的现金量超过其投资机会的需要量，同时又没有较好的投资机会时，可以考虑分配超额现金。此时，出于股东避税、维持控股权等多种因素的考虑，公司可以通过股票回购而非现金股利的方式进行分配。

（5）作为实行股权激励计划的股票来源。如果公司对于管理层或者员工实施股票期权计划，直接发行新股会稀释原有股东的权益，而通过股票回购回收部分股份，再将这部分股份赋予管理层或者员工，不仅满足了管理层或者员工的持股需求，又不会影响原有股东的权益。

思考题

1. 企业可以选择的股利理论有哪些？
2. 股利支付有哪几种方式？
3. 影响股利政策的因素有哪些？
4. 股利政策的基本类型有哪些？
5. 公司的股利政策是否必须保持稳定？如何评价股利政策是否合理？
6. 简述股票分割与股票回购的异同。

练习题

1. 某公司是一家能源类上市公司，当年取得的利润在下年分配。2018 年公司净利润 10 000 万元。2019 年分配现金股利 3 000 万元，预计 2019 年可分配利润 12 000 万元。2020 年只投资一个新项目，总投资额 8 000 万元。要求：

（1）如果某公司采用固定股利政策，计算 2019 年净利润的股利支付率。

（2）如果某公司采用固定股利支付率政策，计算 2019 年净利润的股利支付率。

（3）如果某公司采用剩余股利政策，目标资本结构是"负债/权益=2/3"，计算 2019 年净利润的股利支付率。

（4）如果某公司采用低正常股利政策加额外股利支付政策，低正常股利为 2 000 万元，额外股利为 2019 年净利润扣除低正常股利余额的 16%，计算 2019 年净利润的股利支付率。

2. 某投资者拥有某公司 8% 的普通股，在某公司宣布 1 股分割为 2 股拆股之前，某公司股票的市价为 98 元，某公司现有发行在外的普通股股票 30 000 股。

（1）与现在的情况相比较，拆股后投资者的财产状况会有什么变动？（假定股票价格同比例下降）

（2）某公司财务部经理认为股票价格只会下降 45%，如果这一判断是正确的，那么投资者的收益是多少？

案例分析

中国国际航空股份有限公司的股利分配方案

第十一章
并购与重组

本章导读

2020年10月12日，虎牙和斗鱼宣布正式接受大股东腾讯提出的合并邀约，双方正式签订了《合并协议与计划》，按照1股斗鱼ADS（美国存托股份）换0.73股虎牙ADS的比例进行合并，相当于斗鱼以1:1的总市值对价换股，斗鱼、虎牙现有股东将在合并后公司中各占50%的经济权益。同时，斗鱼与腾讯签订一份重组协议，腾讯将以总价5亿美元将"企鹅电竞"游戏直播业务转让给斗鱼，斗鱼与企鹅电竞合并后的整体再与虎牙合并，合并完成后，斗鱼将成为虎牙私有全资子公司，合并后公司市场占有率将超过80%，成为中国游戏直播行业的"巨无霸"。腾讯将成为合并后公司的第一大股东，并持有67.5%的投票权，彻底掌握合并后公司的控制权和主导权。虎牙、斗鱼和企鹅电竞的成功合并重组，在消除子公司内耗、打造游戏生态和抵御外部竞争对手等方面发挥着重要作用。

虎牙、斗鱼和企鹅电竞三者之间的并购重组案例说明：在整合企业资源、掌握子公司控制权、消除子公司内耗、打造企业生态和提升竞争能力等方面，并购和重组发挥着重要作用。如果并购成功，腾讯能够实现规模经济和获取"垄断"利润。

2021年7月10日，市场监管总局宣布对腾讯控股有限公司申报的虎牙公司与斗鱼公司合并案，依法进行经营者集中反垄断审查后，不予批准二者合并。通报显示，不予批准斗鱼、虎牙合并的依据是反垄断法第二十八条和《经营者集中审查暂行规定》第三十五条规定。市场监管总局审查认为，如果虎牙与斗鱼合并，将使腾讯单独控制合并后实体，进一步强化腾讯在游戏直播市场支配地位，同时使腾讯有能力和动机排除、限制竞争对手，不利于市场公平竞争、可能减损消费者利益，也不利于网络游戏和游戏直播市场规范健康持续发展。腾讯提出的附加限制性条件承诺方案不能有效解决前述竞争关注。

因此，8企业并购时一定要注意反垄断法限制，国家反垄断审查可能导致企业并购失败。

资料来源：https://baijiahao.baidu.com/s?id=1680425748817820933&wfr=spider&for=pc。

第一节 企业并购

一、企业并购的概念

企业并购是兼并（merger）和收购（acquisition）的合称，简称并购（mergers and acquisitions，M & A），经济学、法律学和会计学从不同视角分别对企业并购进行了诠释。从经济学来看，企业并购是指各个利益主体依据产权交易的制度安排，通过企业产权的让渡或重新组合，实现并购双方资源的重新配置。从法律学来看，企业并购主要强调并购之后以前企业法人资格是否保留，其中，企业兼并是指两家或两家以上企业合并成为一家新企业，以前所有企业的法人身份被注销，由多法人主体变为一个新法人主体的行为；企业收购是指一家企业以现金、有价证券等方式购买另一家企业的部分或全部股权，从而获得对被收购企业控制权，但被收购企业法人身份依然保留的行为。从会计学来看，企业并购主要强调并购后以前企业会计报告主体是否存续的问题，其中，企业兼并是指两家或两家以上企业合并成为一个会计报告主体的交易或事项；而企业收购是指并购双方的会计报告主体不变。

公司并购是指主并购企业通过产权交易获得被并购企业的产权，进而能够对被并购企业的资源配置权和经营管理权进行有效控制的经济法律行为。并购双方合并为一个法律主体、一个会计报告主体的行为称为兼并；并购双方仍然保留原有的法律主体和会计报告主体的行为称为收购。企业并购的实质是指企业控制权的让渡和资源的重新配置，主要将被并购企业的控制权让渡给主并购企业，将被并购企业的资源纳入主并购企业资源配置的战略安排之下，目的是通过双方资源的整合和优化配置，实现企业价值的最大化。

二、企业并购的类型

（一）按照企业并购的业务关联性划分

按照主并购企业与被并购企业的业务关联性划分，并购可分为横向并购、纵向并购和混合并购三种方式。

1. 横向并购

横向并购又称为水平式并购，是指生产同类商品或提供相同服务企业之间的并购行为。横向并购能够迅速扩大企业的生产规模和提高企业的市场占有率，其实质是具有竞争关系企业之间的并购，目的是消除竞争、获取规模经济和垄断"租金"。横向并购的优点是能够获取优势资产、消减成本、扩大市场份额、实现规模经济和获取垄断"租金"；横向并购的缺点是破坏市场自由竞争。

2. 纵向并购

纵向并购又称为垂直并购，是指在生产经营上前后相互关联的企业之间的并购，即上下游企业之间的并购。纵向并购由可分为前向并购和后向并购，其中，前向并购是指一家企业并购一家下游企业行为，例如，一家制造企业并购一家销售企业的行为。后向并购是指一家企业并购一家上游企业的行为，例如，一家制造企业并购一家原材料生产企业的行为。纵向并购的优点是将企业外部交易内化为企业内部交易，缩短企业采购、生产和销售周期，降低交易成本，节约库存成本，降低市场风险，有利于企业直接控制原材料供应和产品销售环节，建立垂直整合的管控体系；纵向并购的缺点是容易形成连锁反应。

扩展阅读 11.1

横向并购、纵向并购和混合并购

3. 混合并购

混合并购是指不相关生产或服务企业之间的并购行为。混合并购按照其战略目标不同可以细分为三类：一是产品扩张型并购战略。产品扩张型并购战略是指通过并购产品无关联企业进军新的产业领域，扩大经营范围，寻求范围经济，以及实现企业战略转型，延长企业生命周期，例如，传统企业进军新兴产业的并购行为。二是市场扩张型并购战略。市场扩张型并购战略是指通过并购目标公司，运用目标公司现有的营销网络，跨越垄断壁垒，进军新的市场，例如，跨国并购能够使企业快速进军海外市场。三是风险分散型战略。风险分散型战略是指企业并购在生产或服务方面不相关，甚至负相关的目标公司，通过多元化经营，分散并降低企业风险。混合并购的优点是：实现范围经济、进行战略转型、进军新的市场和降低企业风险等；混合并购的缺点是混合并购产生的无关联多元化经营，使企业资源、管理和技术等过度分散，主业不突出，容易使企业经营陷入混乱，引发企业破产。

（二）按照企业并购的法律形式划分

按照法律形式来划分，并购可分为吸收合并、控股合并和新设合并三种。

1. 吸收合并

吸收合并，是指两家或两家以上的企业合并成为一家企业。其显著的特点是主并购企业以支付现金、发行股票或其他代价取得被并购企业的资产和负债，继续保留其法人地位，而被并购企业合并后丧失了独立的法人资格。从法人资格来看，A 公司（主并购企业）+ B1 公司（被并购企业）+B2 公司（被并购企业）+……=A 公司。

2. 控股合并

控股合并是指一家企业通过并购取得被并购企业有投票表决权的股份，达到可以控制被并购企业财务和经营管理的持股比例。其显著的特点是原有各家公司依然保留法人资格。从法人资格来看，A 公司（主并购企业）+B1 公司（被并购企业）+B2 公司（被并购企业）+……=A 公司 +B1 公司 +B2 公司……。

扩展阅读 11.2

吸收合并、控股合并和新设合并

3. 新设合并

新设合并是指主并购企业和被并购企业合并成为一家新的企业。其显著的特点是主并购企业和被并购企业的法人资格均被注销,然后成立一个新的法人,即由多个企业法人变成一个企业法人。从法人资格来看,A 公司(主并购企业)+B1 公司(被并购企业)+B2 公司(被并购企业)……=C 公司。例如,在 1996 年,上海两家证券公司申银和万国组成申银万国证券公司,就属典型的新设合并。

(三)按照企业并购的态度来划分

按照主并购企业对被并购企业的态度来划分,并购可分为善意并购和敌意并购。

1. 善意并购

善意并购又称友好并购,是指被并购企业同意主并购企业的并购条件,并承诺给予协作,并购双方高管通过友好协商达成双方均可接受的并购协议,并经双方董事会批准,股东会以特别决议通过的并购活动。善意并购的特点是并购双方友好协商,互相配合,并购成功的概率较高。

2. 敌意并购

敌意并购又称恶意并购,是指主并购企业在未经被并购企业董事会的允许,秘密收购被并购企业的股票,最后迫使被并购企业不得不接受出售条件,从而实现被并购企业控制权的转移。敌意并购的特点是并购双方具有强烈的对抗性,容易导致被并购企业采取反并购措施,并购成功的概率较低。

三、企业并购的动机

按照古典经济学理论,企业并购的最基本动机是通过外部扩张寻求企业的发展。企业扩张可以通过绿地投资的内部扩张和实施并购的外部扩张来实现,绿地投资周期长,容易丧失企业发展的机会窗口,并购除了缩短投资时间之外,还具有诸多优势,也是企业实施并购的主要动机。企业并购的动机主要包括以下几个方面。

1. 抢抓未来发展机会

当前,人类正面临第四次技术革命和产业革命浪潮的冲击,以大数据、云计算、5G 网络、人工智能、量子计算机、物联网技术等为代表的新技术正不断突破,技术迭代和技术集成不断加速,传统产业面临重新洗牌,新产业不断涌现,给企业发展既带来了挑战,也带来了机遇。企业通过并购方式,能够有效地克服企业绿地投资面临的建设周期长等约束,快速进军新的经营领域,抢占未来发展机会。

企业并购动机案例分析

2. 增强企业创新能力

企业通过并购能够获取被并购企业的创新资源,通过获取被并购企业的人才、技术和知识等创新资源,能够快速增强企业的技术水平和创新能力。

3. 提升企业品牌价值

企业通过并购知名品牌的企业,能够有效提高企业品牌知名度,提高企业产品的附加值，提升企业的品牌价值。

4. 提高供应链控制权

企业通过纵向并购加强对原材料、零部件或销售市场的控制，牢牢把握供应链的控制权和主动权，防止外部经济和政治等不确定性因素对企业正常经营的冲击。例如，近年来，美国在挑起对华贸易战的同时，打响了对华科技战，欲打压和遏制中国高科技的发展，美国不惜动用国家机器，在高端芯片等领域对中国企业进行出口管制，人为阻断供应链，制约了中国高科技企业的发展，高科技企业除了直接投资芯片生产外，还可以通过纵向并购快速进军芯片制造领域，提高供应链的控制权。

5. 进军资本市场

企业上市除了能够拓展自己的融资渠道之外，还可以提升企业的知名度，企业上市是一种稀缺资源，由于受企业上市资格和时间等的约束，直接上市一般难度相对较大，企业可以通过并购一家上市公司（即借壳上市），获得目标企业的上市资格，进军资本市场。

6. 降低企业交易费用

由于纵向并购是沿着供应链进行前向或后向展开，从而使企业并购前通过外部市场进行的上下游产品交易，变成了并购后企业的内部市场交易，即企业纵向并购能够使企业的外部交易市场内部化，缓解了外部市场交易的信息不对称性，大大降低外部交易的各种费用。

7. 获取规模经济优势

企业通过横向并购能够获取被并购企业的资源，通过对企业内外资源的有效整合，发挥资源的协同效应，降低企业管理、研发、生产和销售等各个环节的成本，提高单位投资的边际收益，降低单位边际成本，实现规模经济优势。

8. 分散企业经营风险

随着行业竞争的加剧，企业的经营风险也随之增加，为降低企业的经营风险，企业可通过混合并购使企业实施多元化经营，快速跨入新的行业，不仅能有效地扩大企业的经营范围，获取更加广泛的市场和利润，而且能够分散本行业激烈竞争带来的风险。

四、企业并购的流程

并购是一项复杂的系统工程，一般企业并购流程主要经历从并购前的准备到并购的方案设计，再到并购的谈判签约，到并购交割与整合，最后到并购绩效的评价五个阶段，整个过程是一个有机整体，环环相扣，在任何一个阶段，企业务必缜密，否则会影响并购的效果。

（一）并购前期准备阶段

企业并购前准备阶段是并购活动的开始，为整个并购活动提供指导。企业并购前准备阶段主要包括制定并购战略、确定被并购企业标准、搜寻和筛选目标企业。首先，根据企业的愿景和目标，对企业内部条件和外部环境进行分析，制定或修正企业发展战略，根据企业发展战略制定企业并购战略。其次，根据企业并购战略初步勾画出拟并购企业的轮廓，从目标企业所属行业、技术水平、资产规模、市场占有率等方面,确定拟并购企业的预期标准。最后,根据拟并购企业的预期标准,在产权交易市场搜寻符合并购要求的目标企业,对各个目标企业进行比较,初步筛选出一个或少数几个候选目标。

(二)并购尽职调查与方案设计阶段

在并购准备阶段之后,随后对目标企业展开尽职调查,在尽职调查的基础上,设计并购方案。

1. 尽职调查

为全面了解和掌握目标企业的情况,挖掘目标企业的发展潜力,识别目标企业可能存在的潜在风险,降低信息不对称可能导致的卖方欺诈行为,在设计并购方案时,务必对目标企业进行尽职调查。尽职调查主要包括四个方面的内容:一是调查目标企业的发展前景,对其所处市场进行分析,并结合其商业模式做出一定的预测;二是调查目标企业的基本情况,如主体资格、治理结构、主要产品技术和服务等;三是调查目标企业的经营成果,包括公司的资产、产权和贷款、担保情况;四是调查目标企业的潜在风险,调查目标企业在环境保护、人力资源以及诉讼等方面是否存在着潜在风险。

2. 方案设计

方案内容设计主要包括目标企业价值评估、融资方式选择和支付方式选择。一是目标企业价值评估。企业价值评估是形成最终交易价格的基础,交易价格是否合理影响企业并购的成败。作为一个复杂有机体的企业存在表面的、内在的、现在的、未来的、战略的和战术的等多种价值表现形式。企业价值评估方法主要包括资产账面价值评估法、企业价值比较评估法、贴现现金流量评估法、经济增加值评估法、超额收益评估法和期权定价评估法等。二是融资方式选择。为保证并购交割的法律程序顺利实施,企业务必事前测算并购所需资金总额,科学合理地选择筹资方式,保证及时、足额和低成本地筹集到所需并购资金。从资金来源来看,企业并购融资方式主要包括内源融资和外源融资,外源融资包括股权融资、负债融资和混合融资。三是支付方式选择。企业应根据并购交易金额的大小、并购的节税效应、融资的成本和风险,以及自身实力和风险承担能力等选择合适的支付方式。企业并购主要支付方式包括现金支付、股票支付、承债支付、综合支付等。

(三)并购谈判与签约阶段

以并购方案为基础制定并购意向书或建议书,作为双方谈判的基础,并就并购价格和条件等核心内容展开协商与谈判,最后签订并购协议。

1. 并购谈判

并购双方谈判的焦点是围绕并购价格和条件展开,主要包括并购总价格、并购支付方式、并购支付期限、损害赔偿、企业税负、并购后人事安排、交易保护条款(提供资料信息条款、保密条款、锁定条款、费用分担条款、排他协商条款、终止条款等)等。并购双方通过谈判达成一致意见后,签订一份并购意向书,并约定意向书的效力。并购意向书主要涉及的内容包括:并购价格、并购方式、支付方式、是否需要卖方股东批准、是否需要政府行政许可等。意向书的效力主要指交易保护条款,其中,提供资料信息条款是指买方要求卖方进一步提供相关信息资料,卖方要求买方合理使用其所提供资料的条款;保密条款是指并购任何一方不得公开与并购事项相关的信息条款;锁定条款是指买方按照约定的价格购买目标企业的部分股份或资产,以保证目标公司继续与并购企业谈判的条款;费用分担条款主要是指并购成功或不成功所引起的费用在双方的分担方式;排他协商条款是指未经买方同意,卖方不得与第三方再进行协商并购事项的条款;终止条款是指并购意向书失效的条件。

2. 并购签约

并购签约是指并购双方签订并购协议。并购协议的签订是一个漫长的谈判过程,通常由收购方律师在并购双方谈判的基础上出具一套并购协议草案,然后由并购双方的律师在并购协议草案的基础上,经过多次磋商、讨价还价、反复修改,最后确定并购协议并签约。并购协议主要包括:并购价款和支付方式;陈述与保证条款;并购协议的生效条件、交割条件和支付条件;并购协议的履行条件;资产交割后的步骤和程序;违约赔款条款;税负、并购费用等其他条款。

(四)并购接管与整合阶段

并购协议签订后进入并购接管和后续的并购整合阶段。

1. 并购接管

并购接管主要包括产权界定、产权交割、工商手续变更等环节。一是产权界定。产权是指财产所有权及其相关的占有权、使用权、收益权和处置权等经济权利,产权界定主要包括对所有权的界定、经营权归属的界定和知识产权归属的界定等。二是产权交割。在产权界定之后,并购工作组应及时办理产权交割和过户手续。产权交割主要分为资产并购的产权交割和股权并购的产权交割两种类型,内容主要包括:按照并购协议支付的对价或进行资金结算;双方签署相关的交接法律文件;交付相关的证明材料;办理所有权转移手续。三是工商手续变更。并购工作组及其公司董事会应依据产权界定文件、验资报告和其他政府审批文件,到工商管理部门进行相关变更登记。如果有新的企业产生,新企业还需办理其他手续,例如,变更组织机构代码、税务登记证、基本账户和纳税账户,以及办理税种核定、缴纳印花税、纳税人认定、办税员认定和发票认购手续等。

2. 并购整合

并购整合是指将主并购企业与被并购企业的资源和关系进行系统性的安排,使并购后的企业能够按照并购的目标和战略的要求进行有效的运行,实现"1+1>2"的协同效应。并购后整合一般包括战略整合、文化整合、组织整合、管理整合、业务整合等内容。一是战略整合。战略整合是立足于企业长期发展战略,将被并购企业的经营战略进行调整,并将其纳入并购后企业的总体发展框架,实现战略上的协同效应,形成强大的综合竞争能力。二是文化整合。文化整合是指为防止并购后企业的文化冲突和摩擦,提升企业文化核心竞争力,对来自并购前不同企业的文化进行相互吸收、调整和融合,最后形成一个具有凝聚力的企业新文化。三是组织整合。组织整合是指为保证并购后企业战略目标的实现,对企业的组织架构进行重新设计、对职位的责权利进行重新界定、对企业员工进行重新安排。

四是管理整合。管理整合是指主并购企业将其先进的管理模式、管理思想、管理制度等输入到被并购企业，实现被并购企业的管理变革和创新。五是业务整合。业务整合是指为实现企业资源的优化配置，将并购前企业的采购、研发、生产、营销、财务等业务活动进行调整、协调和联合，实现企业资源的协同效应。

（五）并购绩效评价阶段

并购绩效评价是指在并购后特定的时间区间内，运用定性和定量指标，以及评价模型（如平衡计分卡、层次分析法、数据包络分析法、财务分析法等），对并购后企业的业绩进行客观、准确和公正的评价，衡量企业是否通过并购活动达到了预期的目标，进而监督和控制并购后企业的经营活动，保证企业并购目标的实现，为后续企业的并购提供经验借鉴。并购绩效评价的效果如何，关键在于并购绩效评价指标的设计和并购绩效评价模型的选择是否科学合理。企业并购绩效评价务必从股东价值最大化、企业利益相关者的利益最大化和社会价值最大化目标出发设计评价指标和模型。

五、企业并购风险与防范

并购是一种高风险的战略行动，并购双方并非总是能够达到预期目的，在企业并购过程中主要存在并购战略决策风险、并购财务风险和并购整合风险，如果企业并购风险能够得到有效控制，被并购企业能够被及早地纳入到公司战略布局，减少分歧、摩擦、冲突和内耗，就能增加并购双方的协同效应，尽快实现并购的预期目标。

（一）并购风险

从企业并购的过程来看，企业并购风险主要包括战略决策风险、财务风险和整合风险。

1. 并购战略决策风险

企业并购战略决策是企业并购的起点，主要涉及并购的对象、方式和时机等内容，企业并购战略决策是否科学合理，将影响其后续的并购成败。在现实中，往往存在与企业价值最大化相背离的并购决策行为。一是并购决策经理人的自利行为。在"两权分离"（即所有权与经营权分离）的现代公司，经理人与股东利益和目标不一致，具有企业资源配置权和战略决策权的经理人会利用自身的信息优势，通过并购活动来构建庞大的"企业帝国"以实现自身利益最大化，而不是公司价值最大化。二是并购决策经理人的非理性行为。在并购过程中，以前成功的经理人往往存在过度自信，高估并购成功概率，低估并购风险的"狂妄自大"非理性行为，陷入"成功者陷阱"，导致并购失败。

2. 并购财务风险

并购财务风险是指并购过程中涉及的各项财务活动所引发的企业财务状况恶化风险。企业并购财务风险主要包括目标企业估值风险、并购融资风险和并购支付风险。一是目标企业估值风险。目标企业估值是否合理影响企业并购的成败，由于并购双方信息不对称，主并购企业对目标企业的估值很难取得准确的估值资料，被并购企业通常会对其财务报表进行粉饰，进而放大企业财务风险。二是并购融资风险。融资风险主要是指主并购企业筹集资金的方式、结构、金额、期限和成本等的不合理，使企业陷入财务困境所引发的财务风险。三是并购支付风险，主要是指主并购企业选择不合理的支付方式或支付组合所引起的财务风险。

3. 并购整合风险

并购整合风险是指并购后对被并购企业的人力、技术、市场和文化等有形和无形资源整合不当所引发的风险。其中，整合风险最关键的是企业文化整合风险和人力资源整合风险。企业文化整合风险是指并购双方的企业文化难以融合引发的冲突和摩擦风险，由于被并购企业的文化不会因为并购后立即消失，而会长期影响被并购企业的员工心理和行为，文化的冲突和摩擦削弱了并购后企业的协同效应，尤其是跨国并购的很多失败案例是因为并购双方文化差异引起的，例如，上海汽车集团并购韩国双龙汽车、明基收购西门子手机业务失败的主要原因就是文化冲突。人力资源整合风险是指主并购企业对被并购企业人力资源安排不当，导致被并购企业的管理、技术等核心人才流失的风险。例如，据媒体报道，自从联想收购 IBM 全球 PC 业务以后，IBM 全球 PC 业务大中华团队有超过三成的二线主管选择了离开。

（二）并购风险防范

1. 并购战略决策的风险防范

为防范并购战略决策风险，企业务必防范经理人的自利行为和"狂妄自大"的非理性行为。一是防范经理人的自利行为。为防范经理人的自利行为引发的并购战略决策风险，企业需要设计科学、合理和有效的公司治理机制。从公司内部治理来看，要充分发挥股东和董事会对经理人自利行为的监督和制衡作用，以及对经理人的薪酬激励作用。例如，提高独立董事的"独立性"，发挥独立董事的监督作用；给予经理人股权激励，提高经理人的自我约束作用。二是防范经理人"狂妄自大"的非理性行为。企业要制定科学的并购决策制度、决策程序，以及评价和奖惩制度，约束经理人"狂妄自大"的非理性并购行为。

2. 并购财务的风险防范

为降低企业并购财务风险需要对目标企业估值风险、并购融资风险和并购支付风险等方面加以防范。一是目标企业估值风险防范。首先，对目标企业的经营发展战略、管理体系、人才结构、创新能力、市场竞争力和财务状况等信息进行全面系统的收集、整理和分析；其次，对目标企业进行详细的尽职调查，谨防目标企业欺诈，充分关注目标企业的财务报告风险、资产风险、或负债风险、劳动责任风险、环境责任风险、诉讼风险等；最后，运用多种企业估值方法从不同维度对目标企业价值进行全方位的估价。二是并购融资和支付风险防范。并购资金来源主要有内源融资和外源融资，外源融资主要有负债融资和股权融资。与股权融资相比，内源融资成本较低，主要靠企业自身内部积累，但金额有限；负债融资虽然筹资成本较低，但是财务风险较高；股权融资虽然没有财务压力但是容易稀释股东控制权。主并购企业要充分考虑自身的财务状况、筹资能力、现金流能力、偿债能力和风险承担能力，通过权衡不同筹资方式的期限、成本和风险等的利弊，选择灵活多样的融资方式和支付组合,在保持控股股东控制权,以及企业能够承担并购成本和财务风险的前提下,实现企业并购目标。

3. 并购整合的风险防范

降低企业整合风险关键是对企业文化整合和人力资源整合的风险加以防范,如果企业文化整合和人力资源整合的风险得到有效的控制,并购双方在战略、组织、管理和业务等方面的整合就相对比较容易,这些整合仅仅是技术上的问题。一是企业文化整合风险防范。企业文化整合要看并购是国内并购,还是跨国并购,国内并购的文化整合相对比较简单,主要将并购双方企业的优秀文化加以融合和推广,甚至是主并购企业将自己企业的文化在被并购企业进行强制推行,但是跨国并购比较复杂,从全球范围看,大约61%的并购以失败告终,在导致并购失败的决定因素中,文化冲突居首位。为有效防范跨国并购风险,首先,是认清跨国并购的复杂性,坚持"求同存异"的原则。跨国并购涉及如何在组织层面实现国别文化、民族文化和企业组织文化等多个层次的融合,应在"求同存异"原则的基础上,加强并购双方人员的沟通和交流,实现文化的认同和融合。其次,是制定文化整合的可行方案。在文化整合之前要做好事前的周密准备,做好充分的调查分析,在对并购双方文化差异清晰认识的基础上,制定文化整合的可行方案。最后,跨国并购需要实施本土文化战略,融入东道国文化,尽可能吸收合作方的先进文化,不能盲目地推行"文化强势"。二是人力资源整合风险的防范。企业并购的战略意义不仅在于获取目标企业的业务、关键技术和市场占有率,更重要的是获得目标企业的高级技术人才和管理人才,并购后企业是否拥有被并购企业的优质人力资源事关并购的成败。要防止被并购企业人才的流失,企业就要增强被并购企业员工对企业愿景、目标、战略和文化认同,提供一个公平的晋升机制和具有竞争力的薪酬激励机制。

第二节 企业重组

一、企业重组的概念

企业重组也称为企业改组、企业重构和战略性重组等。自从20世纪80年代美国开始掀起以剥离为主的公司重组浪潮之后,关于企业重组的界定一直是学术界关注和争论的热点问题,随着企业重组实践的发展,企业重组的内涵和外延不断丰富和扩大。从管理学视角来看,企业重组是指企业进行一系列范围广泛的交易和行为,伴随着资产、资本和管理的变化,主要包括业务重组、债务重组和组织重组等。其中,业务重组是指通过剥离、出售和分立企业的非核心业务或并购新业务,以重新构造企业新的业务组合;债务重组是指公司债务结构的显著变化;组织重组是指公司通过组织结构变革提高管理效率和效果。从业务重组视角来看,企业重组是为提高公司整体质量和获利能力,通过各种途径对企业内部和外部业务进行重新整合的行为。从财务管理视角来看,企业重组是指与资产组成、负债、权益模式以及具有相关的战略和政策上的重要变化,并提出企业重组的一般框架:①资产和所有者权益重组；②金融债权重组；③其他战略。还有学者认为资产重组是对企业资源的重新组合，包括对人、财、物的重新组合。

由于企业重组是一项比较复杂的活动，其概念界定至今尚未达成一致性结论。基于以前研究，企业重组可定义为企业为适应内外环境的变化，在企业发展战略的指导下，以企业的业务重组和组织变革为载体，通过产权交易或契约安排，对企业内部资源进行优化，或对企业内外资源进行整合，实现企业组织与外部环境的最佳动态匹配，有效防范企业风险，持续提升企业竞争能力和价值创造能力的战略行为。

二、企业重组的分类

（一）按照企业重组的方式划分

按照企业重组的方式划分，企业重组分为资本扩张、资本收缩和资本重整三种方式。

1. 资本扩张

企业通常主要采用并购、上市和合资等方式实现资本扩张。

（1）并购。并购包括兼并和收购，兼并是指两家或两家以上企业合并成为一家新企业，以前所有企业的法人身份被注销，由多法人主体变为一个新的法人主体的行为；收购是指一家企业以现金、有价证券等方式购买另一家企业的部分或全部股权，从而获得对被收购企业的控制权，但被收购企业法人身份依然保留的行为。

（2）上市。上市是指企业通过股份制改组，在符合一定的上市条件基础上，履行一定上市程序后，成为上市公司，吸纳社会资本，实现企业资本扩张。企业上市不仅能够拓展企业融资渠道，提升企业声誉，而且能够通过上市扩股增加其控制资本的总量。

（3）合资。合资是指多个法人实体通过共同投资组建一个企业法人实体，共同出资、共同经营、共负盈亏、共担风险是合资的主要特征。企业通过合资能够整合不同企业的优势资源，弥补自身资源的不足，实现企业发展目标。

2. 资本收缩

企业通常主要采用资产剥离、公司分立、分拆上市、股票回购等方式进行资本收缩。

（1）资产剥离。资产剥离是指企业将其现有的某些子公司、部门、产品生产线、固定资产等出售给其他公司，并取得现金或有价证券的回报。剥离不是企业经营失败的标志，而是企业发展战略的合理调整。通过剥离不适于企业长期战略、没有成长潜力的子公司、部门、产品生产线、固定资产等，可以使企业资源聚焦，提升企业资源配置效率、企业资产的质量和市场价值，以及提升企业竞争力。

（2）公司分立。公司分立是指一家公司依照公司法有关规定，通过股东会决议分成两个及以上公司的行为。公司分立前的债务按所达成的协议由分立后的公司承担。公司分立包括存续分立和解散分立。存续分立是指一个公司分离成两个以上公司，原公司继续存在，并设立一个以上新的公司；解散分立是指一个公司分散为两个以上公司，原公司解散并设立两个以上新的公司。

（3）分拆上市。分拆上市是指将企业部分业务从母公司中独立出来，按比例分配给现有母公司的股东，并单独在资本市场上市的行为。分拆上市有广义和狭义之分。广义的分拆上市是指已上市公司或者未上市公司将部分业务从母公司业务中独立出来并单独上市；狭义的分拆上市仅指已上市公司将其部分业务从母公司业务中独立出来并单独上市。子公司分拆上市成功后，母公司将获得超额的投资收益，获得股权二次溢价，拓宽融资渠道，获得更广阔的发展空间，增加企业业绩。

（4）股票回购。股票回购是指上市公司以现金等方式，从股票市场上购回本公司发行在外的一定数额的股票行为。按照股票回购的地点不同，可分为场内公开收购和场外协议收购两种。场内公开收购是指上市公司通过公开的股票交易市场（二级市场）回购股票的一种方式；场外协议收购是指股票发行企业通过在店头市场协商来回购股票的一种方式。公司在股票回购完成后可以将所回购的股票注销或留作员工激励的"库藏股"。股票回购能够抑制股价暴跌，刺激股价回升；维持控制权，防止被并购；激励员工，防止人才流失；借债回购股票，优化资本结构。

3. 资本重整

资本重整主要包括改组改制、资产置换、管理层收购、员工持股基金等方式。

（1）改组改制。改组改制是指企业进行股份制改造的过程。根据《股份制试点办法》和《公司法》，我国企业实行股份制主要有两条途径：一条是新组建股份制企业；另一条是将现有企业有选择地改造为股份制公司。据此，按公司设立时发起人出资方式不同，分为新设设立和改建设立。新设设立方式中按其设立的方式不同，又可分为发起设立和募集设立两种。

（2）资产置换。资产置换一般可以通过股权置换来实现资产置换。股权置换是指控股公司将其持有股份的一部分与另一公司的部分股份按一定比例对换，使本来没有任何联系的两个公司成为一个以资本为纽带的紧密联系的企业集团。

（3）管理层收购。管理层收购是指目标公司的管理层利用借贷所融资本购买本公司的股份，从而改变本公司所有者结构、控制权结构和资产结构，进而达到重组本公司目的并获得预期收益的一种收购行为，管理层收购属于杠杆收购的一种。

（4）员工持股基金。员工持股基金从本质上讲是一种股票投资信托，所投资的是雇主公司的股票。而投资的付款方式可以是现金也可以是其他公司的股票，公司的职工通过获得的股息分享公司效益增长的成果。

（二）按照企业重组的业务关联性划分

按照重组业务关联性，企业重组可分为横向重组、纵向重组和混合重组三种方式。

1. 横向重组

横向重组又称专业化重组，是指企业运用内外资源对产业链中处于同一地位的业务活动进行重组，其中横向并购属于横向重组的范畴。横向重组能够增加企业可利用的资源，实现财务协同、技术协同和管理协同，扩大企业规模，提高服务质量，降低生产和服务的边际成本，形成规模经济。

2. 纵向重组

纵向重组也称产业链重组，是指运用内外资源对产业链上下游的业务活动进行重组，其中，企业纵向并购属于纵向重组的范畴。纵向重组使处于产品生产流通不同阶段的企业业务活动合并为一家企业，纵向重组是企业外部交易内化为企业内部的交易，不仅能够降低企业外部交易成本，而且能够控制供应链上下游，防止上下游波动带来的冲击，有利于企业的稳定发展。

3. 混合重组

混合重组指运用内外资源对处于不同产业链的业务活动进行重组，其中混合并购属于混合重组的范畴。混合重组能够使企业快速进入新的产业领域，实现企业战略转型；扩大经营范围，实现范围经济；通过多元化经营，分散企业风险等。

（三）按照重组对企业财务的影响划分

按照对企业财务的影响划分，企业重组分资产重组、债权重组和股权重组三种方式。

1. 资产重组

资产重组是指企业资产的拥有者、控制者与企业外部的经济主体进行的，对企业资产的分布状态进行重新组合、调整和配置的过程，或对设在企业资产上的权利进行重新配置的过程。

2. 债务重组

债务重组是指对企业的债权债务进行处理，并且涉及债权债务关系调整的重组方式。债务重组主要是为解决企业财务困境，对企业债务进行整合优化的过程。

3. 股权重组

股权重组是指以企业财产所有权为基础的一切权利的变动与重组。它既可以是终极所有权（出资者所有权）的转让，也可以是经营使用权的让渡；产权转让的对象既可以是整体产权，也可以是部分产权。

三、资产重组

（一）资产重组概念

资产重组的定义有广义和狭义之分，广义的资产重组是指通过不同法人主体的法人财产、出资人所有权及其债权进行符合资本最大增值目的的相互调整与改变，对实体资本、金融资本、产权资本和无形资本的重新调整。狭义资产重组是指企业确定合理的资产结构，在保证资产一定的流动性、盈利性和安全性的基础上，配置合理的流动资产、固定资产和长期资产的结构。本部分主要借鉴狭义资产重组的概念，从财务管理视角，强调资产重组是在产权交易或契约安排下，以企业业务重组和组织变革为载体，对企业流动资产、固定资产、研发资产、无形资产和其他长期资产的内容和结构进行调整，实现企业资产的优化配置，以提升企业创新能力、可持续获利能力和价值创造能力。

（二）资产重组的作用

1. 剥离非盈利资产，聚焦盈利主业

以经营业务为载体的企业资产是创造企业价值的重要源泉，企业资产创造价值的能力一般遵循 2:8 原则，即仅有部分经营业务的资产能够给企业带来盈利，而大部分经营业务资产并不能给企业带来价值，通过剥离非盈利经营业务的资产，使企业聚焦主业，促进企业业绩稳定增长。

2. 集中优势资源，实施企业战略布局

大的企业集团常常面临多元化的规模经济困境，尤其是集团下属公司业务交叉重复，导致资源浪费，可对不同业务板块的资产进行专业化整合，集中优势资源，提升企业创新能力和核心竞争能力，实现企业战略目标。

3. 通过多元化拓展，进军新的业务领域

企业在发展过程中常常会遇到新的发展机会，企业可以通过多元化投资活动，进军新的业务领域，获取稀缺资源，抢占先机，不仅能够分散企业经营风险，而且能够实现企业范围经济。

四、债务重组

随着企业竞争日趋激烈，由于多种原因，企业难免会陷入财务困境，导致现金流不足，资金周转不灵，不能偿还到期债务。当企业不能偿还到期债务时，债权人通常采用两种途径收回债权：一是通过经债权人与债务人协商，或通过法院裁定，债权人做出让步，减轻债务人负担，使债务人渡过难关；二是债权人通过法律程序要求债务人破产清算，以清偿其到期债务。对于暂时陷入财务困境，但业绩较好，仍有发展前景的企业，债务重组常常是解决企业债务问题的重要途径，是企业摆脱财务困境，实现涅槃重生的重要手段。

（一）债务重组的概念

根据《企业会计准则第 12 号——债务重组》，债务重组是指在不改变交易对手方的情况下，经债权人和债务人协定或法院裁定，就清偿债务的时间、金额或方式等重新达成协议的交易。

（二）债务重组的意义

债务重组对债权人、债务人和投资者均产生重要影响。

1. 对债权人的意义

债务重组体现为双方当事人之间的谈判与协商活动，虽然法律干预程度较低，但是仍体现法律对缔约过程所要求的平等、自愿、互利原则，虽然债务重组使债权人做出一些让步，债权人损失一部分债权，但是与破产清算相比，债务重组能够使债权人的损失降到最低，债权人仍能够获得大部分债权，而且能够加快债权人债权的回收。

2. 对债务人的意义

债务重组的债务豁免和削减债务，以及修改其他债务条件，能够减轻债务人的债务负担，降低债务人的资产负债率，优化企业资本结构，使债务人获得债务重组收益，降低债务人的财务风险。尤其对高负债企业，通过债务重组能够降低企业的负债比率和财务风险，提高企业的支付能力。

3. 对投资人的意义

债务重组无论是对债务企业的所有者，还是债务企业的潜在投资者均产生重要影响。对现有的企业所有者，债务重组能够优化企业资本结构，降低企业风险，增加企业收益，不仅降低了现有企业所有者的风险，增加了所有者的收益，而且能够增强潜在投资者的信心。

（三）债务重组的方式

债务重组主要有债务转移、多方债权债务互抵、债务豁免、债务减免、以资产清偿债务、债务转为资本、修改其他债务条件等方式，在大部分债务重组采用多种方式的组合。

1. 债务转移

债务转移是指债务企业将其对债权人的负债转给第三方承担的行为。其中，第三方一般是指负债企业的关联企业或者有意对负债企业进行重组的其他企业。该第三方愿意出资购买债权，并由其承接对债务企业的债权。作为购买债权的对价，第三方可以以现金、实物、有价证券或其他财产权利向债权人进行支付。根据我国《合同法》有关债务转移和债权转让的规定，债务企业转移债务时，应当经债权人同意，在进行债务转移时，与主债务有关的从债务与主债务应一同转让，但该从债务专属于原债务人自身的除外。

扩展阅读 11.6

债务重组案例

2. 多方债权债务互抵

多方债权债务互抵是指债务人、债权人和第三方的债权债务互抵进行债务重组，其前提是债务人、债权人和第三方彼此之间存在债权债务关系，而且三方需要签订"三方抵账协议"。

3. 债务豁免

债务豁免又称债务免除，是指债权人放弃债权而免除债务人偿还义务的行为。在债务重组实践中，资金雄厚的关联企业或债务重组行动发起方，通常会采取先购买债权人对债务企业的债权然后予以豁免的操作方法。

4. 债务减免

债务减免是指减免债务人部分债务，债务人只需偿还剩余部分债务的契约安排。债务减免一般在企业资不抵债时较常采用，债务减免一般要求所有债权人必须接受获得部分偿还而放弃债务全额求偿权的做法。债务减免目的是帮助债务人渡过难关，避免债权人遭受更大损失，企业一旦破产，债权人只能收回部分债权，甚至完全收不回任何债权。

5. 以资产清偿债务

以资产清偿债务是指债务人转让其资产给债权人以清偿债务的行为。债务人通常用于清偿债务的资产主要有现金、金融资产、无形资产、存货、固定资产等。如果负债企业无法以货币资金支付有关债务，可以与债权人协商以非现金资产清偿债务，非现金资产既可以是存货、固定资产等实物资产，也可以是知识产权、债权、股权、资产使用权等财产权利。实践中，处于债务困境的企业往往存在非运营资产，如果能将这部分资产剥离出来，并用于抵偿债务，则可以在实现资本结构调整的同时进行资产结构的优化。

6. 债务转为资本

债务转为资本也称债务资本化，通常称为"债转股"，是指债务人将其债务转为资本，债权人将债权转为股权的债务重组方式。但债务人根据转换协议，将可转换公司债券转为资本的，则属于正常情况下的债务资本，不能作为债务重组处理。

7. 修改其他债务条件

企业间的债务一般都是根据合同产生的，当一方因故不能履行合同约定的偿还债务的条款时，可与对方协商变更合同，修改其他债务条件。修改其他债务条件主要包括降低本金、免除利息、降低利率、延长期限等。

五、股权重组

（一）股权重组的概念

股权重组又称产权重组，是指为实施企业发展战略目标，通过企业产权的扩张、收缩和优化等方式，对企业股权的数量、结构和分布进行重新配置的过程。股权重组的目的是激励核心成员、完善公司治理、提升资源质量和实施战略布局等；股权重组主要涉及公司股权数量、股权结构、股权分布等变化。股权重组可以通过股权扩张、股权收缩和股权优化三种形式来完成。

（二）股权重组的方式

1. 股权扩张

股权扩张是指在公司发展战略的指导下，为增强公司核心业务的竞争力和控制权，母公司通过对子公司追加投资或购买其他股东的股权而进行的股权重组行为。

扩展阅读 11.7

股权重组案例

2. 股权收缩

股权收缩是指在公司发展战略的指导下，为加快投资收回，优化资产结构，进军新的业务领域或增强核心业务领域提供资金支持，公司将其拥有的部分或全部股权出售或转让的股权重组行为。

3. 股权优化

股权优化是在公司战略的指导下，为应对外部环境的变化和竞争者挑战，实施企业高管及核心成员的股权激励，母公司对其子公司或孙公司所有拥有的股权数量、股权结构、股权分布进行重新安排，以及通过股票回购落实员工股权激励的股权重组行为。

第三节 企业财务危机预警与防范

一、财务危机的内涵

财务危机又称为财务困境。在《现代汉语词典》中,"危机"有三种含义:一是指潜在的祸害或危险;二是指严重困难的关头;三是指危险的机关。"财务危机"中的"危机"应取第二个意思,财务危机是指企业财务上处于严重困难的关头或状态。关于财务危机的界定,国内外学者有多种观点:比弗(Beaver)认为财务危机包括破产、拖欠优先股股利、拖欠债务,艾特曼(Altman)认为进入法定破产的企业是财务危机企业,迪肯(Deakin)认为财务危机包括无偿债能力、倒闭或者为了债权人利益而清算,卡迈克尔(Carmiehael)认为财务危机使企业履行义务时受阻,主要包括流动性不足、权益不足、债务拖欠及流动资金不足四种形式;谷祺与刘淑莲将财务危机定义为企业无力支付到期债务或费用的一种经济现象;吕峻将企业经营现金净流量不足以支付利息支出作为公司陷入财务危机的标志。罗斯(Ross)等从技术失败、会计失败、企业失败和法定破产四个方面,比较全面地概括了企业财务危机,其中技术失败是指企业无法按期履行债务合约;会计失败是指企业账面净资产出现负数,资不抵债;企业失败是指企业清算后仍无力偿还到期债务;法定破产是指企业或者债权人由于债务人无法到期履行债务合同,并成持续状态时,向法院申请破产。

基于上述观点,财务危机是指经营管理不善导致企业年年亏损和资不抵债,理财环境变化导致企业筹资能力下降和资金链断裂,以及理财不善导致企业现金流量不足等问题,使企业不能及时清偿到期债务,可能引发企业破产的危险状况。

二、财务危机的成因

企业陷入财务危机的原因主要包括企业外部因素和内部因素。

(一)企业外部因素

虽然企业不能偿还到期债务是引发企业财务危机的直接原因,但是外部环境因素的变化可能是导致企业不能偿还到期债务的潜在原因。企业的财务状况和经营业绩受到企业外部经济、政治、法律、文化和科技等诸多理财环境的影响,其中最为关键的影响因素如下。

1. 经济周期的影响

经济周期也称商业周期、景气循环,是指经济活动沿着经济发展的总体趋势所经历的有规律的扩张和收缩,一个经济周期一般分为繁荣、衰退、萧条和复苏四个阶段。在现代经济中,经济周期是常见的经济现象。一个企业生产经营状况的好坏往往受到经济周期波动的影响和冲击,尤其在经济周期的衰退和萧条阶段,购买力下降,产品大量积压、信用关系严重破坏,往往会引发企业的财务危机。

2. 产业政策的变化

产业政策是政府为了实现一定的经济和社会目标而对产业的形成和发展进行干预的各种政策的总和，是国家制定的、引导产业发展方向、推动产业结构升级、调整产业结构、使国民经济健康可持续发展的政策。例如，为全面贯彻落实科学发展观，应对国际金融危机的影响，保持经济平稳较快发展的重要任务，2010年4月《国务院关于进一步加强淘汰落后产能工作的通知》要求，各地区、各部门要切实把淘汰落后产能，大力推进产业结构调整和优化升级。如果企业发展不符合国家产业政策，往往会遭受国家产业政策调整的负面影响，进而引发企业财务危机。

3. 金融政策的调整

金融政策是中央银行所采取的货币与信用政策的统称。金融政策主要包括货币政策、利率政策和汇率政策三大政策。货币政策工具包括法定存款准备金、贴现率、公开市场业务等，货币政策的实质是国家对货币的供应根据不同时期的经济发展情况而采取"紧""松"或"适度"等不同的政策趋向，进而实现经济增长、物价稳定、充分就业和国际收支平衡。利率政策是中央银行调整社会资本流通的手段，调节社会资本的流量和流向，从而导致产品结构、产业结构和整个经济结构的变化；可以用于刺激和约束企业的筹资行为，促进企业合理筹资，提高资本的使用效益。汇率政策对于国际贸易和国际资本的流动具有重要的影响。其中，货币的紧缩政策可能导致企业资金链断裂风险，贷款利率的上升可能导致企业筹资成本的增加，汇率的变化可能导致企业巨额的外汇损失等，均可能引发企业财务危机。

4. 科技革命的冲击

科技革命是对科学技术进行全面的、根本性变革。当前人类正面临以大数据、5G技术、人工智能、物联网等为核心新科技革命浪潮的冲击，新科技革命正在推动产业变革，新的产业不断涌现，传统产业将面临重新洗牌，如果企业产品技术或生产技术不能适应新技术变革要求，可能导致企业产品被淘汰，进而引发企业财务危机。

（二）企业内部因素

外因是条件，内因是根本。虽然外部原因会给企业带来财务危机，但是内部原因是企业财务危机形成的根本原因。

1. 管理制度不健全

如果企业管理制度不健全，缺乏有效的监督激励机制，容易造成人才流失，人浮于事，工作效率低下；企业组织结构不合理，容易导致人员安排不当，责、权、利划分不清，信息沟通不畅，内耗不断；财务管理制度不健全，容易造成财务漏洞，资金安全性无法得到保证；内部控制制度不健全势必造成企业决策失误、经营秩序混乱、管理失效、抗风险能力差、市场竞争力削弱等问题，从而引发企业财务危机。

2. 战略决策失误

在企业投资、筹资和盈利分配的财务战略决策过程中，由于决策失误往往会直接引发企业财务危机。在投资战略决策中，正确的投资战略决策可以降低企业风险，增加企业盈利；错误的投资战略决策可能会给企业带来灾难性的损失，其中最常见的是在没有考虑企业自身消化能力和风险承担能力的条件下,盲目扩张、盲目多元化和盲目并购等。在筹资战略决策中,当企业资金中的债务和权益资金比例不恰当,会造成企业资本结构不合理。如果企业举债规模过大,会导致企业财务负担过重,偿付能力严重不足,从而引发财务危机。在收益分配决策中,如果对企业利润的分配脱离企业实际情况,必将影响企业的增长机会和发展潜力,进而影响企业的盈利能力,盈利能力不足可能引发财务危机。

3. 核心竞争力丧失

核心竞争力是一个企业能够长期获得竞争优势的能力,是现代企业生存和发展的决定性因素,是取胜于竞争对手的能力的集合。如果企业丧失核心竞争力,将会使企业的市场竞争力逐渐削弱,进而出现销售收入持续减少、销售成本不断上升等问题,导致经营利润呈现负增长或连年亏损,从而引发现金流量持续减少,自有资本不断被吞蚀,最终企业会因资不抵债而走向破产的境地。

二、财务危机的征兆

财务危机征兆是指企业的财务状况和经营成果在陷入财务危机之前不同于正常经营企业的各种特征。美国危机管理专家芬克(Fink)将危机发展分为潜伏期、爆发期、慢性化期和解决期四个阶段。财务危机发生是一系列潜在因素长期作用的结果,在财务危机爆发之前,企业的财务安全状态往往会出现一些明显的征兆,财务管理人员可以通过财务安全状态的征兆来判断企业是否濒临或陷入财务危机,及早采取措施避免财务状况进一步恶化和财务危机的爆发。判断企业财务安全状态的方法主要有四阶段判断法和财务报表判断法。

(一)四阶段判断法

财务安全的四阶段判断法主要有汉布瑞克(Hambrick)和阿韦尼(Aveni)的"四阶段模型"和周首华"四阶段症状"判断法。

1. 汉布瑞克和阿韦尼的"四阶段模型"判断法

汉布瑞克和阿韦尼将企业的财务安全状态划分为四个阶段。第一阶段:不利的开端。其特征是企业负债较高、营运资金较少、绩效不佳等。第二阶段:早期伤害。其特征是企业负债、营运资金、绩效的持续下降。第三阶段:边际生存。其特征是企业的经营绩效只达到盈亏平衡。第四阶段:死亡挣扎。其特征是企业负债、营运资金、绩效迅速恶化,导致破产或清算。

"四阶段模型"判断法认为财务危机的形成是一个动态过程,这个过程的起点是企业负债较高、营运资金较少、绩效不佳等财务问题;如果企业不能及时采取有效措施纠正上述问题,将会出现负债、营运资金、绩效的持续下降,进而出现企业的经营绩效只达到盈亏平衡,最后导致企业负债、营运资金、绩效迅速恶化,甚至破产或清算。

2. 周首华"四阶段症状"判断法

周首华将企业的财务危机状态划分为四个阶段。

第一阶段:财务风险潜伏期。其特征是企业盲目扩张,市场营销无效,疏于风险管理,缺乏有效的管理制度，资源分配不当，无视环境的重大变化。

第二阶段：财务风险发作期。其特征是企业自有资本不足，过分依赖外部资金，利息负担重，缺乏会计的预警作用，债务拖延偿付。

第三阶段：财务风险恶化期。其特征是经营者无心经营业务，资金周转困难，债务到期违约无法支付。

第四阶段：财务风险实现期。其特征是负债超过资产，丧失偿付能力，企业宣布倒闭。

"四阶段症状"分析法认为财务危机的形成是一个动态演变的过程，这个过程的起点是企业出现盲目扩张、市场营销无效、管理制度缺乏、资源分配不当等管理问题；企业如果不能及时采取有效措施纠正上述问题，将会出现自有资本不足、过分依赖外部资金、债务到期违约不支付等现象，发展到一定程度就会丧失偿付能力，到达过程的终点，即企业宣布破产。

（二）财务报表判断法

一般来说，财务报表能够综合反映企业一定日期的财务状况和一定时期内的经营成果，因此可以通过财务报表的总体结构和平衡关系的观察，判断企业的财务安全状态。财务危机的财务报表判断法主要包括损益表判断法和资产负债表判断法。

1. 损益表判断法

张承耀以企业损益表为基础，首先根据营业收益、经常收益与当期收益的亏损和盈利情况，将公司财务安全分成从 A～F 等六种类型。然后，运用经营性收益、经常收益、当期收益三个指标来判断企业财务安全状态。其中，

经营收益 = 营业收入 − 营业成本 − 营业税金及附加 − 销售费用 − 管理费用 − 资产减值损失 + 公允价值变动收益 + 投资收益

经常收益 = 经营收益 − 财务费用

当期收益 = 经常收益 + 营业外收入 − 营业外支出

在这六种状态情况之中，F 型的营业收益、经常收益与当期收益都是盈利的，是最正常的情况；A、B 两种情况，由于它们从营业收益开始就已经成为亏损，因此，可以说是已经到了接近破产的边缘。C、D 两种情况，虽然营业收益为盈利，但经常收益为亏损。这一点与 A、B 相比是稍微好一些，但如果这种情况继续下去的话，仍然是有着破产危险的。E 型当期收益是亏损，这通常是由于出现了一时性的损失，如遇到灾害、出售资产的损失等，如果亏损额不是很大的话，那么，问题还不那么严重。不同类型财务状况对应的企业财务安全状态如表 11-1 所示。

表 11-1　不同类型财务状况对应的企业财务安全状态

	A	B	C	D	E	F
经营收益	亏损	亏损	盈利	盈利	盈利	盈利
经常收益	亏损	亏损	亏损	亏损	盈利	盈利
当期收益	亏损	盈利	亏损	盈利	亏损	盈利
征兆	接近破产状态		若状态继续，将导致破产		根据亏损情况而定	正常状态

2. 资产负债表判断法

根据资产负债表平衡关系，如果流动资产除了能够偿还流动负债，还能承担长期债务的利息，此时企业处于正常经营状态；如果流动资产仅能够偿还流动负债，但无法弥补长期债务的利息时，此时企业处于财务危机状态；如果流动资产不能偿还流动负债，此时企业临近破产。王化成等根据资产负债表的平衡关系，将企业财务状况分为X、Y、Z三种类型。X型为正常状态；Y型为企业已经亏损了一部分资本，财务危机有所显现；Z型为企业已经亏损了全部资本和部分负债，临近破产。不同类型对应的安全状态如图11-1所示。

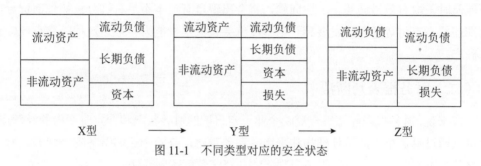

图 11-1　不同类型对应的安全状态

四、财务危机的预警

（一）财务危机预警系统

财务危机预警系统是为化解企业财务危机而建立的一种"预警—报警—排警"的智能化管理系统。即为化解企业财务危机，以财务管理学、风险管理和统计学等理论为基础，以企业外部理财环境和内部经营管理的相关资料为依据，运用定性和定量的分析方法，揭示企业经营面临的潜在危险，分析财务危机产生的原因，挖掘企业财务运营体系中所隐藏的问题，明确告知管理者防范危机的有效措施，并及时提醒管理者提前采取行动的智能化管理系统。财务危机预警系统能实时对公司的生产经营过程和财务状况进行跟踪监控，及时地进行财务预警分析，发现财务状况异常的征兆，并迅速报警，及时采取应变措施，避免或减少损失。

1. 财务危机预警系统的组成

财务危机预警系统主要由指标体系、预警界限、指标安全等级和信号显示四部分构成。

（1）指标体系的构建。建立一套能敏感反映企业财务危机状况的指标体系。

（2）预警界限的确定。确定各指标的预警界限。

（3）指标安全等级的计算。对各指标的取值进行处理，得出相应的安全等级。

（4）信号显示安全情况。用信号显示企业财务安全状态与等级。

2. 财务危机预警系统的作用

财务危机预警系统主要有财务监测、财务诊断、财务治疗和财务保健等四大作用。

（1）财务监测作用。监测、跟踪企业的生产经营过程，将企业生产经营的实际情况同企业预定的目标、计划、标准进行比较，找出偏差，并从中发现产生偏差的原因或存在的问题。

（2）财务诊断作用。它是根据跟踪检测的结果，运用现代企业管理技术、诊断技术对公司营运状况之优劣做出判断，找出公司运行中的弊端及其病根之所在。即分析"警度"，告知"警情"的程度，并使经营者"知其然，更知其所以然"，制定有效措施，阻止财务状况进一步恶化，避免发生严重的财务危机。

（3）财务治疗作用。财务治疗功能是在监测、诊断的基础上，识别病根、对症下药，更正企业营运中的偏差或过失，使企业回到正常运转的轨道。准确来讲，治疗功能并非财务预警系统的本质功能。但是，一个有效的预警系统不仅应该能够找出企业的"症结"所在，而且应该能够提出改进方案和应对措施。

（4）财务保健作用。通过财务预警分析，财务预警系统不仅能及时回避现存的财务危机，而且能通过系统详细地记录其发生缘由、解决措施、处理结果，并及时提出改进意见，弥补公司现有财务管理及经营中的缺陷，完善财务预警系统，从而提供未来类似情况的前车之鉴，更能从根本上消除隐患即"防警"。

（二）财务危机预警模型

在财务危机预警系统的构建中，财务危机预警模型是关键。财务危机预警模型最早起始于20世纪30年代的西方经济学界。经过了学者们多年的不断努力，财务预警模型日趋完善，先后出现了用于财务风险预警的单变量模型、多元变量模型、线性概率分析、逻辑回归分析、人工神经网络模型等。比较常用的和简易操作的模型为单变量模型和多元变量模型。

1. 单变量模型

财务预警研究始于帕特里克（Patrick）提出的单变量破产预测研究。他选取了19家企业作为样本，运用单个财务比率将样本企业划分为破产和非破产两组，最后发现判别能力最高的指标是"净利润/股东权益"和"股东权益/负债"两个指标。之后，西克里特（Secrist）使用简单图表法对财务困境进行了研究。他选用了两个财务指标，比较失败银行和非失败银行不同时期财务指标之间的差异，从而判断银行是否存在财务困境或财务危机。

威廉·比弗（Beaver）运用统计方法建立了单变量破产预测模型，他选取了美国1954—1964年间资产规模相同的经营失败企业和正常经营企业各79家，采取对比研究的方法，分别检验了反映企业不同财务特征的6组30个财务指标在公司破产前1～5年的预测能力，最后发现具有良好预测能力的财务指标依次为：债务保障率、资产收益率以及资产负债率（其中债务现金保障率＝现金流量/债务总额；资产收益率＝净收益/资产总额；资产负债率＝负债总额/资产总额），债务保障率指标的预测准确率最高，离破产日越近，其预见性越准，且在破产前一年的预测正确率高达87%。

单变量模型的最大优点是方法简单，使用方便；其缺点是单变量模型仅使用单个指标进行预测，而忽视了其他指标，难以准确地从不同维度描述企业财务危机的整体状况，总体判别精度不高。

2. 多元变量模型

多元变量模型是一种综合评价企业风险的方法，是将选定的多个财务指标赋以不同参数，将其纳入同一线性组合中的一种财务预警模型，其通用表达式如下：

$$Z = W_1 X_1 + W_2 X_2 + \cdots + W_i X_i \tag{11-1}$$

式中：Z——判别企业财务危机的标准分数；

W_i——各个选定的财务指标参数；

X_i——各个选定的财务指标。

阿特曼（Altman）将多元线性判别方法引入了财务预警研究，此后，多变量分析方法成为财务预警的一种主流分析方法并被广泛采用，各国学者根据阿特曼的思路构建了其他多变量模型，例如，周首华等提出了 F 分数模型，陈洪波提出了 Z 值模型。

1）阿特曼的 Z-Score 模型

阿特曼1968年9月在美国《财经杂志》（*The Journal of Finance*）发表了题为（*Financial Ratios, Discriminant Analysis and the Prediction of Corporate Bankruptcy*）的文章，开创性地建立了以财务比率为基础的预测企业破产的多元变量财务预警模型。该模型运用了五种基本财务比率，通过对这五种财务比率的加权计算，该模型能得出预测企业破产的总的判别分数，称为 Z 值或 Z 分数（Z-Score）。其表达式为：

$$Z = 0.012 X_1 + 0.014 X_2 + 0.033 X_3 + 0.006 X_4 + 0.999 X_5 \tag{11-2}$$

式中：X_1——营运资本/总资本；

X_2——留存收益/总资本；

X_3——息税前利润/总资产；

X_4——股票市价/负债总额；

X_5——销售收入/负债总额。

阿特曼创建的 Z 值模型通过计算同一企业连续多年的 Z 值帮助判断企业是否破产，Z 值越低表示企业发生破产的可能性就越大，具体判断标准如下：

- $Z \leqslant 1.81$：企业已濒临破产边缘，企业财务状况堪忧。
- $1.81 < Z < 2.675$：企业财务状况极不稳定，处于"灰色地带"（gray area）。
- $Z \geqslant 2.675$：企业暂无财务困难，为非破产企业。

阿特曼财务危机预警模型的预测结果表明，破产前两年预测准确率最高，随着时间的延长，预测准确率下降。具体数据如表 11-2 所示。

表 11-2　阿特曼财务危机预警模型预测的企业破产的准确率

企业破产之前的年数	实际破产企业数	正确预测企业数	未正确预测企业数	准确率/%
破产前 1 年	33	31	2	94
破产前 2 年	32	23	9	72
破产前 3 年	29	14	15	48
破产前 4 年	28	8	20	29
破产前 5 年	25	9	16	36

2)周首华等的 F 分数模型

周首华等针对 Z 值模型的缺点,建立了 F 分数模型。周首华等人使用 SPSS-X 统计软件多维差异分析方法,从《华尔街杂志索引》选取 31 家破产公司和与之相对应的从 Compustat 会计数据库同一年度、同一行业的 31 家非破产公司两组相关的财务数据,在阿特曼的 Z 值模型基础上,建立了一个新的多元变量模型,即 F 分数模型,该模型如下:

$$F = -0.1774 + 1.1091X_1 + 0.1074X_2 + 0.9271X_3 + 0.0302X_4 + 0.4961X_5 \tag{11-3}$$

式中:X_1——(期末流动资产 – 期末流动负债)/ 期末总资产;

X_2——期末留存收益 / 期末总资产;

X_3——(税后净利润 + 折旧)/ 平均总负债;

X_4——期末股东权益市场价值 / 期末总负债;

X_5——(税后净利润 + 利息 + 折旧)/ 平均总资产。

F 分数模型以 0.027 4 为临界值,其判断标准为

- 若 $F < 0.027\,4$,企业将被预测为破产企业。
- 若 $F > 0.027\,4$,则将预测企业会继续经营下去。

与阿特曼 Z 值模型相比,F 分数模型的优点在于:一是较 Z 模型,F 分数模型新增了反映企业现金流量能力的指标 X_3 和 X_5。X_3 和 X_5 的含义与前述的 Z 值模型中的 X_3、X_5 含义不同,X_3 作为一个现金流变量,它是反映企业所产生的全部现金流量可用于偿还企业债务的能力;X_5 作为一个现金流变量,它是反映企业总资产在创造现金流方面的能力,其相对于总资产周转率指标而言,可以更为准确地说明企业是否存在财务危机。二是 F 分数模型的财务预警准确性较高。F 分数模型的财务预警的准确率高达近 70%。

3)多元变量模型的优缺点

(1)多元变量模型的优点。一是由于多元变量模型采用数理统计方法和实证研究方法,其于企业的财务预警结论较之于单变量模型更为准确、科学,避免了主观性;二是多元变量模型于财务指标的选取较为客观,所选定的指标均具有较强的判别能力、财务预警能力,指标间系统性较强;三是多元变量模型的评价标准以临界值为唯一客观、统一的判别标准,因而其客观性、综合性较强。

(2)多元变量模型的缺点。首先,建立多元变量模型所依据的数理统计方法和实证研究方法均有其方法论的假设前提:即设定样本中破产企业和非破产企业两组财务指标数据均呈正态分布,且两组数据的均方差矩阵相等。这样,依据上述假设所构建的多变量模型的有效性、实用性就会受到质疑,并且其预警结论的准确性就会大打折扣。其次,多元变量模型在选取基本财务指标时,往往过于注重其在模型中预警的准确性,忽视了其内在根本的经济意义和财务意义,从而使得模型本身缺乏内在的理论逻辑;最后,多元变量模型预警结论时效过短。有实证研究表明,多元变量模型对临近破产企业预警准确能力为 96%,而对破产企业前一年的企业预警准确能力就下降至 70%,对破产企业前四年的企业预警准确能力仅为 30%,对破产企业前五年的企业预警准确能力甚至还不如威廉·比弗的单变量模型。

五、财务危机的防范

1. 完善企业管理制度

完善企业各项管理制度,健全企业监督和激励机制。尤其要完善财务管理制度和内部控制制度。

(1)完善财务管理制度。首先,加强资产运营管理,提高资金使用效率,增强现金流量,注重企业投资,避免投资失败而导致的资金周转不灵;其次,强化现金管理,尽量使筹资结构合理,不过分依赖负债和借款,以此减少企业资不抵债的可能性;最后,建立财务危机预警系统,对财务危机进行即时监控、检测、识别,防患于未然。

(2)完善的内部控制制度。首先,企业应完善法人治理结构,实行现金流量预算管理,建立健全包括生产经营、应收款项、实物资产、收入、成本费用、筹资、投资、财务风险管理等在内的内部控制制度。其次,加强财务内部控制力度,对企业资金筹集、调度、使用、分配等实行有效控制,防止资金体外循环。对企业各项成本费用支出实施严格的监管,防止舞弊行为;最后,加强对企业内部控制制度的完善性和有效性的评审,保证内部控制制度的贯彻执行,督促企业不断完善内部控制制度。

2. 提高决策科学化水平

财务战略决策的正确与否直接关系到财务管理工作的成败,经验决策和主观决策会使决策失误的可能性大大增加。为防范财务危机,企业必须采用科学的决策方法。在决策过程中,应充分考虑影响决策的种种因素,尽量采用定量计算及分析方法并运用科学的决策模型进行决策。对各种可行方案要认真进行分析评价,从中选择最优决策方案,切忌主观臆断。

3. 提升企业核心竞争力

现代经济是开放的经济,企业之间竞争是在世界范围内的竞争,企业要想牢牢把握竞争的主动权,必须拥有难以被竞争对手复制和模仿的核心竞争能力。在新科技革命浪潮的冲击之下,以及在"双循环"新格局的大背景下,中国企业只有不断加大力度培养员工的学习能力,持续提升获取和整合全球创新资源的能力,才能抢占全球创新高地,更好地满足不同客户的需求,获取创新"垄断租金",增强可持续获利能力和现金流能力,能够有效地应对科技变革以及其他外部环境的变化对企业经营业绩的负面冲击,有效防范企业的财务危机。

第四节 企业破产危机与应对

企业破产是市场竞争优胜劣汰的必然结果,是对企业违约失信行为的处罚和约束,有利于促进社会信用的建立和经济资源的优化配置,但是企业破产是企业退出市场和财务管理主体的消亡,是对债务人毁灭性的打击。当财务危机没有得到有效防范和控制时,企业财务危机将引发企业破产危机,一旦企业进入破产程序,如何利用《破产法》重整与和解程序的最后一道防线，使具有重整价值的企业免遭破产清算而获得重生的机会，以及如何利用《破产法》的清算程序，使没有重整价值的企业依法退出市场，是财务管理人员必备的能力。

一、企业破产的概念

企业破产是指由于外部环境变化、战略选择不当、经营管理不善、财务结构不合理等原因，企业不能清偿到期债务，按照一定的法律程序，采取一定的方式，使其债务得以清偿的经济和法律事件。从经济学视角来看，破产是指在生产经营过程中，由于企业经营状况恶化不能清偿到期债务而被市场竞争淘汰的结果。经济学意义上的破产不仅意味着企业经济实体的解体和终结，而且在财务管理上表现为理财主体的消亡。从法学角度来看，破产是指债务人企业不能清偿到期债务，由法院宣告破产清算，使企业法人资格的丧失和法律主体的消亡。

企业破产可分为技术性破产、事实性破产和法律性破产。技术性破产是指由于财务管理技术的失误，未能到期偿债的现象。技术性破产是以"现金流量"为判断标准，企业虽然仍然具有一定的盈利能力和发展前景，但是由于缺乏流动性，筹资能力不足，现金流不足导致企业无法偿还到期债务。事实性破产是指企业经营管理不善等原因，出现连年亏损或一次性巨亏，导致资不抵债所引起的企业破产。事实性破产是以"资产负债表"为判断标准，企业所有者权益为负，资产小于负债。法律性破产是指债务人因不能偿还到期债务而被法院宣告破产所引起的企业破产。法律性破产是以"人民法院宣告破产"为标准。

狭义上的破产是指法律性破产，即债务人企业不能清偿到期债务，由债务人或债权人申请，人民法院依法宣告企业破产，通过清算债务人财产，公平清偿债权人债权的经济和法律事件。破产的原因是企业不能清偿到期债务，并且资不抵债或者明显缺乏清偿能力。破产的法律特征为：破产是清偿债务的法律手段，破产是以法定事实的存在为前提，破产必须经法院审理和宣告。为规范企业破产程序，公平清理债权债务，保护债权人和债务人的合法权益，维护社会主义市场经济秩序，1986年12月2日第六届全国人民代表大会常务委员会第十八次会议通过了《中华人民共和国企业破产法（试行）》，自1988年11月1日起施行；2006年8月27日第十届全国人民代表大会常务委员会第二十三次会议通过了《中华人民共和国企业破产法》（以下简称《破产法》），自2007年6月1日起施行。《破产法》明确了企业破产的原因、申请人和程序等。新《破产法》第二条规定："企业法人不能清偿到期债务，并且资产不足以清偿全部债务或者明显缺乏清偿能力的，依照本法规定清理债务。企业法人有前款规定情形，或者有明显丧失清偿能力可能的，可以依照本法规定进行重整。"第七条规定："债务人有本法第二条规定的情形，可以向人民法院提出重整、和解或者破产清算申请。债务人不能清偿到期债务，债权人可以向人民法院提出对债务人进行重整或者破产清算的申请。企业法人已解散但未清算或者未清算完毕，资产不足以清偿债务的，依法负有清算责任的人应当向人民法院申请破产清算。"

《破产法》实施的目的不是直接消灭债务企业，而是公平地清理债权债务，保护债权人和债务人的合法权益。《破产法》主要包括重整、和解和清算三个程序，破产重整与破产和解主要为避免财务困境企业因不能到期偿还到期债务而死亡，给仍具有盈利能力和发展前景的企业复苏或重生的机会，所以债务人或债权人申请企业破产并不意味着债务企业直接进入破产清算程序而消亡，主要看债务人企业处于破产程序的哪个阶段，如果债务人企业处于重整或和解阶段，如果重整与和解成功，企业会起死回生。只有债务人企业重整与和解申请未通过，或重整与和解失败，人民法院宣告破产进入清算程序后，才导致企业经济实体终结和法律主体消亡。

二、破产企业财务管理的特征

企业处于破产阶段的财务管理与处于正常经营阶段的财务管理存在显著差异，企业破产财务管理主要具有以下三个特征。

一是破产企业财务管理是一种危机管理。破产企业一般处于财务危机爆发状态，而不是正常经营状态，对于盈利能力强和发展前景好的企业，其财务管理的核心问题是如何利用《破产法》的重整与和解程序这道防线，通过与债权人达成重整协议与和解协议，使债权人给予合理的让步，使企业偿债压力得以缓解，避免直接破产和获得重生。对于没有重整价值的企业，其财务管理的核心问题是如何使企业依法退出市场，尤其对于企业集团来说，当其下属子公司处于财务危机爆发状态时，如果其子公司是一个没有重整价值的"僵尸企业"，可以让其依法退出市场，防止对企业集团整体利益的进一步侵蚀，使企业集团集中精力做大做强主业。

二是破产企业财务管理活动受到限制。与正常企业的财务管理活动相比，破产企业的财务管理活动受控于人民法院指定的管理人，并置于人民法院的监督之下。破产企业在财务预算、财务决策和财务控制诸环节的管理中，必须重视破产管理人的意见。例如，《破产法》第七十三条规定："在重整期间，经债务人申请，人民法院批准，债务人可以在管理人的监督下自行管理财产和营业事务。"

三是破产企业财务状况具有可变性。随着理财环境的改变，破产企业的财务状况会发生变化，而不是固定不变的。例如：债务人与债权人达成破产重整协议与和解协议，以及债权人对债务人的债务减免、利率的降低和债期的延长等；政府出于债务企业对地方经济、就业和未来税收的考虑，可能对债务企业给予直接的资金扶持，以及母公司为拯救其下属子公司给予债务企业一定的资金支持等，均能减轻企业债务偿还压力。引进战略投资者来拯救企业，对企业的业务、财务和管理等进行重组，有利于企业摆脱财务困境。

三、破产重整

（一）破产重整的概念

重整又称"重组""重生"和"司法康复"，是现代破产制度中的一个重要组成部分。破产重整是指对陷入破产危机但仍有转机和重建价值的企业，依据一定的法律程序进行重新整顿和复苏的一系列过程和制度安排。

重整制度是在保护债权人权利的前提下，为了使处于破产危机状态但仍有挽救价值的企业避免破产清算，通过债权人和债务人达成的重整协议和人民法院批准，给债务人一个重生的机会。当企业法人出现不能清偿到期债务的财务危机时，债务人或者债权人可向法院申请破产保护，法院允许债务人继续经营，在继续经营期间，债务人必须提出一个重整计划或重整方案，经债权人会议表决通过和人民法院批准，一旦人民法院批准，重整计划开始生效，避免企业直接进入破产清算，使企业获得重生。

（二）破产重整的程序

企业破产重整程序一般包括六个阶段。

第一阶段：提出重整申请。债务人或者债权人可以向人民法院提出重整申请，重整申请是企业进入重整的开始。《破产法》第七十条规定："债务人或者债权人可以依照本法规定，直接向人民法院申请对债务人进行重整。债权人申请对债务人进行破产清算的，在人民法院受理破产申请后、宣告债务人破产前，债务人或者出资额占债务人注册资本十分之一以上的出资人，可以向人民法院申请重整。"

第二阶段：重整申请的裁定。当收到重整申请后，人民法院要对企业是否重整进行裁定。《破产法》第七十一条规定："人民法院经审查认为重整申请符合本法规定的，应当裁定债务人重整，并予以公告。"

第三阶段：重整计划草案的制定。人民法院允许企业重整后，债务人或管理人需制作重整计划草案，并在规定的时间内向人民法院和债权人会议提交。《破产法》第七十九条规定："债务人或者管理人应当自人民法院裁定债务人重整之日起六个月内，同时向人民法院和债权人会议提交重整计划草案"。"债务人或者管理人未按期提出重整计划草案的，人民法院应当裁定终止重整程序，并宣告债务人破产"。第八十条规定："债务人自行管理财产和营业事务的，由债务人制作重整计划草案。管理人负责管理财产和营业事务的，由管理人制作重整计划草案"。第八十一条规定："重整计划草案应当包括下列内容：（一）债务人的经营方案；（二）债权分类；（三）债权调整方案；（四）债权受偿方案；（五）重整计划的执行期限；（六）重整计划执行的监督期限；（七）有利于债务人重整的其他方案。"

第四阶段：重整计划的表决和批准。人民法院收到重整计划草案后，在规定的时间内召开债权人会议，债权人会议对重整计划草案进行表决，重整计划通过之后，经人民法院审查后批准。《破产法》第八十四条规定："人民法院应当自收到重整计划草案之日起三十日内召开债权人会议，对重整计划草案进行表决。出席会议的同一表决组的债权人过半数同意重整计划草案，并且其所代表的债权额占该组债权总额的三分之二以上的，即为该组通过重整计划草案。"各类债权的债权人参加讨论重整计划草案的债权人会议，依照不同债权分类，分组对重整计划草案进行表决；第八十六条规定："各表决组均通过重整计划草案时，重整计划即为通过""自重整计划通过之日起十日内，债务人或者管理人应当向人民法院提出批准重整计划的申请""人民法院经审查认为符合本法规定的，应当自收到申请之日起三十日内裁定批准"。

第五阶段：重整计划的执行。重整计划表决和批准之后，在重整计划规定的监督期内，在管理人监督之下，由债务人负责执行。《破产法》第八十九条规定："重整计划由债务人负责执行。"第九十条规定："自人民法院裁定批准重整计划之日起，在重整计划规定的监督期内，由管理人监督重整计划的执行。在监督期内，债务人应当向管理人报告重整计划执行情况和债务人财务状况。"第九十一条规定："监督期届满时，管理人应当向人民法院提交监督报告。自监督报告提交之日起，管理人的监督职责终止"。"经管理人申请，人民法院可以裁定延长重整计划执行的监督期限"。

第六阶段：企业重整结束。如果重整计划得以顺利进行，在重整计划执行完毕后，重整程序自应结束。但是《破产法》第九十三条规定："债务人不能执行或者不执行重整计划的，人民法院经管理人或者利害关系人请求，应当裁定终止重整计划的执行，并宣告债务人破产。"随即进入破产清算阶段。

（三）破产重整的意义

破产重整是一种企业拯救措施，使其恢复重生的机会，对于债权人、债务人和社会均具有重要影响。

1. 对债权人的意义

重整作为企业破产前的保护手段，是为了债权人利益的最大化，将债权人权利的实现建立于企业复兴的基础上，能够使债权人获得比在破产清算情况下更为有利的清偿结果。

2. 对债务人的意义

与清算不同，重整的目的是重建企业财务，使企业能够继续营运，向债权人清偿债务，为雇员提供就业，为股东带来回报；通过重整协议的契约安排和执行，消除破产原因，使企业摆脱经济困境和破产危机，获得复兴的机会。

3. 对社会的意义

重整制度的实施使债权人和股东获益之外，也避免职工失业等引发的一系列社会问题，使社会整体受益。

（四）破产重整应注意的事项

对于有重整价值的企业，可以利用《破产法》的重整程序，避免企业直接破产，获得重生的机会，企业要顺利进行重整，务必在以下三个方面加强管理。

1. 要积极向人民法院提出破产重整申请

重整申请是企业进入重整程序的前提，虽然债务人和债权人均可向人民法院申请对债务人进行重整，但是如果不向人民法院提出重整申请，则无法进入重整程序，尤其当债权人申请对债务人进行破产清算时，在人民法院受理破产申请后、宣告债务人破产前，债务人要在这个时间窗口内，向人民法院提出破产重整申请，否则可能丧失重整机会。

2. 要设计能让债权人可接受的重整计划草案

即使人民法院准许企业重整，但是如果企业的重整计划草案得不到债权人的认可，企业重整也将终止，关键是重整计划要能够通过债权人会议，所以企业重整计划草案要在重整的具体措施、债务清偿的期限、履行的担保和清偿债务的条件等方面进行合理设计，使债权人认可。

3. 要按约履行债权人与债务人达成的重整协议

即使债权人会议通过重整协议，如果债务人不能执行或者不执行重整计划的，人民法院经管理人或者利害关系人请求，可裁定终止重整计划的执行，并宣告债务人破产，所以债务人要按约履行重整协议。

四、破产和解

（一）破产和解的概念

破产和解是指为解决企业破产危机，避免企业直接破产清算，依据《破产法》规定，由债务人向人民法院提出和解申请，提交和解协议草案，并且和解协议由债权人会议表决通过，并经人民法院裁定认可，以及企业执行和解协议的一系列过程和制度安排。

破产和解是债务人与债权人通过自愿协商，在相互谅解基础上，解决债权债务的一种方式。破产和解的前提是债权人会议表决通过和解协议，并经人民法院裁定认可。破产和解的主要目的是在保障债权人利益最大化的前提下，解决企业财务危机，预防企业破产，使企业起死回生。和解制度是对债务人的宽容和谅解，拯救债务人旨在最大限度地满足债权人的利益，减少因债务积累给社会带来的不利后果。破产和解的关键核心是在债权人和债务人双方协商的前提下，债权人在减免债务、降低债务利息、延长偿债期限等方面做出适当的妥协和让步，以缓解债务人偿债压力，有利于企业恢复正常经营和起死回生。破产和解的主要特征是以保障债权人利益最大化为前提，以清偿债务与债权妥协相结合，以保护债权人利益与维持债务人资产利益相结合。

（二）破产和解的程序

破产和解的程序一般包括五个阶段。

第一阶段：和解申请的提出。和解申请是破产企业进入和解程序的开始，和解申请只能由债务人提出，而不能由法院依职权做出。《破产法》第九十五条规定："债务人可以依照本法规定，直接向人民法院申请和解；也可以在人民法院受理破产申请后、宣告债务人破产前，向人民法院申请和解。债务人申请和解，应当提出和解协议草案。"

第二阶段：和解申请的裁定。法院在接到和解申请以后，一般在法定期限内，对和解申请进行形式和实质审查，并做出裁定。《破产法》第九十六条规定："人民法院经审查认为和解申请符合本法规定的，应当裁定和解，予以公告，并召集债权人会议讨论和解协议草案。"

第三阶段：和解协议的表决与认可。和解协议需要债权人会议通过和人民法院裁定认可。《破产法》第九十七条规定："债权人会议通过和解协议的决议，由出席会议的有表决权的债权人过半数同意，并且其所代表的债权额占无财产担保债权总额的三分之二以上。"第九十八条规定："债权人会议通过和解协议的，由人民法院裁定认可，终止和解程序，并予以公告。管理人应当向债务人移交财产和营业事务，并向人民法院提交执行职务的报告。"

第四阶段：和解协议执行。和解申请一经法院许可，债权人不得再向法院申请宣告债务人破产，全体债权人必须参加此和解程序。债务人按照债权人会议通过和人民法院裁定认可的和解协议进行执行，对债权人的债务契约进行重新安排，保持企业正常经营，履行债务契约。

第五阶段：和解结束。如果企业如约履行债务契约，和解顺利结束；如果债务人拒绝自行履行和解协议，债权人可请求法院终止和解，宣告其破产。但是《破产法》第九十九条规定："和解协议草案经债权人会议表决未获得通过，或者已经债权人会议通过的和解协议未获得人民法院认可的，人民法院应当裁定终止和解程序，并宣告债务人破产。"即进入破产清算阶段。

（三）破产和解的意义

破产和解主要是在债务人做出一定让步的前提下，通过减轻企业偿债压力，使企业恢复正常经营。破产和解对债权人、债务人和社会均具有一定的意义。

1. 对债权人的意义

破产和解有利于维护债权人的利益，能够使债权人的债权得到更大的保障。对债权人而言，通过破产清算程序处理债务人财产的程序费用高昂，耗费时间和精力巨大，而且债务人一旦遭遇破产清算，其商业信誉即荡然无存，债务人财产面临被廉价拍卖的损失，这些损失最终将转嫁到债权人身上，尤其是无担保的债权人，导致债权人受偿比例降低。相反，破产和解成本较低，债务人财产能够避免无形价值的损耗和廉价拍卖，使债权人的破产和解所得远远高于破产清算所得。

2. 对债务人的意义

破产和解可以给债务人复苏和重生的机会。破产和解不仅能使债务人摆脱因破产宣告而受到的诸多束缚，而且债权人在减免债务、降低利息费用、延长债务期限等方面做出适当的妥协，能够缓解债务人偿债压力，给债务人以喘息之机，为债务人维护或提高其资产价值提供新的机会，有利于企业恢复正常经营、重整旗鼓和东山再起。

3. 对社会的意义

破产和解能够避免因债务人破产清算而引发的连锁反应，有利于整个社会经济秩序的稳定。在现代社会，企业作为社会经济的重要主体，担负着多重社会职能。随着市场经济的发展，市场主体之间的联系越来越密切，相互依存度也越来越高，如果一个市场主体破产，往往会引发整个市场运转发生阻塞和故障，给社会造成无法估量的损失。

（四）重整与和解的共同点和区别

1. 共同点

一是重整与和解均属于强制性的集体程序，即在通过和解协议或重整计划时，表决方面均以多数通过为原则；二是重整与和解的生效均需要通过人民法院批准；三是重整与和解成立的结果都会在客观上使债务人免受破产清算，使债权人受到不同程度的损失等。

2. 区别

和解与重整作为两种相互独立的程序，存在明显差异，主要表现为：一是具体目的不同。和解制度只能消极地避免债务人受破产宣告的影响，而重整的目的在于积极拯救。二是申请人与利害关系人不同。和解申请权只能由债务人申请，债权人不能申请，而重整申请人可以是债务人，也可以是债权人。三是效力范围不同。和解协议经法院认可后，仅对无担保的债权人产生效力，对于有担保的债权人则一般不产生效力，而重整对所有的债权人产生效力。

（五）破产和解应注意的事项

破产和解协议能够缓解债务人偿债压力，有利于企业恢复正常经营，债务人可以利用《破产法》的和解程序，避免企业直接破产，获得东山再起的机会，企业要使和解得到成功，务必在以下三个方面加以管理。

1. 要积极向人民法院提出和解申请

和解申请是企业进入和解程序的前提，尤其在人民法院受理破产申请之后到宣告债务人破产前的时间窗口之内，债务人要积极向人民法院提出和解申请，否则可能丧失和解的机会。

2. 设计债权人可接受的和解协议

即使人民法院通过债务人和解申请，但是如果债权人会议未通过和解协议，则和解失败。和解协议成功的关键是要考虑债权人利益最大化，只有债权人和解让步后的获得大于破产清算后的获得时，和解协议才可能通过债权人会议决议，所以企业要从债权人利益出发，设计能够让债权人接受的和解协议草案。

3. 要按照和解协议规定的条件清偿债务

即使债权人会议通过和解协议，如果债务人不能执行或者不执行和解协议的，人民法院经和解债权人请求，应当裁定终止和解协议的执行，并宣告债务人破产，所以债务人要按约履行和解协议规定的条件清偿债务。

扩展阅读 11.8

涅槃重生：苏州电气集团有限公司破产和解案

五、破产清算

（一）破产清算的概念

破产清算是指人民法院宣告企业破产以后，由清算组接管企业，对企业财产、债权和债务进行全面清查，处理企业未了事宜，收取债权，变卖财产，偿还债务，分配剩余财产，终止经营活动等一系列过程和制度安排。

（二）破产清算的程序

人民法院依法宣告企业破产之后，破产企业进入破产清算程序，破产清算程序一般包括八个阶段。

第一阶段：成立清算组。法院应当自宣告债务企业破产之日起 15 日内成立清算组，接管破产企业。清算组由法院从企业的主管部门、政府有关部门和专业人员中指定，也可以聘请中国注册会计师和律师参加。清算组负责破产财产的保管、清理、估价、处理和分配。清算组应对人民法院负责并报告工作，接受法院的监督。

第二阶段：通知债权人申报债权。清算组应当自成立之日起 10 日内通知债权人，并于 60 日内在报纸上至少公告三次，公告和通知中应当规定第一次债权人会议召开的日期。

第三阶段：召开债权人会议。所有债权人均为债权人会议成员。第一次债权人会议由人民法院召集，应当在债权申请期限届满后 15 日内召开。以后的债权人会议在人民法院或者会议主席认为必要时召开，也可以在清算组或占无财产担保债权总额 1/4 以上的债权人要求时召开。

第四阶段：确认破产财产。破产财产指用以清偿债务的全部财产，主要包括：①宣告破产时破产企业经营管理的全部财产；②破产企业在破产宣告后至破产程式终结前所取得的财产；③应当由破产企业行使的其他财产权利。已作为担保物所担保的债务数额的，超过部分属于破产财产。

第五阶段：确认破产债权。人民法院受理破产申请后，债权人的债权申报期限自人民法院发布受理破产申请公告之日起计算，最短不得少于 30 日，最长不得超过 3 个月，债权人应当在人民法院确定的债权申报期限内向管理人申报债权。破产债权主要包括：①宣告破产前成立的无财产担保的债权和放弃优先受偿权利的有财产担保的债权；②宣告破产时未到期的债权，视为已到期债权，但是应当减去至期日的利息；③宣告破产前成立的有关财产担保的债权，债权人享有就该担保物优先受偿的权利。如果该项债权数额超过担保物的价款的，未受清偿的部分作为破产债权。

第六阶段：拨付破产费用。破产费用指在破产程式中为破产债权人的共同利益而从破产财产中支付的费用，主要包括：①破产案件的诉讼费用；②管理、变价和分配债务人财产的费用；③管理人执行职务的费用、报酬和聘用工作人员的费用。破产费用应当从破产财产中优先拨付。

第七阶段：破产财产清偿顺序。破产财产在优先拨付破产费用后，按照下列顺序清偿。①破产人所欠职工的工资和医疗、伤残补助、抚恤费用，所欠的应当划入职工个人账户的基本养老保险、基本医疗保险费用，以及法律、行政法规规定应当支付给职工的补偿金；②破产人欠缴的除前项规定以外的社会保险费用和破产人所欠税款；③普通破产债权。破产财产不足以清偿同一顺序清偿要求的，按照比例分配。破产企业的董事、监事和高级管理人员的工资按照该企业职工的平均工资计算。

第八阶段：破产清算的结束。经过上述破产清算程序后，清算组应当编制破产清算结束报告，并出具清算期内的各种报表连同各种财务账册，经中国注册会计师验证后，报授权部门审批。经批准后再向工商行政管理部门和税务部门申请办理注销登记并公告公司终止。

（三）破产清算的意义

破产清算是对失信者的一种惩罚，是破产人走向消亡的重要一环，对债权人、债务人和社会均产生影响。

1. 对债权人的意义

破产清算使债权人的债权得到全部或部分清偿，对于没有重整价值的债务企业，及时进行破产清算，能够防止债权人债权受到进一步侵蚀，有利于保护债权人的利益。

2. 对债务人的意义

破产清算是没有重整价值的企业依法退出市场的最后环节，意味着债务企业经济实体的终结、法人资格的灭亡和财务管理主体的消亡。尤其对于企业集团来说，当其下属子公司处于财务危机状态，并且其子公司没有重整价值时，可以依法让其退出市场，从而防止对企业集团整体利益的侵蚀，使企业集团集中精力做大做强主业。

3. 对社会的意义

破产清算是实现市场经济的优胜劣汰机制，发挥"驱逐劣币"的效应，对违约失信行为进行有效制约，促进社会的信用建立；为市场经济资源的优化配置提供了法律保障，使经济资源由低效的破产人企业向高效的债权人企业流动，防止经济资源低效配置。但是破产清算会导致员工失业，引起一定的社会问题。

扩展阅读 11.9
桂林东方时代投资有限公司破产清算案

六、企业破产危机的应对

一旦债权人或债务人向人民法院提出破产申请，并经过人民法院裁定批准后，企业财务危机便恶化为企业破产危机。当企业面临破产危机时，要制定合理的、可行的应急预案和应对策略。

1. 制定应急预案

应急预案的主要内容如下。

（1）确定应对破产危机的目标。破产危机目标主要包括危机企业起死回生目标和让企业死亡目标，以及使企业起死回生的最高目标和最低目标。

（2）成立法律专家、财务专家和谈判专家等组成的危机控制中心。

（3）制定应急措施。应急措施主要包括：一是加强与媒体的沟通，防止媒体宣传对危机的放大效应，引发债权人恐慌；二是加强与债权人联系，争取债权人在解决危机方面的合作；三是寻求政府和战略投资者等的帮助，拓宽应急资金的来源；四是制定与债权人的谈判策略；五是设计企业资产重组和债务重组方案；六是初步设计能够让债权人接受的重整计划与和解协议。

2. 制定应对策略

从企业集团整体利益最大化视角来看，应对企业破产危机的策略主要有两种。

（1）涅槃重生策略。涅槃重生策略是指使陷入破产危机状态的企业为免遭破产清算，获得重生而采取的一系列措施。涅槃重生策略主要针对陷入破产危机但仍有重整价值的企业,虽然企业不能按期偿还债务,但是其产品技术含量高、盈利能力强和发展前景好。可以利用《破产法》重整与和解程序,通过与债权人达成重整协议与和解协议,使债权人给予合理的让步,使破产企业偿债压力得以缓解,恢复正常经营和获得重生。涅槃重生策略能否成功的关键是能否达成债务人可以接受的重整协议与和解协议,以及企业执行重整协议与和解协议的能力。

(2)丢车保帅策略。在下象棋时,丢车保帅是指以丢弃棋子"车"来保护棋子"帅"不被对方吃掉的策略。在应对破产危机时,丢车保帅主要是指企业集团放弃没有重整价值的子公司,来维护集团整体利益最大化。尤其是子公司技术落后、产品缺乏竞争力、年年亏损和资不抵债等没有重整价值的"僵尸企业",可以通过破产清算使其依法退出市场,防止其对企业集团整体利益进一步侵蚀,使企业集团集中精力做大做强主业,实现集团整体战略。丢车保帅策略比较简单,按照《破产法》程序依法破产清算即可。

思 考 题

1. 企业并购的类型有哪些?
2. 试分析企业并购的动机。
3. 如何防范企业并购风险?
4. 企业重组按照重组方式分为哪些类型?
5. 企业财务危机的成因有哪些?
6. 企业发生财务危机之前可能会存在哪些征兆?
7. 如何防范企业财务危机?
8. 如何应对企业破产危机?

虎牙、斗鱼和企鹅电竞并购和重组案例

第十二章
国际企业财务管理

本章导读

2018年5月15日,中航国际在境外成功发行一笔4亿美元3年期较低固息高级无抵押债券,此次债项评级是惠誉A-,本次境外公募债券在香港、新加坡、伦敦三地路演与发行,共有来自亚洲与欧洲的56家投资者参与认购。本次发债是中航国际自2013年以来,时隔5年第2次在境外公募美元债券市场亮相,实现了中国航空工业在境外债券资本市场的最大规模单年期美元债券的发行。

资料来源:https://www.avic-intl.cn/html/news/4489.html。

第一节 国际企业财务管理概述

随着全球经济一体化进程的不断加快,国际贸易和跨国投资经营日益频繁,国际企业的数量日益增多,国际财务管理随之产生。

一、国际企业财务管理的概念

按照企业财务活动是否超越国界,可以分为国内财务管理和国际财务管理。国内财务管理是指企业的财务活动范围仅限于本国之内,企业资金的筹集、使用与分配不跨越国界。国际财务管理是指企业的财务活动范围跨越了本国国界,与世界上其他国家与地区的企业发生了业务往来和财务关系,企业的筹资、投资和收益分配等财务活动都跨越了国界。这些跨越国界从事生产经营活动的企业即为国际企业,包括跨国公司、外贸公司、进出口企业、外商投资企业等。国际企业可能不是跨国公司,但跨国公司一定是国际企业,跨国公司是国际企业的高级组织形式。

国际财务管理是基于国际视角,以企业发展的国际化、经济全球化为背景,在国际经济条件下,按照国际惯例和国际经济法的相关规定,根据国际企业财务收支活动的特点,组织国际企业的财务活动、处理国际企业财务关系的一系列经济管理活动。国际财务管理主要研究企业从事跨国性生产经营活动所面临的财务管理问题,以及企业在国际市场的资金运动及其财务关系的一系列活动,它是现代财务管理的新领域,是财务管理向国际领域发展的延伸。

二、国际企业财务管理的形成与发展

(一)国际企业的迅速发展

国际企业的迅速发展,是国际财务管理形成和发展的基础。第二次世界大战后,随着生产的发展和科技的不断进步,各国之间的经济联系开始日益紧密,越来越多的发展中国家进入商品的流通领域,成了国际贸易伙伴。进入21世纪以来,伴随着全球经济的快速发展,各国之间的经济联系很快突破流通领域进入生产领域,国际贸易开始由市场的国际化向生产的国际化转变,国际投资方兴未艾,国际直接投资的财务管理理论和方法逐渐形成。随着跨国公司在全球的扩展,以及全球经济一体化进程加快,开始出现金融的全球化与国际化,资本突破时空的限制,在全球范围内加速流通。金融市场的国际化大大加快了财务管理的国际化,国际金融市场的形成和发展,为企业进行筹资和投资开辟了新的途径和领域,并形成了国际筹资和国际证券投资等一系列国际财务管理的理论和方法。

(二)财务管理的基本原理在国际上广泛传播

财务管理的基本原理在国际上广泛传播,是国际财务管理形成和发展的历史因素。国际财务管理的历史就是一部国际化的历史。通常,人们认为财务管理于19世纪末产生于美国,随后迅速传入西欧。英国把财务管理的原理传入印度及其他英联邦国家。二战后,亚洲的日本、韩国等国家和地区也吸收了欧美的财务管理基本原理。与此同时,苏联在吸收欧美财务管理基本原理的基础上,结合社会主义国家财务活动的特点,建立了社会主义国家财务管理的体系,推动了社会主义国家财务管理的形成与发展。受上述传播的影响,目前财务管理的基本原理在各国大致相同。但由于受到社会制度、政治、经济等多种因素的影响,财务管理在发展过程中会有所差异,国际财务管理的发展有助于协调这种差异,促进各国财务管理不断交流和融合,走向国际化。

(三)金融市场的国际化

金融市场的国际化,是国际财务管理形成与发展的推动力量。在金融领域,随着科技的发展,生产国际化推动了资本的国际化,国际资金借贷活动日益频繁,国际资本流动速度不断加快,国际金融市场开始形成并迅速发展壮大。国际金融市场的出现为国际企业的筹资活动和投资活动开辟了新的场所和途径,同时也对国际企业的财务管理提出了更高的新要求。国际企业需要认真预测汇率的变动趋势,选用合理的避险方式减少和消除外汇风险。

三、国际企业财务管理的内容

国际财务管理是国内财务管理向国际领域的扩展,因此财务管理的基本原理与内容同样适用于国际企业，国际财务管理的内容同样都要涉及公司的投资、筹资、收益分配以及营运资本的管理。但是由于国际企业所面临的是一个全球一体化、具有不完全性的国际市场，面临着特殊的政治风险与外汇风险。国际财务管理的特殊性使得国际财务管理与国内财务管理相比，内容更为丰富。国际企业在进行生产经营活动时除了国内财务管理需要考虑的因素之外，还需要考虑外币汇率、各国不同的利率、外国的税率以及外国政府的干预等特殊因素的影响。根据财务管理的基本内容以及国际企业的特殊性，国际财务管理的内容主要包括：外汇风险管理、国际企业筹资管理、国际企业投资管理、国际企业营运资金管理、国际企业税收管理五个方面。

（一）外汇风险管理

由于国际企业的经济活动涉及跨国家或跨地区，不同国家或地区采用不同的货币进行计价，因此外汇风险管理是国际财务管理最基本的内容之一，也是国际财务管理与一般财务管理的根本区别。外汇风险是指在国际经济贸易和金融活动中，由于外汇汇率的变化，使企业以外币计价的资产或负债而引起的价值涨跌的可能性。外汇风险管理是指国际企业根据外汇市场可能出现的变化，采取相应的对策，以避免汇率变动对企业可能造成的损失。

（二）国际企业筹资管理

与国内企业相比，国际企业的筹资渠道更为广阔，筹资方式更为灵活多样。除了企业内部的资金和总部所在国的资金外，国际企业还可以利用子公司和分部所在国的各种资金。国际化的金融市场为国际企业提供了多样化的筹资组合，不同的筹资组合，其筹资风险与筹资成本不同。国际企业可以根据不同资金来源地的特点，选用不同的筹资方式，构建最优资本组合，降低企业筹资成本。通过国际筹资风险与筹资成本的组合管理，国际企业可以获得比国内企业综合资本成本更低的资金。

（三）国际企业投资管理

国际企业投资管理是指国际企业将其资本投放国外，以获取一定经济收益的国际经济活动，按照投资方式可以分为直接投资和间接投资，按照投资时间的期限可以分为长期投资和短期投资。国际企业投资，往往面临更为复杂的理财环境以及更大的投资风险，因此国际企业在进行投资时，需要结合不同国家和地区的具体条件，制定切实的投资方案，通过可行性的研究论证，选择有利的投资方式。

（四）国际营运资金管理

国际企业营运资金管理是国际企业财务管理中一个重要的环节，由于国际企业经营活动的全球化，以及国际企业理财环境的特殊性与复杂性，决定了国际企业营运资金管理更多地受到汇率波动、外汇管制、国际税收制度差异等因素的影响。这些因素也要求国际企业财务人员在营运资金管理方面需要具备更强的风险意识和更快的应变能力。

（五）国际企业税收管理

税收管理是企业经营活动中不可避免的重要问题，也是国际企业财务管理的重要组成部分。由于跨国公司在全球范围内开展经营活动，各个国家的税务环境乃至市场环境有着明显的差异性，而且各个国家的税收制度和税率差别也较大，因此对于国际企业而言，所面对的税收问题较之国内经营更有其复杂性，税收对国际企业在跨国生产和经营过程中的财务活动具有相当大的影响。

三、国际财务管理的特点

国际财务管理是国内财务管理向国际经营的延伸，财务管理的基本原理与方法同样适用于国际企业，但是由于国际企业的业务范围遍布全球多个国家，国际财务管理涉及的范围比一般公司财务管理范围更广，情况更为复杂。

（一）理财环境的复杂化

国际企业的理财活动涉及多个国家，不同国家的政治、经济、法律和文化环境都不同，理财环境更为复杂多变。国际企业在进行财务管理时，不仅要考虑本国的各方面环境因素，还需要密切关注国际形势以及其他国家的具体情况。尤其要注意外汇风险、政治风险等因素对理财活动的影响。财务管理人员在进行财务决策时，必须对汇率、利率、国际税收、资本的管制等理财环境进行充分认真的调查、分析和预测，以提高财务决策的准确性与及时性。

（二）资金筹集的多样化

与国内企业相比，国际企业无论是资金来源还是筹资方式，都更加多样化，国际企业筹资时有更多的选择。国际企业既可以选择在母公司的资本市场上筹资，也可以选择在子公司所在国进行筹资，还可以选择在国际金融市场筹资。国际企业可以利用这种多方融资的有利条件，选择最有利的筹资场所和筹资方式，降低企业的资金成本。

（三）资金投资的高风险

伴随着科技进步与金融创新的步伐，国际企业的投资呈现自由化、全球化的趋势。与国内企业相比，国际企业在进行全球化投资时面临更大、更复杂的投资风险，除了国内的政治、经济风险，国际企业还面临国际政治、经济环境中的各种风险。政治方面的风险是企业无法控制与左右的，但经济风险与经营风险可以通过企业的有效经营进行有效的避免与克服。

第二节 外汇风险管理

在国际经济活动中，由于各国的货币和货币制度都是相互独立的，一国货币不能在另一国流通交换,国际企业在进行跨国经营或跨国投资时,往往就要进行货币之间的交换,需要将外国货币兑换成本国货币,或将本国货币兑换成外国货币,外汇及外汇交易随之产生。由于不同货币之间的价值不同,在货币兑换过程中会产生兑换风险,外汇风险管理也由此形成。

一、外汇与汇率

1. 外汇

外汇,是指以外国货币所表示的,可以用于国际结算的各种支付手段,包括外国货币、外币存款、外币有价证券(政府公债、国库券、公司债券、股票等)、外币支付凭证(票据、银行存款凭证、邮政储蓄凭证等)。外汇的本质是国家与国家货币之间的价值交换。

2. 汇率

外汇汇率又叫汇价,是指一个国家的货币与另一个国家货币之间的兑换比价,通常用两种货币之间的兑换比例来表示,即一种货币兑换成另一种货币的比率。汇率的变化是由两国货币购买力之比的变化而决定的。

在外汇交易中,货币成为交易商品。要确定两种不同货币之间的比价,首先要确定选用哪种货币作为标准,由于选定的货币标准不同,外汇汇率的标价方法也不同。

(1)直接标价法。直接标价法的基准货币是外币,标价货币是本币,以一定单位(1、100、1 000、10 000等)的外国货币为标准,折算成一定数量的本国货币来表示的汇率形式。直接标价法又叫应付标价法,在直接标价法下,外币数额固定不变,汇率的变化直接以本币数额来表示。例如在直接标价法下美元的汇率为:1美元=6.85元人民币,美元不变,汇率的涨跌直接以人民币数额的大小来表示。

直接标价法下,汇率越高,说明一定单位的外币兑换的本币数量越多,外币币值越高,本币币值越低;相反,汇率越低,一定单位的外币兑换的本币数量越少,外币币值越低,本币币值越高。因此,在直接标价法下,本币币值与汇率呈反比,即汇率上升本币贬值,汇率下降本币升值。目前,世界上绝大多数国家外汇市场都采用直接标价法进行计价,我国也不例外。

(2)间接标价法。间接标价法的基准货币是本币,标价货币是外币,以一定单位(1、100、1 000、10 000等)的本国货币为标准,折算成一定数量的外国货币来表示的汇率形式。间接标价法又叫应收标价法,它是直接标价法的倒数。在间接标价法下,本币数额固定不变,汇率的变化直接以外币数额来表示。例如,在间接标价法下,1人民币=16.585日元,1人民币=172.378韩元,人民币不变,汇率的涨跌直接以外币数额的大小来表示。

间接标价法下,汇率越高,说明一定单位的本币兑换的外币数量越多,本币币值越高,外币币值越低;相反,汇率越低,一定单位的本币兑换的外币数量越少,本币币值越低,外币币值越高。因此,在间接标价法下,本币币值与汇率呈正比,即汇率上升本币升值,汇率下降本币贬值。目前,世界上绝大多数国家外汇市场采用直接标价法进行计价,只有少数发达国家用间接标价法,如英国,美国等。

二、外汇风险种类

（一）外汇风险的概念

外汇风险又叫汇率风险，是指在外汇市场中，由于各国货币的国际汇价变动引起汇率的变动，致使企业以外币计价的资产、负债、收入、费用增加或减少的可能性，这种可能性产生两种不确定的结果，企业要么获利，要么遭受损失。产生外汇风险的根本原因是汇率的波动，汇率的波动会对国际企业资产、负债、现金流、损益等产生影响，一般来讲，企业只要有外汇业务，就会产生外汇风险。

（二）外汇风险的种类

企业面临的外汇风险一般可以分为三类：交易风险、折算风险、经济风险。在跨国公司的经营活动过程、活动结果、预期经营收益中，都存在外汇风险。在经营活动中的风险为交易风险；在经营活动结果中的风险为折算风险；预期经营收益的风险为经济风险。

1. 交易风险

交易风险又叫交易结算风险，是指由于外汇汇率波动而引起的国际企业应收资产和应付债务价值变化的风险。交易风险是汇率风险中最常见的一种风险，它发生在企业经营活动过程中，产生的主要原因是国际企业交易发生日的汇率与最后结算日的汇率不一致，对交易主体所产生的不利影响。交易风险存在于外币应收账款和所有外币负债项目中，主要表现在以下几个方面：①以外币表示的借款或贷款，在发放贷款时的汇率与收回贷款时的汇率可能会不一致；②以外币表示的商品及劳务的赊购或赊销业务，远期付款时的汇率与签订合同时的汇率可能会不一致；③尚未履约的期货外汇合约，合约所约定的汇率与实际汇率可能会不一致；④以其他方式所获取的外币债权或外币债务。

例如，某中国公司与美国公司签订一笔以美元计价的出口合同。从中国企业在签署美元订单之日起到收到货款的时候，都将面临汇率的风险，此为交易风险，尤其是当人民币不断走高、美元不断走低的趋势下，企业面临的交易风险就更大。

2. 折算风险

折算风险，是指会计报表的折算风险，又叫会计风险，是指企业对资产负债表进行会计处理时，因汇率变动而引起的转换为本币时，海外资产和海外负债账面价值的变化而产生的风险。例如，按照规定，在每年会计年度结算时，公司必须编制合并会计报表，根据合并报表的原则，当海外子公司以外币计价的财务报表合并到母公司的财务报表时，需要按照母公司所在国的货币入账编制会计报表，由此会影响母公司资产和负债价值的变动。折算汇率的变动，可能会造成母公司净值或净利的增加或减少，但事实上，公司在编制合并报表时，并未发生外汇交易，因此折算风险只是会计上的一种折算，并不影响企业的现金流。折算风险产生的原因是企业交易发生日的汇率与会计报表折算日的汇率不一致，此种不一致只是影响公司当期会计报表的损益，并不影响企业实际的现金流量。

3. 经济风险

经济风险，又叫经营风险，是指汇率的波动引起企业未来一定期间的收益或现金流量变化的潜在风险。公司的价值由于未来经营收益受未预期的汇率变动而发生变化，从而影响公司整体的价值。影响经济风险的因素有很多，如生产地与销售地的不一致，竞争者所在地的状况，投入品价格是由国际市场决定还是由本地市场决定等。汇率变化对一家企业的总体影响不仅取决于企业对汇率变化的反应，还取决于企业的竞争对手、顾客、供应商的反应，这些反应都会构成企业的经济风险。

以上三种外汇风险对公司来说，重要性程度不同。由于经济风险涉及产、供、销及企业所处地域等各个方面，对公司财务活动的影响是长期性的，而交易风险与会计折算风险是一次性的，所以经济风险比交易风险和会计折算风险更重要，必须格外重视。管理经济风险是整个企业的责任，对经济风险的管理除了企业财务部门，还需要企业管理者的直接参与，而交易风险与会计折算风险通常都是由财务部门负责。

三、外汇风险管理

外汇风险管理是指企业通过风险识别、风险衡量、风险控制等方法，采用各种有效的措施，以预防、规避、转移或消除跨国经营中所产生的外汇风险，并对以外币计价的资产、债权与债务等进行有效的管理。

1. 交易风险的管理

（1）交易风险的计算。外汇交易风险是企业未了结的债权债务在汇率变动后，进行外汇交割清算时出现的风险，要对外汇交易风险进行管理，首先要计算交易风险的受险额，从数量上确定企业面临多大的外汇交易风险。外汇的受险额即为风险的暴露额，即外汇风险的敞口部分。外汇交易风险的受险额等于结算期限相同的外币债权与外币债务之间的差额。企业需要根据不同的币种、不同的结算期限计算其受险额。如果外币债权大于外币债务，为正受险额，多头交易风险暴露；如果外币债权小于外币债务，为负受险额，空头交易风险暴露。

例如，某中国企业拥有若干以美元表示的货币性资产和货币性负债，其中：资产为300万美元，负债为500万美元，则该公司的外汇受险额为 -200万美元。

（2）交易风险的管理。企业根据外汇受险额的实际情况，选择合适有效的措施进行相应的风险管理。

受险额为以下几种情况时，企业通常可以不用采取行动：①如果企业的受险额是正值，且预计此种外币将升值，汇率变动后，企业将获益；②如果企业的受险额是负值，且预计此种外币将贬值，汇率变动后，企业将获益；③如果企业的受险额为零，无论汇率如何变动，对企业都没有影响。

受险额为以下几种情况时，企业需要采取相应的方式进行避险：①如果企业的受险额为正值，而预计此种外币将贬值，企业价值将下降；②如果企业的受险额为负值，且预计此种外币将升值，企业价值将下降；③企业受险额可能为正也可能为负，未来外币升值还是贬值很难估计。

承上例，如果美元与人民币的汇率现在为1:6.8，预计3个月后为1:7.0，汇率变动后，由于美元升值，使得企业损失为（7.0-6.8）×200=40（万元人民币）。

（3）交易风险的避险方式。外汇交易风险管理的方法主要有两大类：一是经营策略，国际企业通过选择有利的计价货币、提前或延期结汇等方式进行管理；二是合约保值，通过在远期外汇市场、外汇期货市场、外汇期权市场上签订远期合约进行管理。

①选择有利的计价货币。在实行单一货币计价的情况下，国际企业对于未来的现金流入，选择硬通货或者硬货币，对于未来的现金流出选择软通货或软货币。硬通货或硬货币是指当前汇率稳定并预计未来呈升值趋势的货币，软通货或软货币是指当前汇率不稳定且预计未来呈贬值趋势的货币。

国际企业在进出口贸易中，还可以以多种货币作为计价结算货币，使各种货币的汇率变动风险互相抵销。同时还可以通过协商、谈判等方式尽可能地用本币进行计价结算，即出口商获得本币资金，进口商用本币支付货款，使企业在清偿时不会发生本币与外币之间的兑换，以降低外汇风险。

②提前或延期结汇。在国际收支中，企业通过预测某种外币汇率的变动趋势提前或延迟收付外汇款项，来达到抵补外汇风险管理的目的。如果预计某种外币即将贬值，则加速收款而延迟付款，如果预计某种外币即将升值，则推迟收款而加速付款。

③远期外汇市场套期保值。国际企业可以通过在远期外汇市场上签订远期外汇合同来固定企业未来现金流量的本币价值，通过货币的远期合约实现套期保值，规避风险的目的。当企业拥有外汇债权时，可以通过出售远期外汇保证将来的本币价值，当企业拥有外汇债务时，可以通过购买远期外汇锁定所要支付的本币。由于在签订远期合约时就已经规定了买卖货币的汇率，因此企业可以确切地知道未来收到和支付的本币价值，避免了未来现金流量不确定的风险。是否采用远期外汇市场套期保值取决于企业对未来汇率变化的估计与预测。

④外汇期货市场套期保值。利用外汇期货市场进行套期保值，是指在期货市场上买进或卖出与现货市场交易金额相同，但交易方向相反的相同或相近月份同种外汇期货合约，以期在未来某一时间通过卖出或买进相同的期货合约对冲平仓，结清期货交易带来的盈利或亏损，以补偿或抵销现货市场价格变动所带来的实际风险或收益。外汇期货市场套期保值主要原理是通过现货和期货两个市场进行数量相同但方向相反的操作，以规避现货市场价格波动的风险。

⑤外汇期权市场套期保值。外汇期权是指在一定时期内按照一定的汇价买入或卖出一定数量外国货币的权利，按照权利的不同，外汇期权分为买入期权和卖出期权。买入期权是指购买外汇期权的买方有权在合同期满时或合同到期前按照事先约定的汇率购进一定数量的外币，卖出期权是指购买外汇期权的买方有权在合同期满时或合同到期前按照事先约定的汇率卖出一定数量的外币。外汇期权合约的买方可以根据市场汇率的变动，选择是否履约行权。如果买方放弃履约行权，最多损失期权费，即期权的购买价格，因此不管未来汇率如何变化，期权合约买方的保值成本都不会超过期权费。

2. 折算风险的管理

会计折算风险是由于汇率的变化对于财务报表所产生的影响，而资产和负债对损益的影响方向是相反的，因此国际企业在进行折算风险管理时，通常采用资产负债表保值方法以轧平净风险资产的头寸。其基本原理就是使公司合并资产负债表中的外币风险资产与外币风险负债相等，通过平衡资产与负债的数额，使汇率变动的影响同时出现在资产、负债两边，数额相等而方向相反。由汇率变化引起的风险资产价值变化刚好被风险负债的价值变化抵销，自动抵销由汇率变化产生的风险。需要注意的是会计折算风险所产生的损失或收益并没有真正实现，只是反映在财务报表上，因此折算风险对公司的影响比较小，按照重要性原则，一般无须采取措施抵补这种账面损失。

会计折算风险的管理除了平衡资产与负债的数额外，还有增加持有硬通货资产、减少软通货资产、减少硬通货负债、增加软通货负债。

3. 经济风险的管理

外汇经济风险对国际企业影响重大，是一项非常复杂的风险，所以经济风险的管理，无论对于国际企业的财务部门还是企业的管理层，都是一项极其重要的工作。经济风险管理就是通过预测汇率的变化对公司未来现金流量的影响，由此采取相应的措施。由于经济风险涉及企业的生产、销售、财务等各个领域，这些领域又相互影响，进而影响到公司的长期战略。通常经济风险最有效的管理方式就是通过多元化经营，使各个方面的不利影响相互抵消。

（1）生产的多元化。在生产安排上，产品的品种、规格、质量尽可能做到多样化，使之能更好地适应不同国家与地区、不同类型、不同层次消费者的需求。

（2）销售的多元化。在销售上，力争使生产的产品尽快打入不同国家与地区的市场，并力求采用多种外币进行结算。

（3）采购的多元化。在原材料、零配件的采购方面，尽可能从多个国家或地区进行采购，并力求使用多种货币进行结算。

（4）融资渠道的多元化。企业在进行融资时，尽可能到多个资本市场上筹集资金，用多种货币计算还本付息金额，如果出现某一外币贬值，另一外币升值，就可以使外汇风险相互抵消。

（5）投资的多元化。企业在投资时，尽可能向多个国家投资，创造多种外汇收入，这样可以避免单一投资所带来的风险。

第三节 国际企业筹资管理

筹资管理在国际企业的经营管理中占有举足轻重的位置，国际企业的全球化经营，使其拥有国际资本市场、东道国金融市场、母公司所在国资金市场以及内部的资金调度等多元化的融资渠道和方式。

一、国际企业的筹资渠道

与单一的国内企业相比,国际企业的资金来源与渠道更为多样化,主要有国际企业集团内部资金来源、国际企业母公司所在国的资金来源、国际企业子公司所在国的资金来源、国际金融市场资金来源等,国际企业应该根据企业的战略目标,选择合适的资金来源。

(一)国际企业集团内部资金来源

国际企业由于其经营规模大、业务多,母公司与子公司之间、各个子公司之间会相互提供资金,集团内部自发形成国际性的资金融通体系。集团内部的各经营实体在日常经营活动中会产生大量的资金,这些资金形成了集团内部的主要资金来源,主要包括母公司或子公司本身积存的未分配利润和折旧基金,公司集团内部相互提供的资金。国际企业通过集团内部相互融通资金,无须支付筹资费用,可以降低企业的筹资成本。

(二)国际企业母公司所在国的资金来源

国际企业的母公司可以利用它与母公司所在国经济发展的密切联系,从母公司所在国的银行或非银行金融机构获取贷款、在母国资本市场上发行有价证券进行直接筹资、通过母公司所在国的有关政府机构或经济团体组织获得贸易信贷、向母公司所在国的企业或者个人筹集资金。

(三)国际企业子公司所在国的资金来源

国际企业子公司所在国的资金也是国际企业的重要资金来源,当企业所需资金较多,企业内部和母公司所在国的资金无法满足企业资金需求时,国际企业可以在子公司所在国筹集资金。如果子公司所在国家或地区比较发达,经济基础比较好,资本市场比较成熟,资金相对充裕,国际企业更容易筹集到所需资金。

(四)国际金融市场资金来源

国际金融市场是国际企业筹集资金的重要渠道。在国际经济贸易中,商品与劳务的国际性转移、资本的国际性转移、黄金的输出输入、外汇的买卖以及国际货币体系的运转等都离不开国际金融市场。国际企业主要通过以下渠道在国际金融市场进行筹资:向第三国银行借款、向国际金融机构借款、在国际资本市场上发行有价证券进行直接筹资,此外还可以在国际租赁市场上进行融资租赁等。

二、国际企业筹资方式

筹资方式是企业筹集资本所采取的具体形式和工具,对于不同渠道的资金来源,国际企业可以采取不同的方式进行筹集。国际企业在进行筹资时,选择合适的筹资方式,以较低的成本、较优惠的条件，快速地筹集企业所需资金。

（一）国际信贷筹资

信贷是指货币的持有者按照约定，将约定数额的资金以约定的利率暂时借出资金，借款人在约定期限内，按照约定条件还本付息的信用活动。国际信贷是指国际企业向国际金融机构或国际间其他经济组织借款的一种信用活动。随着世界经济的发展和世界经济一体化的加强，各国在全球范围内开展了金融创新活动、国际信贷也随之发展，国际信贷的种类也越来越多。按照贷款的利率，可以分为无息贷款、低息贷款和高息贷款。按照贷款的期限，可以分为短期贷款、中期贷款和长期贷款。按照贷款的性质和来源，可以分为政府贷款、国际商业银行贷款、世界银行贷款等。

1. **政府贷款**

政府贷款是一国政府利用自己的财政资金向另一国政府提供的优惠贷款，是以政府名义进行的政府双边贷款，必须由贷款国政府和借款国政府签订贷款协定。接受政府贷款的项目单位可以是国有企业，也可以是私营企业。政府贷款是项目贷款，所贷款项的使用必须是协定所规定的建设项目。政府贷款一般都有限制性，发达国家在发放政府贷款时，一般都要规定一些附加条件以便获取一定的政治和经济利益。

在各类信贷中，政府贷款是优惠程度最高的一种贷款。它提供长期低息贷款，有的政府贷款还有宽限期。政府贷款属于援助性的中长期贷款，一般期限很长，通常在 10 ～ 30 年左右，宽限期限也很长，期限为 5 ～ 10 年。

2. **国际商业银行贷款**

国际商业银行贷款是指国际企业在国际金融市场上向外国贷款银行借入资金的一种信贷行为，贷款的主要提供者是一些大型商业银行。国际商业银行贷款按照贷款期限的长短可以分为短期信贷、中期信贷和长期信贷。国际商业银行贷款不仅要支付利息，借款人在筹集资金时还要支付管理费、代理费、承诺费等各种费用。

3. **世界银行贷款**

世界银行贷款是指世界银行组织对其成员国和私人企业提供的贷款。贷款要求专款专用，使用范围必须限于它所批准的项目。世界银行主要向发展中国家提供以政府名义担保的项目贷款，资助建设周期长、利润偏低但又是该国经济和社会发展必须的建设项目。世界银行贷款对象为会员国官方、国有企业、私营企业，如果借款人不是政府，一般需要政府的担保。贷款的主要对象是特定工程项目，该项目必须在会员国的领土范围内，要求借款国提供部分配套资金。世界银行贷款的期限长，利率优惠，期限一般在 20 ～ 30 年左右，宽限期限为 5 ～ 10 年。世界银行的贷款利率参照资本市场利率，但是一般低于资本市场利率，收取的杂费也少。

世界银行不同于一般的商业银行，作为一个国际性的开发投资金融机构，其宗旨不仅在于向其成员国中的发展中国家提供比市场利率优惠的贷款，更在于它在提供贷款的同时，给发展中国家提供技术和政策援助，促进其成员国经济得到发展。

（二）国际证券筹资

国际证券筹资是企业在国际资本市场上，通过发行有价证券进行直接筹资的方式。按照有价证券的不同，国际证券筹资可以分为国际债券筹资和国际股票筹资。

1. 国际债券筹资

国际债券筹资是指国际企业为了筹集资金在国际金融市场上发行的以外国货币为面值的债券，即国际债券。根据国际债券的发行方和投资方属于不同的国家，国际债券可以分为外国债券和欧洲债券。

外国债券是指一国政府、国际金融机构或企业，即债券的发行人，在某一外国债券市场上发行的，以发行所在国货币为面值的债券。例如，国际多边金融机构在我国境内发行的人民币计价的债券，即"熊猫债券"，2017年3月16日，俄罗斯铝业联合公司在上海证券交易所发行了10亿元人民币债券（熊猫债券）。中国企业在美国发行的美元债券，中国企业在日本发行的日元债券都属于外国债券。根据国际惯例，国外金融机构在一国发行债券时，一般会以该国最具特征的吉祥物命名。我国的"熊猫债券"、日本的"武士债券"、美国的"扬基债券"都是属于外国债券的一种。外国债券市场主要位于美国、德国、瑞士和日本四个国家，它们占外国债券市场的绝大部分。

欧洲债券是指一国政府、国际金融机构或企业，即债券的发行人，在某一外国债券市场上发行的，但不以发行所在国货币为面值的债券。例如中国企业在法国发行的美元债券，中国企业在日本发行的美元债券都属于欧洲债券。欧洲债券市场的地理范围并不限于欧洲，还包括亚洲等地的欧洲债券市场。欧洲债券的发行人、发行地、债券面值货币分别属于三个不同的国家，即发行方在一个国家，发行地点在另一个国家，债券面值使用的是可自由兑换的第三国货币。目前，欧洲债券选用最多的货币是美元。2020年4月8日，俄罗斯天然气工业公司发行了价值10亿欧元的5年期欧洲债券，年利率为2.95%。

2. 国际股票筹资

国际股票筹资是指国际企业通过在国际资本市场上发行的以外国货币为面值或以外国货币计价的股票，向社会筹集权益资金的一种方式。例如，中国企业在纽约证券市场发行的股票、中国企业在伦敦金融市场发行的股票，中国企业在新加坡金融市场上发行的股票都属于国际股票。随着经济的全球化，很多大型企业特别是跨国公司选择在国际资本市场上发行股票，筹集资金，股票的发行也早已超越国界的限制。2014年9月，阿里巴巴集团在美国纽约证券交易所首次公开发行股票上市，此次IPO共计募集资金243亿美元。2019年11月，阿里巴巴集团再次在香港证券交易所主板公开发行股票上市，此次募资金额大约为880亿港元。

（三）国际贸易筹资

国际贸易筹资是指国际企业在银行办理国际贸易业务时，银行等金融机构对企业提供资金融通的一种方式。国际贸易筹资有利于增加企业的竞争力，扩大出口，帮助企业开拓海外市场。

按照资金筹集期限的长短，国际贸易筹资分为国际贸易短期筹资和国际贸易长期筹资。国际贸易短期筹资方式主要有：打包放款、进出口押汇、票据贴现、国际保理、信用证筹资等。国际贸易长期筹资方式主要是买方信贷和卖方信贷两种。买方信贷是指在大型机器设备或成套设备出口贸易中，由出口商所在国银行或信贷企业向进口商所在地银行或进口商提供贷款，以扩大本国商品出口的一种出口信贷形式。卖方信贷是指出口商所在国银行对本国出口商提供信贷，再由出口商向进口商提供延期付款信贷的一种出口信贷方式。

与一般融筹资不同，国际贸易筹资是专为进出口企业服务的，在融资运作过程中，需要接受第三方的监督，以保证融资的合法性。

（四）国际租赁筹资

国际租赁筹资是指国际企业在国际租赁市场向国际租赁公司租赁企业所需资产或设备，通过支付租金获取资产或设备使用权的经济行为。按照融资的性质与目的不同，可以分为经营租赁和融资租赁，国际租赁筹资主要指的是国际融资租赁。

国际融资租赁是指由一国的出租方按照另一国承租方的要求，购买租赁设备并出租给承租方使用，租赁资产的维修和保养由承租方负责的一种租赁方式。融资租赁是集融资、融物为一体，以融物为载体实现融资目的的一种融资方式。借助融资租赁方式，国际企业无须自筹大量资金即可引进先进设备，并能迅速投入生产使用；国际企业还可经常替换陈旧或过时的设备，以保持其竞争能力。

（五）国际项目筹资

国际项目筹资是以特定的建设项目为融资对象，是企业以境内建设项目的名义在境外筹集资金，以项目自身未来预期的现金流量和收益作为还款资金来源，并以该项目或经营该项目的经济单位的资产作为附属担保的一种跨国融资方式。国际项目筹资主要适用于大型的、资本密集的基础设施开发建设项目，如能源、交通、矿产资源开采、油田开发等工程项目。国际项目融资的资金来源主要有国际金融机构、各国政府出口信贷机构、项目主办方的贷款和预付款等。目前国际项目筹资方式主要有项目公司直接融资模式、国际租赁融资模式、建设-经营-转让（blild-operate-transfer，BOT）融资模式、公私合营（publis-private-partnership，PPP）融资模式、资产证券化（asset backed securitization，ABS）融资模式。企业需要根据实际情况，选择合适的融资模式筹集资金。

第四节　国际企业投资管理

国际企业投资主要包括对外直接投资与对外间接投资两种方式，对外直接投资所面临的风险相对较大，但其收益也较高，并且逐渐成为国际企业投资的主要形式。本节所述的国际投资主要是指国际直接投资。

一、国际企业直接投资的概念与特点

（一）国际直接投资的概念

国际直接投资是指一国投资者为实现持久利益对本国之外的企业进行投资，通过获取所投资的外国企业部分或全部的所有权或经营控制权，对该国外企业的经营管理实施有效影响和控制的经济活动。国际直接投资是国内直接投资的延伸、扩展和特殊的表现形式，是企业的一种长期投资行为。

（二）国际直接投资的特点

与其他投资形式相比，国际直接投资具有实体性、控制性、渗透性、跨国性等特点，具体表现在以下几个方面。

第一，国际直接投资是长期资本流动的一种重要形式。与短期资本流动不同，它要求投资主体必须在国外拥有企业实体，直接从事各类经营活动。

第二，国际直接投资表现为货币资本的国际转移和经营权、控制权等生产资本的国际流动两种形态，既有货币投资又有实物投资。

第三，国际直接投资取得对企业经营的控制权，不同于间接投资，它通过参与、控制企业经营权获取利益。

二、国际企业直接投资方式

国际企业根据其自身条件和国际投资环境，采取不同的投资方式进行直接投资，以缩短其产品的生产和销售周期，减少产品的运输成本，利用东道国的自然资源降低其生产成本。

（一）国际独资

国际独资是指通过在国外设立独立企业的形式进行直接投资。独资企业是根据有关法律规定在东道国境内设立的全部资本由国外投资者投资的企业。大型跨国公司尤其喜欢以设立独资企业的形式进行对外直接投资。

国际独资企业其资本全部由境外投资者提供，投资者对企业拥有全部的经营管理权，独立从事企业的生产经营管理，同时投资者可以利用各国税率的不同，通过内部转移价格进行合理避税。但在进行投资时，由于对东道国的投资环境调查比较困难，投资者的投资风险较大。另外，在很多国家与地区，独资企业设立的条件比合资企业严格。

（二）国际合资

国际合资是指两个或两个以上属于不同国家或地区的投资者，按照共同出资、共同经营、共负盈亏、共担风险的原则，经东道国政府批准，在东道国境内设立的以合资形式组建的企业。国际合资已经发展成为国际直接投资的主要形式之一，主要适合于小型跨国公司，尤其是生产规模小、技术水平不高的小型跨国公司。

通过与东道国投资者合资经营的形式，可以减少国际企业的投资风险，而且东道国投资者对当地的经济环境更为熟悉，还可以减少企业的经营风险。通过国际合资的投资形式可迅速进入东道国市场，同时还有可能获得东道国政府对本国企业的支持。通过合资形式，国际企业可迅速了解东道国的政治、社会、经济、文化等情况，学习当地投资者的先进管理经验，提高企业的经济效益。但是在进行国际合资投资时，所需要的时间比较长，寻找合适的投资伙伴比较困难，审批手续比较复杂冗长，而且很多国家限制外国投资者的出资比例，导致外国投资者对合资企业不能进行有效的控制。

（三）国际合作

国际合作是指外国投资者与东道国投资者通过签订合同、协议等形式在东道国境内组建合作经营企业进行投资，合作经营企业又称契约式合营企业。合作企业是许多发展中国家利用外资的一种简便有效的形式。

与国际合资相比，国际合作投资所需时间比较短，审批手续比较简便；而且合作投资比较灵活，合作企业的合作条件、管理形式、收益分配方法、合作各方的责权利等，均可根据不同的情况，在合作各方协商的合同中加以规定。但是合作企业的组织形式没有合资企业那么规范，合作者在合作过程中容易对合同中的条款发生争议，影响甚至阻碍合作企业的正常发展。

（四）跨国并购

除了上述投资方式，国际企业还可通过跨国并购，收购或兼并东道国现有企业的方式进行投资。跨国并购是投资者通过一定的程序和渠道依法取得东道国企业部分或全部所有权，将其纳入自己的海外子公司组织体系的行为。随着经济的全球化，全球跨国投资的总量持续增长，跨国并购越来越成为跨国直接投资的主要方式。

跨国并购作为对外直接投资的主要形式，相对于直接在境外投资建厂，其速度快，同时能迅速获得对方的核心资产、核心技术与管理经验，快速形成企业的生产力，扩大企业市场份额，增强公司的竞争力。

三、国际企业直接投资的动因

国际企业最初的对外直接投资动因通常与企业在母国内的基本市场战略目标有关，但随着国际企业的发展，公司战略目标开始由国内转向国际。

（一）获取生产资源

由于资源分配的不同，以及各国的经济发展水平不同，世界各国的生产资源价格不同。企业最早进行跨国直接投资的动因就是以更低的成本获取国外的生产资源。如便宜的自然资源、廉价的劳动力资源等。在跨国公司发展的早期，对外直接投资的主要目的就是获取国外廉价的生产资源。

（二）开拓新市场

在进行国际贸易中，如果东道国的关税或运输成本高昂，企业可以通过在国外直接设立生产性企业，实现当地生产，为当地市场和邻近国家市场直接提供产品与服务，开拓海外新市场。

为了保持与国外客户或供应商的关系；为了适应当地市场的需求，更好地了解当地消费者的偏好、商业惯例和市场需求变化，企业需要在国外进行直接投资生产，进入他国的市场，与其他竞争对手在国外直接竞争。

（三）全球资源配置

国际企业通过对外直接投资，充分利用各国在生产要素、经济体制、政府政策等方面的差异，在全球范围内合理配置资源，提高生产经营效率，获得规模经济或分散风险产生的收益，增强公司在国际市场的整体竞争实力，实现全球性战略目标。

四、国际企业直接投资的风险

国际企业在进行直接投资时除了面临国内企业所具有的风险外，还将面临不同于国内投资的各种不同程度和不同类型的风险。

（一）政治风险

国际直接投资的政治风险是指东道国发生的政治事件或东道国与其他国家的政治关系发生的变化对跨国公司造成不利影响的可能性。比如，东道国国内的动乱、内战、政权更替、对外国企业财产的冻结、没收或征用，以及与第三国的政治形势恶化等。政治风险是跨国投资时所可能面临的一种很大的风险，其中最大的政治风险是东道国政府对外资采取的国有化措施。各国政治风险的可能程度不同，但政治风险在所有国家都存在。跨国公司可以通过提高预期的投资回报率、降低该投资的预期现金流量，以及购买保险等措施应对政治风险。

（二）经济风险

经济风险是指那些可能来自本国的、东道国的或第三国市场上的一些经济因素，对公司在当地的生产经营活动产生的不确定性影响。这些经济风险主要包括：资源条件、经济基础结构、外汇风险、通货膨胀所引起的风险、国际债务等。

1. 资源条件

东道国的资源条件包括自然资源和人力资源。对于自然资源，东道国可发展的自然资源的短缺会严重影响国际经济的发展。在人力资源方面，东道国劳动者受教育的程度、劳动者素质的高低、劳动人口的结构比例及其发展趋势等都是给投资者、经营者造成经济风险的重要因素。

2. 经济基础结构

东道国的能源供应、交通运输、邮电通信、金融、保险、广告等基础行业是否完善也是跨国投资经济风险产生的重要因素。东道国经济基础越好,数量越充分,质量越优良,跨国公司的投资经营会越顺利,经济效益就越大,经济风险就越小;反之亦然。

3. 外汇风险

外汇风险又叫汇率风险,是指由于汇率变化导致投资者资产价值的变化。主要表现为由于汇率变化在外汇买卖过程中所产生的外汇买卖风险,由于汇率变化给国际投资企业的外币结算业务带来的不确定性,由于汇率变化使母公司和子公司在进行会计结算时发生变化的会计结算风险。

4. 通货膨胀引起的风险

当东道国发生通货膨胀特别是高通胀时,跨国公司就会面临极大的经济风险。东道国的通货膨胀会引起东道国的原材料价格和工资成本的上涨,以及其他各项费用的上升,甚至可能导致严重的政治后果,加大跨国投资经营的经济风险。

5. 国际债务

东道国国外债务量占拥有外汇量的比重越大,该国的经济风险就越高。国际债务越多的国家,越有可能会采取提高相关税收、限制外资企业盈利的汇出等资本管制措施,从而给跨国经营带来更大的经济风险。

五、国际直接投资的程序

国际企业的对外直接投资是企业的长期性战略投资,对企业的发展会产生深远的影响,投资决策一旦失误,会给企业带来严重损失。因此,必须严格按照科学的程序进行决策。

(一)根据生产经营情况,做出国际投资决策

国际企业在进行对外直接投资时,必须认真分析投资对象所处国家或地区的投资环境,根据企业的战略目标以及企业自身的生产经营状况,明确直接投资的动机和目的,按照企业自身的实际需要认真做出投资决策。

(二)选择合适的国际投资方式

目前,国际直接投资方式一般有合资经营、合作经营、独资经营、跨国并公司等各种方式。不同的投资方式其特点不同,国际企业需要认真分析研究不同投资方式的利弊,选择最适合本企业需要的投资方式。

(三)选择合适的评价方法,对国际投资环境进行评价

在进行国际直接投资时,由于各国的政治、经济、社会文化条件不一样,从而对投资

会产生不同的影响。企业需要用特定的方法，对不同的投资环境进行分析研究，选择投资环境比较好的国家或地区进行投资，以减少企业的投资风险，提高投资效益。

（四）选择合适的评价指标，对投资项目的经济效益进行评价

利用国际上常用的净现值、内部报酬率、现值指数等投资决策指标，对国际直接投资项目进行经济评价，这些指标的含义和评价方法与国内资本预算投资基本相同。除此之外，在对国际投资项目进行评价时，还需要考虑一些额外的因素。

由于国际企业投资的环境更复杂，投资的风险更高，因此投资者的预期报酬需要根据政治风险、经济风险进行相应的调整。在进行投资项目现金流量测算时，还需要考虑外汇汇率、税收、不同国家与地区的通货膨胀，以及不同的会计准则等因素对现金流量的影响。另外，由于国际投资涉及至少两个国家，在进行国际投资时必须采用母子公司双重评价主体，分别从母子公司的角度对投资项目进行评价。先以子公司作为评价主体，用子公司东道国的货币，对子公司的投资项目进行评价。然后，再以母公司作为评价主体，将子公司的现金流量按照一定的汇率折算成母公司所在国的货币，从母公司的角度对投资项目的效益进行评价。因此，在对国际性投资项目进行可行性分析时，其过程要比单一的国内投资项目复杂得多。

第五节　国际企业营运资金管理

国际企业营运资金管理是国际企业财务管理中非常重要的一个环节，国际企业面临的理财环境更为复杂，更为特殊。与国内企业相比，国际企业在营运资金管理方面更多地受到汇率波动、外汇管制、税收制度等因素的影响，复杂多变的理财环境使得国际企业在进行营运资金管理时需要进行全方位综合的考虑。良好的营运资金管理可以保证企业活力，促进企业价值最大化目标的实现。

一、国际企业现金管理

（一）国际企业现金管理的内容

现金有广义和狭义之分，狭义的现金仅是库存现金，广义的现金除了库存现金，还包括银行存款及各种能及时变现的存单及有价证券，这里的现金是指广义的现金。由于现金的流动性强、收益性差等特点，国际企业在进行现金管理时，需要通过合理的方法对企业现金的持有和转移进行管理。

1. 现金的持有

国际企业需要确定持有现金的形式、持有时间、持有币种及所持现金的存放地点。现

金的持有形式即现金、银行存款及各种能变现的有价证券如何分配，以及各种形式的现金持有时间。由于国际企业的分支机构遍布全球，需要管理多种货币，不同货币的汇率波动比较大，企业需要确定持有现金的主要币种。由于各个国家与地区的利率不同，存放在不同地点或者不同证券上的现金收益是不同的，国际企业需要选择所持现金的存放地点。

2. 现金的转移

与国内企业不同，国际企业在现金的转移过程中，除了需要考虑现金的转移成本和利息损失，还需要考虑现金转移的汇率风险。因此，国际企业在现金转移管理中，需要从企业整体利益出发，设计基于企业全球业务活动的现金转移网络，统一调度现金，减少由于汇率变动所产生的风险。

（二）国际企业现金管理的目标

国际企业现金管理目标与一般企业无太大差异，但由于国际企业经营战略的全球化，决定了国际企业现金管理需要以企业总体战略目标为核心，在现金资产的流动性与收益性之间权衡，选择合适的现金持有形式、合适的币种，合适的存放地点，尽量减少通货膨胀和汇率变动给企业所带来的损失，在保证国际企业日常生产经营需要的同时，提高现金资产的配置效率，增加企业的收益。

（三）国际企业现金管理的方法

国际企业的现金管理方法有很多，主要有现金集中管理、多边净额结算、多国现金调度系统等。

1. 现金集中管理

国际企业由于经常受到汇率、利率变动的影响，以及国际企业业务的全球化特点，在进行现金管理时，通常会选择现金集中管理模式。现金集中管理是指企业从整体利益出发，对母公司及各国子公司的现金余额进行集中统一调度管理。国际企业需要在主要货币中心或避税地所在国家设立现金管理中心，运用信息网络，采取计算机技术，根据子公司现金需求及所在国汇率、税率等情况，决定现金持有形式、持有币种和持有金额，做出资金调入和调出决策。各海外子公司平时只保留日常经营活动所需的最低现金余额，其余部分均需要转移至现金管理中心进行集中管理、统一调度和运用。

国际企业通过现金的集中管理模式，一方面在保证企业正常生产经营活动前提下，将企业的现金持有量降到最低，将外汇风险和通货膨胀所可能产生的损失降到最低，提高企业整体资金的利用率；另一方面通过现金的内部转移，降低国际企业整体的筹资成本，提高企业整体的现金管理效率。

2. 多边净额结算

由于国际企业对全球子公司的现金进行集中管理，而母子公司及子公司之间购销商品和劳务的收付款项又很频繁，为了减少外汇的暴露风险和资金的转移成本，国际企业可以在全球范围内对子公司内部的收付款项进行综合调度，即多边净额结算。

多边净额结算是指有业务往来的多家公司参加的货币收入和支付的抵消结算。在多边净额结算体系下，每个子公司只需要算出它所有的支出和收入的净额，它们只需要对其净额进行结算。由于这种方法的运用在一些国家受到限制，国际企业在进行多边净额结算时必须充分了解各子公司所在国的外汇管制相关政策。

多边净额结算使国际企业一方面通过降低在途流动资金数额，减少在途资金利息损失，并减少大量交叉现汇交易产生的外汇成本，降低外汇暴露风险；另一方面通过以固定汇率在确定日期统一进行结算，充分发挥外汇风险管理和现金集中管理的优势，有效规避风险。

3. 多国现金调度系统

为了充分发挥国际企业的全球战略优势，减少企业资金安置和资金转移的失误，在多边净额结算的基础上，企业还需要建立多国现金调度系统。多国现金调度系统是指现金管理中心根据事先核定的各子公司每天所需的现金余额、子公司现金日报及短期现金预算，统一调度子公司的现金，调剂余缺，合理配置运用国际企业的全球资金。多国现金调度系统通过控制和调度各子公司的现金持有数量，将现金转换失误降到最低。

二、国际企业应收账款管理

国际企业的应收账款由两种不同类型的交易引起，一是企业集团内部各成员企业间的业务往来所产生的应收账款，二是企业集团与集团外的独立法人之间的交易产生的应收账款。国际企业的应收账款管理，除了考虑赊销额与平均收账期两个基本因素外，还需要考虑汇率变动、利率变动所产生的风险以及政治风险等。

（一）国际企业内部的应收账款管理

国际企业通过内部应收账款可以调控集团内部资金的流动，国际企业内部应收账款需要服务于企业的全球战略，因此国际企业内部应收账款的币种和付款条件，取决于国际企业的资金配置政策。国际企业内部应收账款管理主要有两种方法：提前或推迟付款，设置再开票中心。

1. 提前或推迟付款

对于国际企业的内部应收账款，提前或推迟付款是国际企业转移资金的常用手段，是指通过改变国际企业内部应收账款的信用期限来调剂资金。由于集团内部各个成员企业所处国家与地区的差异，各国或各地区的汇率与利率不同，使得各成员企业资金的机会成本不同。国际企业通过内部的提前或推迟付款，减少汇率和利率变动所产生的风险，提高企业的整体资金利用率。

如果国际企业的一家子公司所处地区的货币预计可能会贬值，母公司可要求这家子公司尽早提前支付应付其他子公司的货款；如果国际企业的一家子公司所处地区的货币预计可能会升值，母公司可要求这家子公司推迟支付应付其他子公司的货款，尽量降低汇率波动所产生的损失。

当汇率稳定，利率波动时，国际企业同样也可以通过提前或推迟付款的方式来避险。对于收款的成员企业而言，如果资金充裕，收到的账款可以存入银行，收取利息；如果资金短缺，收到的账款可以减少从银行的借款，减少利息费用。对于付款的成员企业而言，如果资金短缺，必须从银行借款来支付货款，增加利息支出；如果资金充裕，支付账款就等于减少银行存款，减少利息收入。而银行存款利率一般比借款利率高，不同地区的利率水平也有所不同，国际企业可以利用这些差异，有意识地提前或推迟付款，节约利息费用，增加利息收入，增加国际企业的整体利益。

2. 设置再开票中心

再开票中心是国际企业设立的，专门处理公司内部贸易产生的全部交易风险的贸易中介公司。当国际成员企业从事贸易活动时，商品和劳务直接由各成员子公司相互提供，但相关的收支业务需要通过再开票中心进行完成。再开票中心只是负责为交易双方处理发票和结算，并不直接接触实际国际企业内部资金转移机制的重要组成部分。

再开票中心有利于集中管理国际企业内部的应收、应付账款，减少资金转移费用。通过再开票中心，把国际企业内部成员，企业不同地区的贸易活动和应收、应付账款集中管理，有效促进国际企业内部的贸易往来。同时可以更灵活、有效地使用双边或多边净额结算，将参与相互交易的多家子公司账款进行抵销结算，降低资金的外汇暴露风险和转移成本。

再开票中心有利于国际企业进行外汇风险的集中管理。将所有的贸易货币都采用开票中心指定的货币，对外汇的交易风险进行集中管理，同时还可采用套期保值等手段进行外汇风险管理。

再开票中心有利于提高企业的整体收益。再开票中心一般设置在避税港或低税管辖区，通过开展中介业务、借助转移定价的手段，将有关子公司的部分利润转移至低税率国家或地区，减轻企业税负，实现更多企业业务上和财务上的目标。

（二）独立客户的应收账款管理

独立客户的应收账款管理是国际企业外部客户的应收账款管理，与一般企业的应收账款管理并无差别，比如，对客户的信用状况进行调查，制定相应的信用政策，但是与一般企业不同的是国际企业外部客户的应收账款管理中，还需确定合适的交易币种以及合理的交易付款时间。

1. 确定交易币种

国内企业的交易一般只涉及本币一种货币，而国际企业经营业务的全球化，会涉及出口国、进口国或者第三国等多个国家币种。通常进出口商对于交易的币种有不同的偏好，出口商愿意选择以硬货币支付，而进口商愿意选择软货币支付。双方经过谈判，通常在支付币种和付款条件之间会相互妥协，达成平衡。如果出口商选择硬货币交易，一般会给予进口商相应的折扣或延长付款期限；如果进口商选择软货币交易，通常付款时间会缩短，支付的金额相应也会更多。

2. 确定付款时间

一般而言，交易币种如果比较坚挺，那么付款时间可能会相对较长，反之亦然。如果进口商采用软货币支付，则出口商会要求尽早付款，以最大限度地减少销售期和收账期之间的外汇交易风险；如果国际企业的某子公司预计所在国的货币将来会贬值，而且所在国的政府要求将即期外汇收入兑换成本国货币，该子公司应尽可能鼓励进口商以硬货币计价。

三、国际企业存货管理

与国内企业一样，国际企业存货管理需要从企业总体的角度，保证企业正常生产经营的同时，研究总公司及其所属各个分公司、子公司存货资金占用的最优配置。由于存货的周转、转移要跨越国界，不同国家和地区的生产成本与储存成本不同，加上关税、外汇限制和其他壁垒限制存货的自由流动，国际存货管理比国内存货管理更为复杂。国际存货管理的主要内容包括存货的提前或延迟购置、存货的储存两大方面。

1. 存货的提前或延迟购置

由于国际企业的子公司往往在通货膨胀的条件下经营，企业在对存货进行管理时，需要考虑存货是提前购置还是等到需要时再购置，计算存货的提前购置成本和延迟购置成本，并在这两者之间进行权衡。

如果子公司存货主要依赖进口，在预期当地货币贬值的情况下应该提前购置并尽可能多购置，避免货币贬值增加进口货物的成本；如果子公司主要从当地购置存货，在预期当地货币贬值的情况下，应尽可能延迟存货的购置；如果子公司的存货既从国外进货，又从东道国进货，在预期东道国货币贬值的情况下，应尽量减少当地存货的存量，同时提前购置进口存货；如果无法预见东道国货币的贬值情况，那么子公司应该保持同量的进口存货和当地存货，减少外汇风险。

2. 存货的储存

尽管从理论上说国际企业应该努力使存货水平保持最优化，但很多在生产过程中依赖进口的原材料或半成品企业会保持较高的存货水平，以防止由于通货膨胀、原材料短缺及其他限制所产生的供货短缺。供货短缺会给企业的生产经营造成巨额损失，但持有大量存货又会增加企业资金的机会成本，企业需要在储存成本与短缺成本之间进行权衡，确定合理的保险储备量和最优经济订货水平，既保障企业的正常生产经营，又尽可能减少存货的持有成本。

第六节 国际企业税收管理

税收管理是国际企业财务管理的重要组成部分，国际税收是指由于纳税人的经济活动扩大到境外，产生的两个或两个以上国家政府在对跨国纳税人行使各自的征税权力中形成征纳关系，从而发生的国家之间的税收分配关系。这种关系是基于各国政府所拥有的税收管辖权，其实质是各国政府在对各自政权管辖范围内的跨国纳税人征税的基础上形成的税收权益分配。

一、国际税收的种类

按照课税的对象,税收可以划分为两大类:直接税和间接税。直接税是对收益额或财产额课征,直接向个人或企业开征的税种,因此直接税无法转移。间接税是对商品和劳务的流转额开征的税种,商品生产者和经营者通常会将税款附加或合并于商品价格或劳务收费标准之中,从而使税负发生转移。直接税税种主要包括所得税、资产利得税、财产税等,间接税税种主要包括预提税、增值税、消费税、关税等。下面主要介绍与国际企业密切相关的几种税种。

1. 所得税

所得税是指对来源于企业或个人提供的产品或服务的所得额为课征对象,由纳税人直接支付的一种税,它是直接税的一种。企业所得税是对一国境内企业(外商投资和外国企业除外)的生产、经营所得和其他所得征收的一种税。通俗地讲,就是对内资企业的收益额(包括来源于境内、境外的所得)征收的所得税。

所得税是很多国家重要的财政收入来源,但世界各国的所得税税率有很大的差别。2018年,美国税收基金会发布了《2018年全球企业所得税税率分析报告》,报告指出1980年以来,世界各国的企业所得税税率在持续下降,尤其是21世纪初的10年间下降幅度最大。1980年全球企业所得税税率的简单平均值为38.84%,2018年为23.03%,下降幅度为41%。根据税收基金会对全球208个管辖区的调查,有178个管辖区的企业所得税税率低于30%,其中152个管辖区的税率低于25%,75个管辖区的税率低于20%,103个管辖区的税率在20%~30%。

报告通过分析,指出全球法定企业所得税税率最高的20个国家税率均高于33%,其中乍得、刚果民主共和国、赤道几内亚、新几内亚、印度、基里巴斯、马耳他、圣马丁、苏丹、赞比亚、(荷属)圣马丁这11个管辖区的税率均为35%。其他9个管辖区从高至低依次为阿拉伯联合酋长国(55%)、科摩罗(50%)、波多黎各(39%)、苏里南(36%)、巴西(34%)、委内瑞拉(34%)、法国(33.33%)、留尼汪(33.33%)、喀麦隆(33%)。全球法定企业所得税税率最低的20个管辖区的税率均低于15%。11个管辖区的法定税率为10%,其中有6个是欧洲小国(安道尔,波斯尼亚和黑塞哥维那,保加利亚,直布罗陀,科索沃及马其顿)。主要工业化国家中仅有爱尔兰和匈牙利两个排在最低20名中。爱尔兰以其12.5%的低税率而闻名,该税率自2003年以来实行至今。匈牙利则是在2017年将企业所得税税率从19%降至9%。在接受调查的208个管辖区中,有12个目前没有征收一般企业所得税。其中大多数国家都是小岛国家。少数管辖区,如开曼群岛和百慕大,因不征收企业所得税而闻名。巴林没有一般意义的企业所得税,但对石油公司征收有针对性的利润税。与高税率管辖区相比,低税率管辖区能够吸引更多的投资与就业,经济增长速度更快。图12-1为我国企业所得税税率的概况图,从图中可以看出,我国企业所得税税率适中。

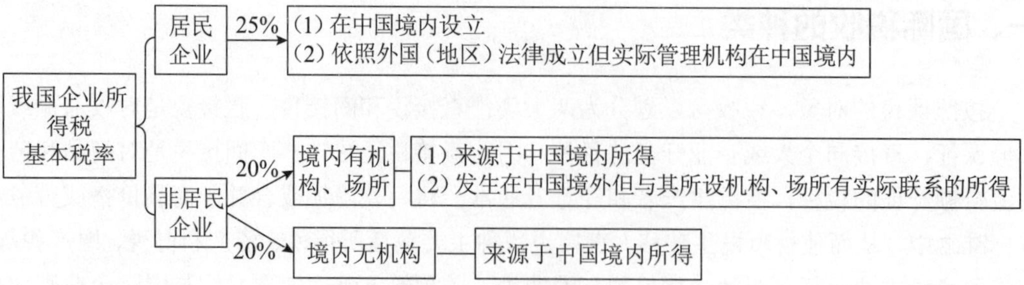

```
我国企业所 ┬ 居民企业 ─25%─ (1) 在中国境内设立
得税基本税率 │              (2) 依照外国(地区)法律成立但实际管理机构在中国境内
             │         ┌─20%─ 境内有机构、场所 ─ (1) 来源于中国境内所得
             └ 非居民企业                        (2) 发生在中国境外但与其所设机构、场所有实际联系的所得
                       └─20%─ 境内无机构 ─ 来源于中国境内所得
```

图 12-1 我国企业所得税基本税率

2. 增值税

增值税是以商品生产和流通中各环节的新增价值或商品附加值为课征对象的间接税，增值税的执行有多种方式，扣除法是实践中常用的方式。扣除法是对在一国境内销售货物或者提供加工、修理修配劳务，以及进口货物的单位或个人，就其取得的货物或应税劳务的销售额，以及进口货物的金额计算税款并实行税款抵扣制的一种流转税。

增值税是透明度较高的一种中性税收，有利于增加政府财政收入。由于增值税具有不重复征税的特点，因此增值税能够平衡税负，促进公平竞争，有利于鼓励企业按照经济效益原则选择最佳的生产经营组织形式。增值税既对出口商品退税，又避免对进口商品征税不足，有利于按照国际惯例对出口产品实行彻底退税，增强本国产品在国际市场上的竞争力。

3. 关税

关税是一个国家的中央政府对通过其国境的应税货物所征收的税，主要是对进口货物征收，只在极少数情况下对出口货物征收。这里的国境并不仅限于一个国家的政治领域，而是指经济的国境，也就是关税的地域，对于非经济的国境，或非关税的地域，虽有货物通过，也不课征关税，如通过自由港的商品，就不课税。

关税按照货物通过的方向可以分为进口税和出口税，现在只有极少数情况下才征收出口税，一般所谓的关税是指进口关税。按照征税的标准，关税分为从价税、从量税、复合税及选择税。按照征税的目的分为财政关税、保护关税、反倾销税及报复关税等。

关税在各国一般属于国家最高行政单位指定税率的高级税种。征收关税，一方面有利于维护国家主权和经济利益，保护和促进本国工农业生产的发展；另一方面调节国民经济和对外开放贸易，筹集国家财政收入。

4. 预提税

预提税就是预提所得税，即预先扣缴的所得税，是指一国政府对没有在该国境内设立机构的外国公司、企业和其他经济组织从该国取得的股息、利息、租金、特许权使用费及其他所得，实行由支付单位按支付金额扣缴所得税的制度。根据我国税法的规定，外国企业在中国境内未设立机构、场所，而有来源于中国境内的利润、利息、租金、特许权使用费和其他所得，或者虽设立机构、场所，但上述所得与其机构、场所没有实际联系的，都应当缴纳 10% 的所得税，税款由支付人在每次支付的款额中代扣代缴。预提税是世界上许多税收辖区对与某类外国人收入有关的境外支付征收的一种税。在某些情况下，如果外国人居住国和来源国之间存在税收方面的条约，则可以适用降低预提税税率。

二、税收管辖权

税收管辖权是指一国政府在征税方面的主权，它表现在一国政府有权决定对哪些人征税、征哪些税以及征多少税。

一国的税收管辖权在征税范围上必须遵从属人原则或属地原则。所谓的属人原则，是指一国可以对本国的全部公民和居民行使政治权力，即无论跨国纳税人的收入来源于何国，只要是本国的居民和公民，就要对其收入征税。属地原则是指一国政府可以在本国区域内的领土和空间行使政治权力，即对来源于本国国界之内的收入，不论是哪国居民和公民都要对其来源于本国国界内的收入予以征税。根据属地和属人两大原则，税收管辖权可以分为地域管辖权和居民管辖权两种。

地域管辖权又叫来源地管辖权，是指一国要对来源于本国境内的所得行使征税权。地域管辖权考虑的不是收入者的居住地，而是其收入的来源地，即以纳税人的收入来源地为依据，确定征税与不征税。对跨国纳税人一切来自本国国境以内的收入或在本国境内从事经济活动，不分本国人或外国人，一概行使税收管辖权，依照本国税法全部进行征税；对跨国纳税人来源于国境以外的收入，不论其所在国家是否征税，都不在本国税收管辖权力范围之内，即对其来自本国境外的收入不征税。由于这既体现国际间经济利益分配的合理性，又体现税务行政管理的方便性，故已被世界各国广泛采用。

居民管辖权是指一国对本国税法中规定的居民所得行使征税权，即对居住在本国的居民，或者属于本国居民的一切收益、所得和财产征税，而不必考虑是否在本国居住。也就是说一个国家征税的范围可以跨越国境，只要是属于本国居民取得的所得，不论是境内所得还是境外所得，国家均享有征税的权力。

目前，世界上只有少数国家实行单一的税收管辖权，大多数国家都同时实行两种税收管辖权，既对非居民来源于本国境内的所得征税，又对本国居民在世界所得征税。我们熟知的英国、法国、德国、西班牙、荷兰、希腊、挪威、丹麦、瑞士、瑞典、芬兰、日本、韩国、马来西亚、印度尼西亚、印度、加拿大、澳大利亚等，还有我们的中国都是如此。但各国在行使税收管辖权时各有侧重，发达国家由于资本输出较多，其居民或公民来源于境外的所得较多，因此，一般偏重居民管辖权。发展中国家资本输入多，一般注重对发生于本国的一切所得的征税，一般偏重地域管辖权。各国同时行使两种不同的税收管辖权，必然带来税收管辖权交叉重叠或冲突，从而导致国际重复征税的发生。这也是当今国际重复征税问题普遍存在的原因所在。

三、国际重复征税的避免

国际重复征税是指两个或两个以上国家对同一纳税人的同一征税对象进行分别征税所形成的交叉重叠征税，又称为国际双重征税。国际双重征税不利于公平竞争，应该采用特定方法予以避免。一般来说，避免重复征税的方法有：扣除法、免税法、抵免法、税收协定法这四种。

（一）扣除法

扣除法是居住国政府在行使居民（公民）管辖权时，允许本国居民（公民）用已缴非居住国政府的所得税或一般财产税税额，作为向本国政府汇总申报应税收益、所得或一般财产价值的一个扣除项目，就扣除后的余额，计算征收所得税或一般财产税。显然，扣除法下，在居住国交纳的税收仅作为费用扣除，无法消除重复征税，因而这种方法较少采用。

（二）免税法

免税法即"别国单征，本国放弃"。实行居民管辖权的国家对本国居民的境外所得免予征税，完全放弃征税权，而仅对其来源于国内的所得征税。此方法可以有效避免和消除国际重复征税，一般适用于营业利润和个人劳务所得，有的还包括财产。此方法多适用于居住国为单一实行地域管辖权的国家。

（三）抵免法

抵免法即"别国先征，本国补征"。一国政府对本国居民的国外所得征税时，允许其用国外已纳税款抵扣在本国应缴纳的税额。但抵免法的实行通常都附有"抵扣限额"规定，这是因为，由于收入来源国可能采用比居住国更高的税率，因而本国居民就境外所得已在收入来源国缴纳的税款在国内抵扣时，其抵扣数以按本国税率计算的应纳税额为限，超额部分不能抵扣。

计算抵免的方法有两种。一是全额抵免。即本国居民（公民）汇总境内、境外所得，按照本国税法的规定计算出的应缴纳所得税或一般财产税，可以全额扣除在境外所缴纳的税款。二是普通抵免。本国居民（公民）在汇总境内、境外所得计算缴纳所得税或一般财产税时，允许扣除其来源于境外的所得或一般财产收益按照本国税法规定计算的应纳税额，即通常所说的抵免限额，超过抵免限额的部分不予扣除。

我国主要采用抵免法，这也是世界上大多数国家为了避免双重征税而选用的方法。这种方法最大的优点是在来源地管辖权优先的基础上，兼顾到了居民税收管辖权，既避免了双重征税，又维护了国家的税收权益。

（四）税收协定法

税收协定法是通过有关国家签订双边税收协定，以避免国际纳税人被重复征税的一种方法。国际间重复征税的一个重要原因，就是各国税收管辖权间的冲突。各国政府间通过签订税收协定，主动在一定范围内限制各自的税收管辖权，是避免国际重复征税较为通行的一种做法。目前，联合国专家小组制定的《联合国关于发达国家与发展中国家避免双重征税的协定范本》是国际上最具影响力的一个税收协定范本，各国可以根据实际情况，在该范本的指导下缔结税收协定。截至2018年年底，我国已对外正式签署107个避免双重征税协定，其中103个协定已生效。

四、国际避税

国际避税是指国际企业利用各国税法或税收管理上的差异通过选择合适的地点与经营方式等合法手段，减少或消除企业纳税义务的一种行为。国际企业避税的主要方法有：选择有利的企业组织形式、利用内部转移价格、利用避税港等。

1. 选择有利的企业组织形式

国际企业开展跨国经营活动时，可以选择在海外设立子公司或分公司的形式进行投资活动。海外分公司不具有独立的法人地位，从属于母公司，而海外子公司却是在当地注册登记的具有独立法人地位的公司。从税收的角度而言，企业组织形式的选择取决于以下几个方面。

首先，如果预计海外投资在投产的前几年是亏损的，那么选择分公司的组织形式可以有效地避税。因为分公司可以与母公司合并纳税，分公司的亏损可以部分抵销母公司的利润，而子公司尽管财务报表可以与母公司合并，但纳税时是不允许合并的。在实践中，分公司与子公司的选择各有利弊。常见的选择是在营业初期以分公司的形式经营，当分公司由亏变盈后，再转变为子公司。

其次，需要考虑的是支付预扣税与延期纳税之间的权衡。多数国家对外国子公司向母公司支付的股息要征收预扣税。国家之间是否签订双边税收协定影响着预扣税率的大小，如果海外分支机构是分公司，就必须缴纳预扣税。而且，许多国家对本国跨国公司的海外子公司来源于国外的所得有延期纳税的优惠，但是海外分公司没有此项优惠。因此，企业需要在支付预扣税与延期纳税之间进行权衡，选择合适的组织形式。

最后，需要考虑的是是否为从事自然资源勘探和开发的企业。一些国家允许勘探成本和部分资源开发成本作为当期费用全部入账冲销企业当期利润，不需要在以后几年摊销。因此，许多从事石油和矿产开发的公司倾向于选择分公司而不是子公司，这样可以利用分公司的勘探和开发成本冲销母公司当期的利润，减少纳税额。

2. 利用内部转移价格

内部转移价格是指在国际企业内部，母公司与子公司之间，或者子公司与子公司之间的销售商品或提供劳务、转让技术、资金借贷等活动中所确定的企业集团的内部价格。内部转移价格避税是国际企业利用各国之间税率和税法的差异，通过调节内部商品或劳务的转移价格来达到避税目的的一种手段。国际企业的分公司和子公司遍布全球各地，许多交易都是在国际企业内部进行的，这就为国际企业利用内部转移价格避税提供了可能。

国际企业利用内部转移价格避税的常见做法是，对由低税国子公司向高税国子公司出口的商品或劳务采取高价，对由高税国子公司向低税国子公司出口的商品或劳务采取低价，这样通过内部的交易把实现利润的一部分由高税国子公司向低税国子公司转移，从而使整个国际企业的纳税额减少。这种安排允许企业将应税利润从其中一个分支机构转移至另一个分支机构，通常是在不同国家的分支机构之间通过对商品和服务进行收费来实现转移。

定价时并不根据市场供求变化和独立竞争原则来确定，而是依从于企业内部战略目标和利益最大化原则来制定。

扩展阅读 12.1
案例分析

利用内部转移价格避税不仅仅适用于一般的商品和劳务，还适用于以下几种情形。

（1）内部贷款。国际企业的母公司通常以内部贷款的形式向其子公司提供资金。如果子公司所在国的税率较高，则贷款采用高利率政策，如果子公司所在国的税率较低，则贷款采用低税率政策。

英国星巴克在英国的经费全部是来自于集团内部的借款，英国星巴克为此需要向别的国家星巴克支付 200 万英镑的利息，通过这种关联公司之间的借款，将英国星巴克的利润转移到低税率国家的子公司，实现避税的目的。

（2）管理成本或费用。在国际企业内部，母公司通常为其在国外的附属公司提供各种管理服务，而这种管理服务的收费标准很难找到可供参考的公平市价。因此，国际企业可以通过调整管理成本或费用的收费价格进行避税。

例如，星巴克总部规定，所有海外经营的星巴克每年需要支付 6% 的年销售额作为加盟费给荷兰星巴克欧洲总部，加盟费的支出减少了星巴克英国公司的应纳税所得额，同时星巴克总部又把所得的知识产权费转移到税率很低的国家，纳入该国星巴克公司的应纳税所得额，以支付相对较低的税费。

（3）专利和专有技术等无形资产的转让费。由于专利和专有技术等无形资产具有独占的特性，其真实价值很难确定。国际企业可以通过调整专利和专有技术转让价格的办法来实现避税的目的。

（4）租赁。国际企业内部的资产或设备可以相互租赁，通过内部租赁活动，调整租赁资产或设备的租金来实现避税的目的。

3. 利用避税港

避税港又称避税地，是指对跨国纳税人提供低税、免税或给予大量税收优惠的国家和地区。一些小的国家或地区实施避税港政策由来已久。根据国际财政文献局所编《国际税收词汇》的解释，凡符合以下条件的国家或地区，就可以认定为避税港。

（1）不征税或税率很低，特别是所得税和资本利得税。
（2）实行僵硬的银行或商务保密法，为当事人保密，不得通融。
（3）外汇开放，毫无限制，资金来去自由。
（4）拒绝与外国税务当局进行任何合作。
（5）一般不定税收协定或只有很少的税收协定。
（6）是非常便利的金融、交通和信息中心。

避税港通常分为三种类型：第一种是无税避税港，不征个人所得税、公司所得税、资本利得税和财产税，如百慕大群岛、巴哈马、瓦努阿图、开曼群岛等。第二种是低税避税港，以低于一般国际水平的税率征收个人所得税、公司所得税、资本利得税、财产税等税种，如列支敦士登、英属维尔京群岛、荷属安的列斯群岛、中国香港、中国澳门等。第三种是特惠避税港，在国内税法的基础上采取特别的税收优惠措施，如爱尔兰的香农、菲律宾的巴丹、新加坡的裕廊等地区。

国际企业利用避税港避税的主要方法，是在避税港设立各种各样的挂牌公司或信箱公司来转移资金、商品和劳务，由于避税地不征税或很少征税，这些公司设立的主要目的是为了将收益在避税港申报，避免征税或者尽可能少交税，其实际经营活动并不发生在避税港。一般有以下几种做法。

第一，设立控股公司。控股公司是指拥有一个或者若干个公司的大部分股票或者证券的公司，其主要目的是为了控制而不是为了投资。设立控股公司之后，纳税人通过把资产转移至其控股公司，在控股公司居住地避税。

第二，设立金融公司。金融公司是指在一企业或公司集团内部设立的介于贷款者与借款者之间的中介机构，或者是向第三者筹集借款的公司，其主要目的是少缴或不缴利息所得税；或者对于在高税国管辖权下支付的利息得到减税的优惠；或者通过税收条约和协定，减少或避免对利息的预扣税。

第三，设立贸易公司。贸易公司是指主要从事商品和劳务交易的公司，其主要目的是为购买、销售或租赁等交易开发票。通过设立贸易公司，一方面可以将高税国的利润转移到避税港，降低整体税负；另一方面可以避免或减少关税。

扩展阅读12.2
案例分析

第四，设立收付代理公司。通过在避税港设立收付代理公司，将母公司为子公司提供的贷款、技术、劳务、管理咨询等服务收入转移至该代理公司，减少这部分收入的税负。

思 考 题

1. 外汇风险的种类有哪些？各种外汇风险管理的方法是什么？
2. 国际企业在进行直接投资时有哪些风险？
3. 国际企业筹资渠道有哪几种？
4. 国际企业的现金管理方法有哪些？
5. 国际避税的主要方法有哪些？

案例分析
东方航空公司的外汇风险

参考文献

[1] 边俊杰,孟鹰,余来文.企业资本运营理论与应用 [M]. 北京：经济管理出版社，2014.

[2] 曹仰锋.组织韧性：如何穿越危机持续增长?[M]. 北京：中信出版社，2020.

[3] 曾江洪.资本运营与公司治理 [M]. 北京：清华大学出版社，2019.

[4] 陈汉文,韩洪灵.商业伦理与会计职业道德 [M]. 北京：中国人民大学出版社，2020.

[5] 戴天婧,张茹,汤谷良.财务战略驱动企业盈利模式——美国苹果公司轻资产模式案例研究 [J]. 会计研究,2012（11）：23-32.

[6] 顾惠忠.中航工业会计职业道德 [M]. 北京：航空工业出版社，2012.

郭柳荣.我国上市公司股利分配政策研究——基于格力电器不分红事件的思考 [J]. 管理观察，2019，（31）：157-160.

[7] 郭永清.财务报表分析与股票估值（第 2 版）[M]. 北京：机械工业出版社，2021.

[8] 韩慧博,汤谷良,祝继高.财务管理学 [M]. 第 4 版.北京：北京大学出版社，2021.

[9] 何建国,黄金曦.财务管理（第 3 版)[M]. 北京：清华大学出版社，2020.

[10] 胡玉明.财务报表分析（第三版）[M]. 大连：东北财经大学出版社，2016.

[11] [美] 杰夫·马杜拉.国际财务管理（第 13 版）[M]. 北京：中国人民大学出版社，2020.

[12] 荆新,王化成,刘俊彦.财务管理学（第 9 版）[M]. 北京：中国人民大学出版社，2021.

[13] 李帆,杜志涛,李玲娟.企业财务预警模型：理论回顾及其评论 [J]. 管理评论,2011(09)：144-151.

[14] 李青原,田晨阳,唐建新,陈晓.公司横向并购动机：效率理论还是市场势力理论——来自汇源果汁与可口可乐的案例研究 [J]. 会计研究，2011(05):58-64+96.

[15] 刘淑莲.财务管理 [M]. 大连：东北财经大学出版社，2019.

[16] 陆正飞,等.高级财务管理 [M]. 北京：北京大学出版社，2018.

[17] 马永斌.公司并购重组与整合 [M]. 北京：清华大学出版社，2020.

[18] 马忠.公司财务管理 [M]. 北京：机械工业出版社，2019.

[19] [美] 迈克尔·A.希特， R.杜安·爱尔兰.战略管理：竞争与全球化 [M]. 北京：机械工业出版社，2018.

[20] 莫玲娜.财务管理学 [M]. 长沙：中南大学出版社，2011.

[21] 彭娟,陈虎,王泽霞,胡仁昱.数字财务 [M]. 北京：清华大学出版社，2020.

[22] [美] 切奥尔·S.尤恩.国际财务管理（第 7 版）[M]. 北京：机械工业出版社，2015.

[23] 曲远洋,吕超.财务管理 [M]. 上海：上海财经大学出版社，2016.

[24] 上海国家会计学院.财务战略 [M]. 北京：经济科学出版社，2010.

[25] [美] 斯蒂芬·A.罗斯等.公司理财（第 11 版）[M]. 机械工业出版社，2017.

[26] 汤谷良,等.高级财务管理学 [M]. 北京：清华大学出版社，2017.

[27] 唐兵,田留文,曹锦周.企业并购如何创造价值——基于东航和上航并购重组案例研究 [J].管理世界，2012(11):1-8+44.

[28] 王化成等.高级财务管理学 [M]. 北京：中国人民大学出版社，2017.

[29] 王竹泉,张晓涵.资金供求关系视角下的财务困境预警研究 [J]. 会计与经济研究，2021（06）：21-36.

[30] 吴琳芳.中级财务管理 [M]. 北京：首都经济贸易大学出版社，中国农业大学出版社，2011.

[31] 杨雄胜,等.高级财务管理理论与案例 [M]. 大连：东北财经大学出版社，2012.

[32] 杨昀,杜剑.高级财务管理[M].北京：科学出版社，2021.

[33] 杨忠智.财务管理[M].厦门：厦门大学出版社，2014.

[34] 尹筑嘉,杨晓光,黄建欢.大股东主导的资产重组、公司效率与利益侵占——基于中国重组类整体上市案例的研究[J].管理科学学报，2013,16(08):54-67.

[35] 张功富,索建宏.财务管理原理[M].北京：首都经济贸易大学出版社，中国农业大学出版社，2012.

[36] 张功富.财务管理学[M].北京：清华大学出版社，2012.

[37] 张先治,等.高级财务管理[M].东北财经大学出版社，2018.

[38] 张新民,钱爱民.财务报表分析（第5版）[M].北京：中国人民大学出版社，2019.

[39] 中国注册会计师协会.财务成本管理[M].北京：中国财政经济出版社，2021.

[40] 周守华,汤谷良,陆正飞,王化成.财务管理理论前言专题[M].北京：中国人民大学出版社，2013.

附 表

附表一 复利终值系数表

期数	1%	2%	3%	4%	5%	6%	7%	8%	9%	10%	12%
1	1.010 0	1.020 0	1.030 0	1.040 0	1.050 0	1.060 0	1.070 0	1.080 0	1.090 0	1.100 0	1.120 0
2	1.020 1	1.040 4	1.060 9	1.081 6	1.102 5	1.123 6	1.144 9	1.166 4	1.188 1	1.210 0	1.254 4
3	1.030 3	1.061 2	1.092 7	1.124 9	1.157 6	1.191 0	1.225 0	1.259 7	1.295 0	1.331 0	1.404 9
4	1.040 6	1.082 4	1.125 5	1.169 9	1.215 5	1.262 5	1.310 8	1.360 5	1.411 6	1.464 1	1.573 5
5	1.051 0	1.104 1	1.159 3	1.216 7	1.276 3	1.338 2	1.402 6	1.469 3	1.538 6	1.610 5	1.762 3
6	1.061 5	1.126 2	1.194 1	1.265 3	1.340 1	1.418 5	1.500 7	1.586 9	1.677 1	1.771 6	1.973 8
7	1.072 1	1.148 7	1.229 9	1.315 9	1.407 1	1.503 6	1.605 8	1.713 8	1.828 0	1.948 7	2.210 7
8	1.082 9	1.171 7	1.266 8	1.368 6	1.477 5	1.593 8	1.718 2	1.850 9	1.992 6	2.143 6	2.476 0
9	1.093 7	1.195 1	1.304 8	1.423 3	1.551 3	1.689 5	1.838 5	1.999 0	2.171 9	2.357 9	2.773 1
10	1.104 6	1.219 0	1.343 9	1.480 2	1.628 9	1.790 8	1.967 2	2.158 9	2.367 4	2.593 7	3.105 8
11	1.115 7	1.243 4	1.384 2	1.539 5	1.710 3	1.898 3	2.104 9	2.331 6	2.580 4	2.853 1	3.478 5
12	1.126 8	1.268 2	1.425 8	1.601 0	1.795 9	2.012 2	2.252 2	2.518 2	2.812 7	3.138 4	3.896 0
13	1.138 1	1.293 6	1.468 5	1.665 1	1.885 6	2.132 9	2.409 8	2.719 6	3.065 8	3.452 3	4.363 5
14	1.149 5	1.319 5	1.512 6	1.731 7	1.979 9	2.260 9	2.578 5	2.937 2	3.341 7	3.797 5	4.887 1
15	1.161 0	1.345 9	1.558 0	1.800 9	2.078 9	2.396 6	2.759 0	3.172 2	3.642 5	4.177 2	5.473 6
16	1.172 6	1.372 8	1.604 7	1.873 0	2.182 9	2.540 4	2.952 2	3.425 9	3.970 3	4.595 0	6.130 4
17	1.184 3	1.400 2	1.652 8	1.947 9	2.292 0	2.692 8	3.158 8	3.700 0	4.327 6	5.054 5	6.866 0
18	1.196 1	1.428 2	1.702 4	2.025 8	2.406 6	2.854 3	3.379 9	3.996 0	4.717 1	5.559 9	7.690 0
19	1.208 1	1.456 8	1.753 5	2.106 8	2.527 0	3.025 6	3.616 5	4.315 7	5.141 7	6.115 9	8.612 8
20	1.220 2	1.485 9	1.806 1	2.191 1	2.653 3	3.207 1	3.869 7	4.661 0	5.604 4	6.727 5	9.646 3
21	1.232 4	1.515 7	1.860 3	2.278 8	2.786 0	3.399 6	4.140 6	5.033 8	6.108 8	7.400 2	10.803 8
22	1.244 7	1.546 0	1.916 1	2.369 9	2.925 3	3.603 5	4.430 4	5.436 5	6.658 6	8.140 3	12.100 3
23	1.257 2	1.576 9	1.973 6	2.464 7	3.071 5	3.819 7	4.740 5	5.871 5	7.257 9	8.954 3	13.552 3
24	1.269 7	1.608 4	2.032 8	2.563 3	3.225 1	4.048 9	5.072 4	6.341 2	7.911 1	9.849 7	15.178 6
25	1.282 4	1.640 6	2.093 8	2.665 8	3.386 4	4.291 9	5.427 4	6.848 5	8.623 1	10.834 7	17.000 1
26	1.295 3	1.673 4	2.156 6	2.772 5	3.555 7	4.549 4	5.807 4	7.396 4	9.399 2	11.918 2	19.040 1
27	1.308 2	1.706 9	2.221 3	2.883 4	3.733 5	4.822 3	6.213 9	7.988 1	10.245 1	13.110 0	21.324 9
28	1.321 3	1.741 0	2.287 9	2.998 7	3.920 1	5.111 7	6.648 8	8.627 1	11.167 1	14.421 0	23.883 9
29	1.334 5	1.775 8	2.356 6	3.118 7	4.116 1	5.418 4	7.114 3	9.317 3	12.172 2	15.863 1	26.749 9
30	1.347 8	1.811 4	2.427 3	3.243 4	4.321 9	5.743 5	7.612 3	10.062 7	13.267 7	17.449 4	29.959 9
40	1.488 9	2.208 0	3.262 0	4.801 0	7.040 0	10.285 7	14.974 5	21.724 5	31.409 4	45.259 3	93.051 0
50	1.644 6	2.691 6	4.383 9	7.106 7	11.467 4	18.420 2	29.457 0	46.901 6	74.357 5	117.390 9	289.002 2
60	1.816 7	3.281 0	5.891 6	10.519 6	18.679 2	32.987 7	57.946 4	101.257 1	176.031 3	304.481 6	897.596 9

续表

期数	14%	15%	16%	18%	20%	24%	28%	32%	36%
1	1.140 0	1.150 0	1.160 0	1.180 0	1.200 0	1.240 0	1.280 0	1.320 0	1.360 0
2	1.299 6	1.322 5	1.345 6	1.392 4	1.440 0	1.537 6	1.638 4	1.742 4	1.849 6
3	1.481 5	1.520 9	1.560 9	1.643 0	1.728 0	1.906 6	2.097 2	2.300 0	2.515 5
4	1.689 0	1.749 0	1.810 6	1.938 8	2.073 6	2.364 2	2.684 4	3.036 0	3.421 0
5	1.925 4	2.011 4	2.100 3	2.287 8	2.488 3	2.931 6	3.436 0	4.007 5	4.652 6
6	2.195 0	2.313 1	2.436 4	2.699 6	2.986 0	3.635 2	4.398 0	5.289 9	6.327 5
7	2.502 3	2.660 0	2.826 2	3.185 5	3.583 2	4.507 7	5.629 5	6.982 6	8.605 4
8	2.852 6	3.059 0	3.278 4	3.758 9	4.299 8	5.589 5	7.205 8	9.217 0	11.703 4
9	3.251 9	3.517 9	3.803 0	4.435 5	5.159 8	6.931 0	9.223 4	12.166 5	15.916 6
10	3.707 2	4.045 6	4.411 4	5.233 8	6.191 7	8.594 4	11.805 9	16.059 8	21.646 6
11	4.226 2	4.652 4	5.117 3	6.175 9	7.430 1	10.657 1	15.111 6	21.198 9	29.439 3
12	4.817 9	5.350 3	5.936 0	7.287 6	8.916 1	13.214 8	19.342 8	27.982 5	40.037 5
13	5.492 4	6.152 8	6.885 8	8.599 4	10.699 3	16.386 3	24.758 8	36.937 0	54.451 0
14	6.261 3	7.075 7	7.987 5	10.147 2	12.839 2	20.319 1	31.691 3	48.756 8	74.053 4
15	7.137 9	8.137 1	9.265 5	11.973 7	15.407 0	25.195 6	40.564 8	64.359 0	100.712 6
16	8.137 2	9.357 6	10.748 0	14.129 0	18.488 4	31.242 6	51.923 0	84.953 8	136.969 1
17	9.276 5	10.761 3	12.467 7	16.672 2	22.186 1	38.740 8	66.461 4	112.139 0	186.277 9
18	10.575 2	12.375 5	14.462 5	19.673 3	26.623 3	48.038 6	85.070 6	148.023 5	253.338 0
19	12.055 7	14.231 8	16.776 5	23.214 4	31.948 0	59.567 9	108.890 4	195.391 1	344.539 7
20	13.743 5	16.366 5	19.460 8	27.393 0	38.337 6	73.864 1	139.379 7	257.916 2	468.574 0
21	15.667 6	18.821 5	22.574 5	32.323 8	46.005 1	91.591 5	178.406 0	340.449 4	637.260 6
22	17.861 0	21.644 7	26.186 4	38.142 1	55.206 1	113.573 5	228.359 6	449.393 2	866.674 4
23	20.361 6	24.891 5	30.376 2	45.007 6	66.247 4	140.831 2	292.300 3	593.199 0	1178.677 2
24	23.212 2	28.625 2	35.236 4	53.109 0	79.496 8	174.630 6	374.144 4	783.022 7	1603.001 0
25	26.461 9	32.919 0	40.874 2	62.668 6	95.396 2	216.542 0	478.904 9	1033.590 0	2180.081 4
26	30.166 6	37.856 8	47.414 1	73.949 0	114.475 5	268.512 1	612.998 2	1364.338 7	2964.910 7
27	34.389 9	43.535 3	55.000 4	87.259 8	137.370 6	332.955 0	784.637 7	1800.927 1	4032.278 6
28	39.204 5	50.065 6	63.800 4	102.966 2	164.844 7	412.864 2	1004.336 3	2377.223 8	5483.898 8
29	44.693 1	57.575 5	74.008 5	121.500 5	197.813 6	511.951 7	1285.550 9	3137.935 4	7458.102 4
30	50.950 2	66.211 8	85.849 9	143.370 6	237.376 3	634.819 9	1645.504 6	4142.074 8	10143.019 3
40	188.883 5	267.863 5	378.721 2	750.378 3	1469.771 6	5455.912 6	19426.688 9	66520.767 0	*
50	700.233 0	1083.657 4	1670.703 8	3927.356 9	9100.438 2	46890.434 6	*	*	*
60	2595.918 7	4383.998 7	7370.201 4	20555.140 0	56347.514 4	*	*	*	*

附表二　一元复利现值系数表

期数	1%	2%	3%	4%	5%	6%	7%	8%	9%	10%
1	0.990 1	0.980 4	0.970 9	0.961 5	0.952 4	0.943 4	0.934 6	0.925 9	0.917 4	0.909 1
2	0.980 3	0.961 2	0.942 6	0.924 6	0.907 0	0.890 0	0.873 4	0.857 3	0.841 7	0.826 4
3	0.970 6	0.942 3	0.915 1	0.889 0	0.863 8	0.839 6	0.816 3	0.793 8	0.772 2	0.751 3
4	0.961 0	0.923 8	0.888 5	0.854 8	0.822 7	0.792 1	0.762 9	0.735 0	0.708 4	0.683 0
5	0.951 5	0.905 7	0.862 6	0.821 9	0.783 5	0.747 3	0.713 0	0.680 6	0.649 9	0.620 9
6	0.942 0	0.888 0	0.837 5	0.790 3	0.746 2	0.705 0	0.666 3	0.630 2	0.596 3	0.564 5
7	0.932 7	0.870 6	0.813 1	0.759 9	0.710 7	0.665 1	0.622 7	0.583 5	0.547 0	0.513 2
8	0.923 5	0.853 5	0.789 4	0.730 7	0.676 8	0.627 4	0.582 0	0.540 3	0.501 9	0.466 5
9	0.914 3	0.836 8	0.766 4	0.702 6	0.644 6	0.591 9	0.543 9	0.500 2	0.460 4	0.424 1
10	0.905 3	0.820 3	0.744 1	0.675 6	0.613 9	0.558 4	0.508 3	0.463 2	0.422 4	0.385 5
11	0.896 3	0.804 3	0.722 4	0.649 6	0.584 7	0.526 8	0.475 1	0.428 9	0.387 5	0.350 5
12	0.887 4	0.788 5	0.701 4	0.624 6	0.556 8	0.497 0	0.444 0	0.397 1	0.355 5	0.318 6
13	0.878 7	0.773 0	0.681 0	0.600 6	0.530 3	0.468 8	0.415 0	0.367 7	0.326 2	0.289 7
14	0.870 0	0.757 9	0.661 1	0.577 5	0.505 1	0.442 3	0.387 8	0.340 5	0.299 2	0.263 3
15	0.861 3	0.743 0	0.641 9	0.555 3	0.481 0	0.417 3	0.362 4	0.315 2	0.274 5	0.239 4
16	0.852 8	0.728 4	0.623 2	0.533 9	0.458 1	0.393 6	0.338 7	0.291 9	0.251 9	0.217 6
17	0.844 4	0.714 2	0.605 0	0.513 4	0.436 3	0.371 4	0.316 6	0.270 3	0.231 1	0.197 8
18	0.836 0	0.700 2	0.587 4	0.493 6	0.415 5	0.350 3	0.295 9	0.250 2	0.212 0	0.179 9
19	0.827 7	0.686 4	0.570 3	0.474 6	0.395 7	0.330 5	0.276 5	0.231 7	0.194 5	0.163 5
20	0.819 5	0.673 0	0.553 7	0.456 4	0.376 9	0.311 8	0.258 4	0.214 5	0.178 4	0.148 6
21	0.811 4	0.659 8	0.537 5	0.438 8	0.358 9	0.294 2	0.241 5	0.198 7	0.163 7	0.135 1
22	0.803 4	0.646 8	0.521 9	0.422 0	0.341 8	0.277 5	0.225 7	0.183 9	0.150 2	0.122 8
23	0.795 4	0.634 2	0.506 7	0.405 7	0.325 6	0.261 8	0.210 9	0.170 3	0.137 8	0.111 7
24	0.787 6	0.621 7	0.491 9	0.390 1	0.310 1	0.247 0	0.197 1	0.157 7	0.126 4	0.101 5
25	0.779 8	0.609 5	0.477 6	0.375 1	0.295 3	0.233 0	0.184 2	0.146 0	0.116 0	0.092 3
26	0.772 0	0.597 6	0.463 7	0.360 7	0.281 2	0.219 8	0.172 2	0.135 2	0.106 4	0.083 9
27	0.764 4	0.585 9	0.450 2	0.346 8	0.267 8	0.207 4	0.160 9	0.125 2	0.097 6	0.076 3
28	0.756 8	0.574 4	0.437 1	0.333 5	0.255 1	0.195 6	0.150 4	0.115 9	0.089 5	0.069 3
29	0.749 3	0.563 1	0.424 3	0.320 7	0.242 9	0.184 6	0.140 6	0.107 3	0.082 2	0.063 0
30	0.741 9	0.552 1	0.412 0	0.308 3	0.231 4	0.174 1	0.131 4	0.099 4	0.075 4	0.057 3
35	0.705 9	0.500 0	0.355 4	0.253 4	0.181 3	0.130 1	0.093 7	0.067 6	0.049 0	0.035 6
40	0.671 7	0.452 9	0.306 6	0.208 3	0.142 0	0.097 2	0.066 8	0.046 0	0.031 8	0.022 1
45	0.639 1	0.410 2	0.264 4	0.171 2	0.111 3	0.072 7	0.047 6	0.031 3	0.020 7	0.013 7
50	0.608 0	0.371 5	0.228 1	0.140 7	0.087 2	0.054 3	0.033 9	0.021 3	0.013 4	0.008 5
55	0.578 5	0.336 5	0.196 8	0.115 7	0.068 3	0.040 6	0.024 2	0.014 5	0.008 7	0.005 3

续表

期数	12%	14%	15%	16%	18%	20%	24%	28%	32%	36%
1	0.8929	0.8772	0.8696	0.8621	0.8475	0.8333	0.8065	0.7812	0.7576	0.7353
2	0.7972	0.7695	0.7561	0.7432	0.7182	0.6944	0.6504	0.6104	0.5739	0.5407
3	0.7118	0.6750	0.6575	0.6407	0.6086	0.5787	0.5245	0.4768	0.4348	0.3975
4	0.6355	0.5921	0.5718	0.5523	0.5158	0.4823	0.4230	0.3725	0.3294	0.2923
5	0.5674	0.5194	0.4972	0.4761	0.4371	0.4019	0.3411	0.2910	0.2495	0.2149
6	0.5066	0.4556	0.4323	0.4104	0.3704	0.3349	0.2751	0.2274	0.1890	0.1580
7	0.4523	0.3996	0.3759	0.3538	0.3139	0.2791	0.2218	0.1776	0.1432	0.1162
8	0.4039	0.3506	0.3269	0.3050	0.2660	0.2326	0.1789	0.1388	0.1085	0.0854
9	0.3606	0.3075	0.2843	0.2630	0.2255	0.1938	0.1443	0.1084	0.0822	0.0628
10	0.3220	0.2697	0.2472	0.2267	0.1911	0.1615	0.1164	0.0847	0.0623	0.0462
11	0.2875	0.2366	0.2149	0.1954	0.1619	0.1346	0.0938	0.0662	0.0472	0.0340
12	0.2567	0.2076	0.1869	0.1685	0.1372	0.1122	0.0757	0.0517	0.0357	0.0250
13	0.2292	0.1821	0.1625	0.1452	0.1163	0.0935	0.0610	0.0404	0.0271	0.0184
14	0.2046	0.1597	0.1413	0.1252	0.0985	0.0779	0.0492	0.0316	0.0205	0.0135
15	0.1827	0.1401	0.1229	0.1079	0.0835	0.0649	0.0397	0.0247	0.0155	0.0099
16	0.1631	0.1229	0.1069	0.0930	0.0708	0.0541	0.0320	0.0193	0.0118	0.0073
17	0.1456	0.1078	0.0929	0.0802	0.0600	0.0451	0.0258	0.0150	0.0089	0.0054
18	0.1300	0.0946	0.0808	0.0691	0.0508	0.0376	0.0208	0.0118	0.0068	0.0039
19	0.1161	0.0829	0.0703	0.0596	0.0431	0.0313	0.0168	0.0092	0.0051	0.0029
20	0.1037	0.0728	0.0611	0.0514	0.0365	0.0261	0.0135	0.0072	0.0039	0.0021
21	0.0926	0.0638	0.0531	0.0443	0.0309	0.0217	0.0109	0.0056	0.0029	0.0016
22	0.0826	0.0560	0.0462	0.0382	0.0262	0.0181	0.0088	0.0044	0.0022	0.0012
23	0.0738	0.0491	0.0402	0.0329	0.0222	0.0151	0.0071	0.0034	0.0017	0.0008
24	0.0659	0.0431	0.0349	0.0284	0.0188	0.0126	0.0057	0.0027	0.0013	0.0006
25	0.0588	0.0378	0.0304	0.0245	0.0160	0.0105	0.0046	0.0021	0.0010	0.0005
26	0.0525	0.0331	0.0264	0.0211	0.0135	0.0087	0.0037	0.0016	0.0007	0.0003
27	0.0469	0.0291	0.0230	0.0182	0.0115	0.0073	0.0030	0.0013	0.0006	0.0002
28	0.0419	0.0255	0.0200	0.0157	0.0097	0.0061	0.0024	0.0010	0.0004	0.0002
29	0.0374	0.0224	0.0174	0.0135	0.0082	0.0051	0.0020	0.0008	0.0003	0.0001
30	0.0334	0.0196	0.0151	0.0116	0.0070	0.0042	0.0016	0.0006	0.0002	0.0001
35	0.0189	0.0102	0.0075	0.0055	0.0030	0.0017	0.0005	0.0002	0.0001	*
40	0.0107	0.0053	0.0037	0.0026	0.0013	0.0007	0.0002	0.0001	*	*
45	0.0061	0.0027	0.0019	0.0013	0.0006	0.0003	0.0001	*	*	*
50	0.0035	0.0014	0.0009	0.0006	0.0003	0.0001	*	*	*	*
55	0.0020	0.0007	0.0005	0.0003	0.0001	*	*	*	*	*

附表三　年金终值系数表

期数	1%	2%	3%	4%	5%	6%	7%	8%	9%	10%
1	1.000 0	1.000 0	1.000 0	1.000 0	1.000 0	1.000 0	1.000 0	1.000 0	1.000 0	1.000 0
2	2.010 0	2.020 0	2.030 0	2.040 0	2.050 0	2.060 0	2.070 0	2.080 0	2.090 0	2.100 0
3	3.030 1	3.060 4	3.090 9	3.121 6	3.152 5	3.183 6	3.214 9	3.246 4	3.278 1	3.310 0
4	4.060 4	4.121 6	4.183 6	4.246 5	4.310 1	4.374 6	4.439 9	4.506 1	4.573 1	4.641 0
5	5.101 0	5.204 0	5.309 1	5.416 3	5.525 6	5.637 1	5.750 7	5.866 6	5.984 7	6.105 1
6	6.152 0	6.308 1	6.468 4	6.633 0	6.801 9	6.975 3	7.153 3	7.335 9	7.523 3	7.715 6
7	7.213 5	7.434 3	7.662 5	7.898 3	8.142 0	8.393 8	8.654 0	8.922 8	9.200 4	9.487 2
8	8.285 7	8.583 0	8.892 3	9.214 2	9.549 1	9.897 5	10.259 8	10.636 6	11.028 5	11.435 9
9	9.368 5	9.754 6	10.159 1	10.582 8	11.026 6	11.491 3	11.978 0	12.487 6	13.021 0	13.579 5
10	10.462 2	10.949 7	11.463 9	12.006 1	12.577 9	13.180 8	13.816 4	14.486 6	15.192 9	15.937 4
11	11.566 8	12.168 7	12.807 8	13.486 4	14.206 8	14.971 6	15.783 6	16.645 5	17.560 3	18.531 2
12	12.682 5	13.412 1	14.192 0	15.025 8	15.917 1	16.869 9	17.888 5	18.977 1	20.140 7	21.384 3
13	13.809 3	14.680 3	15.617 8	16.626 8	17.713 0	18.882 1	20.140 6	21.495 3	22.953 4	24.522 7
14	14.947 4	15.973 9	17.086 3	18.291 9	19.598 6	21.015 1	22.550 5	24.214 9	26.019 2	27.975 0
15	16.096 9	17.293 4	18.598 9	20.023 6	21.578 6	23.276 0	25.129 0	27.152 1	29.360 9	31.772 5
16	17.257 9	18.639 3	20.156 9	21.824 5	23.657 5	25.672 5	27.888 1	30.324 3	33.003 4	35.949 7
17	18.430 4	20.012 1	21.761 6	23.697 5	25.840 4	28.212 9	30.840 2	33.750 2	36.973 7	40.544 7
18	19.614 7	21.412 3	23.414 4	25.645 4	28.132 4	30.905 7	33.999 0	37.450 2	41.301 3	45.599 2
19	20.810 9	22.840 6	25.116 9	27.671 2	30.539 0	33.760 0	37.379 0	41.446 3	46.018 5	51.159 1
20	22.019 0	24.297 4	26.870 4	29.778 1	33.066 0	36.785 6	40.995 5	45.762 0	51.160 1	57.275 0
21	23.239 2	25.783 3	28.676 5	31.969 2	35.719 3	39.992 7	44.865 2	50.422 9	56.764 5	64.002 5
22	24.471 6	27.299 0	30.536 8	34.248 0	38.505 2	43.392 3	49.005 7	55.456 8	62.873 3	71.402 7
23	25.716 3	28.845 0	32.452 9	36.617 9	41.430 5	46.995 8	53.436 1	60.893 3	69.531 9	79.543 0
24	26.973 5	30.421 9	34.426 5	39.082 6	44.502 0	50.815 6	58.176 7	66.764 8	76.789 8	88.497 3
25	28.243 2	32.030 3	36.459 3	41.645 9	47.727 1	54.864 5	63.249 0	73.105 9	84.700 9	98.347 1
26	29.525 6	33.670 9	38.553 0	44.311 7	51.113 5	59.156 4	68.676 5	79.954 4	93.324 0	109.181 8
27	30.820 9	35.344 3	40.709 6	47.084 2	54.669 1	63.705 8	74.483 8	87.350 8	102.723 1	121.099 9
28	32.129 1	37.051 2	42.930 9	49.967 6	58.402 6	68.528 1	80.697 7	95.338 8	112.968 2	134.209 9
29	33.450 4	38.792 2	45.218 9	52.966 3	62.322 7	73.639 8	87.346 5	103.965 9	124.135 4	148.630 9
30	34.784 9	40.568 1	47.575 4	56.084 9	66.438 8	79.058 2	94.460 8	113.283 2	136.307 5	164.494 0
40	48.886 4	60.402 0	75.401 3	95.025 5	120.799 8	154.762 0	199.635 1	259.056 5	337.882 4	442.592 6
50	64.463 2	84.579 4	112.796 9	152.667 1	209.348 0	290.335 9	406.528 9	573.770 2	815.083 6	1163.908 5
60	81.669 7	114.051 5	163.053 4	237.990 7	353.583 7	533.128 2	813.520 4	1253.213 3	1944.792 1	3034.816 4

续表

期数	12%	14%	15%	16%	18%	20%	24%	28%	32%	36%
1	1.000 0	1.000 0	1.000 0	1.000 0	1.000 0	1.000 0	1.000 0	1.000 0	1.000 0	1.000 0
2	2.120 0	2.140 0	2.150 0	2.160 0	2.180 0	2.200 0	2.240 0	2.280 0	2.320 0	2.360 0
3	3.374 4	3.439 6	3.472 5	3.505 6	3.572 4	3.640 0	3.777 6	3.918 4	4.062 4	4.209 6
4	4.779 3	4.921 1	4.993 4	5.066 5	5.215 4	5.368 0	5.684 2	6.015 6	6.362 4	6.725 1
5	6.352 8	6.610 1	6.742 4	6.877 1	7.154 2	7.441 6	8.048 4	8.699 9	9.398 3	10.146 1
6	8.115 2	8.535 5	8.753 7	8.977 5	9.442 0	9.929 9	10.980 1	12.135 9	13.405 8	14.798 7
7	10.089 0	10.730 5	11.066 8	11.413 9	12.141 5	12.915 9	14.615 3	16.533 9	18.695 6	21.126 2
8	12.299 7	13.232 8	13.726 8	14.240 1	15.327 0	16.499 1	19.122 9	22.163 4	25.678 2	29.731 6
9	14.775 7	16.085 3	16.785 8	17.518 5	19.085 9	20.798	24.712 5	29.369 2	34.895 3	41.435 0
10	17.548 7	19.337 3	20.303 7	21.321 5	23.521 3	25.958 7	31.643 4	38.592 6	47.061 8	57.351 6
11	20.654 6	23.044 5	24.349 3	25.732 9	28.755 1	32.150 4	40.237 9	50.398 5	63.121 5	78.998 2
12	24.133 1	27.270 7	29.001 7	30.850 2	34.931 1	39.580 5	50.895 0	65.510 0	84.320 4	108.437 5
13	28.029 1	32.088 7	34.351 9	36.786 2	42.218 7	48.496 6	64.109 7	84.852 9	112.303 0	148.475 0
14	32.392 6	37.581 1	40.504 7	43.672 0	50.818 0	59.195 9	80.496 1	109.611 7	149.239 9	202.926 0
15	37.279 7	43.842 4	47.580 4	51.659 5	60.965 3	72.035 1	100.815 1	141.302 9	197.996 7	276.979 3
16	42.753 3	50.980 4	55.717 5	60.925 0	72.939 0	87.442 1	126.010 8	181.867 7	262.355 7	377.691 9
17	48.883 7	59.117 6	65.075 1	71.673 0	87.068 0	105.930 6	157.253 4	233.790 7	347.309 5	514.661 0
18	55.749 7	68.394 1	75.836 4	84.140 7	103.740 3	128.116 7	195.994 2	300.252 1	459.448 5	700.938 9
19	63.439 7	78.969 2	88.211 8	98.603 2	123.413 5	154.740 0	244.032 8	385.322 7	607.472 1	954.276 9
20	72.052 4	91.024 9	102.443 6	115.379 7	146.628 0	186.688 0	303.600 6	494.213 1	802.863 1	1298.816 6
21	81.698 7	104.768 4	118.810 1	134.840 5	174.021 0	225.025 6	377.464 8	633.592 7	1060.779 3	1767.390 6
22	92.502 6	120.436 0	137.631 6	157.415 0	206.344 8	271.030 7	469.056 3	811.998 7	1401.228 7	2404.651 2
23	104.602 9	138.297 0	159.276 4	183.601 4	244.486 8	326.236 9	582.629 8	1040.358 3	1850.621 9	3271.325 6
24	118.155 2	158.658 6	184.167 8	213.977 6	289.494 5	392.484 2	723.461 0	1332.658 6	2443.820 9	4450.002 9
25	133.333 9	181.870 8	212.793 0	249.214 0	342.603 5	471.981 1	898.091 6	1706.803 1	3226.843 6	6053.003 9
26	150.333 9	208.332 7	245.712 0	290.088 3	405.272 1	567.377 3	1114.633 6	2185.707 9	4260.433 6	8233.085 3
27	169.374 0	238.499 3	283.568 8	337.502 4	479.221 1	681.852 6	1383.145 7	2798.706 1	5624.772 3	11197.996 0
28	190.698 9	272.889 2	327.104 1	392.502 8	566.480 9	819.223 3	1716.100 7	3583.343 8	7425.699 4	15230.274 5
29	214.582 8	312.093 7	377.169 7	456.303 2	669.447 5	984.068 0	2128.964 8	4587.680 1	9802.923 3	20714.173 4
30	241.332 7	356.786 8	434.745 1	530.311 7	790.948 0	1181.881 6	2640.916 4	5873.230 6	12940.858 7	28172.275 8
40	767.091 4	1342.025 1	1779.090 3	2360.757 2	4163.213 0	7343.857 8	22728.802 6	69377.460 4	*	*
50	2400.018 2	4994.521 3	7217.716 3	10435.648 8	21813.093 7	45497.190 8	*	*	*	*
60	7471.641 1	18535.133 3	29219.991 6	46057.508 5	*	*	*	*	*	*

附表四　年金现值系数表

期数	1%	2%	3%	4%	5%	6%	7%	8%	9%
1	0.990 1	0.980 4	0.970 9	0.961 5	0.952 4	0.943 4	0.934 6	0.925 9	0.917 4
2	1.970 4	1.941 6	1.913 5	1.886 1	1.859 4	1.833 4	1.808 0	1.783 3	1.759 1
3	2.941 0	2.883 9	2.828 6	2.775 1	2.723 2	2.673 0	2.624 3	2.577 1	2.531 3
4	3.902 0	3.807 7	3.717 1	3.629 9	3.546 0	3.465 1	3.387 2	3.312 1	3.239 7
5	4.853 4	4.713 5	4.579 7	4.451 8	4.329 5	4.212 4	4.100 2	3.992 7	3.889 7
6	5.795 5	5.601 4	5.417 2	5.242 1	5.075 7	4.917 3	4.766 5	4.622 9	4.485 9
7	6.728 2	6.472 0	6.230 3	6.002 1	5.786 4	5.582 4	5.389 3	5.206 4	5.033 0
8	7.651 7	7.325 5	7.019 7	6.732 7	6.463 2	6.209 8	5.971 3	5.746 6	5.534 8
9	8.566 0	8.162 2	7.786 1	7.435 3	7.107 8	6.801 7	6.515 2	6.246 9	5.995 2
10	9.471 3	8.982 6	8.530 2	8.110 9	7.721 7	7.360 1	7.023 6	6.710 1	6.417 7
11	10.367 6	9.786 8	9.252 6	8.760 5	8.306 4	7.886 9	7.498 7	7.139 0	6.805 2
12	11.255 1	10.575 3	9.954 0	9.385 1	8.863 3	8.383 8	7.942 7	7.536 1	7.160 7
13	12.133 7	11.348 4	10.635 0	9.985 6	9.393 6	8.852 7	8.357 7	7.903 8	7.486 9
14	13.003 7	12.106 2	11.296 1	10.563 1	9.898 6	9.295 0	8.745 5	8.244 2	7.786 2
15	13.865 1	12.849 3	11.937 9	11.118 4	10.379 7	9.712 2	9.107 9	8.559 5	8.060 7
16	14.717 9	13.577 7	12.561 1	11.652 3	10.837 8	10.105 9	9.446 6	8.851 4	8.312 6
17	15.562 3	14.291 9	13.166 1	12.165 7	11.274 1	10.477 3	9.763 2	9.121 6	8.543 6
18	16.398 3	14.992 0	13.753 5	12.659 3	11.689 6	10.827 6	10.059 1	9.371 9	8.755 6
19	17.226 0	15.678 5	14.323 8	13.133 9	12.085 3	11.158 1	10.335 6	9.603 6	8.950 1
20	18.045 6	16.351 4	14.877 5	13.590 3	12.462 2	11.469 9	10.594 0	9.818 1	9.128 5
21	18.857 0	17.011 2	15.415 0	14.029 2	12.821 2	11.764 1	10.835 5	10.016 8	9.292 2
22	19.660 4	17.658 0	15.936 9	14.451 1	13.163 0	12.041 6	11.061 2	10.200 7	9.442 4
23	20.455 8	18.292 2	16.443 6	14.856 8	13.488 6	12.303 4	11.272 2	10.371 1	9.580 2
24	21.243 4	18.913 9	16.935 5	15.247 0	13.798 6	12.550 4	11.469 3	10.528 8	9.706 6
25	22.023 2	19.523 5	17.413 1	15.622 1	14.093 9	12.783 4	11.653 6	10.674 8	9.822 6
26	22.795 2	20.121 0	17.876 8	15.982 8	14.375 2	13.003 2	11.825 8	10.810 0	9.929 0
27	23.559 6	20.706 9	18.327 0	16.329 6	14.643 0	13.210 5	11.986 7	10.935 2	10.026 6
28	24.316 4	21.281 3	18.764 1	16.663 1	14.898 1	13.406 2	12.137 1	11.051 1	10.116 1
29	25.065 8	21.844 4	19.188 5	16.983 7	15.141 1	13.590 7	12.277 7	11.158 4	10.198 3
30	25.807 7	22.396 5	19.600 4	17.292 0	15.372 5	13.764 8	12.409 0	11.257 8	10.273 7
35	29.408 6	24.998 6	21.487 2	18.664 6	16.374 2	14.498 2	12.947 7	11.654 6	10.566 8
40	32.834 7	27.355 5	23.114 8	19.792 8	17.159 1	15.046 3	13.331 7	11.924 6	10.757 4
45	36.094 5	29.490 2	24.518 7	20.720 0	17.774 1	15.455 8	13.605 5	12.108 4	10.881 2
50	39.196 1	31.423 6	25.729 8	21.482 2	18.255 9	15.761 9	13.800 7	12.233 5	10.961 7
55	42.147 2	33.174 8	26.774 4	22.108 6	18.633 5	15.990 5	13.939 9	12.318 6	11.014 0

续表

期数	10%	12%	14%	15%	16%	18%	20%	24%	28%	32%
1	0.9091	0.8929	0.8772	0.8696	0.8621	0.8475	0.8333	0.8065	0.7812	0.7576
2	1.7355	1.6901	1.6467	1.6257	1.6052	1.5656	1.5278	1.4568	1.3916	1.3315
3	2.4869	2.4018	2.3216	2.2832	2.2459	2.1743	2.1065	1.9813	1.8684	1.7663
4	3.1699	3.0373	2.9137	2.8550	2.7982	2.6901	2.5887	2.4043	2.2410	2.0957
5	3.7908	3.6048	3.4331	3.3522	3.2743	3.1272	2.9906	2.7454	2.5320	2.3452
6	4.3553	4.1114	3.8887	3.7845	3.6847	3.4976	3.3255	3.0205	2.7594	2.5342
7	4.8684	4.5638	4.2883	4.1604	4.0386	3.8115	3.6046	3.2423	2.9370	2.6775
8	5.3349	4.9676	4.6389	4.4873	4.3436	4.0776	3.8372	3.4212	3.0758	2.7860
9	5.7590	5.3282	4.9464	4.7716	4.6065	4.3030	4.0310	3.5655	3.1842	2.8681
10	6.1446	5.6502	5.2161	5.0188	4.8332	4.4941	4.1925	3.6819	3.2689	2.9304
11	6.4951	5.9377	5.4527	5.2337	5.0286	4.6560	4.3271	3.7757	3.3351	2.9776
12	6.8137	6.1944	5.6603	5.4206	5.1971	4.7932	4.4392	3.8514	3.3868	3.0133
13	7.1034	6.4235	5.8424	5.5831	5.3423	4.9095	4.5327	3.9124	3.4272	3.0404
14	7.3667	6.6282	6.0021	5.7245	5.4675	5.0081	4.6106	3.9616	3.4587	3.0609
15	7.6061	6.8109	6.1422	5.8474	5.5755	5.0916	4.6755	4.0013	3.4834	3.0764
16	7.8237	6.9740	6.2651	5.9542	5.6685	5.1624	4.7296	4.0333	3.5026	3.0882
17	8.0216	7.1196	6.3729	6.0472	5.7487	5.2223	4.7746	4.0591	3.5177	3.0971
18	8.2014	7.2497	6.4674	6.1280	5.8178	5.2732	4.8122	4.0799	3.5294	3.1039
19	8.3649	7.3658	6.5504	6.1982	5.8775	5.3162	4.8435	4.0967	3.5386	3.1090
20	8.5136	7.4694	6.6231	6.2593	5.9288	5.3527	4.8696	4.1103	3.5458	3.1129
21	8.6487	7.5620	6.6870	6.3125	5.9731	5.3837	4.8913	4.1212	3.5514	3.1158
22	8.7715	7.6446	6.7429	6.3587	6.0113	5.4099	4.9094	4.1300	3.5558	3.1180
23	8.8832	7.7184	6.7921	6.3988	6.0442	5.4321	4.9245	4.1371	3.5592	3.1197
24	8.9847	7.7843	6.8351	6.4338	6.0726	5.4509	4.9371	4.1428	3.5619	3.1210
25	9.0770	7.8431	6.8729	6.4641	6.0971	5.4669	4.9476	4.1474	3.5640	3.1220
26	9.1609	7.8957	6.9061	6.4906	6.1182	5.4804	4.9563	4.1511	3.5656	3.1227
27	9.2372	7.9426	6.9352	6.5135	6.1364	5.4919	4.9636	4.1542	3.5669	3.1233
28	9.3066	7.9844	6.9607	6.5335	6.1520	5.5016	4.9697	4.1566	3.5679	3.1237
29	9.3696	8.0218	6.9830	6.5509	6.1656	5.5098	4.9747	4.1585	3.5687	3.1240
30	9.4269	8.0552	7.0027	6.5660	6.1772	5.5168	4.9789	4.1601	3.5693	3.1242
35	9.6442	8.1755	7.0700	6.6166	6.2153	5.5386	4.9915	4.1644	3.5708	3.1248
40	9.7791	8.2438	7.1050	6.6418	6.2335	5.5482	4.9966	4.1659	3.5712	3.1250
45	9.8628	8.2825	7.1232	6.6543	6.2421	5.5523	4.9986	4.1664	3.5714	3.1250
50	9.9148	8.3045	7.1327	6.6605	6.2463	5.5541	4.9995	4.1666	3.5714	3.1250
55	9.9471	8.3170	7.1376	6.6636	6.2482	5.5549	4.9998	4.1666	3.5714	3.1250

附表五　正态分布曲线的面积

Z	0.00	0.01	0.02	0.03	0.04	0.05	0.06	0.07	0.08	0.09
0.00	0.000 0	0.004 0	0.008 0	0.012 0	0.016 0	0.019 9	0.023 9	0.027 9	0.031 9	0.035 9
0.10	0.039 8	0.043 8	0.047 8	0.051 7	0.055 7	0.059 6	0.063 6	0.067 5	0.071 4	0.075 3
0.20	0.079 3	0.083 2	0.087 1	0.091 0	0.094 8	0.098 7	0.102 6	0.106 4	0.110 3	0.114 1
0.30	0.117 9	0.121 7	0.125 5	0.129 3	0.133 1	0.136 8	0.140 6	0.144 3	0.148 0	0.151 7
0.40	0.155 4	0.159 4	0.162 8	0.166 1	0.170 0	0.173 6	0.177 2	0.180 8	0.184 4	0.187 9
0.50	0.191 5	0.195 0	0.198 5	0.201 0	0.205 4	0.208 8	0.212 3	0.215 7	0.219 0	0.222 4
0.60	0.225 7	0.229 1	0.232 4	0.235 7	0.238 9	0.242 2	0.245 4	0.248 6	0.251 7	0.254 9
0.70	0.258 0	0.261 1	0.264 2	0.267 3	0.270 3	0.273 4	0.276 4	0.279 3	0.282 3	0.285 2
0.80	0.288 1	0.291 0	0.293 9	0.296 7	0.299 5	0.302 3	0.305 1	0.307 8	0.310 6	0.313 3
0.90	0.315 9	0.318 6	0.321 2	0.323 8	0.326 4	0.328 9	0.331 5	0.334 0	0.336 5	0.338 9
1.00	0.341 3	0.343 8	0.346 1	0.348 5	0.350 8	0.353 1	0.355 4	0.357 7	0.359 9	0.362 1
1.10	0.364 3	0.3665	0.368 6	0.370 3	0.372 9	0.374 9	0.377 0	0.379 0	0.381 0	0.383 0
1.20	0.384 9	0.386 9	0.388 8	0.390 7	0.392 5	0.394 3	0.396 2	0.398 0	0.399 7	0.401 5
1.30	0.403 2	0.404 9	0.406 6	0.408 2	0.409 9	0.411 5	0.411 5	0.414 7	0.416 2	0.417 7
1.40	0.419 2	0.420 7	0.422 2	0.423 6	0.425 1	0.426 5	0.427 9	0.429 2	0.430 6	0.431 9
1.50	0.433 2	0.434 5	0.435 7	0.437 0	0.438 2	0.439 4	0.440 6	0.441 8	0.442 9	0.444 1
1.60	0.445 2	0.446 3	0.447 4	0.448 4	0.449 5	0.455 0	0.451 5	0.452 5	0.453 5	0.454 5
1.70	0.455 4	0.456 4	0.457 3	0.458 2	0.459 1	0.459 9	0.460 8	0.461 6	0.462 5	0.463 3
1.80	0.464 1	0.464 9	0.465 6	0.466 4	0.467 1	0.467 8	0.468 6	0.469 3	0.469 9	0.470 6
1.90	0.471 3	0.471 9	0.472 6	0.473 2	0.473 8	0.474 4	0.475 0	0.475 6	0.476 1	0.476 7
2.00	0.477 2	0.477 8	0.478 3	0.478 8	0.479 3	0.479 8	0.480 3	0.480 8	0.481 2	0.481 2
2.10	0.482 1	0.482 6	0.483 0	0.483 4	0.483 8	0.484 2	0.484 6	0.485 0	0.485 4	0.485 7
2.20	0.486 1	0.488 4	0.486 8	0.487 1	0.487 5	0.487 8	0.488 1	0.488 4	0.488 7	0.489 0
2.30	0.489 3	0.489 6	0.489 8	0.490 1	0.490 4	0.490 6	0.490 9	0.491 1	0.491 3	0.491 6
2.40	0.491 8	0.492 0	0.492 2	0.492 5	0.492 7	0.492 9	0.493 1	0.493 2	0.493 4	0.493 6
2.50	0.493 8	0.494 0	0.494 1	0.494 3	0.494 5	0.494 6	0.494 8	0.494 9	0.495 1	0.495 2
2.60	0.495 3	0.495 5	0.495 6	0.495 7	0.495 9	0.496 0	0.496 1	0.496 2	0.496 3	0.496 4
2.70	0.496 5	0.496 6	0.496 7	0.496 8	0.496 9	0.497 0	0.497 1	0.497 2	0.497 3	0.497 4
2.80	0.497 4	0.497 5	0.497 6	0.497 7	0.497 7	0.497 8	0.497 9	0.497 9	0.498 0	0.498 1
2.90	0.498 1	0.498 2	0.498 2	0.498 3	0.498 4	0.498 4	0.498 5	0.498 5	0.498 6	0.498 6
3.00	0.498 6	0.498 7	0.498 7	0.498 8	0.498 8	0.498 9	0.498 9	0.4989	0.499 0	0.499 0
3.10	0.499 0	0.499 1	0.4991	0.499 1	0.499 2	0.499 2	0.499 2	0.4992	0.499 3	0.499 3
3.20	0.499 3	0.499 3	0.4994	0.499 4	0.499 4	0.499 4	0.499 4	0.499 5	0.499 5	0.499 5
3.30	0.499 5	0.499 5	0.499 5	0.499 6	0.499 6	0.499 6	0.499 6	0.499 6	0.499 6	0.499 7
3.40	0.499 7	0.499 7	0.499 7	0.499 7	0.499 7	0.499 7	0.499 7	0.4977	0.499 7	0.499 8
3.50	0.499 8	0.499 8	0.499 8	0.499 8	0.499 8	0.499 8	0.499 8	0.499 8	0.499 8	0.499 8
3.60	0.499 8	0.499 8	0.499 9	0.499 9	0.499 9	0.499 9	0.499 9	0.499 9	0.499 9	0.499 9
3.70	0.499 9	0.499 9	0.499 9	0.499 9	0.499 9	0.499 9	0.499 9	0.499 9	0.499 9	0.499 9
3.80	0.499 9	0.499 9	0.499 9	0.499 9	0.499 9	0.499 9	0.499 9	0.499 9	0.499 9	0.499 9
3.90	0.500 0	0.500 0	0.500 0	0.500 0	0.500 0	0.500 0	0.500 0	0.500 0	0.500 0	0.500 0

Z 为标准差的个数，表中数据是平均数和 Z 个标准差之间的那部分正态曲线下的总面积

教师服务

感谢您选用清华大学出版社的教材！为了更好地服务教学，我们为授课教师提供本书的教学辅助资源，以及本学科重点教材信息。请您扫码获取。

≫ 教辅获取

本书教辅资源，授课教师扫码获取

≫ 样书赠送

财务管理类重点教材，教师扫码获取样书

 清华大学出版社

E-mail: tupfuwu@163.com
电话: 010-83470332 / 83470142
地址: 北京市海淀区双清路学研大厦 B 座 509
网址: http://www.tup.com.cn/
传真: 8610-83470107
邮编: 100084